Wilde, Hexen, Heilige

Amraser Straße 118, A-6020 Innsbruck
e-mail: order@studienverlag.at
homepage: www.loewenzahn.at

Bibliografische Information Der Deutschen Bibliothek
Die Deutsche Bibliothek verzeichnet diese Publikation in der Deutschen Nationalbibliografie; detaillierte bibliografische Daten sind im Internet über <**http://dnb.ddb.de**> abrufbar.

ISBN 3-7066-2376-5

Fotos: siehe Fotonachweis, Seite 302
Buchgestaltung und grafische Umsetzung:
Kurt Höretzeder, Büro für Grafische Gestaltung, Scheffau/Tirol
(Mitarbeit: Ines Zwerger)

Gedruckt auf umweltfreundlichem, chlor- und säurefrei gebleichtem Papier.

Petra Streng und Gunter Bakay

Wilde, Hexen, Heilige

Lebendige Tiroler Bräuche im Jahreslauf

lœwenzahn

Mit diesem Buch können Sie sich umfassend informiert auf die Spuren der Wilden, Hexen und Heiligen in Tirol machen. Sie erfahren mehr über die Entwicklungen und Abläufe einzelner Bräuche, aber auch so einiges über den jeweiligen kulturgeschichtlichen Hintergrund. Zudem soll dieses Buch einen Anreiz bieten, die Bräuche vor Ort zu erkunden. Denn nur wer derartige Veranstaltungen gesehen bzw. aktiv daran teilgenommen hat, kann das „Faszinosum Brauch" erst richtig verstehen. Daher bietet dieser sprichwörtliche „Brauchführer" auch eine umfassende Adressenliste von Auskunftspersonen und Institutionen (wie Gemeindeämter, Pfarrämter oder Tourismusverbände). Zusätzlich erhalten Sie auch Informationen über Gasthäuser und empfehlenswerte Ausflugstips in der näheren Umgebung des jeweiligen „Brauchortes".

Inhaltsübersicht

Vorwort

Das Tiroler Jahresbrauchtum ist lebendig – davon geben die Bräuche, die in den Gemeinden und Städten ausgeübt werden, ein beredtes Zeugnis ab. Allerorten werden alte Traditionen gepflegt, Bräuche wiederbelebt oder sogar neu eingeführt.

Mit dieser Publikation soll nach langer Zeit wieder ein umfassender Zugang zum Tiroler Brauchgeschehen ermöglicht werden. Und zwar in mehrfacher Hinsicht: Zum einen werden Brauchkomplexe (wie Weihnachten oder Ostern) näher beleuchtet und in den kulturgeschichtlichen Kontext eingebunden, zum anderen werden einzelne Bräuche eingehend beschrieben und erläutert. Allerdings nur diejenigen Bräuche, die man sich anschauen bzw. an denen man aktiv teilnehmen kann. Es handelt sich also dabei um keine individuellen Handlungen, sondern um gemeinschaftliche Bräuche, die in den Jahresablauf eingebunden sind.

Vorweg sei eines gesagt: auf Vollständigkeit wird kein Anspruch erhoben. Wer das aktive Brauchgeschehen in Tirol verfolgt, versteht dies. Gerade in den letzten Jahren haben sich viele Orte bzw. Vereine auf alte Traditionen besonnen und diese wieder aufleben lassen. Vieles davon ist bekannt, einiges wiederum existiert fast „im Verborgenen".

Für mehr als drei Jahrzehnte war das Buch „Tiroler Brauch im Jahreslauf" von *Friedrich Haider* das ultimative Nachschlagewerk. Ihm sei an dieser Stelle Dank gesagt, Dank für seine umfassenden Recherchen und Zusammenfassungen, die nicht nur Volkskundler sondern u.a. auch Journalisten zu schätzen wußten.

Die Zeiten haben sich geändert, viele Bräuche gibt es nicht mehr, andere wiederum wurden neu belebt bzw. eingeführt. Wenn man es überspitzt sagen will: die Tiroler Brauchlandschaft hat sich seit einigen Jahren zum Teil neu „geordnet".

Träger dieses Brauchtums sind heute weniger die „traditionellen“ Burschenschaften, sondern vielmehr eigene Brauchvereine, Trachten-, Krippen- oder Sängervereine, Schützenkompanien und Blasmusikkapellen, Volkstänzer, aktive Theater- und Feuerwehrmitglieder oder „Interessengruppierungen“, aber auch einzelne Tourismusverbände.

Besonders erwähnenswert sind in diesem Zusammenhang die Tiroler Traditionsverbände und -vereine, die sich kontinuierlich um das Brauchtum und eine lebendige Tiroler Festkultur bemühen. Im Rahmen einer mehrjährigen Initiative, die von der Kulturabteilung des Landes Tirol und der Tirol Werbung ins Leben gerufen und gefördert wurde, stand so die Volkskultur in all ihren Ausformungen im Mittelpunkt. Die Arbeitsgemeinschaft „Volkskultur und Tourismus“ unterstützte Volkskulturträger in der Zusammenarbeit mit Gemeinden und Tourismusverbänden, um nicht zuletzt eine bessere Breitenwirkung in der Öffentlichkeit und neue Perspektiven zu ermöglichen. Denn eines darf man nicht vergessen – ein Brauch bzw. andere Formen der Volkskultur „leben“ nur dann, wenn sie von der Bevölkerung angenommen, von einer „Trägerschaft“ organisiert und mit „Inhalten“ gefüllt werden. Und dabei sind durchaus auch Veränderungen erlaubt, wenn nicht gar erwünscht.

Dank Auf diesem Weg danken wir allen Gewährsleuten und Brauchträgern, die uns Zeit und ein offenes Ohr geschenkt haben. „Mit dem Reden kommen die Leute zusammen“ – dies hat sich auch bei den Recherchearbeiten zu diesem Buch bewahrheitet. Dank sei auch *Wilfried Egger* von der Tirol Werbung gesagt, dem die Tiroler Volkskultur nicht nur als Projektleiter der Arbeitsgemeinschaft „Volkskultur und Tourismus“ ein besonderes Anliegen ist. Ein besonderer Dank gilt *Andreas Rosenhammer* (und Familie), der mit viel schaffenskräftigem Engagement und Geduld zum Entstehen dieser Publikation beigetragen hat.

Winter *Jänner – März*

Frühling

Sommer

Herbst

Winter *November, Dezember*

Gloria in excelsis

Einleitung

Es gibt kaum etwas Spannenderes, als ein Buch über lebendige Bräuche zu schreiben. Zum einen wird dem Autor ein tiefer Einblick in die vielbesungene Volksseele gewährt. Eine jahrelange Beschäftigung mit Bräuchen, ihr Besuchen und auch die aktive Teilnahme daran sind Grundvoraussetzungen, um das notwendige „Gefühl“ dafür zu erlangen. Ein reines Buchwissen hilft einem da nur wenig weiter. Doch zum anderen ist es genau dieses Buchwissen, das die Bräuche zu einem regelrechten Faszinosum macht. Ihre Geschichte, ihre Hintergründe und die Veränderungen, die sie im Laufe der Jahrzehnte oder gar Jahrhunderte erfahren haben, lassen sie in einem ganz anderen Licht erscheinen. Die Bräuche gewinnen dadurch eine Tiefe, die der bloße Augenschein gar nicht liefern kann. Bekanntlich kann man ja auch nur sehen, was man weiß.

Und „gesehen“ und „gewußt“ wurde schon viel. Immer noch geistert durch die Köpfe der Brauchträger, Journalisten und Touristiker etwa die Ansicht, daß sich die allermeisten Bräuche einer heidnischen Vergangenheit verdanken und dieses „Heidentum“ die über 2000 Jahre lange christliche Geschichte in irgendeiner Form überdauert hat – auf wundersame Weise. Doch Wunder finden leider selten statt, auch im Brauchtum. Was heute an Jahresbräuchen vor uns liegt, verdankt sich im überwiegenden Fall dem christlichen Kalender und seiner Ausgestaltung. Hinzu kommen Volksglaubensvorstellungen, die sich aus oft seltsamen Interpretationen der christlichen Lehre speisen. Diesbezüglich kann man vielleicht von „Aberglauben“ sprechen, niemals aber von einem vorchristlichen Heidentum. Die Zeit hat diese Spuren schon vor langem verwischt.

So ist es auch der Lauf der Zeit, der für die Veränderungen innerhalb der Brauchlandschaft verantwortlich ist. Neue Geistesströmungen, „Moden“, Wirtschaftslagen, politische und soziale Entwicklungen modellieren unablässig an den Bräuchen herum. So war es beispielsweise der erfolgreiche protestantische Glaube, der die katholischen Bräuche im 16./17. Jahrhundert zu ungeahnter Prachtentfaltung zwang – schlicht um attraktiver für die eigenen Schäflein zu sein. Und es war das Zeitalter der „Aufklärung“ im 18./19. Jahrhundert, das darin wieder nur „Kindereien“ sah und auf das Aufgeben vieler Bräuche drängte. Wobei etwa Kaiser Joseph II. auch in Tirol besonders erfolgreich war.

Bräuche verändern sich aber auch oder verschwinden gar, wenn sich die Brauchträger schlicht und einfach nicht mehr dafür interessieren.

Zu mühselig, zu aufwendig, zu langweilig: Gerade das 20. Jahrhundert mit seinen beiden Weltkriegen, dem Wiederaufbau und dem vielleicht noch verheerenderen Beginn der Wohlstands- und Unterhaltungsgesellschaft bedeutete den Todesstoß für viele traditionelle Bräuche. Und dort, wo sie erhalten blieben, bemühte man sich um eine schlichtere und „modernere" Form.

Um dem überall sichtbaren Austrocknen der Brauchlandschaft zu begegnen, wurden „Traditionsverbände" gegründet, die sich der Erhaltung gerade der Jahresbräuche verschrieben haben. Vor allem ihnen ist es zu verdanken, daß wir heute noch auf zahlreiche lebendig gebliebene Bräuche stoßen und sie genießen können.

In diesem Zusammenhang fällt auch dem Tourismus eine große Rolle zu. Vielfach gescholten, weil er den kulturellen „Ausverkauf" des Landes betreibt, war aber gerade er es, der gelegentlich mit beträchtlichen Finanzspritzen und der Unterstützung zahlreicher Initiativen für ein Überleben sorgte. Anfänglich tat er dies sicherlich, um den Gästen eine einfache „Show" bieten zu können. In den letzten Jahren ist aber so manchem Touristiker klar geworden, daß die Gäste sehr wohl zwischen inszenierter „Show" und gelebter Volkskultur unterscheiden können und diese deshalb unterstützt werden muß, auch wo sie nicht gerade auf ein Massenpublikum schielt. Wir wollen hoffen, daß sich immer mehr Touristiker dieses „Schlages" finden mögen.

Das vorliegende Buch schildert lebendige Tiroler Bräuche im Jahreslauf – Bräuche also, die öffentlich zugänglich sind, die man besuchen und an denen man teilnehmen kann. Die Darstellung beschränkt sich auf Nord- und Osttirol. Eine solche Grenzziehung war notwendig, um den Umfang nicht zu sprengen. „Künstlich" ist sie allemal, denn der Brauchforscher kennt prinzipiell keine politischen Grenzen. Und das schlicht aus dem Grund, weil sich das Volksleben und insbesondere das Brauchtum niemals an sie gehalten haben. Eine wirklich umfassende Darstellung müßte daher den gesamten Alpenraum rund um Tirol erfassen und zumindest Südtirol, Trentino, Graubünden, Oberbayern, Salzburg und Kärnten miteinbeziehen. Eine herkulische Aufgabe, die noch ansteht. Vielleicht ist mit dem vorliegenden Buch ja ein erster Schritt dazu getan.

Inzwischen wünschen wir den Leserinnen und Lesern aber viel Vergnügen bei der Lektüre und: Gehen Sie hin und schauen Sie sich das an!

Sternsingerstern aus dem Bergbauernmuseum z'Bach in der Wildschönau. Ein Antriebsrad mit Blechklapper kündigt das Nahen der Heiligen Drei Könige an.

Winter
Jänner – März

Silvester und Neujahr

Innsbruck, Kufstein, Kitzbühel

Was wäre eine Silvesterfeier ohne Bleigießen, Knallereien, bunten Raketen, die gleich Sternen vom Himmel fallen, das Läuten der „Bummerin" (Glocke im Wiener Stephansdom), dem die Klänge des Donauwalzers folgen, und dem obligatorischen Gläschen Sekt um Punkt Mitternacht? Für viele eine lahme Angelegenheit. Denn nach „alter" Tradition gehört das vergangene Jahr verabschiedet und das beginnende Jahr gebührend eingeleitet.

Dabei ist das Neujahrsfest am 1. Jänner eine relativ junge Angelegenheit. Erst 1691 setzte Papst Innozenz XII. diesen Termin als verbindlichen „Jahresbeginn" fest. In manchen Gegenden hat man aber noch lange Zeit am „alten" Termin, den 6. Jänner (= Epiphanias) festgehalten. Das Kirchenjahr selbst beginnt übrigens nicht am 1. Jänner, sondern am ersten Adventsonntag.

Das Brauchtum rund um Silvester und Neujahr beruht auf einem Mix von althergebrachtem Gedankengut und neuen Elementen. Bis heute hat sich der alte Volksglauben erhalten, daß man zu Silvester **„räuchern"** soll – man zieht mit geweihten Kräutern und Weihrauch durch Haus und Hof, um Segen für das kommende Jahr zu erbitten. Nicht umsonst zählt Silvester bzw. Neujahr zu den beliebten Rauhnächten, die am 6. Jänner ihr Ende finden.

Die bürgerlichen „Erfindungen" des **Silvesterballes** bzw. des **Raketenschießens** stammen aus dem 19. Jahrhundert und brauchten einige Zeit, bis sie auch in den ländlichen Gebieten heimisch wurden. Heute wird in der Nacht vor Neujahr geböllert und geschossen, was das Zeug hält. Ein ganzer Industriezweig lebt von diesem „Brauchtum". Mit Lärm jedweder Art hat man aber auch schon in früheren Zeiten „Übergänge" bzw. besondere Feste gefeiert. Mit bescheidenen Mitteln wie Trommeln, Töpfen u.ä. – aber immerhin. Auch das untrennbar mit Neujahr verbundene Bleigießen kommt nicht von ungefähr: In den traditionellen Orakelnächten (wie eben beim Übergang vom alten ins neue Jahr) hat man schon in früheren Zeiten gerne das Schicksal befragt.

Der **Neujahrstag** beginnt entweder mit starken Kopfschmerzen, verursacht durch diverse Aktivitäten in der Silvesternacht, oder mit den Vorbereitungen auf einen „ruhigen" Familientag. Und zu diesem gehört für viele das obligatorische **Neujahrskonzert** der Wiener Philharmoniker, das weltweit via Radio und Fernsehen übertragen wird.

In einigen Tiroler Gemeinden haben aber die Kinder am Vormittag des Neujahrstages etwas anderes zu tun: Sie eilen einzeln oder in kleinen Gruppen von Haus zu Haus, wünschen Glück für das kommende Jahr und erhalten dafür

„Vorsilvester“ mit Feuerwerk auf der Festung Kufstein am 30. Dezember

eine kleine Geldspende. Dieser Brauch des **„Neujahrabgewinnens“** zählt zu den Heischebräuchen, wo die eine Seite (eben die Kinder) ihren Auftrag in Form des Glückwünschens erfüllt und die andere Seite muß bzw. sollte sich dafür – wie bei einem Vertrag – erkenntlich zeigen.

Ganz am Rande sei hier noch vermerkt, daß der Spruch **„einen guten Rutsch (ins neue Jahr)“** absolut nichts mit Rutschen in jedweder Form zu tun hat. Es handelt sich dabei vielmehr um eine Redewendung, die aus dem Jüdischen kommt und auf den Namen „Rosch“ (= Kopf bzw. Anfang) zurückgeht. Zum Jahresbeginn wünscht man sich auf Jiddisch „einen guten Ru(o)sch“ – und dieser Spruch hat sich im Laufe der Zeit auch im allgemeinen deutschen Sprachgut eingebürgert.

Bergsilvester in Innsbruck

Von den zahlreichen Tiroler Silvester- bzw. Neujahrsfesten seien hier drei große Veranstaltungen angeführt, die man bei guter Kondition bewältigen kann. ***Kufstein*** feiert das neue Jahr bereits am 30. Dezember mit einem großen Feuerwerk und Rahmenprogramm. Für Kinder veranstaltet das Innsbrucker Stadtmarketing ebenfalls an diesem Tag in den Nachmittagsstunden das „Zwergsilvester“ mit zahlreichen Unterhaltungsmöglichkeiten in der Innsbrucker Altstadt. So richtig auf geht's beim ***Bergsilvester am 31. Dezember in Innsbruck***. Bereits ab Mittag sorgen in der Innenstadt zahlreiche Musikgruppen unterschiedlicher Stilrichtungen und ein breites kulinarisches Angebot für Stimmung. Um Mitternacht erhellt ein großes Feuerwerk die Stadt, und zigtausende Besucher wiegen sich im Walzerschritt. Wer den Trubel am Silvestertag bzw. in der Silvesternacht meiden möchte, dem sei das ***„Kitzbüheler Neujahr“*** empfohlen. Im Zieleinlauf bei der Hahnenkammbahn findet am Abend des 1. Jänners ein imposantes Feuerwerk statt, das eine gelungene Kombination vom Lichteffekten und passender Musik darstellt.

Dreikönig oder der „alte Beginn des Jahres“

Was heute Silvester bzw. Neujahr am 1. Jänner, war einst der Dreikönigstag am 6. Jänner – der Beginn des neuen Jahres. Vor allem bei der bäuerlichen Bevölkerung hat sich dieser alte Termin noch bis ins 20. Jahrhundert erhalten. Warum aber „beginnt“ nach alter Tradition nun das „Neue“ Jahr am 6. Jänner?

Wie bei so vielen Bräuchen im Jahreslauf, hatte auch hier die christliche Kirche ihre Hände im Spiel. Denn jahrhundertelang feierte die offizielle Kirche den Jahresbeginn an „Epiphanias“, dem 6. Jänner. „Epiphanias“ ein Fremdwort, das nur mehr wenigen geläufig ist. Bei diesem Fest feiert man den Tag, an dem Jesus im Wasser des Jordan getauft worden sein soll. Und gerade durch diese Taufe trat die göttliche Erscheinung (= Epiphanias) im Menschen Jesus zutage. Mit diesem Akt wurde, vereinfacht gesagt, der Mensch Jesu zum christlichen Segenbringer. Das heilsgeschichtliche Werk konnte mit dem „Aufkommen“ der Göttlichkeit Jesu nun seinen „folgenschweren“ Anfang nehmen. Erst in späterer Zeit hat sich an diesen überlieferten Termin das Dreikönigsfest, der Besuch der Hl. Drei Könige bei der Krippe, „angehängt“.

Eine besondere Rolle spielt an diesem Tag das sogenannte **„Dreikinigswasser“**, das in der Kirche geweiht wird. In früheren Zeiten sprengten die Bauern damit Äcker, Felder und Gärten, um eine gute und reichliche Ernte im kommenden Jahr zu erbitten. Die Zweige (= Sprengbesen), mit denen man die Flur segnete, bewahrte man im Stall auf oder hängte sie an einen Ast im Freien – als „Fetisch“ sollten diese religiösen Objekte zusätzlichen Schutz für das Anwesen garantieren.

Mit dem Dreikönigstag enden auch die Rauhnächte – zum letzten Mal zieht man noch vereinzelt durch Haus (und Stall) und segnet mit geweihten Kräutern und Weihrauch Mensch und Tier. Der bekannteste Brauch rund um den 6. Jänner ist jedoch das Dreikönigssingen, das seit den fünfziger Jahren des 20. Jahrhunderts von der Katholischen Jungschar Österreichs organisiert wird. Hunderte Kinder und Jugendliche ziehen in den Tagen nach Weihnachten, vor allem aber kurz nach Neujahr durch die Städte und Dörfer, besuchen öffentliche Einrichtungen und Privathäuser, um für einen guten, karitativen Zweck zu sammeln. Dem aufmerksamen Auge präsentiert sich an diesen Tagen eine breite Palette an (3)-Königskostümen, eine Vielfalt mitgetragener „weisender“ Sterne und nicht zuletzt ein reichhaltiges Repertoire an Sprüchen und Liedern. Mit viel Engagement praktizieren die jungen Brauchträger das Sternsingen und nehmen dabei nicht selten stundenlange Fußmärsche und tiefe Temperaturen auf sich. Und vor allem in den Städten kommt es auch vor, daß ihnen die Türen nicht geöffnet werden – doch unverdrossen ziehen sie weiter ihres Weges. Bei jedem Besuch hinterlassen sie nicht nur den Duft des Weihrauches, sondern auch die mit Kreide geschriebenen Buchstaben C+M+B auf den Türen bzw. Türstöcken. Diese Buchstaben sind keineswegs die Kürzel für die Namen der Könige, Kaspar, Melchior und Balthasar, sondern bedeuten: „Christus Mansionem Benedicat“ (= Gott schütze dieses Haus). Gelegentlich verzichtet man auf die Buchstaben und malt nur drei einfache Kreuze – daher nennt man diesen Brauch auch schlicht „Kreuzlmachen oder -malen“. Zusätzlich wird neben diese religiösen Zeichen auch die Jahreszahl festgehalten – der Schutz über die Bewohner soll also für das ganze kommende Jahr gelten. Ganz am Rande sei für alle Putzteufel und Sauberkeitsfanatiker bemerkt, daß man diese Schutzzeichen auf gar keinen Fall abwischen soll – dies bringt Unglück!

Das **Dreikönigssingen** in seiner heutigen Ausgestaltung ist ein ruhiger, gerngesehener Brauch. Doch das war nicht immer so. Alte Aufzeichnungen berichten von regelrechten Exzessen, die diesen Brauch mancherorts geprägt haben. Zum besseren Verständnis seien hier kurz die Hintergründe des Sternsingens angeführt. Allseits bekannt ist die Legende rund um die Hl. Drei Könige, die durch einen „weisenden“ Stern zur Krippe des Heilands geführt wurden. Doch daß die große Popularität der „Weisen aus dem Morgenland“ im deutschsprachigen Raum auf Lug und Betrug, auf Habgier und wirtschaftliche Interessen zurückzuführen ist, mag heute kaum jemand wahrhaben. Fakt ist, daß die Gebeine der Könige im 12. Jahrhundert auf Umwegen, über die Alpen von Italien nach Köln gekommen sind.

Kircheninterne Streitigkeiten lösten bei dieser Reliquienübertragung gleichzeitig auch politische Konflikte aus, die mit christlicher Nächstenliebe schon gar nichts mehr zu tun hatten. Reliquien bedeuteten in früheren Zeiten Macht und Ansehen. Je wertvoller (und bekannter) die Gebeine, umso mehr versuchten die Kirchen, Bistümer, Diözesen, aber auch die weltlichen Obrigkeiten diese zu besitzen. Denn eines darf man nicht vergessen: Mit den „heiligen“ Überresten wurde die Wirtschaft angekurbelt. Pilger kamen zu Tausenden, um die wertvollen Reliquien zu sehen (z.T. auch zu berühren), sie kauften ein, nächtigten, aßen und tranken. Eben eine frühe Form des Tourismus.

Zum 200-jährigen Jubiläum der Reliquienübertragung nach Köln verfaßte Johannes von Hildesheim im 14. Jahrhundert eine Monographie über die Hl. Drei Könige. Dort heißt es u.a., daß in der Ostkirche das Dreikönigsfest am Vorabend mit Lichtumgängen, die an den Stern von Bethlehem erinnern sollen, begangen wird. Zusätzlich sollen Lieder diesen Brauch bereichern. Anlaß genug, diese „Ideen“ aufzugreifen, und auch hierzulande in die Praxis umzusetzen. Über Flugblätter wurden Liedtexte verbreitet und zunächst in den Klosterschulen bzw. Bischofssitzen von Schülern bei Spielen aufgeführt.

Sternsinger in Götzens

Wie auch bei anderen Bräuchen hat sich das Sternsingen dann im Laufe der Zeit „eigenständig" gemacht und sich als „Ansingen" vor einem wichtigen Festtermin positioniert.

Konkurrenz belebt das Geschäft – ein Schlagwort, das auch in früheren Zeiten seine Berechtigung hatte. Denn schon im 16. Jahrhundert kam es in Innsbruck zu „Auseinandersetzungen" zwischen den städtischen Singschülern und den Sternsingern der Jesuitenschule. Petitionen wurden eingereicht, Bitt- und Beschwerdebriefe an geistliche und weltliche Obrigkeiten geschrieben. Diese stadtinternen Zwistigkeiten waren die eine Seite. Auf der anderen Seite erfreute sich das Dreikönigssingen auch auf dem Lande großer Beliebtheit. Hier waren es keine Schulen oder klösterliche Laiensänger, die sich auf den Weg machten, sondern all diejenigen, die sich mit diesem Brauch ein kleines Zubrot verdienen wollten. Arme Leute, Kinder, vagierende Söldner, mittellose Studenten, Bettelmusikanten, aber auch Karrner oder Dörcher zogen als „Hl. Könige" von Haus zu Haus. Sie sagten Sprüche auf, sangen Lieder und „verlangten" dafür eine Spende. Genauso wie heute. Doch oftmals mit kleinen, aber feinen Unterschieden: Eine zumindest annähernd „königliche Kleidung“ war kaum vorhanden, meist begnügten sich die Gruppen mit einem einfachen, stilisierten Stern als „äußerliches“ Zeichen. Das dargebrachte Repertoire bestand vielfach aus keinen christlichen, geschweige denn weihnachtlichen Gesängen, sondern aus volkstümlichen Spott- und Unterhaltungsliedern. In den Akten des Landgerichtes Kitzbühel finden sich z.B. im 18. Jahrhundert Aufzeichnungen, die von Gesetzesübertretungen während des Sternsingens berichten: so wurde die Polizeistunde mißachtet, übermäßige Trunkenheit festgestellt bzw. animierten die Sternsinger in den Gasthäusern die Leute zum ausgelassenen Tanz.

Aus dem Tiroler Unterland ist auch bekannt, daß nicht eine oder zwei, sondern gleich mehrere Sternsingergruppen nach Weihnachten von Hof zu Hof zogen. Das ging soweit, daß bis zu zehn „Hl. Drei Könige“ (nebst „Gefolge“) pro Tag die Bauernhöfe aufsuchten. Man kann sich gut vorstellen, wie ängstlich so mancher Bauer diesem Brauch entgegensah. Zumal die Brauchträger durchaus vehement ihr Ansinnen vorzutragen wußten, wie folgender Vers beweist:

„Wir haben g'hört die Schlüssel klingen,
man wird uns bald zwei, drei Kreuzer bringen,
zwei drei Kreuzer sind no nicht g'nua,
es g'hört a Stuck Zelten und a Schnaps dazu!“

Die geistliche Obrigkeit, die zwar den Sternsingerbrauch an sich gerne sah, war zum Einschreiten geradezu gezwungen. Man versuchte z.B. mit „Legitimationsberechtigungen“ diesen Ausuferungen Einhalt zu gebieten: Nur wer in der jeweiligen Gemeinde seßhaft war und einen „Ausweis“ vorzeigen konnte, durfte Sternsingen gehen. Viel Erfolg hatte man damit zunächst aber nicht.

Erst im Laufe des 19. Jahrhunderts kam es zu einschneidenden Veränderungen, insbesondere durch drastische Verordnungen, die vielerorts den Brauch zum Erliegen brachten. Nur in den Orten, wo vor allem die örtliche Kirche mit all den ihr nur erdenklich möglichen Mitteln den Brauch „in die Hand nahm“, gab es noch das Sternsingen. Zudem verschwanden allmählich die vagierenden, also umherziehenden Bettlergruppen, und der Brauch konnte „neu“ konstituiert werden.

Seit ca. der Mitte des 20. Jahrhunderts läuft der Brauch des Sternsingens, wie bereits erwähnt, in „neuen Bahnen“. Doch „Reste“ der alten Tradition des „Dreikönigsumganges“ haben sich vereinzelt noch erhalten: als kulinarische Belohnung werden die jungen Sternsinger neben weihnachtlichem Gebäck auch mit einem („ersten“) Gläschen Schnaps (v.a. Eierlikör) oder Glühwein bewirtet.

— *Dreikönigsspiel in Silz*

Der Auftritt der Hl. Drei Könige ist untrennbar mit den Weihnachtsspielen bzw. den Mysterienspielen verbunden. Sie sind nach alter Tradition dabei nicht nur „optischer“ und dramatischer Aufputz, sondern grundlegender Bestandteil der christlichen Heilslehre. Die Hl. Drei Könige verkörpern nämlich die Welt der Andersgläubigen, die den Erlöser des Christentums suchten (!), fanden, ihn als Gottheit anerkannten und ihm daher wertvolle Gaben (Gold, Weihrauch und Myrrhe) schenkten. Als Herrscher entfernter weltlicher Königreiche (Morgenland) sind sie Symbole dafür, daß die Allmacht und Gnade des christlichen Gottes umfassend ist. In theologischen Abhandlungen und Interpretationen stehen sie aber in weiterer Folge auch im weitesten Sinne für das zölibatäre Priestertum: denn sie kamen schlußendlich ohne (Ehe)Frauen zur Krippe! Dies sei nur am Rande vermerkt und Hinweis darauf, wie „beliebig“ man legendarische Überlieferungen zweckmäßig interpretieren kann …

Das Silzer Dreikönigsspiel ist eine Neubearbeitung eines „alten“ geistlichen Mysterienspieles, das in zwei Akten auf öffentlichen Plätzen in Silz aufgeführt wird. Schon im 17. Jahrhundert ist die Aufführung eines Mysterienspiels in Silz belegt, das bis dato letztmalig im 19. Jahrhundert als „biblisches Schauspiel“ ebendort erwähnt wird. Der Silzer Krippenverein hat sich dieser alten Tradition angenommen und veranstaltet nunmehr in bestimmten Intervallen ein neuinszeniertes Dreikönigsspiel. Im Jahre 2004 bestimmten zwei Bild-Szenarien die Aufführung, die von ca. 80 Schauspielern mit lebenden Tieren (Pferde, Schafe, Esel) bestimmt wurden.

Sebastianiprozession in Telfs

20. Jänner

Nur mehr in wenigen Tiroler Gemeinden hält man an einst verlobten Prozessionen fest – abgesehen natürlich von den großen Festtagen wie Fronleichnam oder Herz Jesu. Telfs ist anders und das zeigt sich nicht zuletzt bei der jährlich durchgeführten Sebastianiprozession am 20. Jänner. Egal ob es sich dabei um einen Werk- oder Wochenendtag handelt, man hält an dem gelobtem Umgang fest. Daß manche sich eigens dafür Urlaub nehmen, ist Ehrensache.

Dabei ist dieser kirchliche Brauch mehrere hundert Jahre alt und auf die großen Krankheitsepidemien zurückzuführen. Ob es sich dabei um die Pest, Cholera, Typhus oder eine andere Seuche gehandelt hat, ist heute nicht mehr genau zu eruieren. Fest steht jedenfalls, daß 1620 sich im Pfarrarchiv Telfs erstmals eine Erwähnung der Sebastiani-Bruderschaft nachweisen läßt.
In Nachfolge dieser Bruderschaft gibt es heute noch die Sebastiani-Gemeinschaft, deren Ziele u.a. das Glaubenszeugnis, die Feier des Sebastianitages und die Pflege der Sebastiniverehrung sind. Das Verlöbnis in Telfs hat man im Laufe der Jahrzehnte immer wieder erneuert und bei jedweden Notsituationen bittet man um die Fürsprache des Hl. Sebastian. Am Vormittag des Patronatstages findet ein feierlicher Gottesdienst statt, am Nachmittag ziehen kirchliche Würdenträger, Abordnungen der örtlichen Traditionsverbände sowie Vereine und viele andere Prozessionsteilnehmer mit Vortragekreuz, Kreuz der Sebastianigemeinschaft und Umtragefigur des Heiligen durch den Ort. In der Pfarrkirche Peter und Paul endet der Umgang, wo im Rahmen der kirchlichen Feier u.a. auch das Sebastianilied gesungen und der abschließende Sebastianisegen gespendet wird. Eingefleischte Telfer sehen in diesem kirchlichen Brauch auch den eigentlichen Beginn des neuen Jahres.

Maria Lichtmeß

2. Februar

Einst war Maria Lichtmeß ein wichtiger Festtag – insbesondere für die Dienstboten. Denn zu diesem Termin wechselte man oftmals die Dienststelle und zog zu einem anderen Bauernhof bzw. Arbeitgeber. Heute gelten selbst für in der Landwirtschaft tätigen Arbeiter andere Vertragsregelungen, und der Tag hat zumindest in seiner ehemaligen weltlichen Funktion an Bedeutung verloren.

Die Kirche feiert am 2. Februar Mariä Reinigung, eines der ältesten Feste zu Ehren der Muttergottes. Es erinnert an den jüdischen Volksglauben des Alten Testaments, daß eine Frau nach der Geburt eines Sohnes 40 Tage lang unrein ist. Erst mit der Spende von Opfergaben im Tempel wurde sie als wieder „rein" angesehen. Übrigens hat sich eine Form dieses wahrlich sehr alten Volksglaubens rund um die Geburt im Alpenraum bis ins 20. Jahrhundert gehalten. So mußten die Wöchnerinnen in Begleitung einer älteren Frau (oftmals einer Hebamme) nach einer gewissen Zeit über den Hintereingang in die Kirche gehen und sich dort „aussegnen" lassen. Erst dann durften sie wieder „offiziell" die Hl. Messe besuchen und die Hl. Kommunion in Empfang nehmen.

Erst im Laufe des 7. Jahrhunderts wurden an diesem Festtag bereits bestehende Lichterprozessionen in das Marienfest aufgenommen. Die Christianisierung fiel nicht schwer, symbolisiert doch Christus das reinigende und erlösende Licht in der Finsternis der Welt. Um nun die reinigende Kraft des Lichtes offensichtlich (und volksnah) zu machen, hat man die Kerzen in den Kirchen geweiht. Maria Lichtmeß war „geboren". Charakteristisch für dieses Fest ist die Weihe aller Kerzen, die man im Kirchenjahr sowohl in den Gotteshäusern als auch in den Privathaushalten benötigt. Denn Kerzen waren nicht nur einfache Beleuchtungskörper, sondern auch religiöse Behelfsmittel: Sie sind untrennbar mit den christlichen Sakramenten wie Taufe, Erstkommunion, Hochzeit oder Begräbnis verbunden. Zudem verwendete man z.B. geweihte (schwarze) „Wetterkerzen" auch, um Blitzeinschlag vom Haus abzuhalten.

Heute werden zu Maria Lichtmeß oftmals noch die „Kirchenkerzen" während der Hl. Messe geweiht, doch nur ganz wenige lassen auch ihre „privaten" Kerzen weihen. Die Glühbirne und das aufgeklärte Bewußtsein haben ihren Teil dazu beigetragen, daß dieser einst so beliebte Kirchenbrauch fast dem Untergang im wahrsten Sinne des Wortes geweiht ist.

Ganz am Rande sei noch vermerkt, daß man nach alter Tradition zu Maria Lichtmeß die Kirchen- und Hauskrippen wieder abbaut und verräumt. 40 Tage nach der Geburt des Heilands endet also der weihnachtliche Festkreis.

Hl. Blasius in Piburg (Oetz) und Völs

3. Februar

Das Patroziniumsfest des Hl. Blasius am 3. Februar fällt sehr günstig – denn gerade in den langen Wintermonaten plagen so manchen Halsschmerzen. Der an diesem Termin gespendete Blasiussegen soll Abhilfe schaffen oder zumindest vorbeugend wirken. Und wie bei so mancher Geschichte findet sich auch hier ein „wahrer" Kern: Laut Legende soll der Hl. Blasius Arzt gewesen sein und im 3. Jahrhundert in der Türkei gelebt haben. Warum er gerade bei Halsleiden um Hilfe angerufen wird – quasi als HNO-Spezialist – läßt sich auf eine Wundergeschichte in einem Gefängnis zurückführen. Der bekennende Christ Blasius wurde im Rahmen der Christenverfolgung in Haft genommen, ging aber auch hier seiner ärztlichen Berufung nach. Und dort rettete er einem Knaben vor dem Erstickungstod das Leben, indem er ihm eine sich im Hals festgesetzte Fischgräte entfernte. Was lag da näher, als sich bei jedweden Halsleiden an die Fürbitte des Hl. Blasius zu wenden?

Doch auch bei anderen körperlichen Kalamitäten suchte man Hilfe bei diesem „heiligen Arzt". Dies zeigt sich nicht zuletzt in seiner Aufnahme in den Kreis der 14 Nothelfer. Die Ansammlung von verschiedenen Heiligen (die regional unterschiedlich zusammengesetzt sein können) „garantierte" den Gläubigen eine geballte Hilfe bei den unterschiedlichsten Problemen. Egal ob eine Feuersbrunst wütete, eine Seuche die Region durchzog oder ein Hochwasser drohte – ein Hilferuf an gleich vierzehn männliche und weibliche Heilige (u.a. Florian, Christophorus, Barbara oder Katharina) sollte doch hilfreicher wirken als die Bitte an bloß einen einzigen Heiligen.

Die Spezialität des Hl. Blasius waren und sind aber körperliche Leiden, insbesondere wenn es um den Halsbereich geht. Und daher spendet man in zahlreichen Tiroler Kirchen am 3. Februar den Blasiussegen. Die Gläubigen treten vor den Pfarrer und dieser kreuzt zwei geweihte Kerzen vor ihren Häuptern und spricht einen Segensspruch, wie z.B.: „Durch die Fürsprache des heiligen Bischofs und Märtyrers Blasius befreie und bewahre dich der Herr vor allem Übel des Halses und jedem anderen Übel."

Die Blasiusweihe erfolgt in vielen Tiroler Kirchen, doch besonders eindrucksvoll erweist sich dieser kirchliche Brauch in Völs bei Innsbruck und in Piburg (einem Weiler bei Oetz im Ötztal). Beide Kirchen sind dem Hl. Blasius geweiht und nach wie vor hält man dort an dieser alten Tradition fest.

Blasiussegen mit gekreuzten Kerzen in Völs bei Innsbruck

In Völs feiert man das Patrozinium des Hl. Blasius als besonderes „Dorffest“: Schon in den frühen Morgenstunden (ca. 7.30 Uhr) werden beim örtlichen Bäcker die Blasiusbrezen geweiht. Die Breze als Gebildbrot, das sowohl in der Fastnachts- als auch in der Fastenzeit eine besondere Rolle spielt, fand hier – terminentsprechend – Eingang in den kirchlichen Brauch. Den eigentlichen Blasiussegen spendet der Pfarrer in dem romantisch auf einem Hügel gelegenen Blasiuskirchlein während bzw. nach den Gottesdiensten am Vor- und Nachmittag.

Während in Völs beinahe das ganze Dorf und die umliegenden Ortschaften sich auf dem Blasiusberg tummeln, hat die „Blasiusfeier“ in Piburg beinahe intimen Charakter. Entweder bei der Morgen- bzw. Abendmesse erteilt der örtliche Geistliche den Blasiussegen in diesem Bergkirchlein. Anschließend wird der Piburger Kirchtag mit Musik, den Kirchtagskrapfen und anderen Spezereien gefeiert. Ob man nun eine Völser Brezen oder einen Piburger Kirchtagskrapfen anläßlich des Blasiustages verspeist – den Blasiussegen sollte man sich als Schutz vor dem Verschlucken schon vorher „geholt“ haben.

Roller und Scheller der Tarrenzer Fastnacht

Tiroler Fastnacht

Manche behaupten, man verstehe die Tiroler Mentalität erst dann, wenn man bei einer der vielen Fastnachten dabei gewesen ist. Diese Anschauung hat durchaus ihre Berechtigung, denn wohl bei kaum einem anderen Brauch steckt dermaßen viel Impetus dahinter. Die Brauchträger, also die Fastnachtler, gehen mit Leib und Seele in die Fastnacht – koste es im wahrsten Sinne des Wortes was es wolle.

Die Tiroler Fastnacht boomt – das kann jeder bestätigen, der in der Faschingszeit die Zeitung aufschlägt oder die Berichte im Radio und Fernsehen verfolgt. Zu dieser Zeit hat man den Eindruck, die Tiroler hätten nichts anderes zu tun, als sich in farbenfrohe Kostüme zu werfen, Masken und Larven aufzusetzen und sich dem sinnlichen Treiben hinzugeben. Das ist die eine Seite. Auf der anderen Seite entpuppen sich die traditionellen Tiroler Fastnachten (besonders bei den Umzügen) keineswegs als unorganisierte Narretei, es wird vielmehr großes Augenmerk auf überlieferte Traditionen, auf geordnete Abläufe und perfekte Organisation gelegt.

Und das kommt an. Sowohl bei den Fastnachtlern selbst, als auch bei den Zuschauern, die zu Tausenden in die Fastnachtshochburgen und solche, die es noch werden wollen, pilgern.

Jeder Fastnachtsverein bzw. jede Fastnachtsgruppe trachtet danach, ihre jeweiligen Besonderheiten auch medial hervorzuheben, sich von den anderen abzusetzen. Das ergibt eine Dynamik im Fastnachtsgeschehen, die nicht nur Insider zu schätzen und goutieren wissen. In gewisser Weise wird damit auch eine regionale Identität aufgebaut, die für das gesellschaftliche Leben in den Dörfern und dem Eigenverständnis hilfreich ist. Konkurrenz belebt nicht nur die Wirtschaft, sondern im Falle der Fastnacht auch das soziale Gefüge. Dies wird u.a. deutlich, wenn bei einem Fastnachtsumzug die benachbarten Vereine mit Argusaugen das Geschehen beobachten, mit Kritik aber auch Lob nicht sparen.

Die Tiroler Fastnacht ist männlich – da kann man sagen was man will. Bei allen traditionellen Tiroler Fastnachtsbräuchen sind es allein die Männer, die als Aktive in die Kostüme schlüpfen und bei den Umzügen auf den Wagen ihr närrisches Unwesen treiben dürfen. Das steht ganz im Gegensatz zum Faschingsgeschehen, wo auch die Frauen „aus der Rolle" fallen, wo sie sich aktiv am bunten Treiben beteiligen. Frauen sind an den traditionellen Fastnachten passiv beteiligt: sei es, daß sie die Kostüme nähen und ausbessern oder bei der Ideengebung und Gestaltung der Fastnachtswägen hilfreich zur Seite stehen. Weitgehend haben sich die Tirolerinnen damit abgefunden, stehen zu dieser (vermeintlichen) Tradition bzw. fördern sie geradezu. Vielleicht ziehen sie ja auch ihren Nutzen daraus und können während der monatelangen Vorbereitungszeiten ihre Freizeit effektiver nutzen.

Und die Vorlaufzeit einer Fastnacht ist lange. Bei den größeren Fastnachten dauert sie mehrere Monate, ja bis zu einem Jahr. Geprägt ist diese Zeit von unzähligen Sitzungen (die oftmals bis in die Morgenstunden dauern), Proben und intensiven handwerklichen Arbeitsstunden. Da kommt es schon vor, daß man sich kurzfristig Urlaub nehmen muß, weil eben die Planung körperlich so viel von einem aktiven Fastnachtler abverlangt. Auch äußerliche Veränderungen zeugen von einer bevorstehenden Fastnacht – so etwa in Telfs, wo sich die Fastnachtler fast ein Jahr nicht mehr rasieren dürfen. Ob es dem Ehegespons nun gefällt oder nicht – Tradition muß eben sein. Soviel zur Opferbereitschaft in der Fastnacht. Die übrigens noch viel weiter geht. Denn Unfälle jedweder Art stehen bei der Fastnacht und vor allem in den Vorbereitungsphasen auf der Tagesordnung. Prellungen, Knochenbrüche u.a. haben aber noch kaum jemanden daran gehindert, in die Fastnacht zu gehen. Es hat eben alles seinen Preis ... den man „gerne" bezahlt. Die Tiroler sind eben doch ein stures und eigenwilliges Volk ...

Fastnacht ist nicht gleich Fastnacht – zumindest für Außenstehende wichtig zu wissen. Denn man unterscheidet prinzipiell bei den großen traditionellen Tiroler Fastnachten drei Arten:

1. den offiziellen Umzug und
2. das (dorf)interne Treiben am darauffolgenden Tag bzw. an bestimmten Terminen
3. das „kleine" Fastnachtstreiben auf den Straßen und in den Wirtsstuben

Beim offiziellen großen Fastnachtsumzug geht in einem bestimmten Zeitraum alles – wie man so schön sagt – in geordneten Bahnen. Von der Mittagszeit bis zum Betläuten um 18.00 Uhr ziehen die Fastnachtsgruppen auf vorgeschriebenen Wegen und streng geregelter Abfolge durch den Ort, alle Aktiven sind maskiert und in ihrer Rolle „festgelegt“. Nach dem Läuten um 18.00 Uhr ist der „offizielle Teil“ beendet, die Larven werden abgelegt und das freie Treiben kann beginnen. Und das kann bis in die frühen Morgenstunden dauern ...

Der darauffolgende Tag ist weitgehend der Dorfgemeinschaft vorbehalten – alle Fastnachtler ziehen kostümiert, aber ohne Larven (!) durch die Straßen und feiern mit den Einheimischen das „vorläufige“ Ende der örtlichen Fastnacht. Vorläufig deshalb, weil zumeist am Faschingsdienstag in einer eigenen Feier von der Fastnacht Abschied genommen wird (z.B. Nazeingraben in Telfs).

Das „kleine“ Fastnachtstreiben findet vorwiegend in den Orten des Mullerlaufens (u.ä. Bräuche wie das Schellenschlagen), also in der Umgebung von Innsbruck, statt. An bestimmten Terminen ziehen einzelne Fastnachtsgruppen von Gasthaus zu Gasthaus, vereinzelt auch in Bauernhäuser, und führen dort ihren Brauch (mit Tanz) auf. In den letzten Jahren ist es auch en vogue geworden, als Mitternachtseinlage derartige Brauchtumsgruppen einzuladen. Im Gegensatz zu den großen Umzügen haben diese Veranstaltungen beinahe intimen Charakter. Zudem ermöglichen sie den Aktiven einen Auftritt, auch wenn kein großer Umzug auf dem Terminplan steht.

Auch wenn immer wieder davon die Rede ist bzw. in Werbebroschüren damit geworben wird: *Die* Tiroler Fastnacht gibt es nicht. Jede Fastnacht hat ihr spezifisches Charakteristikum – auch wenn das teilweise nicht für jeden ersichtlich ist. Es sind oft nur Details, die eine Fastnacht von einer nur 1–2 km entfernten unterscheiden. Aber gerade diese vermeintlichen Kleinigkeiten machen die Lebendigkeit des Fastnachtsbrauchtums aus.

Jede Fastnacht hat ihre eigene Geschichte – und mag sie auch nicht lange zurückreichen. Einige Fastnachten lassen sich mehrere hundert Jahre nachweisen, anderen wiederum fehlen die geschichtlichen Quellen bzw. wurden sie nach einiger Zeit „wiedereingeführt“. Dem Enthusiasmus tut dies keinen Abbruch. Und das ist gut so. Denn nur ganz selten kann man eine Fastnacht über lange Zeit – sprich über Jahrhunderte – nachweisen.

Das Tiroler Fastnachtsbrauchtum ist lebendig – gerade weil immer wieder neue Elemente aufgenommen wurden, einige abgekommen sind und man sich auch manchmal dem Zeitgeist angepaßt hat. Tradition alleine macht noch keinen Brauch aus: lebendig muß er sein, von vielen getragen und identitätsstiftend. Wie das funktioniert, zeigen die Tiroler Fastnachten.

„Laggeroller" in der Fastnacht von Wald im Pitztal

— *Tiroler Fastnacht – und was dahinter steckt*

Wenn man diverse Artikel über die Tiroler Fastnachten liest, möchte man glauben, selbst der Mann vom Hauslabjoch (Ötzi) habe es sich nicht nehmen lassen, ab und zu in seine Fastnachtskluft zu steigen. Der Mähren gibt es viele ... Und so auch, wenn es um die Ursprünge der Fastnacht geht. Man glaubt wahrscheinlich, je älter man eine Fastnacht „macht", um so mehr ist sie wert.

Die Rede ist hierbei vor allem vom heidnischen Kulturgut, von Fruchtbarkeit, dem Winteraustreiben bzw. dem Vertreiben der bösen Geister. Mehrere tausend Jahre alt soll in Tirol das Fastnachtsbrauchtum eben sein. Nun, diese Aussagen und Fachmeinungen stammen zum Großteil aus dem 19. Jahrhundert und wurden in der heutigen Zeit einfach übernommen. Und zwar kritiklos. In der Zeit der Romantik begann man sich mit dem „einfachen" Volk zu beschäftigen, man suchte nach den Urkräften der Vergangenheit, nach den Relikten einer gewachsenen Kultur. Und fand sie auch – im vermeintlich urheidnischen (zumeist germanischen) Treiben der Fastnacht.

Es mag zwar in vorchristlicher Zeit bei den Germanen (und anderen Völkern) durchaus kultische Frühlingsfeste gegeben haben, die auch mit Lärmen, mit Musik und Masken zelebriert wurden, darin jedoch Vorläufer der heutigen Fastnacht zu sehen, ist eine doch vermessene Sache, ist reine Spekulation. Daß in dem Brauch Fastnacht sehr wohl gewisse, allerdings „umfunktionierte" Elemente älterer Feste enthalten sein können, soll hier jedoch keineswegs ausgeschlossen werden. Maskierung und Musik (Lärm) sind spielerische Elemente, die sich weltweit in unzähligen Ritualen und Bräuchen wiederfinden. Und eben auch in der Tiroler Fastnacht.

Es gibt aber keine ungebrochene historische Entwicklung der Fastnacht von irgendwelchen Urzeiten bis in die Gegenwart. Zum Leidwesen so mancher Protagonisten, die eine jahrtausendelange Geschichte als Maß alles Fastnachtstreibens ansehen.

Die älteste – zumindest bis dato bekannte – Erwähnung der Fastnacht stammt aus der Zeit um 1200. Ganz offensichtlich wurde in den früheren geschichtlichen Quellen mit dieser Bezeichnung die Zeit vor der Fastenzeit benannt. Fastnacht ist eine, wie der Name sagt, am Vorabend bzw. den vorhergehenden Tagen der Fastenzeit begangene Feier, die ihren Sinn aus dem Ablauf des Kirchenjahres bezog. Ob man nun dieses närrische Treiben als „Fasnacht" oder „Fastnacht" bezeichnet, ist weitgehend egal. Die Wortherleitung bezieht sich eindeutig auf die kommende Fastenzeit. In Tirol verwenden die Brauchträger hauptsächlich den Namen Fasnacht, was im unmittelbaren Zusammenhang mit den Dialektformen steht. Das „t" wird in der Umgangssprache einfach weggelassen.

Die Fastnacht hat ihren fixen Platz im kirchlichen Kalender – und das schon seit Jahrhunderten. Über lange Zeit, beginnend (und nachweisbar) mit dem Mittelalter, erstreckten sich die von der Katholischen (im Gegensatz zur Protestantischen) Kirche offiziell anerkannten Fastnachtstage vom „Unsinnigen Donnerstag" bis zum darauffolgenden Dienstag (= Faschingsdienstag). Mit dem Aschermittwoch beginnt die streng reglementierte 40-tägige Fastenzeit, die seit einem Konzil aus dem 11. Jahrhundert genau eingehalten wird. Die Zahl 40 kommt dabei nicht von ungefähr. Denn laut biblischer Überlieferung soll sich Christus 40 Tage lang in der Wüste gewissermaßen als Eremit aufgehalten haben. Zählt man nun vom Ostersonntag 40 Tage zurück, kommt man auf den Aschermittwoch. Wer nachrechnet wird jedoch festellen, daß da irgendetwas nicht stimmt – zurecht. Man darf jedoch nicht vergessen, daß die dazwischen liegenden Sonntage ohnehin auf Askese ausgerichtet sein sollten und daher bei den 40 Fastentagen nicht mitberechnet werden. So zumindest in der kirchlichen Praxis der Katholiken. Bei den Protestanten schaut die Sache etwas anders aus. Sie halten nämlich z.T. noch am alten Fastnachtstermin fest, d.h. „ihre" traditionelle Fastnacht endet sechs Tage später. So verwundert es auch nicht, daß die Basler Fastnacht am Sonntag bzw. Montag nach dem Aschermittwoch stattfindet.

Die traditionellen Tiroler Fastnachten beginnen zumeist mit dem Dreikönigstag am 6. Jänner und enden mit wenigen Ausnahmen am Faschingsdienstag. Im Mittelpunkt steht dabei jedoch der Fastnachtsumzug, der bei den großen Fastnachten in bestimmten Jahresabständen, immer jedoch an einem Sonntag stattfindet (mit Ausnahme des Axamer Wampelerreitens).

Jede Fastnacht hat ihre eigenen Figuren, ihre eigenen Strukturen und Traditionen. Allen gemein ist jedoch, vom tieferen Inhalt her, die Errichtung einer närrischen, verkehrten Welt. Dabei hat alles seine „närrische" Berechtigung: Das Dämonische und Wilde ebenso wie das Eitle oder die Wollust. Den Menschen sollte mit diesen Festen ein Spiegel vor Augen gehalten werden, der ihnen vor der bald beginnenden Fastenzeit zeigen sollte, wie nichtig das irdische Dasein ist. Sie hatten kurzfristig Zeit sich gehen, sich ihren Trieben hingeben zu lassen. Mit dem Beginn der Fastenzeit war aber dann alles freie Treiben beendet, die gottgewollte Ordnung mußte wiederhergestellt werden. In gewisser Weise war – zumindest in früheren Zeiten – die Fastnacht ein Propagandainstrument der Kirche. Brot und Spiele zur (kurzfristigen) Ablenkung.

In diesem Sinne hat die Kirche und weltliche Obrigkeit die Fastnacht zunächst auch gebilligt, sie sogar gefördert. Doch unter dem Druck der nüchternen Protestanten (bzw. der Aufklärung) und den zunehmenden nicht mehr zu kontrollierenden „Ausschweifungen" zogen sich Kirche und Staat immer mehr zurück. Ihre Mißbilligung brachten sie nicht zuletzt durch unzählige Verbote zum Ausdruck. Und gerade diese Sanktionen sind für die heutige Fastnachtsforschung wichtige Quellen: Sie sind z.T. die einzigen geschichtlichen Hinweise darauf, wie die Fastnacht einst ausgesehen hat.

Fastnachten haben sich immer wieder verändert und der Zeit angepaßt. Recht deutlich wird dies in der Renaissance, wo man sich zunehmend am Adel und dem aufkommenden Bürgertum orientierte. Theater- und Opern-(Musik)produktionen dienten dabei als Vorbild. So wurden etwa Gestalten (wie die Wilden Leute) oder Kostüme dieser vornehmlich städtischen Aufführungen auch in die Fastnacht übernommen. Zudem entwickelte sich aus dem eher unorganisierten Narrenlaufen ein organisierter Umzug. Es ist also keineswegs dem Tourismus oder gegenwärtigen Vereinswesen zuzuschreiben, daß die Fastnachten, besonders die großen traditionellen Fastnachten, zu einem „Schaubrauch" wurden. Schon vor Jahrhunderten gab es die aktiven Fastnachter und die weitgehend passiven Zuseher.

In der Zeit der Aufklärung, also im 18./19. Jahrhundert, häuften sich die verschiedensten obrigkeitlichen Verbote. Nur selten geben dabei Gerichtsakten

Hinweise darauf, ob sich die Bevölkerung wirklich an die Verordnungen gehalten hat. Glaubt man den missionierenden und kontrollierenden Jesuiten zu dieser Zeit, dann hat man diese Anordnungen nicht selten ignoriert und sich vom närrischen Treiben nicht abhalten lassen. Wenigstens im nichtöffentlichen Raum, sprich im privaten Rahmen, hat man weiterhin die ausgelassene Fastnacht gepflegt, gehegt und gelebt.

Natürlich gab es auch Zeiten, wo die Fastnacht keine große Rolle spielte. Es liegt auf der Hand, daß während der Kriege oder anderen Notzeiten man an alles andere dachte denn an Kostümierung und ungezügeltes Treiben. Doch dies waren nur kurze Unterbrechungen. Wie bei so vielem zeigt sich auch hier, der Mensch braucht Zeiten, wo er sich gehen lassen kann, wo er wider den Alltag sich ausleben kann. Im positiven wie im negativen Sinne ...

Im 19. Jahrhundert „entdeckte" man das Volk, vor allem das ländliche Dasein mit all den verbundenen Brauchformen. Die Fastnacht entpuppte sich bei Reiseschriftstellern, Intellektuellen, bildenden Künstlern u.a. als wahre Fundgrube des urtümlichen Lebens. Und dieses – vor allem städtisch-bürgerliche Interesse – hielt bis ins 20. Jahrhundert an.

Die wohl größten Umwälzungen im Tiroler Fastnachtsgeschehen erfolgten im vorherigen Jahrhundert. Die aufkommende Technisierung und Mobilisierung sowie die beiden Weltkriege trugen wesentlich dazu bei, daß vielerorts die Fastnachten im wahrsten Sinne des Wortes verloren gingen. Bis auf einige Ausnahmen hatte man anderes im Sinn, als die närrischen Traditionen aufrechtzuerhalten.

Doch – Gott sei Dank – hat sich diesbezüglich einiges geändert und die Fastnachten erleben seit den letzten Jahrzehnten einen regelrechten Boom. Die Beweggründe hierfür sind wohl vielfältig: Identitätssuche, vermehrte Freizeit, die Suche nach den „Wurzeln" u.v.a. sind wohl nur einige Schlagworte dieses Trends. Fakt ist, daß nicht nur in den Hochburgen der Tiroler Fastnacht (wie Imst, Telfs, Fiß, Nassereith, Axams, Rum oder Thaur) das närrische Treiben (weiter) lebt, sondern daß man auch in anderen Orten alte Traditionen wiederaufleben läßt bzw. neue Fastnachts- bzw. Faschingsideen installiert. Und das sind wahrliche Zeichen lebendiger Volkskultur. Die Fastnacht hat sich über Jahrhunderte der Zeit angepaßt, hat neue Ideen aufgenommen und z.T. alte Traditionen verworfen.

Jede einzelne Tiroler Fastnacht (und auch ausgewählte Faschingsveranstaltungen) muß man miterleben. Denn jede hat ihre ganz eigenen Charakteristika. Egal ob es sich nun um einen großen Umzug oder um eine beinahe dorfinterne Fastnacht handelt – man findet gelebte Tiroler Volkskultur.

„Reiter" versuchen „Axamer Wampeler" auf den Rücken zu schmeißen

— *Axamer Wampelerreiten*

Wenn eine Fastnacht in Tirol aus dem Rahmen fällt, dann ist es das Axamer Wampelerreiten. Allein der Name deutet schon – zumindest wenn man des Tiroler Dialektes kundig ist – eher auf ein Kampfspiel denn auf ein närrisches Treiben. Doch in Summe ist das Wampelerreiten gelebte Fastnachtskultur, die ebenso bunt wie facettenreich ist. Namensgebend für diesen Brauch sind die Hauptfiguren der Fastnacht – die Wampeler. Wampe bedeutet in der Umgangssprache in etwa „fetter Bauch", und genauso muß man sich die Fastnachtsfiguren vorstellen.

Die durchaus athletisch gebauten Axamer Burschen tragen ein weißes Leinenhemd, das an Brust, Armen und Rücken mit Heu so prall ausgepolstert ist, daß gerade die Durchblutung noch funktioniert. So wird aus einem jungen Adonis ein relativ unbeholfen wirkender plumper Sack – zumindest optisch. Über den Hosen (zumeist Jeans) komplettiert ein kurzes rotes Röckchen, das z.T. von einem breiten Gurt mit kleinen Schellen bzw. Glöckchen gehalten wird, den unteren Körperteil. Auf dem Kopf tragen sie während des Umzuges eine Kappe oder Haube bzw. wird das Gesicht durch eine Holzlarve verdeckt.

In der Hand halten sie einen längeren Stock, der für die „Brauchausübung“ dringend notwendig ist. Das klingt und schaut brutal aus – doch für den weiteren Ablauf ist dieses Behelfsmittel dringend notwendig. Man muß eben diesen Brauch miterleben, um ihn zu verstehen ...

Sehen und ausnahmsweise auch aktiv teilnehmen kann man beim Wampeler-reiten jedes Jahr. Denn dieser Fastnachtsbrauch hat seine eigenen Gesetze. Beim kleinen (alljährlichen) oder großen (alle vier Jahre stattfindenden) Umzug geht es prinzipiell darum, die durch den Ort ziehenden Wampeler auf den Rücken zu werfen. Allerdings gilt es dabei eine wichtige Regel zu beachten. Und diese besagt, daß man einen Wampeler nicht angreifen darf, wenn er mit dem Rücken zu einem Haus, einem Zaun, Brunnen o.ä. steht. Dann ist er sozusagen tabu.

Die Wampeler schützen sich vor den Angreifern (den „Reitern“) dadurch, indem sie in gebückter Haltung in Gruppen ziehen und immer wieder Schutz bei „rückendeckenden“ Baulichkeiten suchen. Und hier kommt auch der Stock zum Tragen: er soll ihnen helfen, das Gleichgewicht zu halten, und dient ihnen bei unfairen Angriffen von Vorne zur Abwehr. Denn darauf achten auch die inzwischen neu eingeführten Ordner: ein Wampeler darf nur von hinten „geritten“, d.h. mit dem Rücken auf den Boden geworfen werden. Raufen wäre bei diesem Brauch undenkbar. Und trotz dieser Regeln gibt es immer wieder Verletzungen – sowohl bei den Wampelern als auch bei den „Reitern“. Doch die nimmt man gerne in Kauf, zumal sich beide Parteien ja ganz bewußt in das Geschehen einlassen. Eine männliche Tiroler Mutprobe der besonderen und traditionellen Art ... Übrigens können sich hier auch „reitende“ Frauen aktiv ins Fastnachtsgeschehen einmischen.

Nach zwei kraftraubenden Runden durch den Ortskern (die vor dem Bet-läuten erfolgen müssen) werden die besten Wampeler beim Dorfwirt ermittelt – ausschlaggebend hierfür ist der mehr oder weniger saubere Rückenteil. Das Sprichwort eine „saubere Weste haben“ könnte also durchaus von diesem Axamer Fastnachtsbrauch kommen.

Soweit zu den namengebenden Hauptfiguren der Axamer Fastnacht. Das Entstehen bzw. die Hintergründe dieses Brauches fußen auf Mutmaßungen: zum Einen wird in den Interpretationen Bezug auf den kommenden Frühling genommen (so wird der Wampeler als Verkörperung des Winters durch den Reiter als Symbol des Frühlings besiegt), zum anderen sieht man in den Wampelern personalisierte Relikte vergangener Schutzkleidung vor wilden Tieren (z.B. Bärenjagd). Doch dies sind nur Thesen bzw. Mutmaßungen, die es in einer eigenen regionalen (Fastnachts)Geschichte aufzuarbeiten gilt.

Bis in die 50er bzw. 60er Jahre des 20. Jahrhunderts gehörten zum rauhen Fastnachtsbrauchtum in Axams auch die sogenannten Blutigen. Diese von Kopf bis Fuß mit (Tier)Blut eingeschmierten Fastnachtler zogen von Haus zu Haus, erklommen Balkone und verschafften sich u.a. so Eintritt und erschreckten vornehmlich die weiblichen Dorfbewohner.

Untrennbar mit Axams ist in der Fastnachtszeit bis in die Gegenwart das Bandengehen verbunden. Diverse (traditionelle) Fastnachtsgestalten ziehen zumeist an den Donnerstagen von Gasthaus zu Gasthaus, es wird dabei gesungen und getanzt bzw. werden „Ausrutscher" der örtlichen Bewohner in Form eines Bänkelliedes zum Besten gegeben.

Zum großen Axamer Fastnachtsumzug gehören neben den Wampelern aber auch andere traditionelle Fastnachtsfiguren wie die Tuxer, die Flitscheler, die Boarischen, der Bojazzl u.a. Erwähnenswert ist aber eine tierische Gestalt, die untrennbar mit Axams (und der Fastnacht) verbunden ist – die sogar zu einem der „Übernamen" (= Hausnamen) der Axamer geführt hat: der Axamer Bock.

Man muß diese theatralische Aufführung einfach miterleben und doch sei soviel verraten: ein Ziegenbock hat Axams einst in Aufruhr gebracht. Die Überlieferung besagt, daß ein „wohlverdienter", aber geschmähter Ziegenbock sich in der Kirche über Nacht verschanzt hat und daher am nächsten Tag eine Probe bestehen mußte. Ist er nun der Teufel (in Bocksgestalt) oder nicht? Zur Wahrheitsfindung sollte das vorgelegte Futter – Nudeln (als Beweis des Teufels) bzw. Heu (als normales tierisches Futter) dienen. Nun, der Axamer Bock fraß sowohl die Nudeln als auch das Heu und daher weiß man bis heute nicht, ob es sich bei ihm um eine „teuflische" Gestalt oder um ein „einfaches" Tier gehandelt hat. Die verkehrte Welt – Synonym für die Fastnacht – läßt grüßen ...

— *Blochziehen*

Daß man auch mit einem Baumstamm in die Fastnacht gehen kann, beweist der Brauch des Blochziehens (frei übersetzt: Baumstammziehen). Ursprünglich handelt es sich beim Blochziehen um einen Rügebrauch, der aber ganz bewußt in der Fastnachtszeit ausgeübt wird. Verhöhnt hat man bei dieser öffentlichen Veranstaltung die heiratsfähigen, also ledigen jungen Leute. Sie wurden unter großem Gejohle und dem Spott der Dorfbewohner vor den Baumstamm (Bloch) gespannt und mußten diesen durch den Ort ziehen. Deutlich wird durch diesen Brauch vor allem eines: Heirate, sonst verfolgt dich der Hohn der Leute. Für heutige Verhältnisse eine kaum mehr denkbare Vorstellung.

Im Laufe der Zeit kam es bei diesem Brauch auch zu einer Terminverschiebung – so war es vereinzelt noch bis ins erste Drittel des 20. Jahrhunderts der Fall, daß man am Aschermittwoch das Blochziehen praktizierte. Dies ist ganz einfach erklärt: Die Fastnachtszeit zählte zu den beliebtesten Heiratszeiten – mit dem Beginn der Fastenzeit war also die für längere Zeit letzte Möglichkeit sich zu verheiraten, vertan. Die „Strafe" folgte bei der erstbesten Gelegenheit – also am Aschermittwoch, dem ersten Tag der Fastenzeit. Wie bei so vielen Fastnachtsbräuchen kam es aber auch beim Blochziehen immer wieder zu ekstatischen Ausuferungen: Man frönte bei diesem Fest dem Alkohol und anderen weltlichen Genüssen mehr als der Kirche und der weltlichen Obrigkeit lieb war – und das alles in der Fastenzeit! Es war dann vor allem die Katholische Kirche, die dem Treiben zwar kein Ende setzen konnte, aber immerhin bewirkte, daß man das Blochziehen in die Fastnacht vorverlegte. Und dort ist dieser Brauch in seiner heutigen Form auch gut aufgehoben ...

Die Frauen hat man als Aktive aus der Tiroler Fastnacht verbannt. Das war aber nicht immer so, was sich gerade beim Blochziehen gut nachweisen läßt. Denn in den frühen historischen Belegen (so etwa im Rechnungsbuch Herzog Sigismund des Münzreichen aus dem Jahr 1460) ist ausschließlich von ledigen Mädchen die Rede, die „vor den Bloch gespannt werden". Ob die jungen Frauen diesen Brauch als unterhaltsam empfunden haben, muß wohl mehr als in Frage gestellt werden. Für sie war das kein Spaß, sondern eine öffentliche Verhöhnung. Deutlich wird dies u.a. in einem Sterzinger Spiel vom Anfang des 16. Jahrhunderts, wo ein Mädchen über ihre Ängste vor dem Blochziehen klagt:

Mädchen: *„vater, es wirt vill zu spatt*
Und die pitt wirt mir zu lang
Wan es vergieng die weill der vaschang;
Das wer mir ain grosse pain,
das ich die vasnacht an ain man
(ohne einen Mann, A.d.V.) soll sein."
Vater: *„liebe tochter, wart doch nur xiiij tag noch!"*
Mädchen: *„Nain ich, vater,*
muest am eschermitwoch ziechn im ploch;
So wurn den mein schwestern mein spottn,
das ich im ploch muest umher zotten."

Mit dem Verdrängen der Frauen aus der Fastnacht wurde diesem diffamierenden Spuk ein Ende gesetzt. Nun sind es allein die Männer, die vor den Bloch gespannt werden. Und die sehen die ganze Sache etwas lockerer, zumal sich bei diesem Brauch einiges geändert hat: Aus dem relativ ungeordneten Treiben entwickelte sich ein geregelter Umzug, aus dem öffentlichen „Verhöhnen" wurde ein lustiges gesellschaftliches Ereignis, und andere Fastnachtsfiguren fanden im Laufe der Zeit Eingang ins Blochziehen. Auch das Ledigsein ist heutzutage oftmals nicht die Bedingung dafür, um aktiv an diesem Brauch teilzunehmen.

Während in früheren Zeiten das Blochziehen in ganz Tirol verbreitet war, bildet das heutige Zentrum das Tiroler Oberland. Schon Beda Weber berichtete in seiner Landesbeschreibung von 1837 darüber: *„Das Blochziehen, dem Oberinnthale ganz eigentümlich, findet am Faschingsdienstag statt, wenn niemand geheiratet hat, ein Spiel, das vielleicht mehr als jedes andere das volkstümliche Wesen im Oberinntal zu charakterisieren scheint."*

Diese historische Notiz verweist auf eine besondere Ausgestaltung des Blochziehens, bekannt auch unter der Bezeichnung „Buabnhochzeit". Dieser Brauch wird nämlich nur dann ausgeführt, wenn im vergangenen Jahr keiner der ortsansässigen Burschen geheiratet hat. Ergänzt wird diese Form des Blochziehens durch die szenische Aufführung einer Vermählung (natürlich ist hier auch die Braut „männlich") bzw. durch das Mitführen eines Brautgutwagens und des Sterzinger Mooses. Mit dem Sterzinger Moos hat es in Tirol seine eigene Bewandtnis: Es war zumindest in früheren Zeiten eine landwirtschaftlich unfruchtbare bzw. unwirtliche Gegend bei Sterzing in Südtirol (heute steht dort übrigens die Mautstelle der Autobahn). In den überlieferten Volksglaubensvorstellungen soll dieses sprichwörtlich „unfruchtbare" Feld der Aufenthaltsort all jener weiblichen (!) Verstorbenen sein, die Zeit ihres Lebens die Ehe gescheut haben. Die alten ledigen Jungfern mußten also exakt an dieser Stelle ihren Tribut zollen, wo heute eben (allerdings nicht nur die weiblichen) Autofahrer ihren Obulus zu entrichten haben.

— *Larchziehen in Umhausen*

Was den einen Oberländer Gemeinden ihr Zirben- ist den Umhausern ihr Lärchenbaum. In unregelmäßigen Jahresabständen (letztmalig im Jahre 2005) werden die ledigen Burschen und Männer der Gemeinde vom Fastnachtsfieber gepackt. Weitgehend hält man an den alten Traditionen fest, die auf den ersten nachweisbaren Beschreibungen aus dem Jahr 1761 beruhen. Bemerkenswert beim Umhauser Larchziehen ist, daß man besonders die „alten" Junggesellen hochleben läßt. Dies zeigt sich u.a. darin, daß der älteste Ledige den ausgewählten Lärch anschneiden darf. Die Würde des Alters scheint im Ötztal eben eine besondere Rolle zu spielen ... oder man würdigt einfach die Intelligenz des männlichen Junggesellen, der die Freuden und Mühen einer Ehe richtig einzuschätzen weiß und doch bis ins hohe Alter standhaft bleibt.

Pflichtbewußt sind die Umhauser, das zeigt sich daran, daß sie den am Tag vor dem Umzug gefällten Lärchenbaum sorgsam bewachen. Vielleicht ist aber auch der „Lörgetgeist" (Schnaps) daran schuld, daß man schlafraubende Wache-Stunden in Kauf nimmt. Ähnlich wie beim Maibaum lauern auch hier die Burschen der Umgebung, um in einer unachtsamen Minute oder Stunde den Baumwipfel abzuschneiden. Das Böllerschießen am darauffolgenden Sonntag ist beinahe eine Erlösung – endlich ist der Tag des Larchziehens angebrochen.

Traditionell beginnt der Umzug um die Mittagszeit. Die Fastnachtswägen wie Sterzinger Moos, Plünderfuhre (= Brautgutwagen), Hochzeitskutsche u.a. sind die mitgeführten Vorboten der bevorstehenden Buabnhochzeit. Während des Umzuges wird immer wieder Halt gemacht und das vergangene Ortsgeschehen gleich einem Rügegericht auf humorvolle Art und Weise öffentlich gemacht. Die Betroffenen erkennt der aufmerksame Zuschauer sogleich am betretenen Lächeln oder der aufsteigenden Gesichtsröte.

Am Ende des Umzuges (im Ortszentrum) zelebriert man die Buabnhochzeit, eine volkstümliche Persiflage auf die Trauung. Erst danach kommt der Larch zum Einsatz, auf dem der älteste Junggeselle würdevoll und mit einem breiten Grinsen Platz nimmt. Der Larch wird von den ledigen Burschen durch den Ort gezogen und anschließend – nebst anderer „Holzspenden" – versteigert. Das feilgebotene Fastnachtsholz zu ergattern ist eine Prestigeangelegenheit und ein gesellschaftspolitischer Akt: wie sonst lassen sich die überdurchschnittlich hohen Holzpreise sonst erklären?

Fastnachtswagen mit dem Brautpaar beim Larchziehen in Umhausen

— *Blochziehen in Fiß*

Alle vier Jahre steht Fiß im Banne des Blochziehens. Wenn man bei den Fastnachten von Professionalität sprechen darf, dann ist dies in Fiß sicherlich der Fall. Wie auch bei anderen großen Fastnachten beginnen die Vorbereitungsarbeiten bereits ein Jahr vor dem Festumzug. Und es gereicht jedem männlichen Fißer zur Ehre, wenn er in irgendeiner Form in die Fastnacht eingebunden wird.

Wer beim Festumzug in welches Kostüm schlüpfen darf, wird von einem eigenen Komitee bestimmt. Mit kritischem Blick werden da die (körperlichen) Vorzüge, aber auch die Nachteile eines jeden männlichen Dorfbewohners wahrgenommen. Eine gute Kondition schadet auf keinen Fall, insbesondere wenn man als Schallner (Scheller) oder Bär in die Fastnacht gehen will. Und geradezu akrobatisches Geschick wird vom Bajatzl gefordert, der springend und turnend sich auch auf den Hausdächern fortbewegen soll.

Das Schlägern und Einholen des namengebenden Blochs (hier eine Zirbe) erfolgt bereits einige Zeit vor der Fastnacht – man nutzt hierfür die schneefreie Herbstzeit. Sorgsam wird er aufbewahrt und erst zwei bis drei Tage vor dem Festumzug geschmückt und auf drei Schlitten gelegt. Auch hier ist eine Nachtwache dringend notwendig, versuchen doch immer wieder die Burschen der Umgebung den Stamm zu beschädigen. Mehr als 30 m lang ist die Zirbe – doch die Fisser sind so ehrlich und geben zu, daß der Bloch eigentlich aus zwei Zirbenstämmen zusammengesetzt ist. Der Schönheit und Wichtigkeit des Brauches tut dieses „Manko" jedoch keinen Abbruch.

Zur Fisser Fastnacht gehört aber auch am Vorabend des Umzuges eine Hl. Messe, bei der man den verstorbenen Fastnachtlern gedenkt. Endlich ist es am Sonntag so weit – es wird sich zeigen, ob das monatelange Training und die Vorbereitungsarbeiten sich gelohnt haben. Die Fisser setzen auf Tradition und so beginnt der Umzug immer pünktlich um 12.30 Uhr. Die zum Teil engen Dorfgassen sind geräumt und einige Touristen bringen noch schnell ihren PKW in „Sicherheit". Schallner und Bajatzl drehen eine vorbereitende Ehren runde, dann endlich setzt sich der Festumzug in Bewegung.

Der örtlichen Musikkapelle mit den attraktiven (männlichen) Marketenderinnen folgen die zahlreichen Fastnachtsfiguren, u.a. Schallner, Mohrelen (kleine Mohren), Bären und Bärentreiber, sowie Gestalten der lokalen vergangenen Lebenswelt wie Senner, Vogelhändler, Handwerker, Scherenschleifer, Wanderkrämer u.v.a. Der Weg wird von wild tanzenden Hexen frei gemacht und so manch vorwitziger Zuschauer wird mit Hilfe des Hexenbesens zurückgedrängt. Vier traditionelle Festwägen begleiten den Zug: Krämerwagen, Almhütte, Braut- und Karrnerwagen. Alle Fastnachtsgestalten ziehen, mehr oder weniger geordnet, durch die Dorfgassen. Wirklich alle? Nein, der Bajatzl springt in akrobatischen Sprüngen hin und her und klettert auf die umliegenden Dächer. Dort zeigt er sein trainiertes Können: so etwa einen Handstand auf dem Dachfirst. Die bewundernden Blicke der Zuseher auf sich gerichtet, treibt er aber auch Schabernack, indem er Schnee von den Dächern herunterwirft.

Untrennbar mit der Fisser Fastnacht ist der Giggeler (Hahn) verbunden und ihm ist es u.a. auch zu verdanken, daß bei dieser Fastnacht immer wieder von Fruchtbarkeit die Rede ist. Unter dem bunten Kostüm verbirgt sich ein lediger (!) Bursche, der nicht nur den Hexenfiguren nahe tritt, sondern vor allem die weiblichen Zuseher mit eindeutigen Bewegungen „bespringt". Der Hahn als Symbol der Wollust wird also seiner angestammten Fastnachtsfunktion in Fiß vollkommen gerecht. Manche behaupten sogar, daß der – natürlich nur symbolisch – besprungenen Frau in den nächsten Monaten eine Geburt ins Haus steht. Ein Nachweis dieser These fehlt allerdings noch ...

Das eigentliche Ziehen der Zirbe beginnt nach dem ersten Umlauf: fast alle Fastnachtsfiguren werden dann vor den Bloch gespannt. Wer die engen Gassen von Fiß kennt, weiß um das schwierige Unterfangen, den Stamm durch den Ort zu ziehen. Aber nicht nur Kurven und Hauswände verhindern einen reibungslosen Ablauf, auch Hexen, Bären und der Miasmann (= Wilder Mann) versuchen den Zug aufzuhalten. In dramatischen Szenarien werden sie eingefangen und ebenfalls immer wieder vor den Bloch gespannt – zum Teil mit Erfolg. Doch noch einer tut sein Bestes, um das Vorankommen der Blochzieher zu verhindern: der böse und äußerst wendige Schwanzteufel. Eine geschmiedete Gabel haltend, versucht er mit Hilfe eines

Der Hahn als Fastnachtssymbol der Triebhaftigkeit
beim Fisser Blochziehen

am Baumwipfel befestigten Seiles, das er wieder und wieder um Pfosten schlingt, den Zug aufzuhalten. Doch sein Ansinnen ist schlußendlich nicht von Erfolg gekrönt – nach stundenlanger Arbeit erreichen die eifrigen Blochzieher doch den Festplatz im Ortszentrum. Und dort gilt es den Lohn der Mühen einzuheimsen – in Form der Versteigerung der Fastnachtszirbe nebst anderer Holzspenden. An (finanziell) potenten Bietern hat es in Fiß noch nie gefehlt – von weither kommen sie, um das Zirbenholz zu ergattern. Der Erlös kommt der Fastnacht und diversen Projekten der Dorfgemeinschaft zugute. So hat jeder was davon: der Käufer ein schönes und vor allem symbolträchtiges Holz, die Fastnachtler den wohlverdienten Lohn ihrer Arbeit.

Informationen: www.blochziehen.at

— *Fließer Blochziehen*

Nicht nur die Ortsnamen sind ähnlich – auch der Brauch des Blochziehens weist in beiden Gemeinden mit einigen Ausnahmen ähnliche Merkmale auf. Das Fließer Blochziehen hat jedoch im Gegensatz zu Fiß einen wesentlich intimeren Charakter. Einer der Gründe hierfür mag auch darin liegen, daß man den Fastnachtsbrauch in Fließ (erst) 1986 wiederbelebt hat. Der Bloch ist in Fließ eine große Fichte, die in der Länge (um die 40 m) die Fisser Zirbe übertrumpft. Doch das ist kein Kriterium – zumindest für den Brauchablauf.

In Fließ beginnt jedoch alles etwas früher als in Fiß: so ziehen bereits ab 10.00 Uhr Bajatzl durch den Ort und nach dem Mittagsläuten um 12.00 Uhr läuten die Schallner den Umzug ein. Auch bei diesem Blochziehen kommt es immer wieder zu Verzögerungen – Hexen, Bären, Wilde Leute u.a. tragen ihren Teil dazu bei. Diese „dämonischen" Figuren gilt es zu bändigen und sie schlußendlich vor den Bloch zu spannen. Auch der Schwoaftuifl (Schwanzteufel) darf als Verkörperung des Bösen bei dieser Aufführung nicht fehlen.

Auf dem zu ziehenden Bloch sitzen in Fließ kleine Zwerge, deren Funktion unklar erscheint. Sie sind optischer Aufputz und „Reste" vergangener Volksglaubensvorstellungen. Den Zug begleiten auch andere Fastnachtsfiguren, deren legitime Aufgabe es ist, die Zuseher zu unterhalten – wie es sich eben für die Fastnacht gehört. Sei es indem sie Schuhe putzen, Spezialitäten (wie Maroni) feilbieten oder jedweden Schabernack treiben.

Nach dem Blochumzug tagt beim alten Dorfbrunnen das Hohe Gericht: ein Rügegericht zum Gaudium des Publikums. Gendarmen verhaften mehr oder weniger prominente Zuseher aus Wirtschaft und Politik, bringen sie vor das Tribunal, wo sie abgeurteilt werden. Doch auch das „gemeine Volk" entgeht nicht der dorfinternen Kontrolle. Es ist dem Briefträger zu verdanken, daß alle möglichen Schandtaten der Dorfbewohner auf lustige Art und Weise öffentlich gemacht werden – wer sonst kommt im Dorf soviel herum und erfährt hinter vorgehaltener Hand, was sich vor und hinter den häuslichen Gardinen so alles abspielt ...

— Blochziehen in St. Leonhard

Wenn es in Tirol eine Talschaft gibt, wo die Fastnacht dermaßen intensiv gepflegt wird, dann ist es das Pitztal. Neben Wald, Arzl und Wenns hat auch das im hinteren Talabschluß gelegene St. Leonhard seine ganz spezielle Fastnacht, eben das Blochziehen. Nach den Jahren 1954, 1956, 1983 bzw. 2001 sorgt der örtliche Fastnachtsverein dafür, daß dieser Brauch im Pitztal weiter gepflegt wird. Ab 2004 soll das Blochziehen alle vier Jahre stattfinden.

Der Ablauf des St. Leonharder Blochziehens entspricht im wesentlichen den üblichen Strukturen. Auch im Pitztal muß der Bloch in der Nacht vor dem Umzug sorgsam bewacht werden – ansonsten gibt es nach alter Tradition für die Wachhabenden eine schlimme Sanktion. Sollte der Wipfel in irgendeiner Form beschädigt werden, so müssen diejenigen Burschen, die auf den Bloch achtgeben müssen, während der kommenden Fastnacht ohne Maskierung auftreten! Welche Schmach für einen begeisterten Fastnachtler ... So ein Fall ist aber bisher nicht vorgekommen.

Nach dem traditionellen Mittagsläuten um 12.00 Uhr beginnt das närrische Treiben. In St. Leonhard sind die „Miasmander" und „Tatschenmander" (hier besteht die Kleidung aus Fichtenzweigen) die Hauptfiguren der Fastnacht. Daneben gesellen sich aber auch andere „närrische" Gestalten dazu, die man eigentlich von anderen (benachbarten) Fastnachten kennt: allen voran Roller und Scheller, die untrennbar mit der Walder Fastnacht, dem Singeslerlaufen in Arzl oder der Wenner Fastnacht verbunden sind. Diese Integration von „fremden" Fastnachtsgestalten ist beileibe kein Fauxpas – es ist vielmehr Zeichen dafür, wie abwechslungsreich eine Fastnacht sein kann, wie sie sich verändern kann bzw. wie man im Laufe der Zeit immer wieder neue Elemente aufnimmt.

Die Fastnacht endet „offiziell" mit dem Betläuten um 18.00 Uhr – dann müssen nämlich alle Larven abgenommen werden. Inoffziell geht die Fastnacht aber weiter: ganz St. Leonhard und seine Gäste aus nah und fern feiern am Fastnachtsball bis in die frühen Morgenstunden weiter ...

Seit den letzten Jahren erlebt der Brauch des Blochziehens eine Renaissance. Einige Tiroler Orte bemühen sich um die Aufrechterhaltung bzw. Neubelebung dieser Tradition. So etwa in Nauders im Tiroler Oberland (letztmalig 2003) oder in Rinn und Tulfes (1999).

— *Imster Schemenlaufen*

Auch wenn die anderen Tiroler Fastnachtsgruppen es ungern hören: Das Imster Schemenlaufen ist sicherlich die auch über die Landesgrenzen hinaus bekannteste Fastnacht. Dazu beigetragen hat u.a. nicht nur die lange Tradition dieser Fastnacht und die straff geführte Organisation, sondern auch der professionelle Umgang mit den diversen Medien. Die Imster wissen was sie an ihrer Fastnacht haben und zeigen das auch gerne nach außen. So auch am Beispiel des neu eingerichteten Fastnachtsmuseums, das nicht nur für Freunde des alpenländischen Maskenbrauchtums einen Besuch wert ist.

Für jeden männlichen Imster Bürger ist es nicht nur eine Ehre, sondern geradezu eine „moralische" Pflicht, irgendwann im Leben am Schemenlaufen aktiv teilzunehmen. Sei es als junger Knabe bei der „Buabnfastnacht" (Bubenfastnacht), oder als Mann beim großen Umzug. Man muß übrigens – so das Komitee – als neu Hinzugezogener mindestens zwei Umzüge passiv (als Zuseher) miterleben, um überhaupt für eine der Fastnachtsfiguren in Betracht zu kommen. Außerdem gibt es gewisse familiäre Rechte: So wird nicht selten ein traditionelles Kostüm vom Großvater auf den Vater bzw. den Enkel usw. weitergegeben.

Alle drei bis fünf Jahre wird es mit dem großen Imster Schemenlaufen ernst. Das „kleine" Schemenlaufen, also die Buabnfastnacht, findet ein bis zwei Jahre vor dem Umzug der Erwachsenen statt. So ist also für alle gesorgt und der Nachwuchs wird frühzeitig in die lokalen Fastnachtstraditionen eingeweiht.

Mit Leib und Seele warten die Fastnachtler zunächst auf den Dreikönigstag – denn da wird die kommende Fastnacht öffentlich verkündet und der „Kampf" um die Figuren ausgetragen. Denn wer will nicht als eine der Hauptfiguren – wie Roller und Scheller – am Umzug teilnehmen? Dafür braucht es aber auch eine gute Kondition und viele Probestunden, die für die Aktiven jedoch keine Pflicht, sondern ein regelrechtes Vergnügen darstellen.

Die eigentlichen Vorbereitungen für das Schemenlaufen haben jedoch schon Monate vor dem 6. Jänner begonnen. Die Kostüme müssen ausgebessert oder erneuert werden, die Hexenmusik probt und die Fastnachtswägen werden unter größter Geheimhaltung gebaut. Das Fastnachtsgeschehen ist allgegenwärtig und alles wartet sehnsüchtig auf den großen Tag.

Der Tag des Imster Schemenlaufens beginnt zeitig: Schon um 6.30 Uhr wird zum Gedenken an die verstorbenen Fastnachtler die Hl. Messe gelesen. Dann haben die Aktiven noch etwas Zeit, um sich seelisch und körperlich auf das

Der Altfrankenspritzer sorgt nebst anderen Ordnungsfiguren dafür, daß der Weg für den Fastnachtszug des Imster Schemenlaufens frei gemacht wird

Treiben einzustimmen. Der Umzug beginnt pünktlich um 12.00 Uhr beim Gasthof Hirschen in der Oberstadt. Nur sehr langsam bewegen sich die ca. 800 Fastnachtler (so im Jahr 2000) durch die Straßen Richtung Stadtplatz, wo wiederum pünktlich um 18.00 Uhr das „offizielle" Treiben nach alter Tradition endet.

Wenn man als Zuschauer nicht gerade eine Ehreneinladung für eine der eigens aufgebauten Tribünen bekommt, dann ist es ratsam, sich frühzeitig einen guten Platz am Straßenrand zu sichern. Wer zu spät kommt, den bestraft auch hier das Leben, denn man muß schon alles genau sehen, um das Wesen des Imster Schemenlaufens miterleben zu können.

Allzu weit sollte man sich dennoch nicht vorwagen, denn Ordnungsfiguren wie Sackner, Spritzer oder Kübelemajen weisen vorwitzige Zuseher mit leichten Schlägen, Wasserfontänen und Mehlwolken in die Schranken. Schließlich muß der Zug weiterkommen. Die Hauptfiguren des Imster Schemenlaufens,

Roller und Scheller, nähern sich dann gemächlichen Schrittes: Ihr großer Auftritt kommt auf einzelnen ausgewählten Plätzen bzw. bei den Ehrentribünen. Die paarweise auftretenden Figuren scheinen in ihren Kostümen der barocken Hofoper entsprungen. Dem feingliedrigen, beinahe feminin wirkenden Roller, der am Leibgurt kleine Glöckchen trägt, steht der mächtige und sehr männlich ausschauende Scheller mit seinen schweren Schellen gegenüber. Beide Figuren tragen einen reich verzierten Kopfputz (= Schein) mit einem in der Mitte liegenden Spiegel. Das gemächliche Gehen hat ein Ende, wenn Roller und Scheller zu ihrem „Tanz" (= Gangl) ansetzen: dumpfe Schläge kennzeichnen den Auftritt der behäbigen Scheller, die von den Rollern mit ihren hohen Sprüngen elegant „umtänzelt" werden. Was so leicht und perfekt eingespielt erscheint, ist Resultat stundenlanger Proben mit genau festgelegten Schrittfolgen. Nach ihrem „Tanz" werden Prominente, „alte" Fastnachtler und vor allem die Mütter und Ehefrauen, die in vielen Arbeitsstunden die Kostüme genäht bzw. ausgebessert haben, von Roller und Scheller „eingeführt": Die Geehrten werden aus dem Publikum in die Platzmitte geholt und mit einer Breze oder einem Schnaps und vor allem mit dem Fastnachtsabzeichen vor aller Augen geehrt. Die Auserwählten sollten sich nach altem Brauch für diese Ehrerweisung allerdings auch mit einer (finanziellen) Spende bedanken. So mancher Politiker nutzt dabei die Gunst der Stunde, um sich öffentlichkeitswirksam zu präsentieren und durch einen großzügigen Obolus seine Wertschätzung für diesen Brauch (und vor allem diese Region) zu bekunden …

Am Imster Schemenlaufen nehmen natürlich auch andere Fastnachtsfiguren teil, die alle ihre eigene Geschichte und Funktion haben. So die Bären mit ihren Bärentreibern, die Labara (Bänkelsänger, die über vergangene Begebenheiten lust- und spottvoll zu erzählen wissen), die untrennbar mit Imst verbundenen Vogelhändler und neben vielen anderen natürlich auch die Hexen mit ihrer beinahe in den Ohren schmerzenden, aber – man mag es kaum glauben – doch „komponierten" Hexenmusik. Die Hexe ist übrigens eine recht alte Fastnachtsfigur, deren Vorläufer eigentlich das „alte Weib" war. Die vermeintliche Sündenanfälligkeit der Frau, femina heißt ja „weniger im Glauben", war dafür ausschlaggebend. Bei einer alten und wo möglich noch relativ häßlichen Frau haben sich im Laufe der Zeit Sünden angehäuft und was liegt da näher, als gerade sie zum Sinnbild des Lasterhaften zu machen. Im Laufe des 18. Jahrhunderts „entwickelte" sich dann das alte Weib zur Hexe – zumindest in der Fastnacht. Als Fastnachtsfigur erfreut sie sich sehr großer Beliebtheit – und das nicht nur in Imst. Die Hexe entspricht voll und ganz der Fastnachtsidee: Sie darf sich wild geben und all dem Lasterhaften zugetan sein. Die religiösen Hintergründe des historischen Hexenwesens und die damit verbundenen Hexenverfolgungen bleiben in der Fastnacht heutzutage ausgespart.

Imster Fastnachtshexe mit Reisigbesen beim traditionellen Hexentanz

Zur Opulenz des Imster Schemenlaufens zählen nicht zuletzt die Fastnachtswägen, die in monatelanger Arbeit kreiert wurden. Dem Phantasiereichtum sind da keine Grenzen gesetzt. Und gerade auf und in den Wägen konzentriert sich das untrennbar mit der Fastnacht verbundene närrische Treiben. Während die anderen (traditionellen) Fastnachtsfiguren in strenger Ordnung den Umzug bestreiten, geht es hier etwas lockerer zu. Selbst einfache Passanten kommen hier in den Genuß, „eingeführt" zu werden. Einzelne Fastnachtsgestalten durchstreifen die Menschenmenge und wer von ihnen mehr oder weniger hartnäckig in Zwangshaft genommen wird, muß auf einen der Fastnachtswägen. Dort kommt auch der unbedarfte Zuseher der Fastnacht etwas näher, sei es indem er in Kontakt mit den Gestalten tritt oder sich für einige Zeit an der Bar perlustriert. Übrigens muß auch hier ein gewisser Obulus entrichtet werden – Ehre wem Ehre gebührt und die Fastnachtsgruppe braucht ja auch ein gewisses Zubrot.

Wer den wahren, intimen Charakter des Schemenlaufens kennen lernen will, sollte sich die „wilde Fastnacht" am darauffolgenden Montag nicht entgehen lassen. Hier zeigt sich närrisches Treiben in (Oberländer) Reinkultur. Wenn auch die Fastnachtler keine Larven oder Gesichtsmasken mehr tragen, der Stimmung tut dies keinen Abbruch.

Und von den „Alten" lernen die „Jungen": eindrucksvoll zeigt sich der perfekte Brauchablauf des Schemenlaufens in der „Buabnfastnacht". Die Fastnacht liegt den Imstern gleich welchen Alters einfach im Blut.

Informationen: www.fasnacht.at

— Walder Fastnacht

Man mag es kaum für möglich halten, doch in der Gemeinde Arzl gibt es gleich zwei große traditionelle Fastnachten. Eine davon ist die Walder Fastnacht, benannt nach dem Weiler Wald im Pitztal. Wehe dem, der die beiden Fastnachten verwechselt oder sie gar als gemeinsamen Brauch darstellt. Man pocht auf Traditionen und eine besagt eben, daß die Walder ihr eigenes närrisches Treiben haben.

Betrachtet man die letzten Fastnachten in Wald näher, so zeigt sich eines: fast alle männlichen Bewohner des Weilers nehmen an diesem Brauch teil. Doch auch die Qualität der Aufführungen steht der Quantität an Teilnehmern um nichts nach. Wie in den anderen Fastnachtshochburgen beginnt die Vorbereitung auf dieses Großereignis schon Monate vorher. Und auch die Frauen werden als Näherinnen, Beraterinnen u.ä. in das vorfastnachtliche Geschehen eingebunden. Während die Männer an den Wägen basteln oder ihre Rolle einüben, treffen sich die Frauen in eigenen Arbeitsgruppen, um für die Kostüme zu sorgen. Ganz nebenbei gesagt, sind diese regelmäßigen Zusammenkünfte enorm wichtig für das soziale Leben im Dorf.

Ähnlichkeiten mit dem Imster Schemenlaufen sind unverkennbar, doch Fastnachtskenner wissen um die feinen Unterschiede. So „umtanzen" sich die Hauptfiguren „Rollner" und „Schallner" ebenfalls in einem Gangl, die Schrittfolge ist jedoch anders als in Imst. Zu den bekannten Ordnungsfiguren wie Sackner, Spritzer u.a. gesellen sich in Wald die – sic(!) – Waldmanndlen. Diese Wilden Leute tragen Kostüme aus Baumbart bzw. Tannenreisig und halten einen Stock in Händen. Untrennbar mit der örtlichen Labara-Gruppe, die in Wort und Musik Dorfinternes zum Besten gibt, ist auch ihr Medium, die „Ratschkathl" verbunden: Für all jene gedacht, die bei der Aufführung nicht alles verstanden haben oder eine „bleibende" Erinnerung an vergangene Skandale nicht missen möchten. Auch in Wald beginnt der Fastnachtsumzug um 12.00 Uhr nach dem Mittagsläuten und endet mit dem Betläuten um 18.00 Uhr. Am nächsten Tag geht es auf alle Fälle bei der „wilden Fastnacht" weiter ...

Informationen: www.fasnacht-wald.at

Fastnachtswagen mit „Felssprengungsarbeiten"
in der Walder Fastnacht

— Arzler Singeslerlaufen

Arzl wartet in der Fastnachtszeit – natürlich auch mit mehrjährigen Unterbrechungen – mit einem eigenen Brauch, dem Singeslerlaufen auf. Große Ähnlichkeiten mit dem Imster Schemenlaufen sind unverkennbar, doch auch hier machen bestimmte Details in der Aufführung bzw. in den Kostümen den Unterschied aus.

Die Hauptfiguren sind die namengebenden Singesler, die vom weiblich anmutenden Pendant, dem Roller begleitet werden. Die Singesler tragen einen Bauchgurt, auf dem sich die gegossenen Glocken (= Singesen) befinden. Der Roller trägt hier – im Gegensatz zum Schemenlaufen – kein „Gröll" (dicht aneinandergereihte kleine Glöckchen).

In das Singeslerlaufen, das 2003 letztmalig stattfand, sind auch Gestalten der lokalen Volksüberlieferung eingebunden: Es handelt sich dabei konkret um die „Arzler Hexen", die einst im „Rappeloch" (Ortsbezeichnung) ihr Unwesen getrieben haben sollen. Ebenfalls regionalen Bezug haben die im Umzug mitwirkenden „Burgstallzurfer", ein Trupp von Holzfällern, die lautstark und gestenreich das vergangene Holzfällerdasein darstellen. Unumgänglich beim Singeslerlaufen sind neben den Fastnachtswägen auch die Labara, die von allerlei lustigen Begebenheiten im Dorf zu berichten wissen.

Spritzer und Sackner als „Ordnungsfiguren“
bei der Wenner Fastnacht

— *Wenner Fastnacht*

Auch die Wenner lassen sich in der Fastnacht nicht lumpen. In mehrjährigem Intervall findet wie überall an einem Sonntag der Fastnachtsumzug statt – beginnend pünktlich nach dem 12.00 Uhr Läuten. Die Wenner Fastnacht setzt sich primär aus Fastnachtselementen zusammen, die in groben Zügen dem Schemenlaufen (bzw. in manchen Jahren dem Blochziehen) entsprechen.

Auch in Wenns stellen Roller und Scheller die Hauptfiguren dar – jedoch fehlen hier die persiflierenden Laggeroller und -scheller, die man vom Schemenlaufen kennt. In unregelmäßigen Abständen wird bei der örtlichen Fastnacht auch ein Bloch (Fichte) mitgeführt, der am Ende des Umzuges versteigert wird. Dem Fastnachtszug voran reiten Ankünder, die Fanfarenbläser, denen der Graf von Hirschberg folgt. Wie es sich für einen adeligen Burgherrn gehört, natürlich auf einem prächtigen Roß reitend. Er repräsentiert die lokale Geschichte und soll an die ehemaligen adeligen Herren erinnern, die auf Schloß Hirschberg (das 1921 eingestürzt ist) residierten. Auch in Wenns feiert man am darauffolgenden Montag stilecht die wilde Fastnacht.

— *Tarrenzer Fastnacht*

Leicht haben es die Tarrenzer nicht – eingebettet zwischen Imst und Nassereith, müssen sie sich gegenüber dem Schemenlaufen bzw. dem Schellerlaufen behaupten. Doch die Tarrenzer Fastnacht hat ihre regionalen Eigenheiten und vor allem eine interessante Geschichte. Bis in die 60er Jahre des 20. Jahrhunderts hat sich das 1797 durch die Obrigkeit ausgesprochene Fastnachtsverbot gehalten. Sind nun die Tarrenzer so obrigkeitshörig oder war ihnen die Fastnacht einfach egal?

Wenn man sich das heutige Fastnachtsgeschehen anschaut, so sind beide Fragen obsolet. Denn mit viel Engagement und Enthusiasmus geht man wieder in die Fastnacht und hat es auch verstanden, lokale Besonderheiten bzw. Figuren in das Geschehen einzubinden und damit ein charakteristisches Kolorit zu schaffen. Natürlich hat es auch einen eigenen Gemeinderatsbeschluß gegeben, der das Verbot „offiziell" aufhob, und in mehrjährigen Abständen (zumeist alle drei bis vier Jahre) geht man wieder in die Fastnacht.

Neben den Rollern und Schellern, den traditionellen Ordnungsfiguren wie Sackner oder Spritzer, den Bären und Bärentreibern, den Wilden Leuten sowie den Fastnachtswägen nehmen die Hexen, das Rittergeschlecht der Starkenberger und die Geigenmaler eine herausragende Stellung ein. Die Fastnachtshexen sollen an das wilde Treiben der dämonischen Gestalten erinnern, die in der nahe gelegenen, bezaubernd romantischen Schlucht des Salvesenbaches ihre Heimat hatten. Nicht umsonst wird Tarrenz bis heute als Hexendorf bezeichnet.

Untrennbar mit Tarrenz ist Schloß Starkenberg verbunden – in Erinnerung an das stolze Rittergeschlecht wird beim Fastnachtsumzug eine Ritterburg mitgeführt. Wo einst die Ritter herrschten und hausten ist heute eine Brauerei beheimatet, deren („Starkenberger") Bier über die Landesgrenzen hinaus bekannt und geschätzt wird. Da liegt es auch auf der Hand, daß eigens für die Fastnacht ein besonderes Bier gebraut und auf den Fastnachtswägen und in den örtlichen Gaststätten verkauft wird. Ein Genuß, den man sich nicht entgehen lassen sollte.

Die Geigenmaler repräsentieren im örtlichen Fastnachtsgeschehen eine althergebrachte Form des Lebensbrauchtums: Beim „Schandgeigenmalen" handelt es sich um einen Rügebrauch, der unmittelbar in das Hochzeitsgeschehen eingebettet ist. In der Nacht vor der Hochzeit werden nämlich Geigen (= „Schandgeigen") auf diejenigen Türen, Tore oder Fenster gemalt, in denen ehemalige Liebhaber bzw. Liebhaberinnen der Brautleute beheimatet sind.

Der „Geigenspieler" als traditionelle Fastnachtsgestalt bei der Tarrenzer Fastnacht

Auf diese Weise wird für alle erkennbar gemacht, wie „wild" (und vor allem wie „abwechslungsreich") es Braut und Bräutigam einst getrieben haben. Für das männliche Ehegespons gereicht die (mögliche) Liebes-Vielfalt vor der Ehe zur Ehre, für die zukünftige Ehefrau bedeutet derartiges nicht das Beste; es schadet vielmehr ihrem guten Leumund. Und so ist es auch nicht verwunderlich, daß der Vater der Braut nächtens bzw. in den frühen Morgenstunden Haus und Hof nach diesen verräterischen Symbolen absuchte und so schnell und gut wie möglich diese zu entfernen versuchte.

Informationen: www.tarrenz.at

— Nassereither Schellerlaufen

Zu den drei großen, weil populärsten, Fastnachtshochburgen im Tiroler Oberland gehört neben Imst (Schemenlaufen) und Fiß (Blochziehen) das Nassereither Schellerlaufen. Gemein ist allen drei Fastnachten, daß die Aktiven nie – und das betonen sie immer wieder – an einem anderen Ort bzw. zu einer anderen Zeit (also außerhalb der Fastnacht) mit ihren Kostümen auftreten würden. Das ehrt sie, zeigen sie doch damit, wie tief verbunden sie mit diesem Brauch sind und daß sie in diesem ein wichtiges Element der gelebten regionalen Volkskultur sehen. Und dieses gehört – insbesondere wenn es sich um einen Brauch handelt – genau an den Ort, wo es wahrlich und wirklich beheimatet ist.

Daß es bereits vor mehr als 200 Jahren eine Fastnacht in Nassereith gegeben hat, beweist u.a. ein Verbot aus dem Jahr 1775: Dort wird nämlich das Nassereither Schellerlaufen nebst anderen Oberländer Fastnachten beanstandet und verboten. Lange hat sich dieses Verbot jedoch nicht gehalten – zumindest im inoffiziellen Sinn. So leicht ließen sich die Nassereither nicht von ihrer Fastnacht abbringen. Es ist wohl vor allem den einzelnen Komitees zu verdanken, daß gerade im 20. Jahrhundert die Fastnacht eine neue Blüte erlebte, trotz der beiden Weltkriege und wirtschaftlichen Notzeiten.

Heute stellt das Nassereither Schellerlaufen einen fixen Bestandteil im Oberländer Fastnachtsgeschehen dar – und das zurecht. Wie bei allen großen Fastnachten bildet auch hier eine perfekte Organisation die Basis für ein farbenprächtiges, närrisches Geschehen, das sich vom Dreikönigstag (6. Jänner) bis zum Fastnachtseingraben am Faschingsdienstag erstreckt.

Den offiziellen Beginn des Schellerlaufens stellt alle drei Jahre die Vollversammlung am 6. Jänner dar, die durch das „Fastnachtsschnöllen" (Peitschenknallen) eingeleitet wird. Die Hauptfiguren der Fastnacht werden dabei im Rahmen dieser Veranstaltung ausgelost. Am darauffolgenden Sonntag beginnt das Suchen – das Suchen nach der Fastnacht, verkörpert durch einen kleinen „Ruaßler" (kleine, geschwärzte Figur). Lang und mühselig ist dieses Fahnden nach der „Fastnacht" und man braucht dazu schon allerlei Hilfsmittel wie Pickel, Schaufeln u.a. Geräte, die zum Gaudium der Zuseher in möglichen und unmöglichen Situationen eingesetzt werden. Um die lange Zeit bis zum Umzug zu verkürzen, ziehen kleine Gruppen von „Maschgeren" (Maskierten) an jedem Dienstag, Donnerstag und Sonntag in ausgewählte Häuser und in die Gasthäuser. Dort wird gesungen, musiziert, so mancher Schabernack getrieben, „Leute ausgerichtet", indem man lustige Dorfbegebenheiten erzählt, und nicht zuletzt so manches Gläschen geleert. Ein Gläschen, das nach alter Nassereither Fastnachtstradition aus Tee mit Wein bestehen sollte.

Auch das längste Warten hat ein Ende – am Samstag vor dem großen Umzug trifft man sich zum sogenannten Schalleprobiere (eine Art Generalprobe). Ohne prunkvolle Gewandung ziehen die Hauptfiguren (Roller und Scheller), nebst anderen Fastnachtlern wie Ruaßlern, Sacknern u.a. durch die Straßen. Die Fastnacht wird eingeleitet ...

Maskierte Gestalten ziehen am Fastnachtssonntag bereits am Vormittag durch die Straßen, um sich in Gruppen zu formieren und schlußendlich im Gasthof Post zusammen zu kommen. Die Anspannung und Vorfreude ist bei jedem Fastnachtler spürbar – trotz Larve, Maske oder Kostüm. Endlich, nach dem 12.00 Uhr Mittagsläuten beginnt das närrische und doch wohlgeordnete Treiben.

Zu den herausragenden Figuren des Schellerlaufens zählen die Ruaßler, der Schöne Zug mit Scheller, Roller und Kehrer sowie die Bärengruppe. Man möchte glauben, die Gestalt des Ruaßlers sei eine Art Kaminkehrer –

jedoch einzig und allein die schwarze Mohrenlarve stellt zumindest eine optische Verbindung zum Schornsteinfeger her. Die Kleidung des Ruaßlers besteht aus bunt zusammen gesetzten Stofflappen, ähnlich den „Fleckleshäls" der Schwäbisch-Allemannischen Fastnacht. Seine Aufgabe besteht darin, (zumeist von hinten kommend) die Passanten mit Ruß anzuschwärzen, was übrigens eine Ehre darstellt und keineswegs als Beleidigung empfunden werden darf.

Der sogenannte Schöne Zug mit Scheller, Roller und Kehrer ist sicherlich der farbenprächtigste des Umzuges. Der Kehrer, quasi der Wegbereiter des folgenden Paares, ähnelt dem Scheller, trägt jedoch „nur" einen bunt verzierten Gürtel, einen Kinnbart und in der Hand einen Reisstrohbesen. Das Paar besteht aus Roller und Scheller, wobei der Scheller schwere Schellen (meist zwischen 25–30 kg) um Leib gebunden trägt und der Roller über seinem Rock einen Gurt mit feinen Glöckchen. Das Haupt wird bei beiden durch eine vorne leicht erhöhte Krone aus Pappe geschmückt, die mit einem Spiegel (Fastnachtssymbol der Eitelkeit), Flitterwerk, bunten Steinen und Bändern verziert ist. Sie führen gemeinsam mit den Ordnungsfiguren Sackner, Spritzer und Maje die Ehrengäste ein, d.h. sie holen sie auf den freigemachten Platz und ehren sie in Form eines angebotenen Gläschens, einer Breze sowie einem Fastnachtsabzeichen. Natürlich muß für diese Ehrerweisung – wie überall (und nicht nur in der Fastnacht) – ein gewisser Obulus entrichtet werden.

Während die Bärengruppe bei anderen Fastnachten mehr unterhaltsame Staffage ist, spielt sie beim Schellerlaufen eine Hauptrolle. Denn auf dramatische Art und Weise kämpfen Bären und Bärentreiber um die Vorherrschaft. Alle anderen Fastnachtsfiguren warten diese z.T. lustige Auseinandersetzung ab – erst dann geht das Treiben weiter. Ob es sich hierbei um einen Kampf zwischen Winter und Frühling handelt, bleibt dahingestellt.

Undenkbar wäre das Schellerlaufen u.a. ohne die Hexen, die von ihrer Hexenmutter angeführt werden, die Paarlen (Pärchen wie Jäger, Kräuterleute usw. aus dem vergangenen ländlichen Leben) oder die verschiedenen Sängergruppen (u.a. wird auch das 1983 erstmals präsentierte „Hohe Lied der Fasnacht" gesungen) bzw. den zahlreichen Fastnachtswägen. Der Umzug endet mit dem Betläuten um 18.00 Uhr – die Larven müssen dann ohne Pardon abgenommen werden.

„Laberagruppe" (humoristische Bänkelsänger) beim Schellerlaufen in Nassereith

Traurigen Abschied nimmt Nassereith von der Fastnacht am Faschingsdienstag mit dem Fastnachtseingraben. Für feinfühlige, „närrische" Charaktere ist dieses Begräbnis kein leichtes Unterfangen. Nicht nur die aktiven Fastnachtler ziehen, begleitet von der Musikkapelle, weinend und z.T. schwarz gekleidet ein letztes Mal durch die Straßen. Die auf einer mitgeführten Bahre liegende Gestalt der Fastnacht (= Ruaßler) wird durch einen würdevollen Redner, durch Gesang und einen Salut noch einmal geehrt – dann ist es vorbei. Nun heißt es wiederum drei Jahre warten.

Informationen: www.nassereith.at

— *Telfer Schleicherlaufen*

Die Marktgemeinde Telfs ist eines der kulturellen Zentren Tirols – davon zeugen die vielfältigen Aktivitäten, die Volksschauspiele und nicht zuletzt das Schleicherlaufen. Für einen „echten“ männlichen Telfer gibt es nur eines: alle fünf Jahre beim Schleicherlaufen teilnehmen. Dafür nimmt man so manches in Kauf ... wie es sich wohl am eindrucksvollsten bei der Gestalt des Panznaffen zeigt. Doch davon etwas später.

Wild und ausgelassen geht es in Telfs zu – wie es sich eben für eine richtige Fastnacht gehört. Schon die Vorbereitungszeit ist voll gespickt mit offiziel len Terminen, an die sich alle Aktiven zu halten haben. Da merkt man eben die lange Tradition, die sich in Telfs bis ins 17. Jahrhundert schriftlich nachweisen läßt. Vieles hat sich bei der Fastnacht aber auch verändert. So waren die Telfer immer aufgeschlossen gegenüber „Neuem“, und dies hat seinen Niederschlag auch im Fastnachtsbrauchtum gefunden. Chroniken und nicht zuletzt zahlreiche Artikel bzw. Monographien haben das Schleicherlaufen zur am besten dokumentierten Tiroler Fastnacht gemacht.

Inoffiziell geht man in Telfs am Vorabend bzw. am Abend des Josefitages selbst in die Fastnacht, d.h. nicht ganz ein Jahr vor dem eigentlichen Umzug. Kein (männlicher) Fastnachtler läßt sich diese Zusammenkunft entgehen, wo es schlußendlich um die Rollenverteilung der einzelnen Gruppen geht. Ab diesem Datum grassiert auch das Fastnachtsfieber, das sowohl die Männer als auch die Frauen befällt: die Männer wegen der umfangreichen Vorbereitungsarbeiten, die Frauen, weil sie zum einen auf ihre Partner nächtelang verzichten, zum anderen weil sie sich schon langsam mit dem Nähen der Kostüme beschäftigen müssen.

Die offizielle Fastnacht beginnt am Dreikönigstag mit dem Brauch des „Nazausgrabens“. Der Naz, eine Stoffpuppe, symbolisiert die für das Schleicherlaufen so wichtige Laningergruppe auf der einen, auf der anderen Seite die Fastnacht selbst. Wie es seiner „Ehre“ gebührt, wird er mit Musik, Gesang, närrischem Treiben in Phantasiekostümen und so manchem Glas ausgegraben – (fast) alle wollen an diesem Ereignis leibhaft und lebhaft teilnehmen. Die lange Zeit bis zum großen Fastnachtsumzug wird durch Arbeiten, aber auch mit eigenen Veranstaltungen überbrückt. Jede Fastnachtsgruppe hat einen eigenen Terminkalender mit speziellen Bräuchen, die es strikt einzuhalten gilt. Gefordert ist hier auch die jeweilige Fastnachtsgotl (eine Art Patentante der Gruppe), die als Repräsentantin geladen wird. Zu ihren Vorzügen sollte Ausdauer, eine gewisse Nachsichtigkeit und vor allem ein verständnisvoller Partner gehören: Die Dauer der Sitzungen u.ä. Veranstaltungen ist nämlich nicht gerade kurz bemessen und eine gewisse Großzügigkeit in Form

Wilde Leute in Kostümen aus Baumbart
beim Telfer Schleicherlaufen

von Spenden geradezu erforderlich. Als Lohn für diese Tätigkeit winkt der Mäzenin nicht zuletzt eine besondere Ehrerbietung während des Umzuges.

Die Auffahrt der Wagen beginnt bereits am Vortag des Umzuges: Nun können erstmals die neuen Kreationen begutachtet, kritisiert, gelobt usw. werden – dies alles bei guter Stimmung und den unumgänglichen Gläschen ...

Der große Fastnachtsumzug wird mit einigen Brauchelementen eingeleitet: u.a. mit dem „Sonnentragen“ um 7.00 Uhr früh (seit dem Ende des 19. Jahrhunderts überliefert), um für gutes Wetter zu sorgen, mit dem Sammeln der Schleicher und Wilden sowie dem Bäreneinfangen. Böllerschüsse verkünden dann unüberhörbar den Beginn der Fastnacht um 11.00 Uhr. Den Anfang machen die Herolde, die die Fastnacht ausrufen, gefolgt von der Musikkapelle („Musibanda") und den traditionellen Fastnachtsgruppen. Zu ihnen zählen u.a. die Wilden Leute als Ordnungsfiguren, die als Attraktion den „Panznaffen" mitführen. Die Wilden Leute tragen Kostüme aus frischem Baumbart sowie geschnitzte Halblarven (die Kinnpartie wird dabei freigelassen) mit langen Schnurrbärten aus Kuhschwanzhaaren. Die Gestalt des Wilden Mannes zählt übrigens zu den ältesten belegbaren Figuren der Fastnacht. Aus dem 15. Jahrhundert sind etwa „Wilde-Mann-Spiele" überliefert, in denen es um den Einbruch des Wilden, Unberechenbaren und Unbekannten der Natur in die Zivilisation geht. Vom höfischen Theater gelangte die Gestalt des Wilden Mannes im Laufe der Zeit dann auch in das Fastnachtsgeschehen der „einfachen Leute". Inmitten der Wilden Leute thront auf bzw. in einem Faß der Panznaffe – zum Gaudium des Publikums streckt er immer wieder die Zunge so weit wie möglich heraus. Daß ihm das so gut gelingt, ist auf die fehlenden Vorderzähne zurückzuführen: Eine Zahnprothese ist da von Vorteil. Die wahre Opferbereitschaft bzw. der Fastnachtsenthusiasmus ist augenscheinlich, wenn man bedenkt, daß der Darsteller durchaus bereit ist, sich für diese Rolle die vorderen Zähne ziehen zu lassen. Da soll einer sagen, es gäbe keinen Fastnachtsfanatismus. Gelebtes Brauchtum eben, mit all den verbundenen Vor- und Nachteilen. Die Figur des Affen ist in der mittelalterlichen „Lasterliteratur" weit verbreitet: Er symbolisiert das Lasterhafte und Teuflische par excellence.

Die Hauptgruppe der namengebenden Schleicher besteht aus dem elegant voranhüpfenden Laternenträger in einer Art Harlekinkostüm, den Schleichern selbst sowie Wirt, Kellnerin, Senner, Sennerin u.ä. Gestalten des bäuerlichen Lebens. Die Schleicher tragen weiße, relativ weite Blusen mit einem Goller (kragenartiger Umhang), bunte Bundhosen aus Samt oder Seide, eine weiblich anmutende Gesichtslarve aus Draht sowie einen breiten Bauchgurt mit einer Schelle am Rücken. Der ganze Stolz eines Schleichers ist jedoch der riesige, kunstvoll gestaltete Hut. Auf der breiten, farbigen Krempe befinden sich Aufbauten aus verschiedenartigsten Materialien, die lokale Sagengestalten, Objekte des Volkslebens, Tiere oder Pflanzen u.v.m. darstellen.

Der Tanz (= „Kroas") der Schleicher auf vorbestimmten Plätzen bzw. vor Ehrentribünen ist einfach, aber eindrucksvoll – der Schleicher hüpft breitspurig voran, wobei die Schelle nur ein einziges Mal, keinesfalls öfter, anschlagen darf. Neben einem ausgeprägten Rhythmusgefühl verlangt es von den Schleichern dafür auch eine ausgesprochen gute Kondition.

Telfs ist untrennbar mit den Karrnern, Laningern oder Dörchern verbunden. Es handelt sich dabei um Leute, die noch bis ins 20. Jahrhundert ohne festen Wohnsitz durch die Lande zogen und sich als Gelegenheitsarbeiter und Händler verdingten. Ganze Familien und Sippen waren mit einem Karren unterwegs, der sowohl Transportmittel als auch Wohnstätte bildete. Daß diese Leute aufgrund ihrer vagierenden Lebensweise nicht unbedingt die feinsten Manieren entwickelten und ihr ästhetisches Äußeres oftmals zu wünschen übrig ließ, versteht sich von selbst. Man nannte sie in Tirol daher auch „Tyrol-Zigeuner“. Telfs war einst ein wichtiger „Stützpunkt“ der Laninger, davon zeugen nicht zuletzt ein eigener Straßenname sowie die originelle Fastnachtsgruppe. Deren „Anführer“ ist der „Zonner“, der ähnlich dem Panznaffen den Zusehern immer wieder die Zunge zeigt. Auch für diese, übrigens äußerst ehrenvolle Rolle, mußte und muß so mancher seine Zähne lassen.

Neben anderen Fastnachtsgestalten und den großen Fastnachtswägen spielt die Bären- und „Exotengruppe“ (Orientalen) eine besondere Rolle. Farbige, Mongolen, Kamele, die riesige Kröte, Elefant, Kamel u.v.m. hüpfen umher, zeigen akrobatische Kunststücke und erzeugen ein für die Tiroler Fastnacht einzigartiges exotisches Flair. Die Telfer waren und sind eben immer offen für neue Ideen: Nicht zuletzt Zeichen dafür, wie lebendig eine Fastnacht sein kann (und sollte). Die Vitalität der Telfer Fastnacht zeigt sich aber auch am darauffolgenden Montag bei der „Wilden Fastnacht“. Der ganze Ort ist auf den Beinen, auf den Wägen und in den Gasthäusern. Viele Fastnachtler haben sich während der einjährigen Vorbereitungszeit auf den Umzug einen Bart wachsen lassen – dieser wird nun auf dramatische Art und Weise (Gott sei Dank sind es ausgebildete Friseure, die hier mit dem Messer gestenreich hantieren) und unter der Teilnahme zahlreicher Zuseher abgenommen.

Die Totenehrung am Samstag nach dem großen Umzug zeigt, wie tief verbunden die Fastnachtler mit ihren verstorbenen Vorgängern sind. Abschied nehmen von der Fastnacht heißt es aber dann am Faschingsdienstag. Wer die Telfer und das Schleicherlaufen kennt, weiß um die große Bedeutung dieses Aktes. Beim „Nazeingraben“ fließt so manche Träne – und das nicht aus Jux und Tollerei. Während viele Fastnachtler das nahende Ende der Fastnacht kummervoll bedauern, entkommt wohl so mancher Frau ein innerlicher Stoßseufzer: das närrische Treiben hört – nach insgesamt einem Jahr – endlich auf. Der Bart ist im wahrsten Sinne des Wortes ab und die vier kommenden Jahre versprechen wieder etwas mehr Ruhe …

Informationen: www.schleicherlaufen.at

— *Mullerlaufen*

Mühlau, Arzl, Rum, Thaur

Die Heimat des traditionellen Mullerlaufens sind die sogenannten MARTHA-Dörfer (= Mühlau, Arzl, Rum, Thaur, Absam) in der unmittelbaren Umgebung von Innsbruck. Dieser Fastnachtsbrauch erfreut sich seit den letzten Jahrzehnten aber auch in anderen Dörfern des mittleren Inntales großer Beliebtheit. Und so verwundert es nicht, daß man in einzelnen Gemeinden das „Mullern" neu einführt und durch spezielle Charakteristika, die bunt zusammengesetzt aus anderen Fastnachten entlehnt werden, eine „eigene" Fastnacht kreiert. „Erfindet" wäre ein zu hartes Wort dafür und im Sinne eines lebendigen Brauchtums auch nicht angepaßt ... Ob sich eine Fastnacht bewährt und die Jahre bzw. Jahrzehnte überdauert, wird sich dann schon erweisen.

Der traditionelle große Mullerumzug findet alle vier Jahre, abwechselnd in den oben erwähnten MARTHA-Dörfern statt. Mit Ausnahme von Absam, das inzwischen ein „eigenes" „Matschgerer"-Brauchtum organisiert. Gott sei Dank muß man aber in keinem Jahr auf das Mullern verzichten. Denn in kleinen Gruppen treten die Fastnachtler jährlich in ausgewählten Gasthäusern und privaten Stuben auf. Man muß sich aber als Dorffremder frühzeitig erkundigen, wann und wo genau die Mullergruppen zu finden und sehen sind.

Jede Ortschaft hat beim Mullerlaufen eigene Kriterien, Strukturen und Traditionen. So geht man etwa in Thaur erst nach dem Romeditag (dem Patronatstag des Dorfheiligen am 15. Jänner) in die Fastnacht, läßt Maria Lichtmeß am 2. Februar als Feiertag aus und endet mit der Fastnacht nach alter Tradition am Unsinnigen Donnerstag. Während in den anderen Orten nämlich noch fleißig weiter „gemullt" wird, beginnen am darauffolgenden Freitag die gelobten Bettage, die es streng einzuhalten gilt. Keinen Thaurer wird man ab diesem Zeitpunkt mehr „mullen" sehen. In den anderen Orten beginnt die Fastnacht zumeist mit dem Dreikönigstag und endet am Faschingsdienstag.

Auch wenn man heute die Heimat des Mullerlaufens bzw. Huttlerlaufens in der Umgebung von Innsbruck sieht, war dieser Fastnachtsbrauch auch in anderen Orten bzw. Talschaften bekannt bzw. beheimatet. Davon zeugen nicht zuletzt Verbote vor allem aus dem 18. Jahrhundert, in denen sich die weltliche und kirchliche Obrigkeit gegen das wüste Treiben ausspricht. Selbst in den Kirchen und während des Gottesdienstes sollen sich die fastnachtsnärrischen Tiroler ungeniert in Maskierung herumgetrieben haben und allerlei gotteslästerlichem Schindluder nachgegangen sein.

„Klöckler" beim Thaurer Mullerlaufen

Das närrische und vielleicht manchmal auch ausufernde Treiben beschränkt sich heutzutage auf weltlichen Boden, auf private Stuben, Gasthäuser und Ballveranstaltungen. Wie eng die Muller mit ihrer Fastnacht verbunden sind, zeigt sich u.a. – man mag es nicht für möglich halten – bei den großen Weihnachtskrippen, den Hauskrippen. Vereinzelt findet man, eingebettet in christliche Szenarien, auch Darstellungen des Volkslebens, bei denen die Gestalt eines Mullers nicht fehlen darf. So mancher Fastnachtler wird mit freudigem Auge am Weihnachtsabend nicht nur die Geburtsszene des Heilands zu würdigen wissen, sondern mit einem Seitenblick auf die Mullerfigur innige Vorfreude auf die bald nahende Fastnacht verspüren.

Der Auftritt der Muller erfolgt – egal ob bei einem kleineren Auftritt oder im Rahmen des großen Umzuges – nach ganz bestimmten Vorgaben und Kriterien. Der sogenannte Spieler tritt auf und beginnt auf seiner Ziehharmonika den „Thaurer Mullerwalzer" zu spielen. Nur kurz wird er von wild herbeistürmenden Hexen unterbrochen, die mit ihren Besen den Platz für die kommenden Mullerfiguren freimachen. Und diese Mullergestalten haben es in bzw. an sich, denn das Kostüm und die dazu gehörigen Bewegungen stellen das jeweilige Charakteristikum dar. So gibt es etwa den Zaggler im blauen Gewand mit angenähten bunten namengebenden Zaggelen (= Quasten), der einen

Hut mit Hahnenfedern und Hasenfell trägt, den Flöckler mit einem Kostüm aus bunten Stoffflecken und einem Hut mit Fuchsfell und Fuchsschwanz, den Klötzler mit angenähten kleinen Holzschindeln, die bei den typischen „Tanzbewegungen“ fliegen und lärmen, oder den Zottler, mit unheimlicher Larve, den namengebenden bunten Fransen aus gefärbten Kartoffelsäcken und seinem Hut, der u.a. mit Pfauenfedern geschmückt ist.

Das Mullerlaufen war früher auch unter der Bezeichnung „Huttlerlaufen“ bekannt. Das kommt nicht von ungefähr. Unter „Hutten“ versteht man Fetzen (i.e. Stoffetzen), aus denen die Kostüme genäht wurden. Sieht man sich die Gewänder der Muller bzw. Huttler an, so wird der Zusammenhang offensichtlich. Auch wenn bei den heutigen Kostümen das ästhetisch Schöne im Vordergrund steht, formal sind es einfache Bestandteile, die eben in ihren spezifischen Zusammensetzung das Besondere erst ausmachen.

Neben anderen Fastnachtsfiguren wie Melcher, Weißer, Tuxer, Alter u.v.a. nimmt der sogenannte Altar- oder Spiegeltuxer eine im wahrsten Sinne des Wortes herausragende Stellung ein. Herausragend ist nicht sein weißes Hemd, die graue Tuxer-Jacke oder die kurze (übrigens knackig anzusehende) Lederhose, sondern sein über 1 m hoher Kopfschmuck. Dieses zwischen 10 und 14 kg schwere Gebilde besteht aus zahlreichen kleinen Spiegeln, weißen Hahnenfedern und Spielhahnstößen, buntem Flitterwerk und langen farbigen Bändern auf der Rückseite. Ganz nebenbei gesagt, verweist der immer wieder vorkommende Spiegel auf ein elementares Fastnachtssymbol: hier wird die Eitelkeit und im weiteren Sinne auch die Wollust offensichtlich gemacht.

Zum besseren Verständnis dieser Fastnacht sei gesagt: Es gibt einen Unterschied zwischen „Einimullen“ und „Abmullen“. Unter dem „Einimullen“ versteht man den Auftritt der Fastnachtsfiguren, das Platzmachen, das Trestern (Tanzschritte im ¾ Takt), die ergänzenden typischen Bewegungen (so springt etwa der Weiße über seiner Gerte) und das Auftanzen in Form des Plattelns (= Schuhplatteln). Ein besonderes Highlight stellt dabei der sogenannte Frosch dar: Der Zottler kniet auf dem Boden, legt sich ganz flach auf den Rücken und Melcher, Weißer, Spiegeltuxer o.a. steigen auf seine Körpermitte. Jeder Ort hat da so seine eigenen Kriterien bzw. Auflagen: nicht überall schaut diese Form der „Besteigung“ gleich aus bzw. gibt es genaue „traditionelle“ Richtlinien, wer nun wirklich auf wen steigen darf.

Das „Abmullen“ der Zuschauer ist eine besondere Ehrerweisung im Rahmen dieser Fastnacht: also keine Angst, wenn sich Mullergestalten verdächtig nähern. Diese schlagen mehr oder weniger leicht auf die Schultern und offerieren anschließend sogar einen Schluck aus ihrem eigenen Flachmann. Für diese äußerliche (Schlag) und innerliche Geste (Schnaps) sollte man dankbar sein – denn Glück und Gesundheit sollen dadurch für das kommende Jahr gesichert sein.

Bei den großen Umzügen, die stets an einem Sonntag stattfinden, nehmen natürlich viele andere Fastnachtler teil. In groben Zügen sei hier als pars pro toto die Thaurer Fastnacht vorgestellt:

Die Wilden Leute, hier „Krameter" genannt, beginnen als Ordnerfiguren den Aufzug. Ihr Gewand besteht aus Wacholderstauden, die eigens für die Fastnacht gesammelt werden. Es sind auch hier die Frauen, die in mühseliger Arbeit die stacheligen Stauden auf den Kostümen anbringen. So mancher Fluch, wenn auch insgeheim, wird wohl beizeiten den emsigen Frauen über die Lippen kommen. Auch die Hexen dürfen beim Umzug nicht fehlen. Sie bereiten den Weg, zerstören so manche Frisur, haben aber auch einen Versöhnungstrunk in ihrer Tasche parat. Doch Vorsicht … es lohnt sich hier an den einzelnen Fläschchen zu riechen. Denn neben einem wohlschmeckenden Obstler offerieren sie so manches Mal auch billigen Fusel bis hin zu verdünntem Pfefferoniwasser. Der närrischen Lasterhaftigkeit der Hexen sind eben keine Grenzen gesetzt … selbst das Kulinarium wird dabei nicht geschont.

Die Bären und Bärentreiber sind in der Fastnacht keine Besonderheit. Doch in Thaur hat der Bär seine eigene „Geschichte": er ist untrennbar mit dem Dorfheiligen, dem Romedius verbunden. Denn dieser legendäre heilige Mann hat es geschafft, nachdem ein Bär sein Pferd angefallen und getötet hat, diesen zu zähmen und als Reittier zu nutzen. Wesentlich fremder und exotischer erscheint da die Affengruppe der Thaurer Fastnacht. Die Affen tragen Larven aus Zirbenholz und treiben so manchen Schabernack mit den Zusehern – sie verkörpern das Wilde und Ungestüme, das bei den Fastnachten nicht fehlen darf.

Natürlich fehlen auch bei diesem Umzug nicht die vielen Fastnachtswägen, u.a. die Altweibermühle. Der Traum von der ewigen Jugend ist allgegenwärtig – insbesondere wenn es um die Frauen geht. In Tirol kennt man von den Volksglaubensvorstellungen, aus den Spielen und Fastnachten keinen Jungbrunnen. Doch die Altweibermühle ist allgegenwärtig – vor allem beim närrischen Treiben. Steckt man eine Alte in eine Mühle, so kommt flugs eine Junge heraus. So zumindest der Traum vieler Männer. Die neue Generation der biochemischen Salbenforscher und aktuelle Wellnesstrends versprechen für die „gläubig" Suchenden mehr (oder weniger) Erfolg. Fakt ist, daß gerade bei den Fastnachten die Altweibermühle ihren einstigen Status verloren hat. Nicht nur dem versierten Kenner fällt nämlich eines auf: Vorrangig werden die jungen (attraktiven) Mädchen auf diesen Fastnachtswagen geholt, „zermahlen" und mit einem Gläschen belohnt. Die „alten Mädchen" haben hier das Nachsehen …

Informationen: www.rumer-muller.at
www.thaur.com/mullerlaufen

— *Matschgerer in Absam und Mils*

Die Absamer haben nicht nur eine traditionelle Fastnacht, sondern wie nur wenige Tiroler Orte ein eigenes Fastnachtsmuseum (mit Archiv). Die Hauptfiguren dieses Treibens sind vom Prinzip Mullerfiguren, doch welche einer nennt die Absamer Fastnachtler nicht „Matschgerer". Die Bezeichnung „Matschgerer" läßt sich auf das Wort „Maske" bzw. Maskierung zurückführen und steht als Synonym für die ganze Absamer Fastnacht.

Insider, also einige Volkskundler, aber vor allem die Bewohner der Nachbardörfer wissen um die Charakteristika, die feinen Unterschiede in der Kostümierung bzw. im Auftreten. So besteht etwa das Kostüm eines „Zagglers" (vgl. Mullerlaufen) aus bunten Wollquasten und überall am Körper sind kleine Schellen und Glöckchen verteilt. Für alle Interessierte ist es daher ratsam, an einem der großen Umzüge teilzunehmen. Denn da nehmen mehrere Mullergruppen, die Matschgerer u.a. Fastnachtler teil und man kann mit aufmerksamen Blicken die doch unterschiedlichen Aufführungen und Details wahrnehmen. Eine Besonderheit dieser Fastnacht ist aber auch der Absamer Bock: während des Umzuges versuchen Begleiter den (männlichen!) Bock zum Gaudium des Publikums immer wieder zu melken.

Übrigens geht man in Absam erst mit dem 18. Jänner in die Fastnacht. Der Grund dafür ist in der örtlichen und für Tirol bedeutsamen Marienwallfahrt zu sehen. Am 17. Jänner 1797 erblickte nämlich das Absamer Mädchen Rosina Bucher an einem Fenster in der Stube ihres Elternhauses ein kleines Muttergottesbild. Das Bildnis, ähnlich einem Kupferstich, ließ sich nicht entfernen und wurde schnell als wundertätiges Gnadenbild verehrt. Heute befindet es sich in der örtlichen Wallfahrtskirche am rechten Seitenaltar.

Wer „intimere" Fastnachtsaufführungen bevorzugt, sollte sich in der Faschingszeit donnerstags oder sonntags in den örtlichen Wirtshausstuben einfinden: nach alter Tradition treten dort zu etwas späterer Stunde kleine Fastnachtsgruppen – eben die Matschgerer – auf.

Informationen: www.absamer-matschgerer.at.tt

Absamer Matschgerer mit „Zagglern"

— *Haller Fasserrößl*

Seit einigen Jahren versucht man in Hall bei Innsbruck den Brauch des „Fasserrößls" am Faschingsdienstag wiederzubeleben. Und zwar als eigenständige Aufführung. Das Fasserrößl tritt nämlich auch im Rahmen der Fastnachtsumzüge der Muller und Matschgerer in den Nachbargemeinden von Hall auf.

Der Brauch des Fasserrößls hat eine lange Tradition und steht wohl in engem Zusammenhang mit dem (Faß)Bindertanz, der in Hall auf Initiative des Bezirkstrachtenverbandes Innsbruck-Land wieder aufgeführt wird.

Im Mittelpunkt des Fasserrößl-Brauches stehen zwei Berufsgruppen: die der Faßbinder und die der Schmiede. Für das Transportieren der Fässer waren früher die Pferde zuständig, die vom Schmied beschlagen werden mußten. In einer Haller Volksüberlieferung heißt es, daß einst der Schmied ein Pferd für den Faßbinder beschlagen mußte. Dabei soll er den Hufnagel zu tief in den Huf geschlagen haben. Das Pferd schlug wild um sich, riß sich los und suchte das Weite. Unter dem Gespött der Leute verfolgten die Schmiede- und Faßbindergesellen das davonrennende Tier. Bei der nächsten Fastnacht hat man dieses Dorfereignis nachgespielt, mit zusätzlichen Szenen bereichert und es entwickelte sich im Laufe der Zeit zu einem eigenen Brauch.

So besteht heute die Fastnachtsgruppe aus einem Pferdeführer, einem Reiter, einem Schmiedemeister, Schmiedegesellen und -lehrlingen. Der Reiter steht mitten in einem Holzgestell, das vorne mit einem geschnitzten Pferdekopf versehen ist. Die Beine des Reiters sind nicht zu sehen, da eine große Pferdedecke über die Konstruktion gebreitet ist. Beim Versuch, das „Pferd" zu beschlagen, schlägt es immer wieder aus und trifft die Handwerker. Verfolgungsjagden sowie gegenseitige lautstarke Beschuldigungen charakterisieren die Aufführung, die auf mehreren Plätzen stattfindet.

— Andere Fastnachten im Tiroler Oberland

Beinahe wie Pilze schießen sie aus dem Boden – die zahlreichen Faschings- und Fastnachtsveranstaltungen im Tiroler Oberland. In manchen Orten werden neue eingeführt, andere wiederum „besinnen" sich auf alte Traditionen, beleben sie neu bzw. bereichern sie durch neue Elemente.

Unverkennbar sind etwa bei der Fastnacht in **Roppen** Bezüge zum naheliegenden Imster Schemenlaufen. Roller und Scheller sind auch hier die Hauptfiguren, doch der Umzug ist weniger streng reglementiert und das „freie Treiben" setzt früher an.

Die Fastnacht in **Nauders** setzt sich aus mehreren Brauchelementen zusammen: hier gesellen sich Scheller zum Bloch, Sagenfiguren der Reschenregion sind ebenso dabei wie die Teufelsgestalt des Luzifers. Das Hoch- und Blutgericht rügt und bestraft Verfehlungen der Ortsbewohner und nicht zuletzt der anwesenden Prominenz.

Ein auffallend „wildes" Treiben kennzeichnet die **Haiminger Fastnacht** – hier setzt man nicht auf vermeintlich uralte Traditionen, sondern u.a. auf lokale Bezüge. So werden die Laninger, die in früheren Zeiten gerne in Haiming verweilten, von den Fastnachtlern mit Leib und Seele nachgestellt. So darf es einen nicht verwundern, wenn ein gerade gekaufter Reisigbesen flugs von den Laningern entwendet und dem nächsten Gutgläubigen nochmals verkauft wird. Eben Narrentreiben in Reinkultur.

— *Schellenschlagen in Wattens/Umgebung und Ellbögen*

Das Schellenschlagen der Fastnachtszeit war in vielen Orten des mittleren Inntales beheimatet. Als eigenständige Gruppe haben sie sich im Laufe der Zeit – vor allem seit der 2. Hälfte des 20. Jahrhunderts – von den anderen Fastnachtlern der Umgebung, den Mullern bzw. Matschgerern teilweise emanzipiert.

Hochburgen des Schellenschlagens sind heute in der Umgebung von Wattens und in Ellbögen zu finden. Neben den Hauptfiguren, den Schellenschlagern, sind auch andere Fastnachtsfiguren (wie Hexen, Zaggler, Klötzler, u.v.a.) in das Geschehen integriert – sie variieren nach Örtlichkeit. Die einzelnen Schellenschlager ziehen hintereinander her und tragen die namensgebenden Schellen auf der Rückseite des Hüftgurtens (breiter Gürtel). Jede Gruppe hat ihre eigene Schrittfolge und Schlaganzahl. Zudem erleichtert auch das äußere Erscheinungsbild (Kostümierung) bzw. die „Vorläufer", welche Gruppe aus welchem Ort nun auftritt.

Die Wattener Schellenschlager haben rote Wangen mit einem schwarzen Schnurrbart, sie tragen weiße Hemden, ein rotes Mascherl, schwarze Hosen und weiße Schürzen, und ihr Haupt ziert eine schwarze Tschagglkapuzze (Art Zipfelmütze). Die Ellbögener hingegen tragen handgeschnitzte Larven und einheitliche „Overalls" in weißer und roter Farbe. In Wattens bereitet ein „schöner Mann" im Dirndlkleid den Weg, während in Ellbögen ein Bajazzo voranhüpft. Bei anderen Schellenschlagern ist es eine Hexe, die „ankündet" und den Platz freimacht.

Zum besseren Verständnis sei noch einmal erwähnt, daß die Schellenschlager häufig mit anderen Muller- bzw. Huttler- bzw. Matschgerergestalten auftreten können. Sie sind dann Teil der eigentlichen örtlichen Fastnachtsgruppe.
Wo trifft man nun diese Schellenschlager an, die im „Volksglauben" auch den Winter austreiben und Glück bringen sollen? In Wattens ziehen sie jeden Donnerstag durch die Ortsteile (und Gasthäuser), in Ellbögen am Sonntag und Dienstag vor dem Aschermittwoch. Bei den großen Fastnachtsumzügen im mittleren Inntal wird man ihrer jedoch immer ansichtig.

— *Fastnacht und Fasching im mittleren Inntal*

Beinahe jährlich kommen neue Faschingsveranstaltungen auf bzw. werden traditionelle Aufführungen wiederbelebt. Es scheint, als sei der ansonsten so sture und „maulfaule“ Tiroler ein richtiger Fastnachtsnarr. Beispielhaft und keineswegs vollständig seien hier einige Veranstaltungen bzw. Fastnachtsgruppen in der näheren und weiteren Umgebung von Innsbruck angeführt:

In **Zirl** dominieren die „Türgeler“ das Fastnachtstreiben: Ihr Kostüm ist über und über mit „Türgenflitschen“ (Maisblättern) besetzt, ihr Gesicht durch Larven verdeckt, und auf dem Kopf tragen sie große Hüte, die mit unzähligen kleinen Maiskörnern verziert sind. Sie führen einen „Tanz“ auf und glücklich sollte diejenige Frau sein, die ein rotes Maiskorn „erwischt“: der Zirler „Fastnachtsglauben“ besagt, daß ihr männlicher Nachwuchs ins Haus steht.

In **Völs** bei Innsbruck beginnt die „traditionelle“ Fastnacht mit dem Blasiustag (Blasius ist der Ortspatron), dem 3. Februar. Die Fastnachtsfigur des „Völser Joggls“ wird an diesem Tag „wiedererweckt“ (bzw. mit Schnaps wiederbelebt) und das närrische Treiben kann starten. Untrennbar mit Völs sind die „Tamperer“ (Trommelschlager) verbunden. Ihnen obliegt es auch, den Faschingsdienstag „einzutampern“, den letzten Tag der Fastnacht, wo auch der „Joggl“ wieder eingegraben wird.

Seit einigen Jahren hat sich in **Igls** bei Innsbruck die Veranstaltung des „Schiane Giahn“ etabliert. Es handelt sich dabei um einen Umzug, an dem vornehmlich „traditionelle“ Fastnachtsgruppen teilnehmen.

In **Aldrans** bestimmen die Schellenschlager und andere Mullerfiguren die Fastnacht, in **Volders** bestreiten Faschingsnarren und traditionelle Fastnachtsgestalten – aus nah und fern – den Umzug.

Das in dreijährigen Abständen durchgeführte „Hexentreffen“ (mit mehr als 500 Hexen) in **Baumkirchen** stellt nach volkskundlichen Kriterien eine Brauchneueinführung dar. Zahlreiche Hexengruppen aus ganz Tirol finden sich ein und wissen, das Publikum zu unterhalten (z.B. Hexentanz) und im wahrsten Sinne des Wortes mit Narreteien zu verhexen. Hier zeigt sich auf treffliche Weise, wie beliebt die Fastnachtsgestalt der Hexe sowohl bei

Altartuxer mit prächtigem Kopfputz

den Brauchausübenden als auch bei den Zusehern ist. In Baumkirchen sind aber auch die „Lallen" beheimatet. Diese Fastnachtsfiguren – ein Mann „sitzt" in einem Korb, der von einer weiblichen Puppe „getragen" wird – basieren auf einer Überlieferung: so sollen einst die Frauen des Dorfes die (Fastnachts)schellen der Männer gestohlen haben und alsbald wurde dieser närrische Diebstahl in dieser Form im Fasching nachgezeichnet.

— *Unsinniger Donnerstag, Rosenmontag und Faschingsdienstag*

Kirchdorf, Schwaz, Kufstein, Innsbruck, Sillian

Am Unsinnigen Donnerstag finden in vielen Tiroler Orten Umzüge und Faschingsbälle statt. Er stellt einen der Höhepunkte des Faschings- bzw. Fastnachtstreibens dar. Der Unsinnige Donnerstag ist aber auch Weiberfastnacht: Die Frauen übernehmen das Regiment. Auch wenn manche glauben, die Weiberfastnacht sei eine moderne Erscheinung, ein Importgut des rheinischen Karnevals, so ist dies anhand archivalischer Quellen widerlegt: „Toll" sollen es die Tiroler Weiber einst getrieben haben. So etwa 1592 in der Oberländer Gemeinde **Ladis**, wo vermummte Frauen durch die Gassen gezogen sind und jedweden Mann an Ketten ins Wirtshaus geschleppt haben. In der Gemeinde **Haiming** muß man diese alte Tradition kennen, denn nicht umsonst sind die örtlichen Frauen für ihre Weiberfastnacht bekannt ... Nur wagemutige Männer trauen sich an diesem Tag in die örtlichen Wirtshäuser zu gehen. Und die „Kischdorfa Faschingsweiberleut" in **Kirchdorf** treiben ihren Schabernack unter der Patronanz ihrer Faschingsbürgermeisterin.

Der Faschings- bzw. Rosenmontag spielt zwar in den deutschen Faschingshochburgen eine viel größere Rolle, doch auch in Tirol kommen zunehmend Faschingsveranstaltungen an diesem Tag auf. Die Bezeichnung „Rosenmontag" stammt aus dem 19. Jahrhundert und bezieht sich eigentlich auf ein katholisches Ritual der christlichen Kirche: Der Papst nahm am Sonntag vor Aschermittwoch eine Rose in die Hand und verwies mit diesem Symbol auf die kommende Passion Christi. An diesem Sonntag bzw. am darauffolgenden Montag fanden die Karnevalssitzungen statt und man übertrug dabei das christliche Zeichen namensgebend auf den vorletzten Tag der Fastnacht. Zwei Tage hatte man nun Zeit, sich vollends auszuleben, sich den weltlichen Genüssen hinzugeben, u.a. auch in Form eines üppigen Kulinariums. Und es ist daher durchaus verständlich, daß man in Tirol den Rosenmontag als „Fressmontag" und den Faschingsdienstag als „Speiberchtag" (umgangssprachliche Bezeichnung *„speiben"* = kotzen, sich übergeben) bezeichnet.

In vielen Orten Tirols, vornehmlich aber in den Städten, ist der Dienstag vor Aschermittwoch der Termin für närrisches Treiben und Umzüge schlechthin. In **Schwaz** bzw. **Kufstein** erhält der Narrenbürgermeister den Stadtschlüssel, die Geschäfte werden am Nachmittag geschlossen, Vergnügungen auf den Straßen und Gasthäusern sind angesagt.

Faschingsumzug in Innsbruck

Ab 14.00 Uhr beginnt in der Landeshauptstadt **Innsbruck** der große Faschingsumzug. Für musikalische Unterhaltung und das leibliche Wohl ist ausreichend gesorgt. Tausende Besucher strömen durch die Alt- und Innenstadt, allerdings nur selten in Kostümierung. Man geht eben lieber „schauen" und scheut die Mühen der Maskerade. Doch die Auffahrt, d.h. der Umzug der Faschingswägen, macht vieles wett. Ob sportliche Ereignisse, Welt- oder Regionalpolitik, ob High Society oder Alltagsgeschehen, der Kreativität in den Aufführungen sind kaum Grenzen gesetzt. Auch die derzeitige Bürgermeisterin läßt sich nicht lumpen und feiert in Kostümierung (!) mit bzw. prämiert die vorgestellten Aufführungen.

Auch im **Tiroler Oberland** und **Außerfern**, in **Landeck** und **Reutte** bzw. in **Osttirol** geht das Faschingsende nicht spurlos vorüber. Man feiert was das Zeug hält – nicht immer gleich, doch immer impulsiv. Auch hier gibt es vor allem in den Städten (u.a. in **Lienz**, wo seit 1998 wieder ein „organisiertes Treiben" stattfindet) und größeren Gemeinden Umzüge.

Hervorzuheben ist hier **Sillian** mit den schon legendären Faschingssitzungen und den tirolweit bekannten Ausspruch „Rante Putante". Dem großen Faschingsumzug wohnen unzählige Besucher bei, die sich an den Aufführungen und Wägen delektieren. Pars pro toto für alle Schandtaten wird hier eine Hexe zur Verantwortung gezogen. Ganz egal was sich im vergangenen Jahr abgespielt hat – ob es nun (gesellschafts)politische Schandtaten auf Gemeinde, - Bezirks- oder Landesebene waren – die Hexe als Verkörperung des „Bösen" muß es büßen. Die (Puppen)hexe wird verbrannt – und nimmt damit alle menschlichen Laster und Vergehen auf sich. Was würden wir Tiroler ohne die personifizierte Fastnacht sonst machen?

Funkensonntag / Scheibenschlagen / Hexenverbrennen

Erster Fastensonntag, „Invocavit“

Am ersten Sonntag in der Zeit der Zerknirschung und des Fastens werden bis heute Bräuche ausgeübt, die einem zunächst ein wenig fehl am Platze erscheinen: unterhaltsame und beschwingt gefeierte Feuerbräuche wie das „Scheibenschlagen“ und das „Hexenverbrennen“, bei denen es durchaus hoch hergeht.

Doch so kurios ist der Termin dieser Bräuche gar nicht – fallen sie doch allesamt in die „alte“ Fastnachts- oder Faschingszeit. Seit dem 5. Jahrhundert war man nämlich der Ansicht, daß das Osterfest durch ein 40tägiges Fasten eingeleitet werden sollte, wobei man sich am 40tägigen Wüstenaufenthalt von Christus orientierte. Rechnet man dies nun anhand eines Kalenders nach, so wird man aber eines feststellen: Der heute übliche Termin von Aschermittwoch stimmt schlicht und einfach nicht – er ist um fast eine Woche zu früh angesetzt!

Woher kommt nun diese „falsche“ Rechnung? Zurückzuführen ist sie auf das Konzil von Benevent, wonach die in die Fastenzeit fallenden Sonntage in der 40-Tage-Zählung nicht zu berücksichtigen sind. Gezählt werden sollten nur die Werktage. Das heißt aber, daß die Fastenzeit um diese Sonntage verlängert wurde: Aus den 40 wurden plötzlich 46 Tage! Damit war aber auch das „alte“ Fastnachtsende dahin und sollte durch ein „neues“ und früheres ersetzt werden.

Schaut man sich nun den Kalender an, so wird man feststellen, daß der Sonntag „Invocavit“ nach der alten Rechnung noch in die Faschingszeit fällt, nach der neuen Rechnung aber schon den ersten Fastensonntag darstellt. Und genau diese neue Rechnung haben bestimmte Bräuche einfach nicht mitgemacht. Lustvolles Beispiel dafür ist etwa die Fastnacht im schweizerischen **Basel**, die bis in die Gegenwart erst in der Nacht vom heutigen Fastensonntag auf den kommenden Montag durchgeführt wird. Während sich die übrige Christenheit also schon in Zerknirschung übt, geht es bei den protestantischen Baslern dank der „alten“ Rechnung erst so richtig auf.

Aber auch in Tirol hat sich diese alte Rechnung noch erhalten: eben durch die Bräuche des Scheibenschlagens und Hexenverbrennens am ersten Fastensonntag. Kein Bruch der Fastenzeit also, sondern interessante

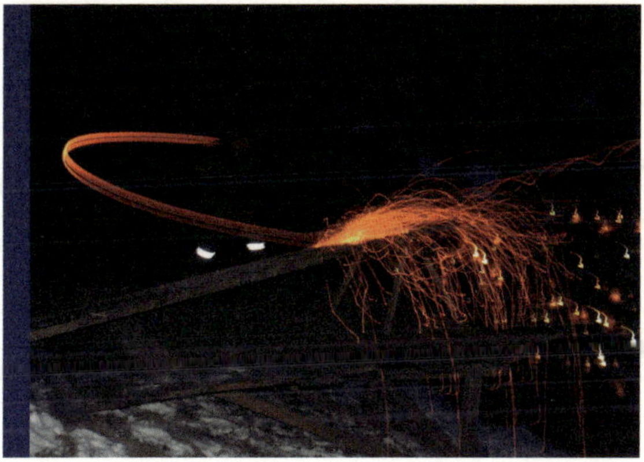

Scheibenschlagen in Landeck

Kalender-Relikte. Diese Relikte findet man allerdings keineswegs überall in Tirol, sondern ausschließlich in seiner westlichen Hälfte: also im Oberinntal, Außerfern und im Südtiroler Vinschgau.

Seit wann dabei das **„Scheibenschlagen“** ausgeübt wird, ist nicht zu beantworten. Erste Nachrichten davon erhalten wir jedenfalls schon aus dem Jahre 1090 anläßlich eines Unglücksfalles. Eine der brennenden Scheiben fiel nämlich auf das trockene Kirchendach des Benediktinerklosters Lorsch und die anschließende Feuersbrunst führte zur Totalzerstörung des gesamten Klosters. Die erhaltene Chronik berichtet überdies, daß dieses Scheibenschlagen „wie gewöhnlich“ abgehalten wurde – was belegt, daß es weit älter sein muß und schon um 1090 ein bestens eingeführter Brauch war. Es gibt kaum einen anderen bis heute ausgeübten Brauch, den wir so weit in der Zeit zurückverfolgen können.

Um dieses Scheibenschlagen allerdings zu verstehen, muß man sich in Kürze den Brauchablauf vergegenwärtigen. Im Zentrum steht die Scheibe selbst: Sie wird aus Holz und in unterschiedlichen Formen gefertigt. Wir kennen runde, eckige und „gezackte“ Scheiben, die an eine primitive Darstellung der Sonne erinnern. Allesamt haben sie einen Durchmesser von ca. 10 bis 15 cm. Entscheidend ist, daß sich in ihrer Mitte ein Loch befindet, in das eine ca. 2 m lange, frischgeschnittene Rute gesteckt wird. Die Scheibe wird nun über einem offenen Feuer zum Glühen gebracht und mit Hilfe der Rute als Schleuder und einem Brett als Abschlagsbasis in den Nachthimmel abgeschossen. Das Ganze muß man sich wie ein mit einfachsten Mitteln durchgeführtes „Silvester“-Feuerwerk vorstellen.

Worum aber geht es nun beim Scheibenschlagen? Aufgrund seines hohen Alters ist nicht auszuschließen, daß wir es hier mit alten, vielleicht sogar vorchristlichen Feuerbräuchen zu tun haben, die das Ende des Winter- und den Beginn des Sommerhalbjahres feiern. Die ältesten Nachrichten belegen aber auch, daß es offensichtlich ebenfalls schon sehr früh ins Christliche übertragen und zu einem Teil der „Fastnacht“ wurde. Und hierher paßt es perfekt.

Interessant ist nämlich, daß man die glühenden Scheiben nicht einfach zahl- und wahllos in den Himmel geschleudert hat, sondern daß jede einzelne einer bestimmten Person gewidmet war. Jede Scheibe steht also für einen Menschen aus der Dorfgemeinschaft. Und – dieser Mensch wird „verbrannt“.

Gegen Ende der Fastnacht macht das auch durchaus Sinn. Ähnlich dem jedem Gläubigen aufgemalten „Aschenkreuz“ an Aschermittwoch (siehe dort) geht damit der „alte Adam“ der ausschweifenden Faschingszeit zugrunde, um durch das mit Fasten vorbereitete Osterfest neu und „geläutert“ wieder aufzuerstehen.

Daß im Scheibenschlagen also tatsächlich Menschen symbolisch „verbrannt“ wurden, ergibt sich aber auch aus einem anderen Umstand: dem gleichzeitig stattfindenden „Rügegericht“. Die „gewidmeten“ Scheiben wurden nämlich vor ihrem Abschlag mit oft derben Knittelversen eingeleitet. Oder einfacher ausgedrückt, das Sündenregister der betreffenden Person wurde heruntergebetet. Welch radikale Folgen solche „Schimpfscheiben“ haben konnten, zeigt ein Vorfall aus dem Jahre 1845.

Der Landrichter von Landeck hatte das seinerzeit beliebte „Blochziehen“ (siehe dort) verboten. Als volkstümliche Strafe wurde ihm nun eine „Schimpfscheibe“ gewidmet, die alle seine Verfehlungen ans Tageslicht brachte. Die offensichtlich nicht ganz unbegründeten Vorwürfe waren immerhin so massiv, daß er sich im Anschluß an das Scheibenschlagen tatsächlich versetzen ließ: er flüchtete.

Weil das Scheibenschlagen aber auch immer ein Wettkampf der Burschenschaften war – wer schießt weiter, wer schießt „schöner“ – finden wir auch die sogenannte „Ehrenscheibe“. Sie wurden vor allem den Mädchen geschlagen. Je weiter die Scheibe flog, desto höher die Ehre für den Schläger und natürlich auch für sein Mädchen. Ein praktischer Brauch also, um seiner Zuneigung zu einer bestimmten Person Ausdruck zu verleihen.

Von diesen ganzen kulturhistorischen Überlegungen unbeeinflußt, ist das Scheibenschlagen heutzutage weitgehend zu einer einfachen traditionellen Veranstaltung geworden: Unter dem Absagen überlieferter Sprüche wird die Scheibe in den Nachthimmel geschleudert. Alle freuen sich und das war's.

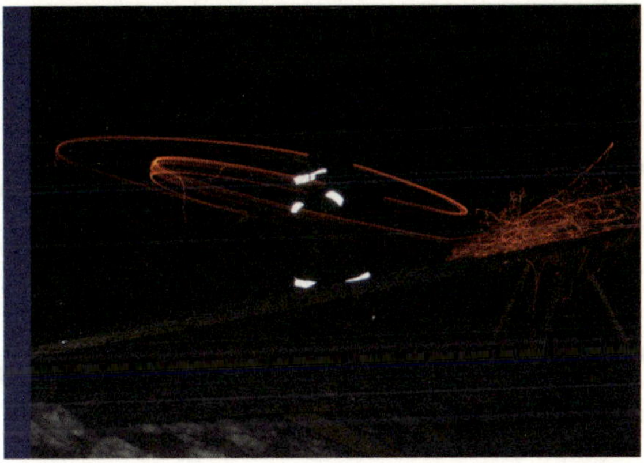

Scheibenschlagen mit Hilfe einer Rampe in Landeck

Nicht viel anders verhält es sich beim **„Hexenverbrennen“** am Funkensonntag. Ähnlich wie beim Scheibenschlagen, hat man es auch hier mit einem Abschied von der Fastnacht zu tun. Wo andernorts der „Naz“ eingegraben wird, so ist es hier eine „Hexe“, die zum Symbol der Fastnacht geworden ist. Die meist aus Stroh gefertigte Hexe steht sinnbildlich für die dunkle Seite des Lebens, für die Verführung durch den Teufel – und damit für den „alten Adam“, den wir alle in uns tragen. Dieser „Adam“ wird stellvertretend durch die Hexe verbrannt, um Platz für die Auferstehung des neuen Menschen rund um Ostern zu machen.

Die Fastnachts-Figur der „Hexe“ finden wir neben dem ebenfalls auftretenden Teufel zwar schon vor den großen Hexenverfolgungen – verbrannt wurde sie aber noch nicht. Es scheint, daß sich das Brauchtum vom später praktizierten Rechtsleben inspirieren hat lassen und der religiöse Volksglaube insgesamt den Nährboden für den Hexenwahn gebildet hat.

Heutzutage sind solche „Hexenverbrennungen“ große Spektakel für Jung und Alt, ohne daß sich jemand sonderlich Gedanken um ihren Sinn machen würde. Ausgenommen jene natürlich, die darin eine historische Reminiszenz an die verabscheuungswürdigen Verbrechen der geistlichen und weltlichen Obrigkeit im 16. und 17. Jahrhundert sehen.

— *Scheibenschlagen in Ehrwald*

In Ehrwald wurde der Brauch des Scheibenschlagens um 1982 wiederbelebt. Am Scheibenegg, hoch über dem Dorf, werden durch die Schützenkompanie ca. 600 glühende Scheiben aus Ahornholz in den Nachthimmel geschlagen: für jede der hier ansässigen Familien eine. Das Abschlagen erfolgt unter dem überlieferten Spruch:

„Die Scheibe, die Scheibe, die will i jetzt treibe(n);
Schmalz in der Pfann(e), Kiachl in der Wann(e),
Pflug in der Erd, daß die Scheib(e) weit außigeaht (hinausfliegt).“

Der alte Abschlag-Spruch belegt, daß man es hier tatsächlich mit einem traditionellen Fastnachtstermin zu tun hat. Denn gerade durch das angesprochene möglichst fette Essen wurde die Fastnacht gegenüber der kargen Fastenzeit ja seit alters gefeiert.

— *Scheibenschlagen in Weißenbach am Lech*

Am Beginn des 20. Jahrhunderts wurde dieser Brauch auf nördlich gelegenen Hügeln von vier Ortsteilen ausgeübt. Trotz der Verbote während der beiden Weltkriege hielten manche Burschen an dieser Tradition fest. Nach dem Zweiten Weltkrieg drohte das Absterben des Brauches, doch seit einigen Jahren erfreut sich das Scheibenschlagen wieder großer Beliebtheit. Das Interessante in Weißenbach am Lech ist, daß das Scheibenschlagen in drei Etappen stattfindet:

- zum 1. Mal am Funkensonntag
- zum 2. Mal am darauffolgenden Dienstag und
- zum 3. Mal am darauffolgenden Donnerstag
  (hier wird die Hexe als Verkörperung des Winters verbrannt)

Das Holz für diesen Brauch (in mehreren Abfolgen) wird von der Gemeinde zur Verfügung gestellt. Brauchträger sind vor allem die männlichen Burschenschaften. Die örtlichen Bewohner treffen sich bei Einbruch der Dunkelheit an denjenigen Plätzen, die am nähesten beim Wohnhaus liegen. Und gefeiert wird bis in die späten Abendstunden – da denkt man auch nicht mehr an die Fastengebote, wenn üppige Kiacheln, Grillwürste und Koteletts „aufgetragen“ werden.

— *Hexenverbrennen in Jungholz*

Die Außerferner Gemeinde ist neben Musau und Pinswang die einzige in Tirol, wo das traditionelle Hexenverbrennen am ersten Fastensonntag noch stattfindet. Hierfür wird ein riesiger Scheiterhaufen errichtet, in dessen Mitte sich eine Stange befindet. Ganz oben auf diese Stange wird die aus Stroh gefertigte und mit Lumpen bekleidete Puppe gesetzt. Bei einbrechender Dunkelheit wird der Stoß entzündet, und die „Hexe" verbrennt unter dem Gejohle der zahlreichen Zuschauer.

— *Scheibenschlagen in Landeck*

In Landeck wird das Scheibenschlagen von der Feuerwehr organisiert – angesichts der immer bestehenden Brandgefahr sicher keine schlechte Idee. Geschlagen wird alljährlich in den Abendstunden in den Fraktionen Trams, Bruggen und Perfuchsberg. So perfekt der Auftritt organisiert ist, so perfekt ist auch die Homepage der Feuerwehr: Hier findet man nicht nur eindrucksvolle Bilder des Schlagens, sondern auch ganze Filmbeiträge, die man sich einfach auf den Computer herunterladen kann.

Informationen: www.feuerwehr-landeck.at

— *Hexenverbrennen, Scheibenschlagen in Musau/Pinswang*

In den Gemeinden Musau und Pinswang bei Reutte findet man heute noch eine seltene Kombination der erhaltenen Feuerbräuche. Das Hexenverbrennen verläuft in etwa wie in Jungholz. Nachdem die Hexe aber verbrannt wurde, geht das Scheibenschlagen los.

— *Scheibenschlagen in Prägraten und Virgen*

Als „Feuerbrauch" ist das Scheibenschlagen in Osttirol vom eigentlichen Termin Richtung „Sonnwend" (siehe Sonnwendfeuer) gewandert. Geschlagen wird heute noch in den Gemeinden Prägraten und Virgen (Fraktion Obermauern) jeweils am Abend des 23. und des 24. Juni, und als allerletztem Termin am 29. Juni zu „Peter und Paul". Sprüche werden bei diesem Brauch seit Jahrzehnten keine mehr aufgesagt – es handelt sich also um eine rein lustvolle und sportliche Betätigung der überwiegend jungen Brauchtumsträger.
Bei schönem Wetter aber allemal ein Augenschmaus.

Aschermittwoch

Mit dem Aschermittwoch hat die Herrlichkeit der Fastnachtszeit ein Ende – zumindest sollte sie dies haben. Das Tiroler Volk allerdings hat jahrhundertelang Bräuche gepflegt, die dem ersten Tag der Fastenzeit auf den ersten Blick zu widersprechen scheinen. Die Rede ist vom „Faschingeingraben" oder „Faschingverbrennen". Zwar ging man angeblich „zähneknirschend" in die Kirche, um sich Asche aufs Haupt streuen oder ein Aschenkreuz auf die Stirne malen zu lassen, danach aber verabschiedete man sich auf seine Art von der lustigen Zeit.

Diesen „alten" Aschermittwoch schildert der Volkskundler Ludwig von Hörmann noch um 1909 folgendermaßen:

„Der Aschermittwoch als Beginn der Bußzeit trifft die mutwilligen Dorfburschen durchaus nicht in fastengemäßer Stimmung. Zwar knien sie beim Morgengottesdienst scheinbar zerknirscht in den Kirchenstühlen und lassen sich vom Pfarrer die Scheitel ‚einäschern', aber ihre Gedanken sind nicht sowohl mit der kirchlichen Verrichtung, als vielmehr damit beschäftigt, wie sie den am Aschermittwoch üblichen Brauch des ‚Faschingeingrabens' möglichst aufsehenerregend in Szene setzen sollen."

Im Zentrum dieses zur Zeit Hörmanns noch „ziemlich im Schwunge" befindlichen Brauchs stand dabei eine Figur, die den Fasching zuvor symbolisiert hatte: der Völser „Joggl" zum Beispiel oder der Telfer „Naz", die bis zur nächsten Fastnacht wieder eingegraben wurden (und werden).

Die Bewohner des Innsbrucker Stadtteil Wiltens hatten dagegen eine – Maus. In einem stilecht nachgestalteten „Leichenzug" mit Kreuz und allem drum und dran, wurde die Maus in ihrem Käfig durch die Gassen getragen, vor ihrem Grab kurzerhand mit einem „Grabscheit" erschlagen und beerdigt. Wie bei allen Faschingsverabschiedungen (und „echten" Begräbnissen auch), landete die ganze Gesellschaft anschließend und ganz natürlich im Wirtshaus. Und das Gelage ging weiter.

Die unterschiedlichsten Ausgestaltungen des Faschingeingrabens oder -verbrennens gibt es bis heute, allerdings werden sie schon am Abend des Faschingsdienstags selbst zelebriert: Die katholische Kirche hat sich also letztlich gegen die heiteren Volksbräuche durchgesetzt. Dabei feiert ja auch sie Abschied und Neuanfang – nämlich bis heute durch das schon erwähnte Aschenkreuz. Die Asche symbolisiert dabei den „alten", sündhaften Menschen, wie er sich gerade in der Fastnachts- oder Faschingszeit von seiner schlechtesten Seite gezeigt hat (Trunk, Völlerei, sexuelle Ausschweifungen). Er wird schlechterdings verbrannt, um den Weg für den Neuanfang, die

Läuterung in der Fastenzeit und die Auferstehung des „neuen“ Menschen zu Ostern freizumachen. Die Kreuzform des Aschemals weist genau darauf hin.

Finden wir am Aschermittwoch selbst also keine heiteren „Verabschiedungen“ mehr vor, so kann man sich immerhin mit der Aussicht auf den abends bevorstehenden „Heringsschmaus“ trösten. Der ursprüngliche Hintergrund war zunächst wieder ein gesellschaftlich-religiöser: So wie sich die Gemeinschaft am Faschingsdienstag oder Aschermittwoch als „Fastnachter“ aufgelöst hat, so wurde die „Fastengemeinschaft“ abends wieder neu begründet. Daß dabei der Verzehr von Fischen im Vordergrund stand, verwundert nicht: Der Fisch galt und gilt ja als Symbol der Fastenzeit schlechthin und sein Verzehr religiös unverdächtig.

Unsere heute üblichen opulenten „Heringsschmäuse“ haben mit diesem ursprünglichen Inhalt natürlich nichts mehr zu tun – er ist schlicht vergessen. Vor allem dank der stets nach besonderen „Anlässen“ suchenden professionellen Gastronomie erleben wir seit einigen Jahrzehnten einen Boom sondergleichen: Kaum ein Wirtshaus, das sich dem üppigen „Heringsschmaus“ entzieht. So wurde aus dem ersten Fastentag doch wieder der letzte Tag der üppigen Faschingszeit. Fast könnte man meinen, daß sich damit das Volk seinen „alten“ und „heiteren“ Aschermittwoch gegenüber der Kirche wieder zurückerobert hat.

Traditionelle Thaurer Palmeselfigur, die auf dem Aufsatz der Palmlatte angebracht wird

Frühling

Passionsspiele
Erl, Thiersee, Telfs

Passionsspiele sind „geistliches Theater" par excellence. Mit hunderten von Akteuren wurde seit dem Mittelalter die Leidensgeschichte Jesu nachgestellt: je nach Textvorlage und Fähigkeit vom Einzug in Jerusalem über die Kreuzigung bis hin zur Auferstehung.

Dabei hatte alles recht klein und einfach begonnen. Am Anfang nämlich stand das „Osterspiel", das nur ein Thema kannte: den Dialog zwischen den Frauen, die Christi Grab besuchen und dort auf einen Engel treffen. Auf die Frage, wo denn der Heiland geblieben sei, antwortet der Engel, daß er auferstanden ist. Dieses „Osterspiel" kennen wir schon aus dem 10. Jahrhundert und es wurde innerhalb des Kirchenraumes und innerhalb der ostersonntäglichen Liturgie gespielt.

Im Laufe der Zeit haben sich dieser recht simplen „Aufführung" aber immer mehr Szenen aus der Leidensgeschichte angegliedert und das entsprach damit ganz dem Wissensdurst des „Publikums". Im Grunde wurden dabei ganz einfache Fragen beantwortet: Was passierte nach dem Ostersonntag und vor allem, was passierte davor?

Die Folgen dieser Erweiterungen waren aber gewaltig. Zunächst forderten sie immer mehr Akteure und immer großartigere Kulissen, um das Geschehen auch eindrucksvoll darstellen zu können. Konsequent zogen die „Passionsspiele" aus dem Kirchenraum aus und siedelten sich am Platz vor der Kirche bzw. am Marktplatz an. Weitere Folge war auch die Zeit, die solche Aufführungen zunehmend in Anspruch genommen haben: Der liturgische Rahmen des Ostersonntags war dafür schlicht zu knapp bemessen. Beispiel dafür ist etwa das Passionsspiel von Valenciennes, das schon im Jahre 1547 immerhin an 25 Tagen aufgeführt wurde und an die 100 Akteure benötigte. Keine Kleinigkeit also.

In ihren Anfängen gaben sich die Tiroler Passionsspiele dagegen bescheidener. Insgesamt seit dem frühen 15. Jahrhundert nachweisbar, wurden die Spiele quasi aufgeteilt: Man kannte das „Gründonnerstagsspiel" (Letztes Abendmahl, Ölberg), das „Karfreitagsspiel" (Kreuzigung) und das „Ostersonntagsspiel" (Auferstehung, Besuch am Grab, Emmausgehen). Zunächst waren es die seinerzeit reichen Städte, die sich solche Aufführungen mit allem Drumherum auch leisten konnten. So Bozen, Brixen, Hall, Schwaz und Sterzing (Innsbruck war nicht dabei!). Bald aber folgten auch die kleineren Gemeinden und Dörfer, die auch „ihr" Spiel haben wollten. Eine wahre „Theatersucht" breitete sich vor allem im 16. und 17. Jahrhundert fast flächendeckend über das Land aus. Beliebt wurde in dieser Zeit aber auch die Praxis, die Spiele

Szenische Darstellung des „Letzten Abendmahles“ bei den Passionsspielen Thiersee

nicht mehr an den betreffenden Tagen (Gründonnerstag, Karfreitag, Ostermontag) aufzuführen, sondern sämtliche Szenen an einem Tag zu präsentieren (v.a. am Karfreitag).

Die „Passionsspiel-Sucht“ dauerte allerdings nicht allzu lange an. Verantwortlich waren dafür einerseits die exorbitanten Kosten und der Arbeitsaufwand, viel wesentlicher aber die folgende kulturgeschichtliche Entwicklung. Die Zeit der „Aufklärung“ unter Maria-Theresia und Joseph II. (18. Jh.) sah in diesen Spektakeln nämlich keineswegs eine religiöse Erbauung, sondern schlicht unwürdigen Unfug. Die Spiele wurden untersagt.

Obwohl man sich an den diversen Verordnungen der Obrigkeit in Tirol bekanntermaßen nie besonders gestoßen hat, so war für die Spiele dennoch irgendwie die „Luft heraußen“. Es fanden sich immer weniger Spielleiter, die für die Aufführungen verantwortlich sein wollten, und mit der Finanzierung und dem freiwilligen Arbeitseinsatz stand es auch nicht mehr zum Besten. Spätestens ab Anfang des 19. Jahrhunderts wurden die meisten Tiroler Passionsspiele schlicht aufgegeben. Und das war's.

Zumindest fast. Ironischerweise haben sich in Tirol nämlich zwei Passionsspiele bis heute erhalten, die erst spät ins Leben gerufen worden sind: Erl und Thiersee. Die Gründe dafür sind zweierlei.

Von Passionsaufführungen erfahren wir in beiden Orten erst um 1800 – zu einer Zeit also, wo im übrigen Land die Tradition eigentlich schon im Abflauen ist. Ob es besondere Leidenschaft, Volksfrömmigkeit oder gar „Geschäftssinn" war, welche die Erler und Thierseer zu diesem Unternehmen anregten, wissen wir leider nicht. Tatsache ist allerdings, daß das Passionsspiel-Verbot im benachbarten Bayern wesentlich strenger überwacht worden ist als in Tirol. Selbst das weithin bekannte Oberammergau hat in dieser Zeit nur mit Mühe Spielerlaubnisse erhalten. Erl und Thiersee konnten mit ihren Aufführungen in diese Lücke stoßen und mit einem regen Zustrom aus dem bayerischen Raum rechnen. Die angereisten Zuschauer garantierten damit aber auch den finanziellen Erfolg dieses Unternehmens.

Geld allein macht aber bekanntlich nicht glücklich, vor allem wenn es ausbleibt. Beide Orte nämlich mußten im Laufe ihrer jungen Geschichte zahlreiche Rückschläge hinnehmen: den Brand des eigens errichteten Passionsspielhauses in Erl im Jahre 1933 etwa; die 1000-Mark-Sperre, welche es den Bayern fast unmöglich machte nach Tirol zu kommen; oder das Verbot des Erler und des Thierseer Passionsspielvereins unter den Nationalsozialisten. All dies und viele Schicksalsschläge mehr hielten die Akteure aber niemals ab, ihr „Spiel" so regelmäßig wie möglich in Szene zu setzen. Das ist der zweite Grund zum Erfolg der beiden Unterinntaler Gemeinden im Gegensatz zum übrigen Tirol.

In beiden Gemeinden geht das aufwendige Passionsspiel heute in einem sechsjährigen Rhythmus über die Bühne. Aufgrund der großen Nachfrage wurden die Aufführungen aus dem engsten Osterfestkreis gelöst und finden innerhalb eines gesamten Sommerhalbjahres statt.

Die nächsten Aufführungen der **Erler Passion** kann man im Jahre 2008 mit Aufführungen von Mai bis Oktober erleben.

Die **Thierseer Passion** wird das nächste Mal im Jahre 2006 von Mai bis Oktober aufgeführt.

Die **Telfer Passion** wurde im Jahre 1812 das erste Mal aufgeführt. Nach einer langen Unterbrechung im 20. Jahrhundert wurden Szenen daraus seit 1986 in der Auferstehungskirche wieder gespielt. Leider hat sich daraus aber keine kontinuierliche Tradition entwickeln können. Der personale Aufwand und vor allem die „geschraubte" Sprache des Spieles verhinderten eine Weiterführung bis ins 21. Jahrhundert. Anstelle des alten Spieles „Das große Opfer von Golgatha" wurde ein neues „Ölberg-Spiel" geschaffen, das 2005 das erstemal in Szene gesetzt wird. Ob sich daraus eine neue Tradition entwickelt, bleibt abzuwarten.

Illustration des Brixlegger Passionsspieles 1889

Informationen zu den Erler Passionsspielen:
www.passionsspiele.at
Informationen zu den Thierseer Passionsspielen:
www.passionsspiele.thiersee.at

Palmeselprozession in Thaur

Palmsonntag

Der Palmsonntag und seine Bräuche zelebrieren den Einzug Christi nach Jerusalem. Obwohl damit die Passion (Leidensgeschichte) eröffnet wird, handelt es sich dabei nicht um einen ausschließlichen Trauertag – denn mit dem Einzug wird ja gleichzeitig auch das Erlösungswerk in Gang gesetzt, ein Anlaß zur Freude also.

Im Mittelpunkt der Bräuche rund um den Palmsonntag stehen der Einzug selbst, „Palmen" und letztendlich auch der Palmesel. Erste Nachrichten einer feierlichen Prozession zu diesem Anlaß erhalten wir dabei aus dem Ende des 4. Jahrhunderts. Es wird berichtet, daß die Gläubigen mit Palm- oder Ölzweigen in der Hand durch Jerusalem zogen und der Bischof „wie der Heiland geführt" worden ist (wobei wir allerdings nicht genau wissen, wie das tatsächlich ausgesehen hat). Vor allem über die zahlreichen Jerusalempilger wurde diese szenische „Nachahmung" des Einzugs weithin verbreitet und regional unterschiedlich ausgestaltet.

Um 700 jedenfalls kannte man schon die in Tirol bis heute bedeutsame Unterscheidung zwischen „Palmbuschen" und den mächtigen „Palmlatten". Wie Palmen insgesamt zu ihren Ehren kamen, ist leicht erklärt: galten sie als immergrüne Pflanzen doch als Symbole des Sieges über den Tod und passen daher zum Beginn des Erlösungswerkes sehr gut. Und Johannes schrieb: *„Sie nahmen Palmzweige, liefen ihm entgegen und riefen: Hosianna!"* Anzunehmen ist daher, daß bei der Prozession „Palmbuschen" als erstes zum Einsatz gekommen sind.

Die Palmlatten dagegen entstammen der brauchtümlichen Umsetzung von Schriftstellern der Kirchenväter. Die Palme wird hier interpretiert als „ein großes Zeichen deines Triumphes, o König Christus." Im Brauch wollte man also diese „Siegespalme" nachstellen. Und so finden wir sie neben den Buschen schon um 700 ganz richtig erwähnt als *„triumphatibus palmae"* oder *„palmae victoriae"* – als Siegespalme eben.

In nördlichen Breitengraden waren natürlich keine Palmen (oder ersatzweise Olivenzweige) zu finden. Hier mußte man sich mit anderen Pflanzen behelfen – dem Immergrün, Wacholder, Haselstrauch, der Eibe, dem Buchsbaum oder auch dem Weidenbaum, dessen Blüten dezidiert als „Palmkätzchen" angesprochen werden. Bis heute hat sich daran nichts geändert, gleich ob es sich um einen Buschen oder eine Stange handelt. Hinzugekommen sind bei verbesserten Transportmitteln im 20. Jahrhundert die Olivenzweige. Doch gleich welchen Aussehens – der vom Pfarrer geweihte „Palm" kommt vor allem der „Unglücksverhütung" zugute. Die geweihten Buschen werden im „Herrgottswinkel" platziert, die Stangen dagegen auf dem Balkon oder Dachboden aufbewahrt. Helfen sollen sie hauptsächlich gegen Blitzschlag und, zerrieben genossen, bei Krankheitsfällen von Mensch und Tier.

Heutzutage sind in Tirol sowohl Buschen als auch Latten fast gleichmäßig verbreitet. Vor allem rund um die Palmstange hat sich dabei (allerdings schon seit Jahrhunderten) ein „seltsamer" Brauch entwickelt: der Kampf um die längste Latte. Alljährlich wetteifern junge Burschen nämlich darum, wer in der Lage ist, den größten „Palm" herzustellen – und dann natürlich auch zu tragen (hier ist bis heute vor allem Imst zu erwähnen). Als Nachahmung der erwähnten „Siegespalme" macht dieser Brauch aber durchaus Sinn – wenn er allerdings ein wenig ins Volkstümliche gewendet wurde.

Die früher beliebten „Palmeselprozessionen" findet man dagegen in Tirol nur noch selten. Ursprung nahm dieser Brauch wieder von einer szenischen Nachstellung diverser Bibelstellen. Bei Johannes etwa liest man über den Einzug nach Jerusalem: *„Jesus fand einen jungen Esel und setzte sich darauf."* Bei Matthäus beauftragte er dagegen eigens die Jünger, einen Esel zu finden, auf dem er dann in Jerusalem unter dem Jubel der Gläubigen eingeritten ist. Was lag also näher, als bei den Prozessionen einen reitenden Jesus mitzuführen – seien er und der Esel aus Holz geschnitzt, oder gar als lebendiges Bild: Pfarrer oder Ministrant auf einem lebenden Tier (heute: Achenkirch). Solche Umzüge sind schon seit Mitte des 10. Jahrhunderts belegt.

Die alten Palmsonntagsprozessionen mit Buschen, Latten und Esel muß man sich als echte Volksfeste vorstellen – von der melancholischen Stimmung der folgenden Karwoche war hier noch kaum etwas zu spüren. Aus diesem Grunde (und weil sich diverse „Mißbräuche" eingeschlichen haben), wurden vor allem die Palmesel-Prozessionen in der Zeit der Aufklärung im 18./19. Jahrhundert kirchlicherseits schlicht verboten. Das Reiten lebender Esel fand nicht mehr statt, Holznachbildungen wurden verbrannt oder zumindest zerhackt. Das alte „Volksfest" war dahin.

Palmeselprozession in Hall

— Palmeselprozession in Achenkirch

Was früher in vielen Tiroler Gemeinden üblich war, wurde im Jahre 2000 in der Pfarrei Achenkirch wiederbelebt: Eine Prozession mit lebendem Esel. Geritten wird er von Ministranten, die in die Rolle von Christus schlüpfen. Dezidierter Hintergrund dieser Wiedereinführung (durch Pater Dr. Bernhard Sirch) war das Sichtbarmachen des „einfachen" Menschen Jesus im Gegensatz zu einem König, „der hoch zu Roß einherkommt". Auch wenn der gerittene Esel artgemäß manchmal recht stur sein kann und sich nicht besonders willig gebärdet, der Palmeseleinzug in Achenkirch sucht in Tirol seinesgleichen. Der Einzug findet alljährlich vom Gemeindehaus zur Kirche vor der Messe statt.

— *Palmeselprozession in Hall*

In Hall wurde die Palmeselprozession 1826 aufgegeben, 1968 aber wieder eingeführt. Im Gegensatz zu vielen anderen Gemeinden verschwand der um 1420 geschnitzte Esel zwar in der Versenkung, zerstört wurde er aber nie. Seine Besonderheit besteht darin, daß sein Bauch ausgehöhlt und mit einer Klappe versehen ist. „Befüllt“ wurde er seinerzeit mit geweihten Broten. In einem alten Bericht heißt es: *„Wenn der Palmesel polternd durch die mit Steinen gepflasterten Gassen gezogen wurde, fielen die Brote nacheinander aus einer geöffneten Klappe heraus; die Jugend balgte sich dann um die gesegnete Gabe.“* Das gibt es heute zwar nicht mehr, dafür aber wurde am Oberen Stadtplatz eine „Ausgabestelle“ für geweihte Palmen eingerichtet: Ein großer Haufen geweihter Ölzweige liegt für die freie Entnahme bereit. Der Palmesel-Umzug findet alljährlich vor der Hl. Messe statt.

— *Palmprozession in Imst*

Wer am Anblick besonders hoher Palmlatten interessiert ist, der sei wie seit alters auf Imst verwiesen. Bei der Prozession von der Pfarrkirche „über's Bergl“ zur romantisch gelegenen Pestkapelle werden zwar nur Ölzweige, Palmsträuße und „normale“ Latten mitgetragen – vor der Kapelle aber warten schon die „großen“ geschmückten Latten mit einer Höhe bis zu 35 Meter auf ihre Segnung.

— *Palmeselprozession in Thaur*

Thaur ist die einzige Gemeinde Tirols, welche die Palmeselprozession trotz Verbotes nie aufgegeben hat. Bis heute startet die Prozession mit einem fast lebensgroß geschnitzten Herrgott auf dem Esel am frühen Nachmittag (gegen 13 Uhr) bei der Pfarrkirche und geht den steilen Hohlweg entlang von Kreuzwegstationen zum idyllischen Romedikirchlein hinauf, wo eine kurze Andacht mit Segen stattfindet. Anschließend führt die Prozession zurück bis an den nördlichen Dorfrand und durch die Felder entlang von gerade ergrünenden Weinbergen (!) in die Nachbargemeinde Rum, wo ebenfalls eine Andacht mit Segen stattfindet. Anschließend kehrt man nach Thaur zurück.

Eine Besonderheit der Thaurer Prozession bilden bis heute die sogenannten „Eselen“. Dabei handelt es sich um Palmstangen, auf deren Spitze ein geschnitzter Esel und der reitende Jesus angebracht ist. Auf einem Brettchen stehend werden sie von aufstrebenden Weiden- und Ölzweigen „überdacht“.

Kinder mit den traditionellen Palmlatten in Thaur

Wir haben es hier allerdings nicht mit einer „Gartenlaube" zu tun, sondern mit der Fortführung alten Brauchtums. Denn der „Siegespalm" wurde seinerzeit an der Spitze des öfteren mit Bögen bekränzt: mit „Triumphbögen", wie wir sie aus der Architektur im Großformat zur Genüge kennen. Die Thaurer stellen mit ihren „Eselen" den triumphalen Einzug Christi in Jerusalem demnach szenisch noch einmal nach: ein Ausdruck wirklich tiefen Volksglaubens.

— Palmeselprozession in Telfs

Seit den 80er Jahren des 20. Jahrhunderts wird auch in Telfs wieder eine alljährliche Palmeselprozession durchgeführt. Da kein geschnitzter Esel mehr aufzutreiben war, wurde er anläßlich einer Auktion beschafft. „Einheimischer" ist er allerdings keiner: Er stammt aus dem Tiroler Unterland und erblickte im Laufe des 18. Jahrhunderts das Licht der Welt.

„Pumpermittwoch“

Mittwoch vor Ostern

Die an den Palmsonntag anschließende Karwoche steht ganz im Zeichen der Trauer um den baldigen Tod Christi. Den Namen hat sie vom althochdeutschen *„chara“*, bzw. dem mittelhochdeutschen *„kara“*, was schlicht Trauer oder Wehklage bedeutet. Seit längerem aber werden die drei ersten Tage der Woche wie ganz normale Arbeitstage behandelt. Das eigentliche Wehklagen beginnt erst Mittwoch abends bei den „Finstermetten“.

Bei den Finstermetten wird das Licht in den Kirchen allmählich gelöscht, um die kommende Finsternis durch den Tod Christi anzudeuten. Gelegentlich üblich ist hierbei noch der Brauch, die auf einem Triangelleuchter brennenden 15 Kerzen zu löschen – bis auf eine: Sie weist schon auf die kommende Auferstehung hin.

Obwohl diese allmähliche Verfinsterung schon eine eindrucksvolle Angelegenheit war, hat sich dem Kirchenvolk dennoch vor allem eine Handlung besonders eingeprägt: das „Pumpern“. Am Ende der Andacht wurde nämlich mit Händen, Stöcken, ja sogar Steinen, Hämmern und Beilen gegen die Kirchenbänke getrommelt und damit ein „höllischer“ Lärm erzeugt. Sinn dieses Brauchs war, seiner Wut über den Verrat des Judas Ausdruck zu geben – ein entfesselter Volkszorn also. Interessant ist noch, daß bei der Erzeugung des Lärms sogar eigene Instrumente zum Einsatz gekommen sind: die „Ratschen“, die ihren eigentlichen Auftritt aber erst am Gründonnerstag haben. Im 20. Jahrhundert sind diese eindrucksvollen „Pumpermetten“ allmählich abgekommen – der Name hat sich aber teilweise noch erhalten.

Heilige Gräber

Die oft phantastisch anmutenden Nachbildungen des Grabes Jesu Christi sind heutzutage in Tirol groß in Mode. Und das nach einer jahrzehntelang dauernden Durststrecke, in der man von den prächtigen Scheinarchitekturen eigentlich nichts mehr wissen wollte.

Die Idee, das Grab Christi in den Kirchen in der Zeit um Ostern nachzubilden und den Leichnam sinnbildlich aufzubahren, können wir in Tirol bis ins 14. und 15. Jahrhundert zurückverfolgen. Erhalten hat sich davon leider kaum etwas und so gilt das Heilige Grab von Breitenwang (entstanden um 1738) als das älteste noch vollständig erhaltene, das bis in die Gegenwart aufgestellt wird.

Es war vor allem die Barockzeit, die den Gräbern mit Hilfe von großformatigen Kulissen, dreidimensionalen Figuren und vor allem mit zahllosen von Kerzen oder Öllampen beleuchteten „Grabkugeln" ein zutiefst mystischen Glanz verliehen hat. Sie waren eine tiefreligiöse Volksandacht par excellence. Nur gefielen sie halt nicht allen. Die Zeit der „Aufklärung" und besonders Kaiser Joseph II. hielten sie für naiven Kinderkram, der aus den nun plötzlich nüchternen und eben „aufgeklärten" Kirchen zu verschwinden hat. Kurzerhand wurden sie im Jahre 1782 verboten (in eben jenem Jahr übrigens, in dem eines der schönsten Tiroler Gräber gerade entstanden war: das Ostergrab in Patsch).

Zehn Jahre lang hielt man sich mehr oder weniger an das Verbot. Kaum aber lag Joseph II. 1790 selbst in der Grube, wurden die Gräber aus ihren Depots wieder hervorgeholt und aufgestellt. Überdies entstanden, wie zum Trotz, zahlreiche neue. Aber auch diese neuerliche Blütezeit währte nicht lange. Während der Besatzung Tirols durch die Bayern von 1806–1814 wurden sie wiederum verboten; und wiederum mit dem Hinweis, daß man mit dieser Art Darstellung dem eigentlichen Geheimnis von Ostern nicht nahe kommen könnte: dieses spiele sich nämlich nur in unserem Kopfe ab und hätte mit sinnlicher Anschauung rein gar nichts zu tun. Doch auch diese Besatzerzeit ging vorbei. Kaum waren die Bayern aus dem Land, wurden die großartigen Kulissengräber auch schon wieder aufgebaut, renoviert und an neuen gebastelt.

Den eigentlichen und fast vernichtenden Todesstoß brachte erst das 20. Jahrhundert. Zahlreiche Reformen innerhalb der katholischen Kirche und offensichtlich auch das schwindende Interesse des gläubigen Publikums verbannten die Heiligen Gräber zunehmend in diverse Depots. Schlecht gelagert und oft sogar vergessen, dämmerten viele ihrem Verfall entgegen.

Hl. Grab mit Leidensheiland in der Laurentiuskirche in Wattens

Angesichts dieser breit angelegten „Vernichtungsaktion“ ist es erstaunlich, daß es in Tirol offensichtlich nur einer einzigen Buchpublikation bedurfte, um den ganzen schon verschwunden geglaubten Schatz wieder ans hellste Tageslicht bzw. in die Kirchen zu bringen (das heute leider vergriffene Buch: *„Heilige Gräber in Tirol“*). Die Folge war, daß die Heiligen Gräber in unserem Land ihre mehrfach unterbrochene Erfolgsgeschichte wieder aufgenommen haben und heute einen regelrechten Boom erleben – fast arm dran die Pfarrkirche, die (noch) keines besitzt.

Angesichts der zahlreichen Heiligen Gräber in Tirol können im folgenden nur einige herausragende angeführt werden. Zu beachten ist vor allem auch der Zeitraum, in welchem die Gräber aufgestellt werden. Ein Anruf bei Pfarramt, Gemeinde oder Tourismusverband empfiehlt sich in jedem Falle.

Eine Auswahl an sehenswerten Hl. Gräbern:
Pfarrkirche Breitenwang (ältestes Grab), Innsbrucker Landhaus (Jugenstilkrippe), Pfarrkirche Lienz (mit Szenenwechsel), Wallfahrtskirche Mariastein (ganzjährig zu sehen), Pfarrkirche Nauders (Grabwache durch Bruderschaft und Karfreitagsprozession), Pfarrkirche Patsch (Grabwache durch Schützen), Pfarrkirche Schönberg (verblüffende Tiefenwirkung; wird allerdings nur alle zehn Jahre aufgestellt), Franziskanerkirche Schwaz (größtes Heilige Grab Tirols); Pfarrkirche Telfs (statt Grabwächter Totengerippe; Aufstellung bis Christi Himmelfahrt)

Fastentücher

Innsbruck, Lienz

Ab dem 10. Jahrhundert kennen wir den Brauch, den Altarraum während der Fastenzeit (Aschermittwoch bis zur Auferstehung) mit Tüchern vollständig zu verhüllen. Begründet wurde das u.a. damit, daß die Kirchenbesucher in dieser Zeit nicht würdig sind, die Herrlichkeit Gottes zu erblicken. Diese „Fastentücher" waren in ihrer frühesten Form schlicht einfarbig gehalten und wurden erst später ausgeschmückt und bemalt.

Die vor allem im Hochmittelalter entstandenen bemalten Tücher zeigten entweder eine einzelne Szene (z.B. Dornenkrönung) oder aber auf zahlreichen „Feldern" die gesamte Leidensgeschichte. Als *„biblia pauperum"* (Bibel der Armen) wurde hier einem weitgehend leseunkundigen Publikum die Leidens- und damit Heilsgeschichte anschaulich nahegebracht. Tatsächlich muß man diese Szenenfolgen als fast direkten Vorläufer der heute so beliebten Comic-Hefte begreifen. Ihnen fehlte eigentlich nur die Sprechblase – die allerdings erzeugte der Pfarrer mit seiner Rhetorik je nach Lust und Laune.

Die insgesamt bilder- und brauchtumsfeindliche „Aufklärung" (18./19. Jahrhundert) brachte aber das Ende der prachtvollen Gemälde: Aus den Kirchen weitgehend verdammt, landeten sie auf Dachböden oder anderen „Depots", wo sie ihrem sicheren Verfall entgegensahen.

Dabei hatte das Fastentuch für das Kirchenvolk seinerzeit regelrechten Symbolcharakter. Denn solange die Tücher hingen, so lange mußte man sich auch vieler Nahrungsmittel enthalten („Fastengebot"). Wen wundert es also, daß die Tücher einen entsprechenden Übernamen erhielten und als „Hungertücher" bezeichnet worden sind (belegt seit dem 16. Jahrhundert). Die bis heute gebräuchliche Redewendung „am Hungertuch nagen" stammt genau daher.

Ganz abgekommen sind die verhüllenden Fastentücher aber nie, sie wurden nur wieder schlichter, meist einfarbig (violett oder schwarz) gehalten und bedeckten auch nicht mehr den ganzen Altarraum, sondern nur noch die Altarbilder bzw. die Kruzifixe. Bis heute hält man an diesem kirchlichen Brauch fest.

Innsbruck:
In seiner ständigen Schausammlung zeigt das Tiroler Landesmuseum Ferdinandeum ein prächtiges, vierundzwanzig-feldriges Fastentuch aus Obervintl (Südtirol), das um 1460 entstanden sein dürfte.

Fastentuch auf Schloß Bruck in Lienz

Anläßlich des „Aschermittwochs der Künstler" wurde im Innsbrucker Dom St. Jakob im Jahr 2004 ein 7 mal 11 Meter großes Fastentuch des Vorarlberger Künstlers Alfred Graf aufgehängt. Inwieweit sich aus dieser Aktion ein neuer Brauch entwickelt, bleibt allerdings abzuwarten.

Lienz:
Im Rittersaal des Museums Schloß Bruck wird ein 4 mal 6 Meter großes Fastentuch aus der Gemeinde Virgen gezeigt, das im Jahre 1598 zum erstenmal aufgehängt worden ist. Auf insgesamt vierundzwanzig Feldern ist die Heilsgeschichte von der Erschaffung der Welt über die Leidensgeschichte bis hin zum Jüngsten Gericht zu sehen.

Fastenkrippen

Mit „Krippe“ verbindet man bis heute überwiegend gemalte oder plastische Darstellungen rund um die Geburt Christi (Weihnachtskrippe, siehe dort). Aus dem Gedächtnis und leider auch aus vielen Kirchen vielfach verschwunden ist dagegen eine einst populäre Andachtsform rund um die Passion Christi: die Fastenkrippe, die wir in Tirol etwa ab dem 17. Jahrhundert kennen. Beginnend mit dem Einzug nach Jerusalem über das Letzte Abendmahl bis hin zur Kreuzigung, Grablegung und zahlreichen anderen Szenen wurde hier in opulenter Form die Leidensgeschichte Christi anschaulich „nachgebaut“. Gleich der Weihnachtskrippe kennen wir auch bei der Fastenkrippe den Gebrauch unterschiedlichster Gestaltungstechniken: die Papier-, die geschnitzte Holz- und die bunt bemalte Bretterkrippe.

Das alte Brauchtum rund um die Fastenkrippe erlebt glücklicherweise gerade in den letzten Jahren wieder einen regen Aufschwung, woran auch die diversen Tiroler Krippenbauvereine einen großen Anteil haben. Wir sind heute in der glücklichen Lage, die dramatischen, meist von Aschermittwoch bis nach der Karwoche aufgestellten Fastenkrippen in allen drei Gestaltungstechniken vor Ort wieder bestaunen zu können.

— Bretterkrippe in Achenkirch

Die auf ausgeschnittene Bretter gemalten ca. 130–135 cm großen Figuren aus dem Jahre 1838 werden seit den 1950er Jahren wieder aufgestellt. Zu sehen sind zwei Gruppen, welche die Geißelung und die Dornenkrönung darstellen. Umrahmt werden sie von zwei Engeln mit Leidenssymbolen.

Eine weitere imposante Bretterkrippe um 1750 kann man übrigens auch in der Maria-Hilf-Kirche in Innsbruck bewundern, ebenso wie in der 1. Hälfte des 19. Jahrhunderts entstandene Szenerien in der Pfarrkirche Anras in Osttirol.

— Geschnitzte Krippe in Arzl bei Innsbruck

Wer den Besuch einer Fastenkrippe rund um Ostern verabsäumt hat, der kann das am idyllischen Arzler Kalvarienberg nachholen. Im Vorraum der Kirche „Zur Schmerzhaften Muttergottes“ sind ganzjährig ca. 32 cm große Figuren aus der zweiten Hälfte des 19. Jahrhunderts in kaschierten Kleidern aufgestellt und zeigen in verschiedenen Szenen die Leidensgeschichte Christi.

Fastenkrippe in der Wallfahrtskirche Götzens. Papierfiguren von Georg Haller um 1800, Hintergrund von Franz Pernlochner (ca. 1920); linker Ausschnitt.

— *Geschnitzte Krippe in Kematen*

Während der Fastenzeit (Aschermittwoch bis Karwoche) werden die Ende des 18. Jahrhunderts aus Zirbenholz geschnitzten und bunt gefassten ca. 30–40 Zentimeter großen Figuren am linken Seitenalter der Pfarrkirche aufgestellt. Zu sehen sind: Gebet am Ölberg, Geißelung, Dornenkrönung, Kreuztragung und Kreuzigung.

— *Papierkrippe in Götzens*

Eine der umfangreichsten „Papierkrippen" Tirols findet man vom Aschermittwoch bis nach der Karwoche in der Pfarrkirche Götzens. Entstanden ist sie rund um 1800 und zeigt die Leidensgeschichte in 31 Szenen mit ca. 200 handbemalten, etwa 19 cm großen Einzelfiguren. Die Fastenkrippe läßt kaum ein Detail der biblischen Überlieferung aus. Neben den üblichen zentralen Themen sind unter anderem die Verabschiedung Christi von seiner Mutter zu sehen, der Verrat durch Petrus inklusive krähendem Hahn, das Würfeln der Soldaten um Christi Rock und auch der Selbstmord des Judas durch

Erhängen. Bei einem Besuch dieser Krippe empfiehlt sich dringend die Mitnahme einer Bibel – sonst kommt der durchschnittlich gebildete Zeitgenosse einfach nicht mehr mit!

Wer Lust hat, Szenen dieser Krippe zu erwerben und nachzubauen, der sei auf das Tiroler Volkskunstmuseum in Innsbruck verwiesen: dort erhält man Papierbögen zum Ausschneiden (ebenso in Götzens vor Ort oder beim Krippenverein Telfs).

— *„Mechanische" Fastenkrippe in Telfs*

Die Pfarrei Telfs verfügt gleich über zwei bemerkenswerte Fastenkrippen. Zum einen die 1930 gestaltete Papierkrippe in der Kapelle zur Schmerzhaften Muttergottes in Moritzen, welche mit 12–13 cm hohen Figuren den Leidensweg vom Letzten Abendmahl bis zur Kreuzigung nachzeichnet.

Die weitaus interessantere und beim gläubigen Publikum beliebtere Krippe aber befindet sich in der Heilig-Grab-Kapelle, ebenfalls in Moritzen. Dabei ist die Krippe in das Heilige Grab integriert: Der untere Teil zeigt die Grabeshöhle mit dem Leichnam Christi, der obere Teil ist den Passionsszenen vorbehalten. Die gesamte Anlage wird von bunten Grabkugeln geheimnisvoll beleuchtet.

Die wohl im 18. Jahrhundert geschnitzten und bemalten Figuren der Krippe wurden um 1840 „drehend" gemacht, wie die Chronik sagt. Vor diesem Zeitpunkt stellte man die einzelnen Szenen am jeweilig passenden Tag von Palmsonntag bis Ostersonntag auf. Um 1840 aber befestigte man sie auf einer Scheibe und ließ sie mit Hilfe eines aufgezogenen Uhrwerks horizontal rotieren: Ein Teil der Figuren verschwand nun effektvoll im Krippenberg („Golgotha"), während die anderen daran „vorbeidefilierten".

Heutzutage wird die Scheibe nicht mehr von einem Uhrwerk, sondern von einem kleinen Elektromotor angetrieben. Die Krippe ist vom zweiten Fastensonntag bis zum Karfreitag zu bewundern.

Fastenkrippe in der Wallfahrtskirche Götzens. Papierfiguren von Georg Haller um 1800, Hintergrund von Franz Pernlochner (ca. 1920); mittlerer Ausschnitt.

Gründonnerstag

Am Gründonnerstag „fliegen die Glocken nach Rom". So zumindest erklärt man sich bis heute, warum die Kirchenglocken am Vorabend bei den „Pumpermetten" das letzte mal läuten und bis zur Auferstehungsfeier am Ostersamstag schweigen. Tatsächlich ging es aber darum, daß der Einsatz von Glocken immer als feierliches „Festgeläute" begriffen wurde – und das hat an den wichtigsten Trauertagen nichts zu suchen. Stattdessen setzte man andere „Lärmgeräte" ein, um die Zeit zum Kirchgang anzukündigen bzw. das Klingeln während des Gottesdienstes zu ersetzen: die „Ratschen".

Grob unterscheidet man dabei zwischen Flügel- und Kurbelratschen.
Die Flügelratsche besteht aus einem längeren Stil, an dessen Ende sich eine geriffelte Walze befindet. Um diese werden „Klangbretter" geschwungen: Die Reibung zwischen der Riffelung und den Brettern erzeugt den charakteristischen Ton. Die Kurbelratsche dagegen ist ein hölzerner Kasten mit einer mit Nocken versehenen Walze. Mit einer Kurbel in Bewegung gesetzt, schlagen kleine Hämmerchen auf ein Holzbrett. Gelegentlich wurde die Kurbel auch durch „Radantrieb" ersetzt: dabei handelt es sich dann um „Ratschenkarren" (die man sich wie einen kleinen Schubkarren vorstellen muß).

Das Ratschen hat sich als kirchlicher Brauch jahrhundertelang erhalten und ist in Tirol heute wieder stark im Kommen, ja geradezu zur Modeerscheinung geworden. Schon in den frühen Morgenstunden sind in Oberlienz und Oberdrum die „Ratscherbuabn" unterwegs. „Buabn" ist noch die alte Bezeichnung – denn inzwischen nehmen auch „emanzipierte" Mädchen aktiv an diesem Brauch teil. Gemeinsam ziehen sie lautstark durch die Straßen und sammeln Spenden für einen guten Zweck. Höhepunkt ist dann das abschließende „Ratschenkonzert", das um 12.00 Uhr mittags bei der Pfarrkirche Oberlienz das Glockenläuten ersetzt.

Die Bedeutung des Gründonnerstags als Beginn der engeren Trauerzeit, des Schweigens der festlichen Glocken, ergibt sich ganz selbstverständlich aus dem biblischen Geschehen: An diesem Tag wurde das „Letzte Abendmahl" abgehalten, bei dem sich Christus „offiziell" von seinen Jüngern verabschiedet hat. Brot und Wein wurde dabei laut Überlieferung gereicht – von etwas „Grünem" ist nicht die Rede.

Daß der Gründonnerstag (seit dem 12. Jh.) dennoch seinen Namen trägt, ist auf die festlichen, nämlich grünen Gewänder („Paramenten") der Pfarrer während des Gottesdienstes zurückzuführen (bezugnehmend auf Lukas 23,31). Offensichtlich war das Kirchenvolk von diesem ungewöhnlichen Auftritt so begeistert, daß sie diesen Tag ganz einfach mit der Farbe Grün gleichsetzten. In der Folge bildeten sich Bräuche aus, die auf diese Namensgebung bezuggenommen haben – bis hin zum „Wetteraberglauben". Der wichtigste allerdings ist, daß man an diesem Tage auf alle Fälle etwas „Grünes" zu essen habe. Bis heute verzichtet zum Beispiel kaum ein Tiroler Gastronom darauf, seine Speisekarte dementsprechend aufzurüsten.

Volkstümlich bezeichnete man den Gründonnerstag aber auch als „Weichnpfinztig" (= Weihedonnerstag). An diesem Tage werden in den Bischofskirchen nämlich die „Heiligen Öle" geweiht, die man am Karsamstag in den Pfarrkirchen wiederum für die Weihe des Taufwassers benötigt. Der stets leicht zu erregende Volksglaube übertrug diese „Weihen" auf die belebte Natur insgesamt. Man meinte zum Beispiel, daß die Eier von Gründonnerstag schon in der Henne selbst zu besonderen Ehren kommen: Warf man sie nach dem Legen über das Hausdach und grub sie an der Stelle ihres Aufpralls in die Erde, so war man ein Jahr lang verläßlich gegen Blitz und Sturm geschützt. Seit dem Aufkommen der vermutlich effizienteren Blitzableiter Ende des 19., Anfang des 20. Jahrhunderts hat sich dieser Brauch in Tirol allerdings relativ rasch verflüchtigt. Der Begriff „Weichnpfinztig" ist dagegen bis heute in Verwendung.

Kalvarienberg in Lavant

Daß am „Weichnpfinztig" die bedeutsamen Öle geweiht werden, zeigt allerdings, daß auch die Kirche selbst nie vor einfachen „Bildern" gefeit war. Denn es war der an das Letzte Abendmahl anschließende Besuch des „Ölberges", der hiefür den Ausschlag gegeben hat: Nachdem Christus klar gemacht hat, daß er noch heute Nacht verraten wird, verläßt er die Gesellschaft, um auf den Ölberg zu spazieren. Zwei Jünger, die ihn begleiten, bittet er mit ihm zu wachen. Die allerdings werden vom Schlaf übermannt. Dieser Szene verdanken wir übrigens die bis heute geläufigen Redewendungen: *„Möge dieser Kelch an mir vorübergehen"*; *„Der Geist ist willig, aber das Fleisch ist schwach"*; und letztlich: *„Wer das Schwert erhebt, wird durch das Schwert umkommen"*. Christus jedenfalls wird durch den „Judaskuß" verraten und abgeführt.

Diese nicht sonderlich erfolgreiche Nachtwache führte erstens zum kirchlichen Brauch der Ölweihe: Hintergrund war der simple Zusammenhang „Ölberg" – „Öl" – „Ölweihe". Zum anderen aber führte sie zu den bis heute geübten „Ölbergandachten". Denn was die beiden schlafenden Jünger verabsäumt haben, die Wache, wird damit quasi nachgeholt: Eigene „Ölbruderschaften" haben sich diesem Ziel verschrieben. Zahlreiche Ölbergszenen in Kirchen, auf Kirchenmauern oder gar eigene Ölbergkapellen erzählen vom „Erfolg" dieses Moments der Heilsgeschichte.

Heute werden diese Andachten in Tirol überwiegend im Laufe des Gründonnerstag-Nachmittags abgehalten. An vielen Orten allerdings wacht man noch die ganze Nacht hindurch. Das Ziel: Christus im Gegensatz zu seinen beiden Jüngern nicht im Stich zu lassen.

Karfreitag

Der Karfreitag gilt in der katholischen Kirche als der strengste Fastentag des ganzen Jahres. Geprägt war er von Andachten vor dem „Heiligen Grab“ (siehe dort), von Passionsspielen (siehe dort) und großartigen, leidenschaftlichen Prozessionen.

Die Karfreitagsprozessionen hatten dabei allesamt ein erklärtes Ziel: den Leidensweg Christi durch mitgeführte gemalte oder geschnitzte Bilder oder gar durch plastisch agierende Personengruppen nachzuzeichnen. Kreuze wurden mitgeschleppt, die leidende Gottesmutter Maria trat auf, Judas spielte mit seinen Silberlingen und geißelnde Gläubige schlugen sich im „Mit-Leiden“ die Rücken blutig. Das Ganze übrigens noch verstärkt durch entsprechende Kostümierung und Maskierung.

Um die Mitte des 18. Jahrhunderts kamen Klagen auf, daß es sich dabei um höchst „lächerliche“ Schauspiele handelt, die dem Ernst der Angelegenheit keineswegs entsprechen. Da diese Prozessionen erst am Abend stattfanden, witterte man aber auch andere Mißbräuche: die anschließenden, die ganze Nacht währenden Zechereien und die Liebschaften, die im Schutz der Dunkelheit gepflogen würden. Das Verbot solcher „grotesker“ Prozessionen war die direkte Folge davon. „Bescheidenere“ Versionen davon haben sich aber dennoch in etlichen Tiroler Orten bis heute erhalten.

Eine besondere Form der Vergegenwärtigung des Leidens Christi ist der sogenannte „Leidenskübel“ in St. Veit im Defereggen. Es ist eine Art sich drehender Eimer, auf dem die von außen bemalten Stationen der Passion Christi durch ein Licht von der Innenseite her beleuchtet werden.

— *Karfreitagsprozession in Nauders*

Anläßlich der Erbauung des „Heiligen Grabes“ wurde im Jahre 1803 die Nauderer „Heilig-Grab-Bruderschaft“ gegründet. Bis heute kümmert sich diese, von keinerlei Nachwuchssorgen geplagte Gesellschaft um das Aufstellen des religiösen Kunstwerkes, aber eben auch um die Abhaltung der Karfreitagsprozession. Jedes Jahr werden um 8 Uhr früh die Fenster der Pfarrkirche verhüllt und die sonst in Weiß gekleidete Heiliggrab-Muttergottes umgezogen: sie erhält ein Kleid, das ganz in feierlichem Schwarz gehalten ist.

Karfreitagsprozession in Arzl im Pitztal

Nach der um 15 Uhr beginnenden Karfreitagsliturgie startet die Prozession durchs Dorf: Vier schwarzgekleidete Mitglieder der Grabbruderschaft tragen einen hölzernen, aber offenen „Sarg" mit dem (hölzernen) Leichnam Christi mit sich. Gefolgt wird er nicht nur von zahlreichen Gläubigen, sondern auch von der mitgetragenen Statue der leidenden Muttergottes.

— *Karfreitagsprozession in Arzl im Pitztal*

Ähnlich der Nauderer Prozession wird auch in Arzl der „Leichnam" nach der Andacht um 15 Uhr durchs Dorf getragen. Als Transportmittel wird hier aber kein Sarg, sondern eine „Bahre" benützt: auf ihr liegt die mit einem durchsichtigen Gaze-Tuch bedeckte Statue des Gekreuzigten. Dem Leichnam voran wird ein großes „Arma-Christi-Kreuz"getragen, das alle jene Marterwerkzeuge zeigt, mit denen Christus gequält worden ist.

Karsamstag

Der Karsamstag steht ganz im Zeichen der Auferstehung und der Herankunft des „neuen Lichts“, das in die Dunkelheit der vorangegangenen Trauertage gebracht wird. Dieser Termin ist relativ neu, denn bekanntlich ist Christus ja erst am „dritten Tage auferstanden“ – also am Ostersonntag. Da die entsprechenden Feiern früher in den allerersten Morgenstunden stattfanden, entschloß man sich im Laufe des 17. und 18. Jahrhunderts aus „Bequemlichkeit“ zu einer Verschiebung schon auf den Abend des Vortages: *„Damit das Volk leichter und zahlreicher daran teilnehmen kann“*, wie es hieß. (So eine Verschiebung finden wir übrigens auch bei „Weihnachten“, siehe dort.)

Damit sind aber ursprünglich am Ostersonntag beheimatete Bräuche auch auf den Samstag gewandert: So zum Beispiel die bis heute gängige Weihe der „Osterkerze“ und des Feuers insgesamt. Vor der Kirche angezündete und geweihte Osterfeuer versinnbildlichten dabei das „neue Licht“ und wurden vom Volk entsprechend eingesetzt. Üblich war es nämlich, das Herdfeuer zu Hause ausgehen zu lassen und es nach der Messe mit Hilfe von glühenden Scheitern, Kohlen oder Zündschwämmen vom „Osterfeuer“ wieder entzünden zu lassen. Eine wirklich handfeste „Neubelebung“ auch der eigenen Haushaltung!

Die Osterfeuer vor der Kirche sind seit dem 8. Jahrhundert nachweisbar. Etwa 200 Jahre früher erfahren wir schon von der „Osterkerze“, die (seinerzeit noch am Ostersonntag) entzündet und geweiht worden ist. Ursprünglich war es auch diese Kerze, an der die Gläubigen ihr „Osterfeuer“ geholt haben. Um den Kirchenbesuchern auch etwas „Handfesteres“ mitzugeben, wurde die Kerze gelegentlich zerstückelt und verteilt. Zu Hause wurde daraus unter Beigabe von weiterem Wachs oder Fett („Unschlitt“) die private Osterkerze gegossen, die bei allen drohenden Katastrophen (Krankheiten, Unwettern) eingesetzt worden ist.

Am Karsamstag wird bis heute auch das Taufwasser geweiht. Dies geschieht, indem man dem Wasser die am Gründonnerstag geweihten „Heiligen Öle“ beifügt. Die Öle werden gelegentlich bis heute auch dem „Weihwasser“ beigemengt – die Gläubigen nehmen sich davon ein wenig nach Hause mit und halten dieses „Osterwasser“ für diverse „Katastropheneinsätze“ bereit.

Neben diesen volksreligiösen Bräuchen bildet die Auferstehung natürlich aber das Um und Auf des Karsamstags. Die „Fastentücher“ (siehe dort), welche die Altarbilder seit Aschermittwoch verhüllt haben, werden feierlich abgenommen und eine Figur des „Auferstandenen“ (Christusfigur mit einer triumphal emporgehobenen „Osterfahne“) auf den Altar gestellt. Wo es „Heilige Gräber“ gibt (siehe dort), wird das zur Schau gestellte Grab verhüllt. An etlichen

Heiliggräbern befand sich überdies eine eigene Vorrichtung, mittels derer der Leichnam per Seilzug aus dem Grab gezogen wurde. Wie von Geisterhand (oder „himmlischen Mächten") bewegt, stellte sich der liegende Leichnam langsam wie von selber auf. Theatralischer geht es kaum.

— Auferstehungsfeier am Imsterberg

Wie von alters vollzieht sich die abendliche Auferstehungsfeier bis heute in der Gemeinde Imsterberg. Das Heilige Grab verdeckt den Altar vollständig. Die wichtigsten „Spielorte" betreffen die Grabeshöhle und jene hoch darüber gelegene Nische, wo der Auferstandene später erscheinen wird. Die Dramaturgie: Der auf eine Holztafel gemalte Leichnam Christi wird per Seilzug „umgelegt" und verschwindet damit auf augenscheinliche Weise aus seinem Grab. Zeitgleich wird eine weitere bemalte Holztafel mit dem „Auferstandenen" in den höher gelegenen Nischenraum gestellt. Was hier sehr einfach klingt, führt aber zu einer geradezu spürbaren Spannung unter den Kirchenbesuchern (klappt es? – klappt es nicht?). Anders als durch dieses dramatische Element wäre es heutzutage wohl nicht mehr zu erklären, daß die Kirche an diesem Abend so voll ist wie an keinem anderen.

— Brotspende in Thurn bei Lienz

Beim 1308 erstmals urkundlich erwähnten „Helenenkirchl" hoch über Thurn auf einem phantastischen Aussichtsplatz findet bis heute eine Auferstehungsfeier inklusive eines weiteren interessanten Brauchs statt: nämlich der „Brotspende". Trotz des steilen, ziemlich mühevollen Anstiegs lassen es sich bis heute viele hunderte Gläubige nicht nehmen, dabei zu sein. Dabei wird die am frühen Nachmittag abgehaltene Zeremonie recht einfach gehalten und entbehrt des Prunks, den man andernorts gewohnt ist. Kern der Feier ist das Einwickeln des Leichnams in ein Grabtuch; daraufhin wird die Statue des „Auferstandenen" geholt, mit welcher der Altar dreimal umschritten wird. Im Anschluß wird der Heiland aufgestellt. Umrahmt wird die Feier im wesentlichen durch das Beten von Rosenkränzen und einer Litanei.

Der Ursprung der anschließenden „Brotspende" liegt im Dunklen. Anzunehmen ist aber, daß die Thurner Bauern, welche das nötige Getreide stellen, damit den Segen des Himmels erbaten und für eine reichliche Ernte und vor allem günstiges Wetter „sorgten". Ursprünglich wurde das geweihte Brot an der Tür zur Sakristei unter dem Kirchenvolk verteilt, später im Kirchenvorraum und heute, wegen des überaus großen Besucherandrangs, von einem schwer beladenen Wagen herunter, der vor der Kirche steht. Gegen wenig Geld erhält man eine Brotspende und kann damit ebenfalls am Segen des Himmels im wahrsten Sinne des Wortes „mitnaschen".

Ostersonntag

Der Ostersonntag war vormals der eigentliche „Auferstehungstag“, der schon sehr früh morgens begangen wurde. Obwohl, wie erwähnt, viele Bräuche und die Feier selbst schon Karsamstag abends abgehalten werden, ist der alte Termin von Interesse – denn er ist verantwortlich für den Namen „Ostern“. Ostern nämlich leitet sich keineswegs von irgendeiner heidnischen Göttin („*Ostara*“) her, sondern schlicht von der „Morgenröte“ (althochdeutsch: *ostarun*). Üblich war es früher, die ganze Osternacht durchzuwachen und beim ersten Tageslicht mit der Auferstehungsfeier zu beginnen – während der Morgenröte also, die sowohl das Licht des Tages, als auch durch Christus das Licht für die ganze Menschheit gebracht hat.

Heutzutage findet am Ostersonntag ein feierlicher Gottesdienst statt, an den sich die seit dem Mittelalter die bekannte Speisenweihe anschließt. Obwohl auch diese Weihe an etlichen Orten ebenfalls auf den Karsamstag verschoben wurde (siehe etwa Thurn bei Lienz; oder Pfarrkirche Leutasch), wird der Brauch meistens noch an seinem ursprünglichen Termin ausgeübt. Was inhaltlich auch sehr sinnvoll ist, denn der Ostersonntag beendet die 40-tägige Fastenzeit. Ab jetzt ist wieder alles zum Verzehr erlaubt was schmeckt.

Betroffen vom Fastengebot waren überwiegend das Fleisch warmblütiger Tiere (also nicht Fisch und Meeresfrüchte) und deren Produkte: Milch, Käse, Butter und Eier. Die Eier rutschten deshalb ins Verbot, weil sie als „flüssiges Fleisch“ galten. Ein wunderschönes Fresko einer „Fastenmahnung“ findet man übrigens in der Pfarrkirche St. Andrä in Lienz (wo auch schon am Karsamstag Speisenweihe ist). Das aus dem späten 15. Jahrhundert stammende Bild zeigt eine keulenschwingende Gestalt über sitzenden Leuten, die Eier und Fleischspieße verzehren, und darunter ein Spruchband: *„du solt nit fleisch air kes nid essen“*.

Dabei stellten die Eier ein wirkliches Problem dar, denn die Hühner „produzierten“ in der Fastenzeit ja unermüdlich weiter. Um sie nicht wegwerfen zu müssen, wurden sie hart gekocht und damit haltbar gemacht. Damit erklärt es sich aber auch, warum gerade sie zu einem zentralen Symbol der Osterzeit werden konnten. Erstens waren sie zu diesem Zeitpunkt in Überfluß vorhanden, und zweitens galt das Ei als zentrales und anschauliches Motiv der Auferstehung schlechthin.

Bei der ostersonntäglichen Speisenweihe wurden also all jene Nahrungsmittel geweiht, welche unter das Fastengebot fielen. Besondere Auszeichnung erhielten dabei wiederum die mitgebrachten Eier, welche man durch Färbe-

Eierklauben in Tirol, Holzstich um 1875

lung und anderen Schmuck von den „gewöhnlichen“ unterschied und eben als geweihte „Ostereier“ identifizierte. Weil es sich dabei um besondere und damit um wertvolle Eier handelte, verwundert es nicht, daß sich darum volkstümliche Wettkämpfe entwickelt haben.

Selbst beim heute noch üblichen „Eierpecken“ ging es ja ursprünglich um folgendes: Der Besitzer jenes Eies, das beim Aufeinanderschlagen unbeschädigt blieb, kassierte das Ei seines Kontrahenten. Diese herausragende Stellung des bunten Ostereies ist heutzutage allerdings fast vollständig abhanden gekommen, da es in Handel und Gastronomie in Übermaßen schon in der Faschings- und durch die ganze Fastenzeit hindurch angeboten wird. Zumindest kulinarisch gesehen hat der (ursprünglich auch immer geweihte) „Osterschinken“ dem Ei schlicht den Rang abgelaufen.

Gehalten hat sich dagegen der „Osterhase“ als Eierbringer. Seinen Siegeszug gegenüber früher durchaus vorhandenen Konkurrenten (Fuchs, Storch, Hahn) hat er vor circa 150 Jahren angetreten. Daß man aber überhaupt einen geheimnisvollen Eierbringer braucht, ist auf das viel ältere Verstecken der Ostereier zurückzuführen. Als „Wettkampfspiel“ wurde damit seit etwa dem 17. Jahrhundert auf die besondere Bedeutung der geweihten Ostereier hingewiesen. Warum aber jetzt gerade der „Hase“?

Zum einen darf man ihn durchaus als ein altes Fruchtbarkeitssymbol ansehen. Kein anderes warmblütiges Tier vermehrt sich in der Frühlingszeit dermaßen rasant wie der Hase (mit Ausnahme des Kaninchens, das aber als eigene Spezies kaum vom Hasen unterschieden worden ist und bis heute volkstümlich als „Kiniglhas" bezeichnet wird). Zum anderen aber wurde der Hase gerne zur Darstellung von „Dreieinigkeitsvorstellungen" herangezogen: Das Motiv zeigt drei Hasen, deren Löffel (Ohren) zusammengewachsen sind. Jeder Hase besitzt damit zwei Ohren, insgesamt sind es aber doch wieder nur drei. Die drei Ohren bilden ein Dreieck, das wiederum das „Auge Gottes" symbolisiert.

Dieses Dreieinigkeitsmotiv wurde seinerzeit gerne als Osterschmuck verwendet und wanderte auch auf die Ostereier. Der Schluß liegt nahe, daß sich daraus die Erklärung entwickelt hat, warum es eben der Hase ist, der die Eier versteckt hat. Jedenfalls hat die Ostereier- und Süßwarenindustrie vor ca. 150 Jahren vollständig auf den Hasen als Eierbringer gesetzt und die ganze Idee dementsprechend unters Volk gebracht. Der Osterhase wurde zum kulturellen Allgemeingut – und seine alten Konkurrenten sind verschwunden.

Bis heute gehalten hat sich ebenfalls der Brauch, daß Tiroler Kinder von ihren Taufpaten zu Ostern „Gebildbrote" (und Patengeschenke) geschenkt bekommen – Brote in vielerlei Formen und aus vielerlei Teigarten. Am beliebtesten waren und sind „Hahn" für die Buben und „Henne" für die Mädchen. Da solche „gebackenen Bilder" in unserer Zeit aber oft als zu wenig erscheinen, werden sie von diversen anderen Geschenken begleitet: geweiht werden diese allerdings nicht (zumindest noch nicht).

Ostermontag

Der Ostermontag steht bei den Gläubigen bis heute ganz im Zeichen des Verwandten- und Bekanntenbesuchs – oder zumindest des „Spazierengehens“. Wann und warum sich dieser Brauch eingebürgert hat, ist unklar. Gerne wird bei einer Erklärung auf die Bibelstelle Lukas 24, 13–35 hingewiesen: Zwei der Jünger spazierten in Gespräche vertieft nach Emmaus, wo sie überraschend den auferstandenen Christus antrafen – und damit ein deutliches Zeichen erhielten, daß das Auferstehungs-Wunderwerk tatsächlich in Szene gesetzt wurde. Wie auch immer: Spazierengehen und Verwandtenbesuche an Ostermontag werden bis heute als „Emmaus-Gehen“ bezeichnet.

Der eigentliche Grund für diesen Brauch dürfte allerdings weniger eine naive „Nachfolge Christi“ sein, sondern ganz profane Gründe haben. Man erinnere sich daran zurück, daß Ostern seinerzeit vor allem auch aus langen Andachten und Nachtwachen bestanden hat (z.B „Ölbergandacht“ am Gründonnerstag). Besonders die Vorbereitung zur „Auferstehung“ hatte es dabei in sich: Die Nachtstunden auf den Ostersonntag verbrachte man betend in der Kirche, um bei den ersten Strahlen der Sonne die Auferstehung zu feiern. Nach den langwierigen Feiern und dem vorangegangenen eisernen Fasten war man vermutlich ziemlich erschöpft, und auch die Sonne stand beinahe schon wieder im Zenit. Keine Zeit und keine Kraft mehr also, um etwas anderes zu unternehmen, als den Festtag gemächlich ausklingen zu lassen – und vor allem sich endlich wieder einmal auf ein richtiges Essen nach der langen Fastenzeit zu freuen (wobei natürlich vor allem die gerade geweihten Speisen zum Einsatz kamen). Zu erwähnen ist dabei auch, daß die Kirchenbesucher nicht wie heute einfach in ein Auto steigen konnten, um ziemlich rasch von hier nach dort zu gelangen – da war man schon auf seine zwei Beine angewiesen: auf das „Spazierengehen“ also. Bedenkt man, daß die Verwandten oft weite Strecken entfernt lebten, dann war es für kurze „Besuche“ einfach auch schon zu spät.

Diese Möglichkeit aber bot der Ostermontag. Er wurde und wird zwar als Feier-, und damit als freier Tag begangen, er enthält aber keine großartigen feierlichen Zeremonien: Zeit genug also, „um sich auf den Weg zu machen“. Sei es um lange nicht mehr gesehene Verwandte und Bekannte zu besuchen, oder sei es, wie vor allem vom städtischen Bürgertum praktiziert, einfach spazieren – und damit „Emmauszugehen“.

Spazieren gingen und gehen aber nicht alle. Denn manche sind vermutlich zu erschöpft vom nächtlichen „Ostereierfahren“ (oder auch „Osterziehen“) vom Ostersonntag auf Ostermontag. Dabei handelt es sich um einen alten „Rügebrauch“, der sich da und dort bis in die Gegenwart gehalten hat. Beispielsweise in den Gemeinden Absam und Kematen (beide in der Nähe von Innsbruck gelegen).

Wer die erstmalige Idee zu diesem Schabernack hatte ist unbekannt. Tatsächlich aber hatte er ursprünglich einen Sinn, der gut zum „Neuanfang" rund um Ostern paßte. Neuanfang bedeutete nämlich, „den alten Adam hinter sich zu lassen". Das hieß neu durchzustarten und Schluß mit seinem alten und vielleicht auch „schändlichen" Verhalten zu machen. Für die alten Dorfgemeinschaften war dies aber auch der Aufruf, in ihrem Haus und um ihren Hof endlich einmal sauber zu machen: Die bis heute überlieferten Geschichten rund um den alljährlichen „Osterputz" sind Legende. Nur – manchen war dieser Neuanfang offensichtlich ziemlich Wurst; so „verwahrlost" ihr Haushalt in die asketische Fastenzeit gegangen war, so chaotisch ging er daraus zu Ostern wieder hervor. Höchste Zeit für eine kleine „Strafaktion" also!

Und die hatte es in sich: Sämtliche Gerätschaften, die den Burschenschaften als störend ins Auge fielen, wurden „verfahren", „verzogen" oder „verzerrt". Der Bauer läßt seinen Pflug immer irgendwo stehen – am nächsten Tag findet er ihn verläßlich auf seinem Dachfirst wieder; der „Holzoa" (aufgeschichtete Brennscheiter) ist in Unordnung – dann mag ihn der Zuständige eben im Dorfbrunnen abholen. Immer geht es bei diesen „Späßen" darum, die Nachlässigkeit des lieben Nachbarn öffentlich zu machen. Und das heißt: öffentlich an den Pranger zu stellen. Er soll sich schämen.

Im Laufe der Zeit wurde aus dieser „sinnvollen" Angelegenheit allerdings ein einfacher Brauch rund um Ostern. Das „Osterziehen" fand statt, aus welchen Gründen auch immer. Schon um 1909 fand der Tiroler Volkskundler Ludwig von Hörmann keine passendere Erklärung mehr als diese: *„Das ‚Ostereierfahren' hat keinen geringeren Zweck, als durch unerklärliches Verrücken und Verstellen von allen mögliche Gerätschaften und Gegenständen sämtliche Inwohnerschaft des Dorfes an der Verläßlichkeit ihrer fünf Sinne zweifeln zu machen."* Und so ist es zum Gaudium der jungen Burschen bis heute geblieben.

Geschmückter weißer Widder bei der Widderprozession in Virgen

Widderprozession im Virgental

1. Samstag nach Ostern

Bräuche, in denen Tiere im Zentrum stehen, sind ein zentraler Bestandteil der Menschheitsgeschichte. Es war ihr materieller Wert und ihre angebliche Verbindung zu „außerirdischen", kosmischen Mächten, die sie ins Zentrum religiöser Praktiken rückten. Das Tieropfer (Schlachten, Verbrennen) stellte dabei den Höhepunkt dar und ist vermutlich die älteste Religionsausübung überhaupt. Das Opfern von Lebendigem, das im alltäglichen Leben kostbare materielle und kulinarische Sicherheit gewährleistete, ist eine Art „Kniefall" – vor Mächten, die man auf andere Weise nicht beeinflussen zu können glaubte. Ein Kniefall allerdings auch, der das „Schicksal" buchstäblich zum Positiven zwingen sollte: Was geb ich dir, was gibst du mir?

Historischer Ausgangspunkt der Widderprozession im Virgental ist eben solch ein Tieropfer. Wobei dieses „archaische" Element nicht unmittelbar auf eine uralte, vielleicht sogar „heidnische" Tradition schließen läßt: Erste Nachrichten dieses Brauchs erhalten wir schließlich erst aus dem 17. Jahrhundert. Die sagenhaften Überlieferungen, auf die wir bei diesem Brauch fast ausschließlich angewiesen sind, erzählen von einer Entstehung in der Zeit einer katastrophalen Pestepidemie, die Osttirol in den Jahren von 1634–1636 heimgesucht hat. Damals, so die Überlieferung, hätten die Bewohner das Opfern eines seltenen, weißen Widders gelobt, damit ja nur bald diese „Geisel Gottes" ein baldiges Ende hätte. Als gute Christen gelobten sie natürlich auch eine damit zusammenhängende Wallfahrt. Und die hatte es in sich. Denn der mitgeführte Widder wurde aus dem Virgental der Isel abwärts bis nach Maria Lavant bei Lienz getrieben: ein respektabler Weg von immerhin 100 km hin und zurück. Und der Widder bestand offensichtlich auf diese weite Strecke! Denn als man, so wieder die Überlieferung, den Widder schon in Lienz selbst opfern wollte, da riß er sich los, sprang in die Isel und schwamm freiwillig bis zum traditionellen Opferort in Lavant: Ein „Kniefall" also auch des Opfers selbst.

Was immer es für die Abwendung der Pest gebracht hat, der wertvolle weiße Widder wurde nach der Wallfahrt und nach der feierlichen Messe versteigert und – geschlachtet. Sein Fleisch erhielten die Armen und Bedürftigen. Zumindest sie haben wahrhaftig daran profitiert. Doch wo viel Licht, da natürlich auch viel Schatten – und der lag offensichtlich darin, daß bei dieser Wallfahrt auch übernachtet werden mußte; an einem einzigen Tag war die Strecke kaum zu bewältigen. In Heuschobern, in Stadeln, oder wo es sonst möglich war, wurde genächtigt: Männlein und Weiblein zusammen. Daß es dabei zu „unmoralischen Vorkommnissen" kam, war in den Augen der Obrigkeit klar – eine Klage übrigens, die wir anläßlich von mehrtägigen Wallfahrten schon seit Jahrhunderten kennen. Wie dem auch sei, seit dem Jahre 1920 jedenfalls wird die Wallfahrt bis heute nur noch von den hinteren Gemeinden und Fraktionen des Virgentals bis zur Wallfahrtskirche Maria Schnee in Obermauern geführt, locker machbar in wenigen Stunden.

Immer noch, wie früher, ist der weiße Widder prächtig mit Blumen und Seidenschleifen geschmückt: Erspart bleibt ihm das Einflechten von (seinerzeit noch brennenden!) Wachskerzen und der Besuch in Häusern und Höfen, wo er jedes einzelne Zimmer auch in den oberen Stockwerken aufsuchen mußte. Sein Weg führt heute schnurstracks von einem der Startorte im Virgental zur Kirche in Obermauern, wo er von seinem jeweiligen Halter dreimal um den Altar geführt wird. Mußte er früher auch dem anschließenden Gottesdienst beiwohnen, so darf er heute viel tiergerechter vor der Kirche warten. Auch versteigert und geschlachtet wird er nicht mehr: Er wird vielmehr verlost. Der Reinerlös fließt ausschließlich in die Erhaltung und Renovierung der mit einem der schönsten gotischen Freskenzyklen versehenen Kirchen Tirols, Maria Schnee in Obermauern.

Dort kann man übrigens auch ein Votivbild finden, das angeblich zur erstmaligen Durchführung der Prozession angefertigt wurde. Das Bild erzählt eine weitere Geschichte rund um den Widder: Ein weißer Widder sei von den Bewohnern des Virgentales beobachtet worden, wie er gegen den „Sensenmann" (= Pest) gekämpft und diesen letztlich besiegt habe. Warum er dann allerdings durch die Schlachtung seiner Artgenossen „belohnt" wurde, erzählt das Bild leider nicht.

Hl. Erstkommunion; Mädchen mit traditionellem weißen Kleid, Kranz und Kerze

Weißer Sonntag

1. Sonntag nach Ostern

Der erste Sonntag nach Ostern ist der Erstkommunion gewidmet: Zum ersten Mahl dürfen die jungen Katholiken am Abendmahl teilnehmen. Was heute zu inszenierten Familienfesten mit möglichst vielen greifbaren Verwandten und Bekannten geworden ist, hat seine Ursprünge im alten Rom.

Dort nämlich wurde es nämlich üblich, daß die Täuflinge (Kinder und Erwachsene) als Zeichen ihrer reinen Seele weiße Kleider trugen. Für die folgende Entwicklung muß man bedenken, daß die Erstkommunion nicht nur vom erstmaligen Empfang der hl. Hostie geprägt, sondern auch von der Erneuerung des „Taufgelübdes“ begleitet wurde und wird. Was lag also näher, als zum Zeichen dieses Zusammenhangs eben auch zur Erstkommunion sich weiß zu gewanden.

Über Jahrhunderte allerdings oblag es allein den Eltern, zu welchem Termin und in welchem Alter diese Feier begangen wurde. Erst ab dem Konzil von Trient (1545–53) schälte sich allmählich der „Weiße Sonntag“ als Termin und ein Alter von ca. 7 bis 9 Jahren heraus. Verpflichtend festgesetzt wurde dies aber erst ab der Mitte des 19. Jahrhunderts – wobei man aber auch wieder um Ausnahmen ansuchen konnte. Solche Ausnahmen gibt es bis heute, so daß man in Tirol zwar überwiegend, aber eben nicht ausschließlich am Weißen Sonntag die Erstkommunion empfängt.

Die weißen Kleider der Kommunikanten haben übrigens auch zu einem wahren Theater der Eitelkeiten geführt. Als „Bräute Christi" gingen dabei die Mädchen in hochzeitsmäßigem Weiß, wogegen die Buben in einen schwarzen Anzug gesteckt werden, der sie als „Bräutigam" klassifiziert. Um das Bild vollständig zu machen, tragen die Mädchen bis heute einen Kranz auf dem Kopf, der dem Brauch des „Hochzeitskranzes" entsprungen ist.

Dieses sehr kostspielige „Theater" konnten sich aber niemals alle Kommunikanten leisten. So traten die einen „kostümiert" auf, die anderen aber in einer zwar sauberen, aber eben doch schlichten Alltagskleidung. Um diesem Kampf ums Prestige einen Riegel vorzuschieben, wurde in vielen Tiroler Gemeinden eine Erstkommunions-Einheitskleidung eingeführt: Ein schlichter weißer Umhang („Albe"), der jedem übergeworfen wird. Im Grunde kehrte man mit dieser sehr demokratischen Lösung wieder zu den bescheideneren Anfängen in Rom zurück.

Weil sich diese Kleidungsform aber noch nicht überall durchgesetzt hat, und weil viele Eltern der Meinung sind, sich diesen Festtag als Prestigetag nicht nehmen lassen zu wollen, so wurden immerhin „Tauschbörsen" für die Erstkommunionskleider eingerichtet. Allein die Existenz solcher Börsen zeigt, wie überflüssig das Anschaffen sündteurer Kleider für einen einmaligen Anlaß aber eigentlich ist. Und mit Religion hat das auch nicht viel zu tun – aber es ist halt irgendwie der „Brauch"; ein geradezu zwanghafter, wie's scheint.

Christi Himmelfahrt

Mit Christi Himmelfahrt erreicht man den endgültigen Abschluß des Osterfestkreises: Der auferstandene Heiland erscheint und verabschiedet sich ein letztes Mal von seinen Jüngern. Die betreffende Bibelstelle (Lukas 24, 50f.) berichtet von dieser „Auffahrt“ gen Himmel knapp nach der „Auferstehung“ und dem Auffinden des leeren Grabes (Ostermontag). Die „Apostelgeschichte“ kennt dagegen einen ganz anderen Termin: Vierzig Tage nämlich soll Jesus seinen Jüngern noch erschienen sein und sich erst im Anschluß daran nach „oben“ begeben haben (Apg. 1, 3–9).

Unterschiedliche Terminangaben sind in der Bibel keine Seltenheit. Da der „Apostelgeschichte“ aber der Vorzug gegenüber dem Lukas-Evangelium gegeben wurde, findet man den Termin Christi Himmelfahrt seit etwa dem 4. Jahrhundert eben vierzig Tage nach Ostern. Jene immer wiederkehrenden 40 Tage des Wüstenaufenthalts Christi, welche auch für die Berechnung von „Fastenzeiten“ und „Vorbereitungszeiten“ seit langem herangezogen wurden (siehe „Ostern“, „Martini“, „Funkensonntag“). Bis heute ist es bei diesem Termin geblieben.

Verändert haben sich dagegen die religiösen Bräuche, welche diesen Tag jahrhundertelang geprägt haben – sie sind in Tirol weitgehend verschwunden oder zumindest stark abgeschwächt worden. Dabei waren sie wirklich sehr anschaulich!

Im Zentrum stand hier eine Figur, die den „Auferstandenen“ darstellte. Sie befand sich seit den österlichen Auferstehungsfeiern auf dem Altar und wartete auf die Himmelfahrt. Diese ist nun leibhaftig in Szene gesetzt worden. Aus dem hoch oben im Kirchengewölbe befindlichen „Heiliggeist-Loch“ wurde ein Seil herabgelassen und an der Figur befestigt. An der entscheidenden Stelle der Feier wurde sie nun nach oben gezogen und verschwand nicht nur sinnbildlich – im „Himmel“.

Wie der leibhaftige Heiland die „Auffahrt“ seinerzeit vollbracht hat, wissen wir nicht. In der Apostelgeschichte ist von einer „Wolke“ die Rede, die als eine Art Fahrstuhl benutzt wurde (Apg. 1, 9). Im Brauchtum allerdings wurde das anders dargestellt: hier waren es zwei Engel, die neben dem Zugseil herabgelassen wurden und Christus regelrecht abgeholt bzw. „hinaufgezogen“ haben. Zahlreiche kirchliche Schriftsteller wetterten gegen diese Praxis. Aber nicht, weil hier irgendetwas Ketzerisches vor sich ging, sondern weil Christus seine Auffahrt ganz allein und aus eigener Kraft bewerkstelligt hat. Schließlich einigte man sich darauf, daß die beiden Engel nicht als Transporteure zu betrachten sind, sondern als feierliche Begleiter. Der Brauch ging weiter ungehindert über die Bühne.

Weitere wichtige Utensilien dieses Brauchs waren Feuer und Wasser. Denn kaum war der Heiland im Gewölbe verschwunden, wurden brennende Holzscheiter oder brennendes Werg herabgeworfen (ersatzweise auf Papier gemalte „Feuerzungen") und Wasser nachgeschüttet. Anschaulich gemacht wurde damit, daß das Erlösungswerk in ein neues Stadium getreten ist. Denn Christus ist jetzt „oben" – was wir noch zu erwarten haben ist das „Jüngste Gericht". Versinnbildlicht eben durch das Wasser der Sintflut (= Sündenflut) und das Feuer, das alles verbrennen wird. Dazu paßt ebenfalls recht gut, daß man gleichzeitig auch den „Engelssturz" nachspielte, bei dem Luzifer samt seinen Kompagnons aus dem Himmel vertrieben wurde. Neben Feuer und Wasser wurde hierfür auch eine kleine Teufelsstatue aus dem Heiliggeistloch heruntergeworfen (z.B. in Sterzing).

Die sehr sinnliche und zum Gaudium der Kirchenbesucher durchgeführte Himmelfahrts-Zeremonie fand man seinerzeit in vielen Tiroler Kirchen. Wieder war es die Zeit der „Aufklärung" und wieder Joseph II., der sich gegen solche populären Aufführungen gewandt und sie verboten hat. Verschwunden ist sie aber vor allem im Laufe des an Bräuchen allgemein desinteressierten frühen 20. Jahrhunderts.

— *Christi Himmelfahrt in Mils bei Hall*

In Mils kann man noch heute alljährlich eine „Auffahrt" miterleben: Von „tanzenden" Engeln begleitet, wird die Statue des „Auferstandenen" emporgezogen und verschwindet im „Heiliggeistloch". Herabgeschüttet und heruntergeworfen wird allerdings nichts mehr. Dafür hat sich aber noch die traditionelle Prozession erhalten, die im Anschluß an die Feier durchgeführt wird. Wenn man Glück hat, dann finden sich auch genügend Leute, welche die „Ferggelen" (= Figuren von Heiligen) und diverse bunte Fahnen durch den Ort tragen. Jedes Jahr ist das allerdings leider nicht der Fall.

— *Christi Himmelfahrt in Niederthai*

Auch in Niederthai werden zwei Engel herabgelassen, die die Statue des „Auferstandenen" abholen und mit ihm gemeinsam in die Höhe gezogen werden. Der zuständige Mesner erinnert sich noch heute an eine (aus vielen Orten seinerzeit belegte) Volksglaubensvorstellung: Wohin die Christusfigur vor ihrem Verschwinden im „Heiliggeistloch" das letztemal blickte, aus dieser Richtung sollten im Sommerhalbjahr die schwersten Gewitter kommen. Richtig bemerkt er, daß man diese letzte Blickrichtung mit den Seilen durchaus beeinflussen konnte – „meteorologisch" ging es also schon damals nicht ganz „korrekt" zu.

Christi Himmelfahrt, Kupferstich, 18. Jahrhundert

Grasausläuten

Amras, Schwaz, Kramsach, Reith im Alpbachtal
Um Georgi, 23./24. April

Ein gutes Klima und allerlei Düngemittel garantieren noch kein richtiges Frühlingserwachen – da muß man nach alter Tradition schon auf einen besonderen Brauch zurückgreifen. Das „Grasausläuten“, das in der Zeit um Georgi, also Ende April bzw. Anfang Mai ausgeübt wird, soll das Gras zum saftigen Sprießen bringen und das (spätere) Gedeihen der Erntefrüchte garantieren. Erhalten hat sich dieser „landwirtschaftliche“ Brauch vor allem im Unterinntal und in der Umgebung von Innsbruck.

Das Prinzip dieses Umganges ist leicht erklärt: Umherziehende Burschen sollen mit dem Geläut ihrer Glocken bzw. Schellen, die sie um den Leib tragen, das Gras zum Wachsen bringen. Man geht in größeren Gruppen über Wiesen und Felder und läutet, was das Zeug hält. Es liegt dabei auf der Hand, warum nur junge Burschen (als traditionelle Träger) diesen Brauch ausüben dürfen: sie sind nun einmal die Jugend und verkörpern damit symbolisch auch den Frühling.

Unverkennbar sind die meisten Grasausläuter in bäuerlicher Kleidung gewandet, mit reschen Lederhosen und einfachen (Leinen)Hemden. Der Gruppe voran geht zumeist der sogenannte „Melker“ oder „Melcher“, der einen Buckelkorb (= Buckelkraxe) mit einfachem Geschirr bzw. Almgeräten trägt. Ihm folgen die Grasausläuter zumeist nach Größe geordnet, d.h. voran gehen die älteren, größeren Burschen und ihnen folgen die Kleineren.

An den bestimmten Terminen, zumeist am Wochenende, ziehen nun die jungen Burschen durch die Orte und umliegenden Felder. Bei vielen Häusern, und nicht nur Bauernhöfen, wird Halt gemacht und solange kräftig geläutet, bis die Hausbewohner sich erkenntlich zeigen. Denn wenn man schon die Natur „erweckt“, möchte man schon einen kleinen Obulus dafür. Das Grasausläuten ist also ein Heischebrauch, der für alle Beteiligten gewinnbringend erscheint.

Unter dem Rückgang der Landwirtschaft und anderen Freizeitvergnügungen hat auch der Brauch des Grasausläutens gelitten – nur mehr in wenigen Orten hält man an dieser Tradition fest bzw. belebt sie wieder neu. Erwähnenswert sind hier die sogenannten Traditionsverbände wie Schützen oder Trachtengruppen, die sich mit ihren jugendlichen Vertretern des Grasausläutens angenommen haben.

Grasausläuterbuben des Bezirkstrachtenverbandes Innsbruck / Innsbruck Land

Seit nunmehr 30 Jahren organisiert der Innsbrucker Trachtenverein „Die Amraser" in Zusammenarbeit mit der Jungbauernschaft das örtliche Grasausläuten, das alljährlich zu Georgi mit 20 bis 30 Burschen stattfindet. In Schwaz sind es die Jungschützen, die es sich bis dato nicht nehmen lassen, den Frühling mit ihrem Geläute „zu wecken". Auch das Tiroler Bauernhöfemuseum in Kramsach trägt zum Erhalt dieses Brauchtums bei: Jedes Jahr ziehen an dem zum Georgitag nächstgelegenen Sonntag junge Grasausläuter durch das weite Museumsgelände. In Reith im Alpbachtal durchdringt am 1. Mai (und z.T. am darauffolgenden Wochenende) das Schellen- und Glockengeläut die Land- bzw. Ortschaft. Hier dürfen übrigens auch Mädchen teilnehmen, d.h. zwei Mädchen in trachtiger Kleidung begleiten an vorderster Front die jungen Burschen und nehmen die Spenden in Empfang. Der weiblichen Sorgsamspflicht obliegt auch die gerechte Aufteilung am Ende des Tages.

Aperschnalzen

Das Aperschnalzen zählt zu den Frühlingsbräuchen, die eigentlich an keinen bestimmten Termin gebunden sind. Jede Region, ja jede Ortschaft hat da ihre eigenen Gesetze – wenn überhaupt dieser Brauch noch ausgeübt wird. Denn das Aperschnalzen wird als Brauch des „Frühlingweckens“ nur mehr sehr selten praktiziert. Es lebt vielmehr als sportlicher Wettkampf fort, das bei Festen und Umzügen während des ganzen Jahres gezeigt wird.

Wie alt dieser Brauch nun wirklich ist – ob er etwa aus vorchristlicher Zeit stammt – läßt sich aus volkskundlich-wissenschaftlicher Sicht nicht sagen. Doch die Funktion dieses Brauches zeigt schon allein der Name: „Aper“ heißt umgangssprachlich schneefrei (vom althochdeutschen *apir* = vom Schnee unbedeckt), und unter „schnalzen“ versteht man das Knallen der Peitsche. Und gerade das Peitschenknallen muß gekonnt sein. Meist junge (kräftige) Burschen bereiten sich oft monatelang auf den großen Auftritt vor. Denn für das fachgerechte Schnalzen benötigt man nicht nur Ausdauer und Kraft, sondern auch Geschick im „Zusammenspiel“.

Die Schnalzer schwingen die Geißeln mehrmals über dem Kopf und erzeugen durch eine ruckartige Gegenbewegung den Knall. Bei einem Gruppenauftritt muß dieses Knallen in einem bestimmten Rhythmus abwechselnd erfolgen. Da merkt (und vor allem hört) nicht nur der Fachmann, ob eine Gruppe eingespielt ist oder sich erstmals produziert. Aus diesem Frühlingsbrauch hat sich im Laufe der Zeit eine regelrechte Sportart entwickelt. Vor allem in Oberösterreich, in Salzburg und im benachbarten Bayern sind zahlreiche „Goaßlschnalzer“ in Gruppen (die auch „Pass“ genannt werden) organisiert, die sich regelmäßig zu Wettkämpfen treffen. In Südtirol und in Nordtirol hat man dann diese Form der volkskulturellen Aufführung bzw. des „ländlichen“ Sports übernommen.

Einzelne Gruppen (besonders die Brauchtumsvereine des Tiroler Landestrachtenverbandes) bemühen sich seit einiger Zeit, den Frühlingsbrauch des Aperschnalzens wieder neu zu beleben. Wie schon im 19. Jahrhundert soll bei diesen Aufführungen die *„feyerliche Begrüßung des schneeschmelzenden Frühlings ... durch Geißelgeknall“* erfolgen.

Aperschnalzen in Innsbruck

Tradition haben aber auch die Höttinger Aperschnalzer, die in ihrem Innsbrucker Stadtteil bereits um Silvester ihre Peitschen schwingen. Sie begrüßen mit rhythmischen Klängen das Neue Jahr und wollen mit dem „Lärm" schon frühzeitig das Frühjahr wecken und die kalten Winternächte vertreiben. Ob der Frühling und wärmere Temperaturen aufgrund dieses Brauches früher Einzug halten ist fraglich – doch den Schnalzern selbst wird beim Peitschenknallen sicherlich warm.

Wer das Goaßlschnöllen oder Goaßlschnalzen selbst praktizieren möchte, braucht dazu einen kurzen Holzstiel (ideal ist Eschenholz) und eine drei bis vier Meter lange geflochtene Schnur, die mit Fett (geschmolzenes Pech, alte Wagenschmiere oder Huffett) eingelassen ist. Am Ende der Schnur muß unbedingt ein Baststück oder eine Perlonschnur angebracht sein – denn nur diese erzeugen den charakteristischen Ton. Die Profi-Schnalzer empfehlen den Anfängern vor allem eines – bei den ersten Versuchen unbedingt allein auf weiter Flur üben.

Prozessionsaltar im Innsbrucker Stadtteil Hötting

Marienmonat Mai

Mit dem Wonnemonat Mai sind in vielen Orten Tirols untrennbar die Maiandachten verbunden. So ist der Monat Mai (neben dem Rosenkranzmonat Oktober) der Muttergottes gewidmet. Die Bezeichnung „Wonnemonat" kommt dabei nicht von ungefähr: So finden im Mai die meisten kirchlichen Hochzeiten statt, da man in der Hl. Maria die Fürsprecherin in ehelichen Angelegenheiten schlechthin sieht. Auf der anderen Seite muß auch aus profaner Sicht ganz ehrlich gesagt werden, daß im Mai die Fasten- und Osterzeit endgültig vorbei ist und mit den wärmeren Temperaturen auch die Frühlingsgefühle im wahrsten Sinne des Wortes steigen.

Schon seit der Barockzeit feiert man mit „Maialtären" (die mit den ersten Frühlingsblumen geschmückt sind) die Hl. Maria. Eine eigene Frömmigkeitsform bilden die „Maiandachten", die erstmals 1784 in Ferrara (Italien) stattfanden und rasch im gesamten Alpenraum Verbreitung fanden.

Die erste Maiandacht in Innsbruck fand übrigens 1841 statt und schon bald fand sie auch Eingang im ländlichen Kirchenbrauchtum. Im Mittelpunkt dieser Andachten stehen Litaneien, die eine Art „Wechselgesang" zwischen dem örtlichen Vorbeter und den Gläubigen darstellen. Maiandachten werden zumeist in den späteren Nachmittagsstunden in Kapellen und Kirchen der Tiroler Gemeinden abgehalten.

Maibaum, Maibaumklettern

Ainet, Ampass, Matrei i. Osttirol, Schwaz
1. Mai

So ungewiß die tatsächliche Herkunft des Maibaums ist, so sicher ist dagegen der Umstand, daß er niemals zu einem kirchlichen Brauch geworden ist. Umgekehrt hat sich die Kirche interessanterweise nur selten am Maibaum gestoßen und ihn als „heidnisches" Symbol verdammt. Dabei ist der Zusammenhang „Mai" und „Baum" tatsächlich erklärungsbedürftig und scheint bis in die älteste Vergangenheit zurückzureichen.

Die Vierteilung des Jahres in Frühling, Sommer, Herbst und Winter machte für das bäuerliche Wirtschaftsleben nördlich der Alpen wenig Sinn. Ihr stand vielmehr eine Zweiteilung in ein Winter- und Sommerhalbjahr gegenüber. Die Wendepunkte 1. Mai und 1. November wurden entsprechend gefeiert – als Ankunft und Abschied der „Erntezeit". Die auf vielfältige Weise begangenen Frühlingsfeste hatten dementsprechend immer die neu entfaltete Vegetation im Mittelpunkt. Daß hier auch die Bäume zu ihren Ehren kamen, ist einleuchtend: Sie waren durch ihr oft hohes Alter Sinnbild der Beständigkeit innerhalb des jährlichen Wechsels. Den Germanen galten herausragende Exemplare als heilig und in ihrem Schatten wurden die jährlichen Gerichtsversammlungen („*Thing*") abgehalten. Herübergezogen ins christliche Zeitalter wurden sie zu „Gerichtslinden" – markante Punkte innerhalb des Dorfes oder der Gemeinde, an denen noch jahrhundertelang rechtliche Versammlungen stattfanden.

Als Symbole beständiger Fruchtbarkeit spielten Bäume natürlich auch bei der „Liebe" ihre Rolle. Bekannt ist, daß in großen Dorfbäumen (also meist die „Gerichtslinde") eigene Tanzböden zur Belustigung der Dorfjugend errichtet wurden: man tanzte wirklich mitten im Geäst. *„Unter der linden uf der heide, wo unser beider bette was"* dichtete Walther von der Vogelweide, und das beliebte Volkslied „Am Brunnen vor dem Tore" gibt einen ehemals beliebten Brauch wieder: Liebesgrüße in die Baumrinde zu schnitzen. Mit frischen Zweigen wurden junge Mädchen bekränzt („Maien"), und junge Burschen (vor allem im Unterinntal) stellten ihren Angebeteten in der Nacht zum ersten Mai ein kleines geschmücktes Bäumchen als Zeichen ihrer Liebe vor die Tür. Ein „Hochzeitsmaien" wurde vor dem Haus der Frischvermählten aufgestellt, der bei erfolgreichem Nachwuchs wieder abgeschnitten wurde: Pflicht erfüllt.

Als „Ehrenmaien" wurden geschmückte Bäumchen z.B. auch dem neuen Dorfvorsteher gewidmet oder dem jungen Priester anläßlich seiner Primiz. Umgekehrt kannte man aber auch den „Schandmaien": ein dürres, abgestorbenes Bäumchen, das all jenen „gewidmet" wurde, die sich etwas Gravierendes zu Schulden haben kommen lassen – „nichts nutz" für die gedeihliche Entwicklung also. (Und damit verantwortlich auch für das österreichische Sprichwort „einen Baum aufstellen" für: Schuldenmachen)

Daß Bäume geschmückt wurden, um in ihrem Schatten ein Frühlingsfest abzuhalten, erfahren wir schriftlich erstmals aus einem Verhörprotokoll der Jeanne d'Arc von 1431. Ob es mangels geeigneter Dorf-Bäume zur Entwicklung des gefällten und im Dorf aufgestellten „Maibaums" kam, ist ungewiß, aber nicht unwahrscheinlich. Aus Bildquellen des 16. Jahrhunderts kennen wir dagegen das Aussehen solcher Bäume: Es handelte sich im überwiegenden Fall um einen hohen Stamm mit einem aufgehängten Kranz und einem Hahn (!) zwischen Laubwerk und Fähnchen auf der Spitze. Auch das Beibehalten des Wipfels ist schon belegt.

Aus eben dieser Zeit stammen Nachrichten, daß der Baum von jungen Burschen auch beklettert wurde, um ihre Geschicklichkeit (und damit ihren „Wert") unter Beweis zu stellen. Das bis heute übliche Entrinden des Baumes inklusive Einschmieren mit Seife ist damit eine direkte Folge dieses Brauchs: um die Sache schwieriger zu machen. Ein weiterer Inhalt ist darin nicht zu suchen.

Der Brauch des Maibaumstehlens bzw. -umschneidens ist gegenüber dem Beklettern weit jünger und erst in den 20er Jahren des 20. Jahrhunderts in organisierter Form belegt. Ausschlag dafür dürfte ein simpler Umstand sein: Rivalität der Burschenschaften benachbarter Dörfer untereinander. Denn immer ging's darum: wer hat den größten, wer hat den schönsten. Daß mit dem Stehlen auch ein Geschäft zu machen ist (Auslösen durch Geld oder Bier), erhöht natürlich den Reiz dieses Unternehmens.

Heutzutage findet man den Maibaum in fast jeder Gemeinde. Das täuscht darüber hinweg, daß er in Tirol mehrfach schon vom Aussterben bedroht war. So schreibt der Volkskundler Ludwig von Hörmann 1909: *„Als Vertreter des Wonnemonats kommt er ... nur noch vereinzelt in manchen Bezirken des Unterinntals, so im Sölltal (Söll = Landl), im Brixental und Jochbergertal vor."* Aufschwung erhielt er dagegen wieder nach dem Ersten Weltkrieg zur Zeit des Nationalsozialismus, wo er propagantistisch als Zeichen der mythischen Naturerwachung geradezu zur Modeerscheinung wurde. Nach dem Zweiten Weltkrieg ging's aber genau aus diesen Gründen wieder bergab: Kaum jemand mehr wollte mit diesem „Symbol" etwas zu tun haben. Aufgenommen wurde der Brauch des Maibaumsetzens erst wieder Mitte der 70er Jahre und zwar vor allem dort, wo schon Ludwig von Hörmann das letzte Reliktgebiet des Maibaums vermutet hatte: im Bezirk Kitzbühel.

Maibaumklettern beim 1. Mai-Fest in Schwaz

Maibäume sind auch heute wieder Modeerscheinungen. Sucht man nach dem einst so beliebten „Klettern“, so kann man mittlerweile auch dieses wieder finden (z.B. Ainet, Ampass, Matrei i. Osttirol, Schwaz): Das Risiko eines Unfalles ist zwar sehr hoch, aber weder Veranstalter (heute „Trachtler“, Schützenkompanien und Fremdenverkehrsbüros) noch Kletterer selbst lassen sich davon abhalten. Generell ist das „Kraxeln“ in Tirol zwar stark im Kommen, meist gilt aber noch: Klettern verboten.

Gauderfest in Zell am Ziller

1. Wochenende im Mai

Tirols mittlerweile größtes Frühlingsfest geht, wie viele andere Feste auch, eigentlich auf einen „besinnlichen“ Kirchtag zurück. Glaubt man den historischen Quellen, dann sind solche Kirchtage allerdings seit alters eher unter der Kategorie „Volksfest“ einzuordnen. Und das ist auch allzu verständlich, denn zu diesem außergewöhnlichen Anlaß trafen sich die Bewohner von weitum und auch aus anderen Pfarreien, die aufgrund mangelnder Mobilität nur selten weiter als über die Traufgrenze oder den sprichwörtlich bekannten Kirchturm blicken konnten. Die alten Kirchtage sind demnach als gesellige Zusammenkünfte zu verstehen, an denen gefeiert, Tänze, Spiele und Märkte abgehalten wurden. Daß es dabei auch zu dorfübergreifenden „Heiratsmärkten“, zu Trinkgelagen und Raufhändeln gekommen ist, versteht sich fast von selbst.

Obwohl das nach einer riesen Gaudi klingt, führt sich der Namen „Gauderfest“ keineswegs auf die angesprochenen Vergnügungen zurück. Der Name bezeichnet vielmehr den Ort, an dem sie stattgefunden haben: das sogenannte Gauderlehen. Ein Josef Hoppichler wird diesbezüglich schon um 1400 erwähnt, dessen Nachfahren auch das Brau- und Ausschankrecht gnädigst gewährt worden ist. In direkter Folge entstand aus diesem Lehen Tirols älteste Privatbrauerei, die heute unter dem Namen „Zillertal Bier“ firmiert, das Fest bis um 1950 durchgeführt hat und heute noch neben dem Tourismusverband maßgeblich an der Abwicklung beteiligt ist.

Die bislang bekannte älteste Beschreibung dieses Festes stammt aus dem Jahre 1862. Lapidar wird festgehalten: *„Am ersten Maisonntage jedes Jahres eröffnet der Bräuer in Zell mit zu einem Zillerthalerkirchtage gehöriger obligater Tanzmusik, einem größeren Scheibenschießen und einem Kegelscheiben seinen Märzkeller zu Gauder oberhalb des Dorfes Zell“*. Verschwiegen werden dabei die anderen Attraktionen: Hahnenkämpfe, „Kuhstechen“, Widderstoßen und Ranggeln.

Angesichts dieser „Vergnügungen“ erweist sich das Gauderfest als ein Frühlingsfest mit echtem Wettkampfcharakter. Sieht man von den Hahnenkämpfen ab, die seit alters (und weltweit) vor allem wegen der Wettmöglichkeiten durchgeführt worden sind, so machten die anderen Veranstaltungen innerhalb der bäuerlichen Lebenswelt durchaus Sinn. Gesucht wurde nämlich jeweils der Stärkste (tirolerisch: Hogmoar), der als sprichwörtlicher „Leithammel“ die Führung der Herde übernehmen sollte.

Gambrinus auf Festwagen beim Gauderfest-Umzug

Beim „Kuhstechen“ wurde dabei nicht gestochen, sondern die möglichen Leitkühe für die Alm schoben sich Kopf gegen Kopf, bis die Schwächere nachgab. Seinerzeit wurde dabei auch ausgemacht, welche Herde auf welche (möglichst ergiebige) Almweiden geführt wurde. Spektakulärer dagegen das Widderstoßen: Aus bis zu 30 Meter Entfernung rannten die Tiere aufeinander zu und krachten mit den Köpfen zusammen – dies solange, bis einer ohnmächtig (oder sogar tot) zusammenbrach oder freiwillig das Feld räumte: Immerhin hatte der Sieger auf der Alm keinen Konkurrenten mehr. Das Kuhstechen wird (weil eigentlich nicht sehr unterhaltsam) seit Mitte der 50er Jahre des 20. Jahrhunderts, und nach vehementen Protesten von Tierschützern auch das Widderstoßen seit dem Jahr 1999 nicht mehr durchgeführt.

Geblieben ist dagegen das traditionelle Ranggeln, bei dem der „Gauderhogmoar" alljährlich aus einem Teilnehmeraufgebot aus Tirol, Südtirol, Salzburg, Bayern und der Schweiz ermittelt wird. Dabei handelt es sich um eine zivilisiertere und reglementiertere Variante zu den wüsten, landesüblichen Raufereien von früher. Einem Reisebericht aus dem Jahre 1871 entnehmen wir nämlich folgendes:

„Ehemals wurde da nämlich alle Jahre ein Widderstoßen abgehalten zwischen den Fügenern und den Zellern. Beide Gemeinden zogen dazu einen Widder heran und jene, deren Kämpe den Sieg errungen, hatte auch das Recht, das besiegte Tier an sich zu nehmen ... Wenn es ... die Widder nicht ausmachen konnten und der Sieg, was oft der Fall war, unentschieden blieb, so machte es die männliche Jugend aus und es kam dann auf der grünen Au zu einem schlachtenartigen Kampf. Dabei trugen die Dirnen Steine zu, harangierten die Kämpfer, brachten die Verwundeten aus dem Gefecht und schmeichelten den Kühnen und Tapferen. Dabei wurden aber auch Augen ausgedrückt, Ohren abgebissen und noch gräulichere Dinge verübt. Ein paar Leichen auf dem Feld waren nichts Ungewöhnliches."

Ob das Widderstoßen und die anschließenden Raufereien tatsächlich der Anlaß für das organisierte Ranggeln waren, lassen wir dahingestellt. Tatsache ist dagegen, daß mit der Abschaffung des (bei weiten Teilen der Tiroler Bevölkerung beliebten und immer noch schmerzlich vermissten) Widderstoßens ein Leerraum klaffte. Gefüllt wurde er mit dem größten Trachtenumzug Tirols (organisiert vom Tiroler Landestrachtenverband). Bis zu 2800 aktive Teilnehmer aus Tirol, Bayern und einem jährlich eingeladenen österreichischen Bundesland verwandeln die Dorfstraße durch Zell in ein Meer von Farben – fast unüberschaubar die Vielfalt der vorgeführten bäuerlichen und bürgerlichen Trachten.

Weil das Gauderfest aber aus einem Kirchtagsfest mit dem Hintergrund einer Brauerei entstanden ist, so steht auch heute noch das Bier in einem seiner Mittelpunkte: der sogenannte „Gauderbock". Rund 35.000 Liter des extra für diesen Anlaß gebrauten rund 20-grädigen Bieres werden alljährlich ausgeschenkt. Bedenkt man die Tatsache, daß seinerseits bei Kirchtagsfesten gelegentlich sogar die wasserspendenden Dorfbrunnen ausgetrocknet wurden, um die Besucher zu mehr Konsum zu animieren, so steht auch der in Zell überall gegenwärtige „Gauderbock" in einer altehrwürdigen Tradition. Er allein ist heutzutage für das gelegentliche Antreffen von „Leichen" verantwortlich – nicht mehr die Raufereien im Anschluß an das ehemalige Widderstoßen.

Informationen: www.gauderfest.at

Bittgang nach St. Adolari am Pillersee

Man muß schon ein wahrer Bibelkenner sein oder zumindest aus der Pillersee-Region stammen, um Bekanntschaft mit dem Hl. Adolari bzw. Adalar gemacht zu haben. Er war Schüler und Freund vom Hl. Bonifatius, erster und einziger Bischof von Erfurt und erlitt 755 den Märtyrertod. Bei der bäuerlichen Bevölkerung zählte er – zumindest in früheren Zeiten – zu den beliebten Viehpatronen. Am 8. Mai unternehmen alle vier Pillerseegemeinden einen gemeinsamen Bittgang zu dieser Wallfahrt. Es handelt sich dabei nicht um den Patronatstag des Heiligen, sondern um die „Neueinsegnung" der Gnadenstätte im Jahr 1832. Joseph II. hat auch hier wieder zugeschlagen und 1788 die Kirche schließen lassen. Einen Ausflug ist diese Wallfahrtsstätte – auch ohne großen Bittgang – allemal wert: spätgotische Wandmalereien (v.a. Szenen aus dem Marienleben) begeistern nicht nur Kunstkenner.

Pfingsten

„Pfingsten ... ist in Tirol ärmer an Gebräuchen, als man erwarten möchte“, so schrieb Ludwig von Hörmann schon um 1909. Im Gegensatz zu heute war man damals aber geradezu reich gesegnet – immerhin gab es da noch das beliebte „Heiliggeist-Schwingen“.

An Pfingsten erschien den Jüngern der Heilige Geist in Form von „Feuerzungen“, die auf sie herabregneten (Apg. 2, 1–5). Die erstaunten Apostel stellten sehr rasch fest, daß es ihnen von nun an gegeben war, sich in allen Sprachen der Erde verständlich machen zu können. Und daß sie damit auch gleichzeitig den Auftrag erhalten haben zu missionieren. Pfingsten gilt damit als „Gründungstag“ der katholischen Kirche.

Als Fest begegnet uns Pfingsten schon im Jahre 130 n.Chr. Der Heilige Geist, als Zentralfigur, war durch die „Feuerzungen“ anschaulich fest etabliert. Er trat aber noch in einer anderen Erscheinung auf: nämlich als „Taube“, wie von Matthäus anläßlich der Taufe Jesu berichtet wird (Mt. 3, 16). Das Konzil von Nicaea (325) jedenfalls erhob diesen Vogel zu einem kirchlicherseits zugelassenen Sinnbild des Geistes Gottes.

Und damit hat man alle Requisiten für die dramatische Aufführung des Pfingstfestes und des „Heiliggeistschwingens“ beisammen: Feuerzungen und Taube.

Für ihren Auftritt benutzte die meist aus Holz geschnitzte Taube das „Heiliggeistloch“ hoch oben im Kirchengewölbe. Aus diesem wurde sie an einem Seil bis knapp über die Köpfe der Gläubigen herabgelassen und dann in kreisende Bewegungen versetzt. Gleichzeitig zu diesem Vorgang fielen aber auch die berühmten „Feuerzungen“ herab. Entweder als brennendes Werg oder, aus Sicherheitsgründen, als auf Papier gemalte Flammen. Die „Feuerzungen“ wurden aber auch durch herabregnende, grell leuchtende Blumen veranschaulicht: im Volk allgemein als „Pfingstrosen“ bezeichnet. Gleich aber ob Taube, Feuerzunge oder Blume: Ähnlich wie seinerzeit die Apostel sollte das ganze Kirchenvolk mit diesem Auftritt sinnbildlich „erleuchtet“ werden.

Von der ganzen heiteren Aufführung um Pfingsten ist in Tirol leider nichts mehr geblieben. Außer der Name „Pfingstrose“, womit man heute allerdings nur mehr die *Paeonia officinalis* meint. Schade drum.

Ansicht von der Wallfahrt Kaltenbrunn
aus dem 17. Jahrhundert

„Gerichtsgang“ nach Kaltenbrunn

Die Marienwallfahrt von Kaltenbrunn zählt zu den beliebtesten Pilgerstätten im Tiroler Oberland. Von allen umliegenden Talschaften und von weiter her kommen die Besucher an diesen zudem äußerst romantisch gelegenen Ort. Im Inneren der Kirche beherbergt die Gnadenkapelle das „Wallfahrtsbild“, eine bekleidete Statue der Hl. Maria mit Kind aus der Zeit um 1400. Vor allem an den Wochenenden herrscht in Kaltenbrunn reges Treiben, Hochzeitspaare drücken sich die Türklinke in die Hand, zahlreiche Taufen und Jubiläen werden in diesem religiösen Kleinod gefeiert. Während des ganzen Jahres kommen auch Pilgergruppen der umliegenden Täler zu eigens verlobten Wallfahrtstagen.

Eine besondere Wallfahrt stellt der sogenannte Gerichtsgang mehrerer benachbarter Pfarren alljährlich am Pfingstdienstag dar – „Gerichtsgang“ deshalb, weil es sich um die Orte des früheren Gerichtsbezirkes handelt. Bereits in den frühen Morgenstunden machen sich die Pilger auf, um hinter ihrem „örtlichen“ Vortragekreuz Richtung Kaltenbrunn zu wandern. Die Gläubigen aus Wenns im Pitztal maschieren über den Piller Sattel und erreichen gegen 8.00 Uhr die Wallfahrtsstätte, wo die Hl. Messe stattfindet. Etwa eine Stunde später sind auch die Pilger aus Serfaus, Fiß, Ladis, Ried, Prutz u.a. am Ziel – ihr Gottesdienst beginnt um ca. 9.00 Uhr. Doch dies ist beileibe nicht die einzige Gemeinschaftswallfahrt nach Kaltenbrunn. Auch an anderen Terminen kommen Pilger aus der näheren Umgebung (wie etwa aus Oetz im Ötztal) oder aus dem südlich gelegenen Südtiroler Langtauferer Tal. Beliebt ist die Einkehr im nebenan liegenden Widumsgasthaus, wo die müden Wanderer und Pilger ausreichend mit Speis und Trank versorgt werden.

Nachtwallfahrten

— *Nachtwallfahrten auf die Waldrast*

Matrei am Brenner

Der Wallfahrtsort Maria Waldrast liegt am Fuß der Serles und ist das höchst gelegene Bergkloster Mitteleuropas. Im Zentrum dieser Gnadenstätte steht eine geschnitzte Mariendarstellung (Maria mit Kind), das 1392 von zwei Knaben aufgefunden worden sein soll. Der Bau der Wallfahrtskirche stammt aus dem 17. Jahrhundert und wurde den Serviten von Leopold V. gestiftet. Das Gnadenbild hat eine bewegte Geschichte hinter sich: so kam es nach der Klosteraufhebung durch Joseph II. nach Mieders und während der Zeit des Nationalsozialismus sogar nach Neuwied bei Köln.

Heute erfreut sich die Wallfahrt weitum großer Beliebtheit. Dazu trägt nicht zuletzt eine Quelle bei, die man bereits im 17. Jahrhundert entdeckte und der besondere Heilkraft nachgesagt wird. Im Winter lockt die Waldrast mit einer langen Rodelbahn, die einen etwas mühsamen Aufstieg lohnt. Für fußmarode Geher gibt es aber auch ein eigenes Taxi, das zu bestimmten Zeiten vom Ortszentrum in Matrei aus fährt. In den Sommermonaten ist die Wallfahrt über eine Mautstraße ebenfalls mit dem Auto zu erreichen.

Jeden 1. Freitag im Monat (von Mai bis Oktober) finden die zahlreich besuchten Nachtwallfahrten statt. Kasteien muß man sich bei den Wallfahrten auf die Waldrast nicht – der Klostergasthof wartet mit Speis und Trank auf. Zudem kann man dort auch übernachten und sich für längere Zeit am traumhaften Panorama erfreuen.

— *Nachtwallfahrten (Lichterprozessionen) am Locherboden (Mötz)*

Die Marienwallfahrtsstätte am Locherboden thront weithin sichtbar nordöstlich der Oberländer Gemeinde Mötz. Relativ jung ist dieser Gnadenort, dessen Ursprung in die erste Hälfte des 18. Jahrhunderts zurückgeht: Ein beim Erzschürfen in Not geratener Bergknappe stiftete eine Mariahilf-Bild, das er am Stolleneingang anbrachte. Weitum bekannt wurde diese Wallfahrtsstätte allerdings erst ca. 130 Jahre später, als es zur wunderbaren Heilung einer Kranken kam. Das sprach sich herum und schon bald wurde oberhalb der bestehenden Kapelle eine Kirche im neugotischen Stil erbaut.

Abgesehen von den individuellen und örtlichen Wallfahrten finden jedes Jahr von Mai bis Oktober, jeweils am 11. des Monats, Nachtwallfahrten (Lichterprozessionen) statt. Mit Fackeln zieht man vom nahegelegenen Parkplatz (ca. 15 Minuten Gehzeit) Richtung Wallfahrtskirche.

— *Nachtwallfahrten nach St. Georgenberg*

Wenn man die Wallfahrt in St. Georgenberg zu Fuß erreicht hat, dann weiß man, was eine richtig durchgeführte „kleine" Wallfahrt heißt. Denn zwei Stunden dauert der Marsch bis zu diesem Kleinod. Kleinod ist vielleicht nicht der richtige Ausdruck, denn eingebettet in die steilen Felsen des Stallentales erhebt sich eine durchaus beeindruckende Anlage mit Kloster und Wallfahrtskirche. Die abwechslungsreiche Geschichte dieser Wallfahrt ist reich an Legenden, Wundern, Bauarbeiten, aber auch Katastrophen wie Feuersbrünsten. Zudem wartet Georgenberg gleich mit drei „Verehrungsobjekten" auf: 1. der namengebende Hl. Georg, 2. das „Muttergottesbild unter der Linde" und 3. eine Heilig-Blut-Reliquie (die in einer Monstranz am Hochaltar aufbewahrt wird).

Betreut wird die Wallfahrtsstätte ebenso wie das Stift Fiecht von den Missionsbenediktinern, die neben den seelsorgerischen Aufgaben auch diverse Seminare und Kurse (u.a. auch Wellness) anbieten.

Seit den 70er Jahren des 20. Jahrhunderts finden alljährlich in den Sommermonaten (Mai bis Oktober) an jedem 13. des Monats die Nachtwallfahrten nach St. Georgenberg statt. Bei diesen Gemeinschaftsbittgängen nehmen Pilger aus nah und fern teil.

Monatswallfahrten in Virgen

Die Wallfahrtskirche „Maria Schnee“ ist aus volkskundlicher Sicht nicht nur wegen der Widderprozession nach Ostern, sondern auch wegen der eindrucksvollen Fresken vom Ende des 15. Jahrhunderts interessant. Die Malereien zeigen u.a. die Leidensgeschichte Jesu Christi, Szenen aus dem Marienleben und das Martyrium des Hl. Sebastians.

In den Monaten Mai bis Oktober findet jeden 13. des Monats eine Wallfahrt nach „Maria Schnee“ statt. Ausgangspunkt ist die Pfarrkirche von Virgen, von wo man über den Kreuzweg in den Weiler Obermauern geht und gemeinsam die Hl. Messe feiert.

Gemeinschaftswallfahrten nach Maria Absam

Die Wallfahrt in Absam zählt zu den beliebtesten in ganz Tirol. Davon zeugen nicht nur die unzähligen Besucher während des Jahres, sondern auch die vielen Gemeinschaftswallfahrten. Die Marienwallfahrt in Absam ist relativ jung und gerade deshalb kann man wohl ihre Geschichte genauer nachzeichnen. Am 17. Jänner 1797 erblickte Rosina Bucher im Fenster der elterlichen Stube ein kleines Marienbild. Es ließ sich nicht wegwischen und wurde bald als wundersames Ereignis weitum bekannt. Zahlreiche technische und chemische Untersuchungen folgten – das Bild, ähnlich einem Kupferstich, blieb erhalten.

Schon bald wurde das marianische Gnadenbild, das sich heute am rechten Seitenaltar der Wallfahrtskirche befindet, Ziel vieler Pilger. Zahlreiche Votivbilder und Votivgaben in einer eigenen, südlich gelegenen Kapelle, zeugen vom Zulauf der Gläubigen. Vor allem als „Heiratskirche“ hat sich Maria Absam etabliert – die „Absamer Muttergottes“ soll eben ein wachsames und fürsorgliches Auge auf alle Brautleute legen. Im Juni 2000 wurde die Wallfahrtskirche zur Basilika erhoben.

Jeden 1. Sonntag des Monats betet man am frühen Nachmittag den gemeinschaftlichen Rosenkranz mit anschließender Wallfahrtsmesse und Krankensegen. Von Juni bis September findet dort an jedem 17. des Monats eine Nachtwallfahrt mit Hl. Messe und anschließender Lichterprozession statt. Am 1. Mai kraxelt man nicht nur auf Maibäume oder erfreut sich des Maientanzes, sondern kann auch an der alljährlich abgehaltenen Landeswallfahrt nach Maria Absam teilnehmen. Oder man wartet auf den Oktober und feiert gemeinsam mit den Tiroler Schützen deren Landeswallfahrt.

Gnadenbild der Wallfahrtsmuttergottes Maria Absam

Blumenmuttergottes
in Ried im Oberinntal

Sommer

Feuerbräuche

„Wie du doch gleich in Feuer und Flammen stehst": Dieser Spruch aus Schillers „Kabale und Liebe" trifft im übertragenen Sinne auch auf viele Brauchträger zu, die bis in die Gegenwart Feuerbräuche verschiedenster Art zelebrieren. Der Mythos Feuer ist eben auch aus der Brauchkultur nicht mehr wegzudenken. Seit Menschengedenken hat dieses Element nichts an seiner Faszination eingebüßt. Neben diversen Feuerritualen im „privaten" Rahmen, wie etwa das Verbrennen von geweihten Kräutern bei Unwettern oder das Entzünden des heimischen Herdes mit dem Osterfeuer, prägen vor allem die sogenannten Jahresfeuer die Tiroler Brauchlandschaft. Zu den Jahresfeuern zählen u.a. die Sonnwend-, die Johannes- und Herz-Jesu-Feuer. Jedes dieser Feuer hat seine eigene Geschichte, in der das Erscheinungsbild immer wieder Veränderungen unterworfen war. Die historischen Hintergründe lassen sich kaum nachvollziehen – die spärlichen und ungenauen Zeugnisse, insbesondere aus dem Mittelalter, erschweren die exakte Charakterisierung der jeweiligen Feuerbräuche.

Und doch hört und liest man allerorten, daß alle Feuerbräuche Relikte einer vorchristlichen Zeit seien, daß sie ihren „heidnischen" Inhalt beibehalten haben. Fakt ist, daß das Feuer bei fast allen Kulturen der Welt eine herausragende Rolle spielt – und es dementsprechend Eingang in diverse Bräuche und Rituale gefunden hat. Im Zuge der Christianisierung ist man von vielen Bräuchen (gezwungenermaßen) abgekommen, andere haben „überlebt", indem man sie mit christlichen Inhalten erfüllte. So bediente sich in ihren frühen Anfängen auch die christliche Kirche der Zeichenhaftigkeit des Feuers. Und so stehen viele Tiroler Feuerbräuche im engen Zusammenhang mit dem christlichen (katholischen) Jahreskreis.

Aber auch für weltliche Ansinnen wird die Symbolkraft des Feuers genutzt. In der nationalsozialistischen Zeit etwa mißbrauchte man die Sonnwendfeuer als Propagandaveranstaltungen, wo man das „germanische Kulturgut" (und die damit immer wieder postulierte über tausendjährige Geschichte des Deutschen Reiches) beschwor. Mit diesem ideologischen Gedankengut haben die noch aktiven Sonnwendgruppen allerdings nichts mehr am Hut.

Mit Feuersymbolen kann man auch Proteste ausdrücken – wie die Initiative „Feuer in den Alpen" zeigt. Mit den sogenannten Protestfeuern auf Berghängen wird u.a. auf den Raubbau an der Natur oder den Transitverkehr aufmerksam gemacht.

Sonnwendfeuer in der Region Wilder Kaiser – Brixental

— *Sonnwendfeuer*

Zugspitzarena, Wilder Kaiser–Brixental, Innsbruck
rund um den 22./23. Juni

Mit den Sonnwendfeuern feiert man den längsten Tag bzw. die kürzeste Nacht des Jahres vom 22. auf den 23. Juni. Die Hintergründe dieses Festes reichen vermutlich in die vorchristliche Zeit zurück. Es war vor allem für die bäuerliche Bevölkerung, die ja danach trachtete, mit der Natur in Einklang zu leben, ein wichtiges Fest. Im mitteleuropäischen Raum erlebten die Sonnwendfeuer vor allem im Mittelalter ihre Blütezeit. Sie überstanden auch weitgehend die Zeit der Aufklärung, wo man derartige Bräuche als Humbug und Aberglauben bezeichnete.

Ein Bericht aus dem 19. Jahrhundert zeigt, wie lebendig dieses Brauchtum damals in Osttirol noch war. Es ist dabei der lebendigen und blumigen Sprache des Reiseschriftstellers Beda Weber zu verdanken, daß man sich auch heute noch ein genaues Bild von diesem Brauch machen kann:
„Alle Hügel rings um die Stadt werden bei anbrechender Dunkelheit beleuchtet. Die kecken Jünglinge umringen die Flammen mit Scheiben, kleinen runden Brettchen, ein Loch in der Mitte. Darin wird ein Stab befestigt, die Scheibe glühend angebrannt, und unter lautem Jubel durch die Luft ins Weite geschleudert. Mit dem Flug der Scheibe fliegt und flammt des Volkes Witz und Lust. Die Scheibe, welche den schönsten Bogen schlägt, gilt der Auserwählten;

eine andere dem Pfarrer, um ein freundliches Gesicht beim Brautexamen; die dritte dem besiegten Nebenbuhler usw. Es ist ein schöner Moment, diese zauberhafte Beleuchtung der Heimatberge, dieses Fliegen und Kreisen der Symbole der Herzenswünsche. Und begeistert schallt der Trutzreim aus Nacht und Dunkel ans Ohr des Lauschers.“

Interessant ist der Ablauf dieser Feier, die von der Struktur und dem Inhalt her dem Brauchtum am Funkensonntag gleicht. Heute entsprechen die Sonnwendfeuer weitgehend den herkömmlichen Bergfeuern, wo man an den Graden, an den Hängen und Gipfeln einfache Feuerstellen entzündet oder diese in Symbolen anordnet. Auch mit dem Termin nimmt man es heute nicht mehr so genau. Oftmals verlegt man dieses Fest auf das nächst gelegene Wochenende (zumeist Samstag) bzw. ist die Witterung ausschlaggebend für eine zeitliche Verschiebung.

Besonders beeindruckend sind die Sonnwendfeuer in der Zugspitzarena. Zum einen können hier die „Feuerketten“ bis zu 300 Meter lang sein, zum anderen werden nach intensiven Vorbereitungsarbeiten aufwendige Motive nachgezeichnet. Ca. 8000 Feuerstellen und das rege Engagement des dortigen Bergfeuervereines zeugen von der Lebendigkeit dieses Brauches.

Auch in der Region Wilder Kaiser – Brixental erleben die Sonnwendfeuer seit den letzten Jahren einen Boom. Mit Bahn oder Bussen kommen die Besucher auch abends auf die Berghöhen und können quasi vor Ort das Entzünden der Feuer bzw. das „leuchtende Panorama“ genießen.

Ein neu eingeführtes Sonnwendfest hat sich in den letzten Jahren in der Landeshauptstadt Innsbruck entwickelt. Die „Innsbrucker Bergsonnwend“ ist eine Kombination von traditionellen Elementen (das Entzünden der Bergfeuer durch den Innsbrucker Sonnwendring auf der Nordkette), künstlerischen Feuerspektakeln und diversen sportlichen Darbietungen. Wie es sich für ein Fest gehört, darf auch ein breit gefächertes gastronomisches Angebot nicht fehlen. Beim Lustwandeln durch die Innsbrucker Alt- bzw. Innenstadt kann man sich an zahlreichen Ständen und Bars mit Speis und Trank laben.

Informationen: www.bergfeuer-lermoos.at.tt

— *Johannisfeuer*

Erste Nachweise von diesen Jahresfeuern stammen aus dem 12. Jahrhundert. Es war vor allem die Katholische Kirche, die sich massiv für dieses Brauchtum einsetzte. Und dies hatte seinen Grund: Man wollte ganz einfach die Sonnwendfeuer durch „christliche Feuer“ ersetzen. Da der Geburtstag Johannes des Täufers am 24. Juni in die Nähe der Sonnenwende fällt, wählte die Kirche dieses christliche Fest, um das Feuerbrauchtum „neu“ zu etablieren. Einst spielten die Johannesfeuer im Tiroler Unterinntal eine besondere Rolle: Vor allem in den Gemeinden, wo die Pfarrkirche dem Hl. Johannes geweiht ist, hielt man an diesem Brauch lange Zeit fest. Heute wird dieses kirchliche Jahresfeuer kaum mehr entzündet. Ein Relikt dieses Brauches ist zumindest noch die Volksglaubensvorstellung, daß kleine Kränze von Johannesblumen, die man an die Tür hängt, Haus und Bewohner vor Feuersbrünsten (!) schützen soll.

— *Herz-Jesu-Feuer/-prozessionen*

2. Sonntag nach Fronleichnam

Gelöbnisse haben es in sich – sie können auch Jahrhunderte überdauern. So auch im Fall des Herz-Jesu-Festes, das man am zweiten Sonntag nach Fronleichnam begeht. Die Verehrung des Herzen Jesu ist keine Tiroler Erfindung: Schon im 13. Jahrhundert kam das „Gedenken an das Herz Jesu“ in Deutschland auf, und im 17. Jahrhundert popularisierten die französischen Salesianerinnen die Verehrung des Herzens Jesu. Treibende Kraft bei der Verbreitung dieser spezifischen Jesus-Verehrung waren die Jesuiten, die auch in Tirol tatkräftig die christliche Lehre in Theorie und Praxis zu bewahren suchten. Davon zeugen nicht zuletzt die zahlreichen Missionsberichte (Visitationen), in denen genau festgehalten wurde, wie das geistliche und sittliche Leben in den einzelnen Gemeinden abläuft. Übrigens in vielen Fällen nicht zum Wohlwollen der Jesuiten: u.a. prangerten sie das zügellose Alltagsleben an, die Unkenntnis der Bibel und das stetige Nichteinhalten der katholischen Gebote. Keine Rede also vom „Heiligen Land Tirol“ ...

Von Erfolg waren ihre Ambitionen hinsichtlich der Verbreitung der Herz-Jesu-Verehrung gekrönt. Eigene Herz-Jesu-Devotionalien (wie Gebetszettel) wurden in Umlauf gebracht und Anfang des 18. Jahrhunderts gab es bereits einige Herz-Jesu-Bruderschaften. Doch den absoluten Höhepunkt stellte das (bis in die Gegenwart eingehaltene) Gelöbnis des Landes Tirol dar: Man verlobte sich 1796 zum Schutz vor den eindringenden Franzosen dem Herzen Jesu. Auch in den Freiheitskämpfen – so etwa unter Andreas Hofer 1809 – erneuerte man dieses Gelöbnis. Der Inhalt dieses Verlöbnisses (das seit 1848 als „Bund mit dem Herzen Jesu“ bezeichnet wird) beruht auf folgenden

Punkten: das göttliche Herz Jesu in besonderer Weise zu verehren, treu ergeben zu bleiben und dafür (gleich einem Pakt) Schutz und Segen bei Gefahr für Glaube und Heimat zu erhalten.

In den Anfängen sah diese Verehrung – zumindest aus Sicht des Brauchtums – relativ dürftig aus. Mit einem Gottesdienst erneuerte man alljährlich den „Schwur". Von speziellen Herz-Jesu-Feuern war damals noch keine Rede. Diese gesellten sich erst im Laufe des 19. Jahrhunderts zum Fest – u.a. mit dem ideologischen Hintergrund, den katholischen Glauben vor fremden Einflüssen zu schützen. So entzündeten konservative Kräfte an diesem Festtag Bergfeuer mit dem Schriftzug „GE" (= Glaubenseinheit), um gegen das 1876 eingeführte Protestantengesetz und für den Katholizismus als alleinige Religion öffentlich aufzutreten. Von Erfolg war diese politisch-religiöse Agitation – Gott sei Dank – nicht gekrönt.

Als „politische Protestfeuer" gebrauchte man die Herz-Jesu-Feuer auch (vor allem kurz nach dem Zweiten Weltkrieg), um für das vereinte Tirol (Nord-, Süd- und Osttirol) einzutreten. Heute spielt man im Rahmen dieser Jahresfeuer nur mehr vereinzelt auf die verloren gegangene landespolitische Einheit an. Untrennbar mit diesem Fest ist auch das populäre Herz-Jesu-Bundeslied verbunden, das manche sogar als „heimliche" Tiroler Landeshymne bezeichnen.

Die Herz-Jesu-Feierlichkeiten der Gegenwart konzentrieren sich in ganz Tirol auf zwei Elemente: 1. die Prozession am Sonntag (nach der Hl. Messe am Vormittag) und 2. die traditionellen Bergfeuer. Das Entzünden der Bergfeuer auf den Bergketten und -hängen bzw. die Anordnung der Feuerstellen in Symbolform (zumeist Nachbildungen des Herzen Jesu, Kelch, Kreuz, u.ä.) findet bei Einbruch der Dunkelheit entweder am Samstag vor oder am Herz-Jesu-Sonntag selbst statt. Jede Gemeinde bzw. Region hat da ihre eigene Regeln bzw. Traditionen. Weitgehend erhalten hat sich auch der Usus, daß nur Burschen die oftmals mühsamen Strecken auf sich nehmen, um die Feuerstellen zu errichten und anzuzünden. Unumgänglich ist dabei das anschließende gesellige Beisammensein, das je nach bevorstehender Wegstrecke für den Rückmarsch mehr oder weniger exzessiv ausfällt. Sehenswert sind die Herz-Jesu-Feuer auf alle Fälle – insbesondere in größeren Talkesseln, wo man die umliegende „beleuchtete" Bergwelt genießen kann. Zudem finden in den meisten Orten auch Konzerte statt bzw. ist ähnlich einem Dorffest für Speis und Trank gesorgt.

Informationen: www.telfer.at/brauchtum/herz_jesu.htm
www.stubai-tal.at/Bergf.htm
www.wanderfuehrer.net/bergfeuerntirol.htm

Detail eines Altars mit Herz-Jesu-Darstellung

— *Protestfeuer*

Die sogenannten Protestfeuer nehmen im Rahmen der Jahresfeuer eine Ausnahmestellung ein. Und dies in vielerlei Hinsicht. Zum einen finden sie nicht immer an bestimmten Terminen (zumeist jedoch am zweiten Samstag im August) bzw. Örtlichkeiten statt, zum anderen geht ihre Grundidee auf die einstigen „Notfeuer" zurück. Mit diesen Warn- oder „Kreid"-Feuern, die man auf höher gelegenen Hügeln entzündete, verständigte man sich seit dem Mittelalter (und wohl auch früher) bei drohendem Feindeinfall. Diese Maßnahme hat sich überlebt. Doch nach Anschauung von alpenländischen Initiativen drohen heutzutage andere Gefahren, wie etwa der Raubbau an der Natur oder die Transitproblematik. Und vor diesen warnen die einzelnen Gruppierungen mit Hilfe von Bergfeuern und entsprechenden Symbolen vor allem an Autobahnen bzw. in Ballungsgebieten. Ende der 80er Jahre des 20. Jahrhunderts in der Schweiz aufgekommen, hat die Initiative „Feuer in den Alpen" seit 1991 auch in Tirol Fuß gefaßt. Wie lange oder wie intensiv diese Protestfeuer weiterhin lodern, wird sich noch zeigen.

Almauftrieb

Schaftrieb im Ötztal und Kuhtrieb in den Zillergrund

rund um St. Veit – 15. Juni

Der Almauftrieb markierte früher einen wichtigen Termin im bäuerlichen Wirtschaftleben: Kühe, Stiere, Schafe, Ziegen, Schweine und gelegentlich sogar Hühner wurden auf die Alm gebracht. Allerdings nicht, damit sie dort eine „Sommerfrische" genießen, sondern schlicht und einfach um die Weiden im Tal zu schonen und sie zur Heugewinnung nutzen zu können. Glaubt man den Überlieferungen, dann war dieser Tag (meist um St. Veit, 15. Juni) ein regelrechter Festtag. Und entsprechend ging es zu: Die Hüte der Treiber wurden prächtigst mit Frühlingsblumen oder Rosmarinsträußchen geschmückt und die Kühe mit schweren Glocken und leichteren Schellen an aufwendig bestickten Lederriemen behängt (heute muß man sich das Ganze wohl wie einen kleinen „Alm-Abtrieb" vorstellen; siehe dort). Die Tiere wurden in der Früh mit einer Mischung aus Salz und geweihtem Mehl gefüttert oder erhielten gar den Segen des Pfarrers selbst. Vorweg marschierte der ranghöchste Knecht, gefolgt von der Leitkuh. Unter Jodlern und Juchui-Rufen ging's dann durch das Dorf.

Die schweren Kuh-Glocken und die Lederriemen entstanden übrigens vermutlich dem Prestigedenken der Bauern: Zeigen, was man hat. Denn kaum hatte man die letzten Siedlungen verlassen, wurde den Kühen das schwere und unpraktische „Zeug" abgenommen und bei einem befreundeten Bauern deponiert – benötigt wurde es erst wieder zum Almabtrieb. Auf der Alm selbst genügten den Kühen kleinere Schellen an einem einfachen Lederband oder Strick. Hintergrund des Geläutes war und ist das leichtere Auffinden der Herde vor allem bei Nebel und gegen Ende des Almsommers bei gelegentlich hereinbrechenden Schneestürmen.

Korrekt wird eine Alm übrigens nicht aufgesucht, sondern „bestoßen". Und man trieb auch nicht auf oder ab, sondern „fuhr" dorthin oder von dort weg (vom mittelhochdeutschen „vart" = Unternehmung, Reise). Der alte Terminus „Almauffahrt" wird zwar heute noch gebraucht, sein Sinn hat sich aber entlarvend verändert. Denn heute wird der strapaziöse, stundenlange Aufstieg für Mensch und Tier kaum noch unternommen (und wenn, dann auf vergleichsweise kurzen Strecken). Forststraßen, ausgebaute Alm- und Güterwege und vor allem die leistungsstarken Traktoren mit ihren Anhängern machen aus der „romantischen" Auffahrt tatsächlich eine Fahrt im wahrsten Sinne des Wortes.

Der Auftrieb – im Gegensatz zu früher wird das Vieh heutzutage meist mit Hilfe von Traktoren auf die Alm gebracht

Einschränkend sei der noch wie vor Jahrhunderten durchgeführte Schaftrieb aus dem Südtiroler Schnalstal über das Hoch- (2875 m) oder Nieder-Joch (3019 m) in die Almgebiete von Vent im Nordtiroler Ötztal und ebenso der Kuhtrieb von St. Peter im Südtiroler Ahrntal über das Hundskehljoch (2560 m) in den Nordtiroler Zillergrund im hintersten Zillertal erwähnt. Technische Transportmittel sind hier unmöglich einzusetzen. Sonst sähe es mittlerweile wohl auch anders aus, wie z.B. die mittlerweile per KFZ durchgeführte Auffahrt von St. Jakob im Ahrntal ins salzburgische Krimmler-Achental.

In der heute geübten „motorisierten“ Praxis touristisch uninteressant, ist bislang noch niemand auf die Idee gekommen, die Almauffahrt (im Gegensatz zur Abfahrt) als pompöses Vermarktungsspektakel zu nutzen. Man bestößt die Alm so ökonomisch wie nur möglich und damit hat das Brauchtum Schluß.

Fronleichnam

2. Donnerstag nach Pfingsten

Am zweiten Donnerstag nach Pfingsten feiert man in allen Tiroler Gemeinden das Fronleichnamsfest mit Prozessionen. Der Termin ist bekannt – schließlich und endlich ist es ein Feiertag. Doch wie es mit dem geschichtlichen Hintergrund bzw. dem Inhalt dieses christlichen Festes ausschaut, ist eine andere Sache. So zuletzt bewiesen in einer Umfrage, die der ORF-Tirol (Sendung „Tirol Heute") im Frühjahr 2004 durchführte: kaum jemand wußte über dieses traditionelle Kirchenfest genauer Bescheid. Außer natürlich, daß an diesem Tag arbeitsfrei ist.

Der eigentliche Sinn der Sache, die Entstehung und Weiterentwicklung des Festes bis hin zu den prächtigen Umgängen mit Schauspieleinlagen in der Barockzeit ist Inhalt von unzähligen Aufsätzen, Filmen und nicht nur theologischen Abhandlungen. Breitenwirksam scheinen diese Aufarbeitungen – wie u.a. die erwähnte Umfrage beweist – jedoch nicht gewesen zu sein.

In gewisser Weise hat dies auch seinen Grund: So klar und umrissen heute die Prozessionen von statten gehen, so diffizil erweist sich die kirchengeschichtliche Entwicklung dieses Festtages.

Die Grundlage von Fronleichnam bildete – so die kirchengeschichtliche Überlieferung – zunächst die Vision einer Ordensfrau. Der Augustinernonne Juliane aus Lüttich erschien im Traum eine hell leuchtende Mondscheibe, die einen einzigen dunklen Flecken aufwies. Und genau diesen deutete sie als das Fehlen eines wichtigen, ja unumgänglichen Kirchenfestes bzw. Sakramentes – die Realgegenwart von Christi Leib und Blut in Form des bei der Hl. Messe geweihten Brotes und Weines (= Transsubstantiation). In diesem Sinne setzt sich auch das Wort Fronleichnam (= „göttliche Hülle des Leibes") aus den Wörtern *vron* (göttlich), *lich* (Körper, Leib) und *hama* (Hülle) zusammen. Vereinfacht kann man daher dieses Fest auch als Gedächtnisfeierlichkeit bezeichnen, die die Einführung der Eucharistie thematisiert.

Das Fronleichnamsfest steht dabei in engem Zusammenhang mit dem Osterfestkreis, insbesondere dem Gründonnerstag. Am Gründonnerstag zelebrierte Jesus Christus ja sein letztes Abendmahl, die Grundlage der Eucharistie. Doch dieser Termin – mitten in der Karwoche gelegen und zudem nur ein Tag vor dem Kreuzestod – bot wirklich keinen Anlaß, ein pompöses Freudenfest zu begehen. Daher „verlegte" man Fronleichnam in eine Zeit nach der langen österlichen Periode und nachdem Christus in den Himmel „aufgefahren" ist (= Christi Himmelfahrt), eben auf den zweiten Donnerstag (bzw. Sonntag) nach Pfingsten. Relikte der engen Verbindung mit dem Gründonnerstag zeigen sich noch in der auch in Tirol bekannten Bezeichnung „Antlaßtag"

(= Ablaßtag) für Fronleichnam. Am Gründonnerstag durften nämlich die Sünder, die während der Fastenzeit aus der kirchlichen Gemeinschaft der Gläubigen „ausgestoßen" wurden, wieder am Gottesdienst und vor allem an der sakramentalen Eucharistie teilnehmen.

Papst Urban IV. hat dann im Jahre 1264 Fronleichnam verbindlich eingeführt, und mit dem Konzil von Trient (1551) kamen verstärkt auch die Prozessionen auf. Zur Popularisierung und breitenwirksamen Akzeptanz des Festes trugen nicht unwesentlich eigene Bruderschaften und vor allem das Spenden von eigenen Ablässen (Antlaß- bzw. Ablaßtag) bei. Die Lutheraner waren nicht gerade erbaut über dieses Kirchenfest, Luther sprach sogar vom „allerschädlichsten Jahresfest". Im (katholischen) Gegenzug dazu erfuhren die Fronleichnamsprozessionen im Laufe der Zeit eine für heutige Verhältnisse geradezu üppige Ausgestaltung: Im Zentrum stand zwar nach wie vor das „Allerheiligste", der Leib Christi, der in einer Monstranz („Schaugerät", vom lat. *monstrare* = zeigen) unter einem Baldachin (= „Himmel") mitgetragen wurde, doch für die Prozessionsteilnehmer und Zuseher gab es noch vielerlei Attraktionen.

Vor allem in der Barockzeit war es für die örtlichen Kirchen die Gelegenheit, ihre Kunstschätze und Reliquien einer breiten Öffentlichkeit „zum besseren und vertiefenden Glauben" zu präsentieren. Zudem prägten „lebende Schaubilder", d.h. theatralisch nachgestellte Szenarien aus dem Alten und Neuen Testament, diese lebendigen Umgänge. Mit Hilfe einer ausgefeilten Dramaturgie stellten diese Prozessionen durchaus „Werbefeldzüge" der Kirche dar.

Untrennbar mit dem Fronleichnamsfest – aber auch mit anderen Prozessionen – ist der Blumenschmuck verbunden. Die sich auf dem Prozessionsweg befindenden vier Evangelienaltäre werden vorwiegend mit Gartenblumen und Sträuchern geschmückt. Eigene Blumenteppiche (mit christlichen Symbolen bzw. Hinweisen auf die Heilsgeschichte), über die der Pfarrer mit der Monstranz in Händen schreitet, sind in Tirol bisher weitgehend unbekannt bzw. werden erst in letzter Zeit vereinzelt eingeführt.

Die Tiroler Fronleichnamsprozessionen finden nach der Hl. Messe am Vormittag statt und führen – je nach den örtlichen Gegebenheiten – durch einzelne Straßenzüge, über Wiesen und vereinzelt auch in Weiler. Wie auch bei den anderen „großen" Prozessionen (wie Herz-Jesu) wird bei den vier Evangelien-Altären Halt gemacht. Zumeist führen Kreuzträger bzw. die Erstkommunikanten mit Ministranten und dem Pfarrer (der das Allerheiligste unter einem Baldachin trägt) den Umgang an. Ihnen folgen neben den Traditionsverbänden wie Schützenkompanien, Blasmusikkapellen u.a. die Träger von Ferggelen (= Umtragefiguren von Heiligen, die während des Jahres in der Kirche stehen), Fahnenträger und die örtliche Bevölkerung. In manchen Gemeinden tragen einzelne Frauengruppen noch die alten bzw. erneuerten Festtagstrachten der Region.

Der Dekan mit dem Allerheiligsten beim **Antlaßritt im Brixental**

—Brixentaler Antlaßritt

Prozessionen erfolgen in Tirol normalerweise per pedes. Doch es gibt auch Ausnahmen. So etwa der überregional bekannte Brixentaler Antlaßritt, der alljährlich zu Fronleichnam stattfindet. Die Bezeichnung „Antlaß" steht – wie beim Kapitel „Fronleichnam" schon näher ausgeführt – für Ablaß und soll im weiteren Sinne an das Sakrament der Eucharistie erinnern.

Die historischen Hintergründe für diesen Reiterbrauch sollen – so die Überlieferung – auf den Einfall der Schweden im Rahmen des 30-jährigen Krieges fußen. So heißt es, daß die Schweden ins Brixental eingefallen wären und von den wagemutigen und tapferen „Enterlender Bauern" aus Westendorf aufgehalten bzw. zurückgeschlagen worden wären. Davon zeugt noch folgende Inschrift an der „Schwedenkapelle" in Kirchberg: „Bis hierher und nicht weiter – kamen die Schwedischen Reiter 1643". Klingt gut für die Tiroler Landesverteidigung, doch die historischen Fakten sprechen eine andere Sprache. Denn die Schweden waren im Rahmen des 30-jährigen Krieges nie in dieser Gegend. Der legendarischen Überlieferung haben diese geschichtlich nachweisbaren Fakten jedoch nicht geschadet. Im Volksmund heißt es nach wie vor, daß tapfere Tiroler (sic!) dem Feind Einhalt geboten haben.

Der Brauch des Umrittes zu Fronleichnam fußt vermutlich auf einer anderen Tradition, die erst im nachhinein auf das Kriegsgeschehen im 17. Jahrhundert zurückgeführt wurde.

Nachdem allgemein bei Fronleichnamsprozessionen das Allerheiligste – sprich die Monstranz – mitgeführt wird, und man vor allem in früheren Zeiten bei diesen Umzügen möglichst die Gemeindegrenzen abgehen wollte, liegt der Schluß nahe, daß man hier durch einen größeren Umritt den Segen Gottes erbitten wollte.

Der Antlaßritt beginnt (bei jeder Witterung) um die Mittagszeit in Brixen im Thale, wo sich die Reitergruppen bei der Pfarrkirche einfinden. Die Reiter sind in den regionalen Trachten gekleidet und tragen z.T. Fahnen mit sich. Der Dekan reitet mit dem Allerheiligsten mit und segnet die Zuseher. Bei der Schwedenkapelle erfolgt noch einmal eine Segnung – anschließend werden die Prozessionsreiter u.a. mit „Hochgeistigem" verköstigt und treten die Rückreise, besser gesagt, den Rückritt an.

Axamer Josefsspiel

Nur alle zehn Jahre (!) führen Axamer Volksschauspieler das Josefsspiel auf, das die dramatischen Ereignisse rund um den „Ägyptischen Josef" des Alten Testaments zum Thema hat. Dieses geistliche Volksschauspiel läßt sich in Axams mehr als 300 Jahre zurückverfolgen und besticht durch seine volksnahe Ausgestaltung. „Lebende Bilder" sowie Brüder- und Chorlieder tragen wesentlich zur dramatischen Inszenierung bei.

Das Leben des alttestamentarischen Josef ist wahrlich reich an Ereignissen, die an Spannung kaum zu überbieten sind. Ein Phantasy-Autor der Gegenwart könnte es nicht besser schreiben. Menschliche Tragödien paaren sich mit Naturkatastrophen, Neid und Mißgunst stehen neben der christlichen Nächstenliebe. Josef wird nämlich von seinen eigenen Brüdern aus Eifersucht verstoßen und als Sklave nach Ägypten verkauft. Dort erlangt er aufgrund seiner politischen Weit- und Umsicht sogar die Position eines „Ministers". Josef widersteht den Verführungskünsten einer verheirateten Frau (= Potiphars Weib) und verzeiht schlußendlich seinen hilfesuchenden Brüdern. Rache ist ihm ein Fremdwort und im Sinne der christlichen Nächstenliebe wird er zum Retter seiner Sippe.

Obwohl der literarische Stoff „alt" ist, klingen in der Aufführung immer wieder aktuelle Lebensweisheiten durch – die Brisanz menschlicher Tugenden und Untugenden ist eben immer zeitgemäß. Die nächste Inszenierung des Axamer Josefspiel sollte im Jahre 2013 stattfinden.

„Heimkehrertreffen" in Jochbergwald

2. Juli – Mariä Heimsuchung

Einsam ist die Wallfahrtskirche Jochbergwald wahrlich nicht gelegen – sie steht auf einem Felsvorsprung direkt an der Paß Thurn Bundesstraße, nur einige Kilometer von Jochberg entfernt. Das war nicht immer so. Bis 1835 befand sich die 1671 erbaute Kapelle samt Einsiedelei am alten Weg zum Paß Thurn. Mit dem Straßenneubau wurde die alte Kapelle abgerissen und an der heutigen Stelle ein neues Kirchlein errichtet. Das Gnadenbild zeigt eine Muttergottesdarstellung mit Jesukind, wobei das Haupt der Hl. Maria von einem Schwert durchstoßen wird. Einst war der Kirchenvorplatz dieser Wallfahrt zugleich Aufführungsort des Ranggelns. Kampferprobte Burschen der Region trafen sich dort am Fest Mariä Heimsuchung am 2. Juli, um sich im Wettkampf des Ranggelns zu messen. Obligatorisch war jedoch für alle zunächst der Besuch der Hl. Festtagsmesse. So mancher wird dabei ein letztes Stoßgebet zum Himmel gesandt haben, um göttlichen Beistand für den Kampf zu erbitten. Im Jahre 1922 gelobten Kriegsheimkehrer aus der Region, vor allem aus dem Unterinntal und dem angrenzenden Salzburger Pinzgau, jährlich eine Dankeswallfahrt nach Jochbergwald durchzuführen. Daher hat diese Wallfahrt auch den Übernamen „Heimkehrertreffen". Der Bitt- und Dankgang wird bis in die Gegenwart zu Mariä Heimsuchung am 2. Juli eingehalten, wobei man der (weltweiten) Kriegsopfer gedenkt und um Frieden bittet.

Hl. Isidor-Prozession in Untermieming

1. Sonntag im Juli

Das Mieminger Plateau ist nicht nur die Heimat des „Bergdoktors", sondern auch der sehenswerten Isidor-Prozession. Der Bauernheilige Isidor stellt in Tirol das männliche Pedant zur Hl. Notburga („Geschwisterheilige") dar. Der 1622 heiliggesprochene Isidor lebte um 1070 im weit entfernten Spanien und war – so die legendarische Überlieferung – ein Bauersmann. Diese Standeszugehörigkeit mag ein wichtiger Grund dafür gewesen sein, daß seine Verehrung auch in Tirol Fuß fassen konnte. Davon zeugen nicht nur unzählige Bilder in Kapellen und Kirchen und eigene Patrozinien, sondern auch die Isidor-Prozession in Untermieming. Schon 1725 entstand in diesem Ort am Mieminger Plateau auch eine eigene Isidor-Bruderschaft, die als Ziel angibt: *„Gott und der heiligen Kirchen nach dem Exempel dess heiligen Manns Isidori threulich dienen, christlich leben und die ewige Seligkeit erlangen"*.

Hl. Isidor-Prozession in Untermieming

Der Umgang am ersten Sonntag im Juli zählt zu den ganz wenigen Prozessionen in Tirol, wo noch „lebende Schaubilder" zu sehen sind. Und gerade diese Schaubilder stehen in engem Zusammenhang mit einer Wundergeschichte rund um den Heiligen.

Wie es sich für einen tiefgläubigen Christen gehört, besuchte er die Hl. Messe. Sein Lehnherr war darüber sehr ungehalten, doch Isidor ließ sich trotz Drohungen nicht vom Kirchenbesuch abhalten. Und siehe da, nach dem Ende der Hl. Messe ging der Bauersmann auf das Feld, das auf wundersame Art und Weise von Engeln bereits gepflügt war.

Diese Legende wird bei der Isidor-Prozession nun in einfacher Form nachgestellt. Auf einem mitgetragenen Ferkulum (= Umtragefigur) befinden sich die geschnitzten Figuren des Heiligen mit zwei Ochsen. Flankiert werden sie von zwei kleinen (lebenden!) Buben, die die helfenden Engel darstellen. Gekleidet sind sie in prächtige Rokokogewänder aus rotem Samt mit Goldborten, auf dem Haupt tragen sie glitzernde Diademe.

Das Nachstellen von Szenen aus den legendären Heiligenviten bei Prozessionen erfreute sich im Tiroler Raum vor allem in der Barockzeit großer Beliebtheit, mit der Aufklärung verschwanden diese „lebenden Schaubilder" jedoch zunehmend. Und so ist es allemal lohnenswert, am ersten Sonntag im Juli nach der Hl. Messe am Vormittag an dieser Isidor-Prozession teilzunehmen. Der Umgang führt in Begleitung der örtlichen Musikkapelle und den Schützen quer durch die Ortschaft, wobei an den vier Evangelienaltären Halt gemacht wird.

Hl. Magdalena – Wallfahrtsprozession auf das Bergl im Gschnitztal

22. Juli

Nicht nur ambitionierten Wanderfreaks sei dieses Wallfahrtsziel ans Herz gelegt – egal ob man nun am 22. Juli an der traditionellen Prozession teilnimmt oder ob man sich zu einem anderen Termin allein auf den Weg macht. Das überaus romantisch gelegene Bergkirchlein St. Magdalena im Gschnitztal lohnt alle körperlichen Mühen. Und wenn man dann noch im Spätherbst auf ein Rudel Gemsen trifft, dann glaubt man sich in „andere Welten" versetzt – auch ohne das ach so moderne Esoterikgehabe (etwa unter dem Motto: „der Zeit entfliehen") oder diverse Selbstfindungstrips.

Wer Ruhe sucht, der findet sie auf diesem 1666 m gelegenen Bergheiligtum. Die Abgeschiedenheit dieses Wallfahrtsortes, hoch über den Orten Gschnitz und Trins gelegen, lohnt alle verausgabten Kräfte eines steilen Anstieges: nicht der Weg, sondern das Kirchlein ist wahrlich das Ziel. Denn hier kann man nicht nur wunderbare Fresken aus der Zeit um 1200 bewundern, sondern auch den Ausblick über die umliegende Bergwelt (mit Serleskamm und Habicht) genießen. Pilger- und Wanderherz, was willst du mehr.

Wie es sich für beinahe jede Wallfahrt gebührt, sind es auch hier die Geschichten und Legenden, die den Charme ausmachen. Der ersten urkundlichen Erwähnung im Jahre 1307 stehen Legenden gegenüber, die von der Entstehung berichten. Und diese erzählen von einem Edelmann, der – natürlich mit Schuld beladen – zur Sühne ein Kirchlein in dieser Gegend erbauen wollte. Allein die genaue Örtlichkeit war das „Problem". Vielen Kirchenbaulegenden ist gemein, daß es Tiere (sogenannte „weisende Tiere") waren, die dem Sünder genau zeigten, wo das Heiligtum erbaut werden sollte: seien es nun wie hier im Gschnitztal weiße Tauben, die Holzspäne auf die vorgeschobene Felskanzel flogen, oder ein mit Geld beladener Esel, der mühevoll auf Bergpfaden den Weg zu diesem Kleinod erklamm.

Geweiht ist die Wallfahrtskirche der Hl. Maria Magdalena – der christlichen Protagonistin für wahre Bußfertigkeit schlechthin.

Ganz nebenbei ist Maria Magdalena, wie man sie aus der christlichen Überlieferung her kennt, eine „Zusammensetzung" von drei biblischen Frauen:
1. der Maria v. Magdala, die als Besessene von Jesus geheilt wird (Lk. 8,2),
2. Maria von Bethanien, die zusammen mit ihrer Schwester Martha Jesu sprechen hört (Lk. 10.,38–42) und um ihren toten Bruder Lazarus weint (Jo. 2, 1–45) bzw. Jesus vor seinem Tod salbt (Mt. 26,6–13; Mk. 14,3–9 u.

Jo. 12,1–8) und 3. der namenlosen Sünderin, die beim Gastmahl im Haus des Pharisäers Simon zugegen war und Jesus mit ihren Haaren die Füße trocknete und salbte (Jo. 12,3 u. Lk. 7,37–48). Der volkstümlichen Verehrung der „einen" Maria Magdalena hat diese „theologisch-literarische" Kompilation jedoch nie geschadet.

Es ist sogar so, daß sich die Heilige gerade bei Frauen (und deren Anliegen) besonderer Beliebtheit erfreute. Und auch in der Region rund um das Gschnitztal schätzte man Maria Magdalena. Dies zeigte sich zumindest in früheren Zeiten daran, daß bäuerliche Pilger aus Patsch und Ellbögen bis 1928 zum Magdalenenkirchlein wanderten, um gutes Wetter für den Sommer („Sunnabeten") und eine entsprechend ertragreiche Ernte zu erbitten. Sie nahmen dafür einen mehr als 14 Stunden dauernden Fußmarsch auf sich! Doch bevor man den Hut vor so viel ehrfürchtiger Verehrung zieht, sollte man beachten, daß die Bauern früher – sofern es ihnen (finanziell) möglich war – eine „Vertretung" (Magd oder Knecht) gegen Bezahlung entsandten. Soviel zum tiefen Glauben der Tiroler Bevölkerung ...

All diese historischen „Geschichten" und Hintergrundberichte sollten keinen daran hindern, an der Magdalenenprozession am 22. Juli teilzunehmen. Denn diese ist es allemal wert. Schon in den frühen Morgenstunden wandert man (in mehr oder weniger geschlossenen „Gruppen" von Trins bzw. Gschnitz aus) zunächst auf ebenen Wegen, dann auf steileren Pfaden Richtung Magdalenenkirchlein. Einen üppigen und farbenprächtigen Zug mit bunten Trachten, Umtragefiguren und Fahnen darf man sich dabei nicht erwarten: Allein ein einfaches Vortragekreuz „weist" den Weg. Am Gnadenort angekommen, findet – nach angemessener Ruhepause – je nach Witterung eine Feldmesse statt. Danach hat man genügend Zeit die Freskenzyklen aus der Zeit um 1200 (u.a. „Adam und Eva") bzw. aus der ersten Hälfte des 15. Jahrhunderts (Szenen aus der legendarischen Magdalenenüberlieferung) zu bewundern. Und für das leibliche Wohl sorgt (in den Sommermonaten) eine Jausenstation. Diese beruht auf einer alten „gastronomischen" Tradition: Bis ins 19. Jahrhundert war in diesem Anbau nämlich eine Einsiedelei, die alle Pilger – und nur solche (!) – mit Speis und Trank versorgte, beheimatet. Abschließend sei noch auf eine besondere „Zuständigkeit" dieser Wallfahrt hingewiesen: all' jene weiblichen Wesen, die noch auf der Suche nach einem männlichen Gespons sind, sollten sich hoffnungsvoll an die Hl. Maria Magdalena im Gschnitztal wenden – sie „verhilft" zu einem „loter" (= Mann).

Fahrzeugweihe in St. Christoph am Arlberg

1. Sonntag nach dem 25. Juli

Der Hl. Christophorus galt und gilt als der Schutzpatron der Reisenden schlechthin. Seine Legende besagt, daß er sich zwar vom Christentum angezogen fühlte, aber den letzten Schritt, die Taufe, nicht über sich ergehen lassen wollte. Um aber trotzdem dienlich zu sein, bot der riesenhafte Mann Reisenden seine Gratisdienste an: Er trug sie über einen breiten, wilden Fluß. Eines Tages hatte er ein Kind zu tragen. Wunderlicherweise wurde es immer schwerer und schwerer, bis Christophorus (damals hieß er noch Offero) kaum noch weiterkonnte. Da sprach er zum Kind: *„Wie bist du doch so schwer, mir ist als hätte ich die ganze Welt auf meinen Schultern."* Darauf das Kind: *„Du trägst nicht die Welt, aber den, der sie erschaffen hat."* Mit diesen Worten drückte Jesus den baumstarken Riesen unter Wasser und damit war die Taufe vollzogen. Ab jetzt hieß Offero Christophorus, was schlicht „Christusträger" bedeutet.

Die Legende des Christophorus wurde hauptsächlich über die riesigen Wandgemälde vermittelt, die sich auf zahllosen Kirchen-Außenwänden im gesamten Alpenraum finden: Christophorus, wie er mit Jesus auf den Schultern durch diverse Gewässer wandelt. Mit dieser konsequenten PR-Strategie stieg er rasch zum beliebten Reisepatron auf und wurde in die Schar der 14 Nothelfer aufgenommen. Laut Volksglauben hieß es, daß ein andächtiger Blick auf sein Abbild genügen würde, um einen ganzen Tag vor dem jähen Tod geschützt zu sein. (Die beliebten Christophorusplaketten, die in vielen Autos vom Rückspiegel baumeln, haben mittlerweile exakt diese Funktion übernommen). Aus der vier Meter hohen Statue, die sich bis zum Brand von 1956 beim Hospiz in St. Christoph am Arlberg befand, schnitten sich Hirten und andere Abreisende kleine Späne, um gegen Heimweh gefeit zu sein.

Die Fahrzeugweihe selbst ist dagegen ein relativ junger Brauch. Die erste Weihe in Österreich wurde im Jahre 1928 in St. Christophen im Wienerwald abgehalten. 1950 wurde sie in St. Christoph am Arlberg erstmals zelebriert. Diese relativ späte Einführung ist leicht zu erklären, denn die Weihen stehen in einem unmittelbaren Zusammenhang mit dem allmählich gestiegenen Verkehrsaufkommen und damit der gestiegenen Unfallgefahr. „Geweiht" werden nämlich zwar die Fahrzeuge (Autos, Motorräder, Traktoren etc.), aber nicht um ihrer selbst willen. Hier unterscheiden sich die Fahrzeugweihen gravierend von den Weihen etwa von Pferden und anderem Vieh (die es vor Krankheiten und ähnlichem zu beschützen galt). Gesegnet werden nämlich weniger die Fahrzeuge, als vielmehr ihre „Benutzung". Daß dem „heiligen" Ferrari

Fresko des Hl. Christophorus an der Außenfassade der Pfarrkirche in Haiming

oder dem Super-Traktor nichts passiert, ist zwar ein brennender Wunsch vieler Autofahrer. Entscheidend ist aber, daß einem während ihrer Verwendung nichts passiert. Nichts weiter.

Daß St. Christoph am Arlberg die erste Fahrzeugweihe in Tirol zelebrierte, ist wenig verwunderlich: Kein anderer Ort in Tirol widmete sich schon seit dem Mittelalter so konsequent der „Unfallverhütung" und Hilfestellung für die „Verkehrsteilnehmer" – also alle jene Reisende, die vor allem im Winter über den Arlbergpaß von Tirol nach Vorarlberg oder umgekehrt ziehen mußten (z.B. im Jahre 1386 Gründung einer Christophorus-Bruderschaft, die sich für ein Hospiz und eine Kapelle knapp unterhalb der Paßhöhe einsetzte).

Die Fahrzeugweihe in St. Christoph erhielt sehr rasch überregionale Bedeutung: Heute kommen alljährlich hunderte motorisierte Besucher aus Tirol, Vorarlberg und sogar aus dem süddeutschen und ostschweizerischen Raum. Dabei spielt auch keine unwesentliche Rolle, daß man sich immer um die Anwesenheit eines hohen kirchlichen Würdenträgers aus Tirol oder Vorarlberg bemüht, der die Zeremonie durchführt (Bischof oder wenigstens Abt). Ob ihr Segen „stärker" und damit schützender als der eines einfachen Pfarrers ist, bleibt dahingestellt; die Leute glauben aber dran. Regen Zuspruch erfreut sich ebenfalls die Verteilung der geweihten Christophorusplaketten: als handfester „Beweis", daß einem nach allen Regeln der kirchlichen Kunst eigentlich nichts passieren dürfte. Zumindest nicht in diesem Jahr und nicht mit diesem Fahrzeug.

Bittgang der Pfarre Heiligenblut nach Obermauern

Letzter Samstag im Juli

Die Wallfahrt in Obermauern scheint sich auch in Kärnten großer Beliebtheit zu erfreuen, zumindest in der unmittelbaren Nachbarschaft. Denn jedes Jahr pilgern am letzten Samstag im Juli Unverdrossene von Heiligenblut über Kals am Großglockner und Matrei zur Marienwallfahrt nach Obermauern. Während man bei der Virgener Widderprozession (erster Samstag nach Ostern), die ebenfalls nach Obermauern führt, nach alter Tradition per pedes unterwegs ist, nimmt man es bei dieser etwas lockerer. Bis auf einige wenige nutzt der restliche Troß der Wallfahrer auch technisch-motorische Hilfsmittel wie die Bergbahn bzw. Auto und Autobus (letztgenannte vor allem für die Heimreise). Das ist auch gut zu verstehen, denn diese Wallfahrt erfordert eine durchschnittliche Gehzeit von ca. 12 Stunden. Neben der geistlichen Erbauung bietet dieser Bittgang also durchaus auch eine sportliche Trainingseinheit.

Frauenwallfahrt nach Maria Hilf in Gries im Sulztal

26. Juli bzw. nächstgelegener Samstag

Das Sulztal, ein Seitental des Ötztales, ist nicht nur als Ausgangspunkt für alpine Wanderungen oder das geplante Kraftwerk im Gespräch, sondern auch wegen der Wallfahrt zur Maria Hilf. Das Gnadenbild ist eine Kopie der Mariahilf-Darstellung von Lukas Cranach in Innsbruck und stammt aus dem 18. Jahrhundert. Zahlreiche Votivtafeln (vor allem aus dem 19. Jahrhundert) zeugen von der Beliebtheit dieser Wallfahrt auch über das Ötztal hinausgehend.

Während des Zweiten Weltkrieges fand sogar das originale Mariahilfbild aus Innsbruck „Zuflucht" in Gries bzw. versteckte man während der Auseinandersetzungen zwischen Tirolern und den einfallenden Franzosen eine Heilig-Blut-Reliquie des Stiftes Stams in dieser Wallfahrtskirche.

Alljährlich treffen sich in Maria Hilf im Sulztal zahlreiche Frauen aus der näheren und weiteren Umgebung zur Frauenwallfahrt. Diese wird am 26. Juli bzw. am nächstgelegenen Sonntag abgehalten. Der Termin ist ganz bewußt gewählt: feiert man doch die Hl. Anna, die als Mutter der Hl. Maria für jedwede „weibliche" Anliegen um Hilfe angerufen wird.

Wallfahrtskirche Maria Schnee in Obermauern/Virgen

Donatus-Prozession in Patsch

7. August

Wer sich für diese besondere Prozession interessiert, der muß den hundertjährigen Kalender zur Hand nehmen. Denn nur alle 50 (!) Jahre findet diese Prozession mit den Reliquien des Hl. Donatus statt. Für all diejenigen, die den Termin frühzeitig notieren möchten: 7. August 2053.

Wer nicht so lange warten möchte (oder kann), der sollte das „einfache", alljährlich abgehaltene Patroziniumsfest in Patsch besuchen. Die Gebeine des Kirchenpatrons werden aber nur bei der großen Prozession in einem Sarkophag durch den Ort getragen. Diese Reliquien stammen vom römischen Soldatenmärtyrer Donatus aus einem Stift in Bayern und kamen vor ca. 200 Jahren nach Patsch. Der Heilige erfreute sich vor allem als Wetterpatron großer Beliebtheit. So verweist in der volksetymologischen Deutung der Name Donatus allein schon auf den sprichwörtlichen Donner. Des weiteren wird berichtet, daß es während der Übertragung seiner Reliquien von Rom nach Bayern im regnerischen Münstereifel plötzlich aufgehört hat zu regnen und herrlicher Sonnenschein erstrahlte.

Maria Himmelfahrt

15. August

Den kirchlichen Höhepunkt in den Sommermonaten Juli/August bildet das Fest Maria Himmelfahrt am 15. August. Auch Nichtgläubigen ist dieser Termin ein Begriff – der 15. August ist nämlich in Österreich der einzige Feiertag in dieser Zeit. Im Gegensatz zu Christi Himmelfahrt, wo man die Figur des Heilands auf höchst dramatische Art und Weise an die Kirchendecke emporzog, verzichtete man im Brauchtum bei der Muttergottes auf derlei theatralische Rituale – man nimmt es etwas beschaulicher.

Seit dem 6. Jhdt. feiert man das Fest der marianischen Himmelfahrt. Die inzwischen mit diesem Tag untrennbar verbundene Kräuterweihe ist aus schriftlichen Quellen seit dem 10. Jhdt. nachweisbar. Wie kommt es nun, daß man die Muttergottes mit diesem Volksglauben in Zusammenhang bringt?

Bibelfetischisten, Kunsthistoriker, die sich mit religiöser Kunst auseinandersetzen und wohl auch andere wissen, daß man die Hl. Maria immer wieder mit Pflanzen in Verbindung bringt. Die Symbolsprache der Blumen wird in der Heiligen Schrift bzw. in der Malerei (vor allem in der spätmittelalterlichen Tafelmalerei) auf das jungfräuliche Wesen, auf die Reinheit (Lilie) und Demut (Veilchen), auf die Duldsamkeit und die unerschütterliche Mutterliebe (Anemone, Nelke) der Maria übertragen. Was liegt da näher, als auch das wundersame Wirken der Heilkräuter mit der Fürsprache der Muttergottes zu verbinden – zumal gerade um den 15. August die Pflanzen in „bestem" Saft stehen?

Kurz vor Maria Himmelfahrt sammelt man verschiedene Kräuter und Blumen und bindet sie zu einem (auch optisch) schönen Strauß. Die Auswahl der Pflanzen sollte (!) nicht unwillkürlich erfolgen: in einen Kräuterbuschen gehören u.a. Frauen- oder Königskerze, Johanneskraut, Kamille, Rittersporn, Eisenhut, Kugeldistel oder Wermut. Manche pochen sogar auf die alte Tradition, daß bis zu 40 verschiedene Blumen und Kräuter in diesem Strauß enthalten sein müssen. Nach der Weihe im Rahmen der Hl. Messe nimmt man den Buschen mit nach Hause und bewahrt ihn an einem besonderen Platz (etwa im Herrgottswinkel oder in der Küche) auf. Er muß griffbereit liegen – denn die geweihten Kräuter haben ja auch spezielle Funktionen, die man nach Bedarf nützen kann. Droht z.B. ein Unwetter mit gefährlichen Blitzen, so soll man die geweihten Pflanzen zerkleinern und sie anzünden: der „gesegnete Rauch" vertreibe dann alles Unheil. Ähnliches praktiziert man ja auch beim Räuchern in der Weihnachtszeit – auch dort sollten einige Bestandteile des Kräuterbuschens nicht fehlen. Die Volksmedizin wäre ohne Kräuter undenkbar: In diesem Sinne verwendete man – zumindest in früheren Zeiten – die geweihten Pflanzen auch in diversen Säften, Tees und Tinkturen. Der Kräuterbuschen – ein Allheimittel gegen vielerlei Leid und Unglück.

Der bekannteste Termin für die Kräuterweihe ist Maria Himmelfahrt. Aber in einigen Unterinntaler Gemeinden erfolgte die Segnung der Buschen auch zu Maria Geburt am 8. September. Die Zeit zwischen Himmelfahrt und der Mariengeburt umfaßt 30 (kirchlich genau festgelegte) Tage und wird daher auch als „Frauendreißigst" bezeichnet. Man hatte durch diese „Terminverschiebung" der Weihe viel länger die Möglichkeit, die notwendigen Pflanzen zu sammeln. Übrigens spielt es für die „Wirksamkeit" des Kräuterbuschens keine Rolle, an welchem der beiden Tage man ihn weihen läßt. Hauptsache, er wird gesegnet.

Manche versuchten den Abwehrzauber des Kräuterbuschen noch zu verstärken. Und bedienten sich dabei magischer Praktiken und Hilfsmittel, u.a. der Kröte. Kröten spielten im alten Volkglauben und in der Volksmedizin eine wichtige Rolle. Dieses Tier symbolisierte die Gebärmutter, basierend auf der Vorstellung, daß bei einer Schwangerschaft die Gebärmutter gleich einer Kröte im Körper „wandere". Schwangere und Wöchnerinnen opferten daher gerne Krötenvotive, um eine gute Geburt zu erbitten oder als Danksagung für eine glücklich überstandene Niederkunft.

Und so verwundert es auch nicht, daß man vereinzelt getrocknete Kröten vor der Weihe in den Kräuterbuschen steckte. Eigentlich versteckte, denn der den Segen spendende Pfarrer sollte von diesem „abergläubischen" Tun nichts merken. Die Katholische Kirche hatte mit diesen magischen Praktiken schon überhaupt nichts am Hut, d.h. sie wollte davon zumindest nicht offiziell etwas wissen. Ganz unter dem Motto: was ich nicht weiß, macht mich nicht heiß ...

Die (geweihten) Kröten zerrieb man bei Krankheitsfällen zusammen mit den Kräutern zu Pulver und verabreichte dieses dem Leidenden in einem Getränk oder mischte es in das Essen. Magisches Denken und religiöser Glaube schlossen sich – zumindest in früheren Zeiten – nicht aus. Denn hilft das Eine nicht, so wird schon das Andere seinen Nutzen bringen ...

Bohnenfest in Bobojach

24. August

Vor über 50 Jahren aufgegeben, aber vor etwa fünf Jahren wiederbelebt, hat der Brauch des „Bühnholgungl“ (noch) einen intimen Insider-Charakter. Der zunächst seltsam klingende Name ist leicht erklärt: „Bühnholen“ meint Bohnenholen (= ernten); „Gungl“ dagegen ist auf die „Kunkel“, die Spindel zurückzuführen und weiters auf die im Winter gesellschaftlich so wichtigen Zusammenkünfte in der berühmten „Spinnstube“. Im übertragenen Sinne meint „Gungl“ also schlicht ein fröhliches Beisammensein. Und genau damit wird dieser Brauch exakt umschrieben.

In der Ernährung vor allem der Bergbauern spielte die Bohne (überwiegend die „Saubohne“ – *faba vulgaris* oder *vicia faba*) eine enorme Rolle. Spätestens seit dem 13. Jahrhundert landesweit angebaut, diente sie als Kalorienspender fast ohne Konkurrenz. Neben anderen Hülsenfrüchten (Erbsen und Linsen) wird sie in der Tiroler Landesordnung von 1532 als unbedingt lebenswichtiges Nahrungsmittel erwähnt, übertraf an Anbaufläche und Beliebtheit ihre Konkurrentinnen aber bei weitem. Die Mengen, die verzehrt wurden, dürften beachtlich gewesen sein. In einer Verlassenschaftsabhandlung des 16. Jahrhunderts etwa wurden einer Witwe immerhin ein Star Bohnen (= 30,6 Liter) jährlich zugesprochen. Die jahrhundertelang überragende Beliebtheit der Bohne wurde erst mit der Verbreitung der „neumodischen“ Kartoffel gebrochen; im Tiroler Raum also frühestens im ausgehenden 18. Jahrhundert.

Wann der „Bühnholgungl“ da und dort zum Brauch wurde, ist bis dato unbekannt. Der Hof, der in Bobojach (Gde. Prägraten) damit in Zusammenhang gebracht wird (der „Oberstoaner“) ist zwar über 500 Jahre alt, rein wissenschaftlich bedeutet dies aber noch nichts. Als vorgezogenes „Erntedankfest“ mag er zumindest rein theoretisch ein weit höheres Alter haben.

Jedenfalls wird dieses Fest als Neubelebung seit etwa fünf Jahren wieder pünktlich am 24. August in Bobojach gefeiert: am Tag des Hl. Bartholomäus. Der insgesamt volkstümliche „Bartlmä“ paßt insofern, weil er als Patron der Bauern gilt (Bartholomäus aus dem Armenischen bedeutet „Sohn des Tolmai“, also Sohn des „Furchenziehers“). Zudem ist er „Lostag“ (Wetter- und Ernteregeln) und die Bohnen sind auch gerade meist reif.

Beim „Bühnholgungl“ in Bobojach werden den Gästen unter den Klängen von lebendiger Volksmusik kostenlos Bohnen serviert, Getränke müssen dagegen bezahlt werden. Da die Bohnen gut gewürzt sind, braucht man sich um den Umsatz keine Sorgen zu machen. Der Reinerlös fließt übrigens in die Kasse der Fraktion.

Schutzengelsonntag

Kartitsch, Seefeld
1. Sonntag im September

Der erste Sonntag im September ist in Tirol den Schutzengeln gewidmet, d.h. man gedenkt ihrer in vielen Kirchen und veranstaltet eigene Schutzengelprozessionen. Das „offizielle" kirchliche Schutzengelfest ist eigentlich am 2. Oktober, kommt aus Spanien und wurde im 17. Jahrhundert von Papst Clemens X. verbindlich festgesetzt. Der ganze September gilt aber als „Engelmonat" im kirchlichen Jahr und wird zu Beginn des Monats besonders gefeiert.

So wie etwa im Osttiroler Kartitsch und in Seefeld, wo eigene Prozessionen mit Vortragekreuzen, Umtragefiguren, Fahnen, Abordnungen der Traditionsverbände und anderen Gläubigen stattfinden.

Vor allem in Osttirol hat man früher den Schutzengelsonntag auch als Bubentag („Buabntag") gefeiert. Die ledigen Burschen haben sich in einer Art Verein zusammengeschlossen und bestimmte Aufgaben übernommen: So etwa das Tragen der Schutzengelfiguren bzw. der Bubenfahne bei Prozessionen, das gemeinsame Beten beim Tod eines Mitgliedes u.a. Untrennbar mit dem Schutzengel- bzw. Bubensonntag war auch die Predigt verbunden, eine Art Standesunterweisung durch den Ortspfarrer. Auch für die Mädchen hat es einen derartigen Bund gegeben: deren Festtag war am 8. Dezember (Maria Empfängnis). Mitglied bleibt man bei einer derartigen Verbindung zumeist bis zur Hochzeit. Während in Nord- und Osttirol die Bedeutung dieser „Ledigenbünde" kaum mehr bekannt ist bzw. es nur mehr ganz wenige Vereinigungen gibt, sind sie in Südtirol oftmals noch aktiv bzw. tragen wesentlich zum religiösen Brauchtum in den Gemeinden bei.

Maria Geburt in Mariastein

8. September

Nordwestlich von Wörgl erhebt sich auf einem Felskopf die Wallfahrtskirche Mariastein, die beliebtes Ziel von Pilgern aus Tirol und dem angrenzenden Bayern ist. Das Gnadenbild, eine geschnitzte Madonna mit Kind aus dem 15. Jahrhundert, befindet sich im obersten Geschoß des Turmes. Viele, z.T. sehr schmale Stufen führen zu dieser Wallfahrtsstätte. Gott sei Dank hat man dort dem technischen Fortschritt kein Tribut gezollt und keinen einst geplanten Lift gebaut. Es bleibt nach wie vor ein „Erlebnis", zu Fuß und auch mit Mühen die Gnadenstätte zu erreichen.

Am Patroziniumsfest zu Maria Geburt am 8. September pilgern nach wie vor hunderte Gläubige nach Mariastein. Im Anschluß an die Festmesse am Vormittag findet eine Art „Agape" im Schloßhof statt, die vom örtlichen Kirchenchor organisiert wird.

An diesem Termin feiert man die Geburt Marias durch die Hl. Anna, ein Fest, das etwa seit dem 7. Jahrhundert in den kirchlichen Kalender aufgenommen wurde. Zugleich beginnt im Tiroler Raum das herbstliche Brauchtum, das mit der Ernte und den Wintervorbereitungen in Zusammenhang steht. Dem entspricht auch die volksnahe Redensart „Zu Maria Geburt ziehen die Schwalben furt" - langjährigen Beobachtungen zufolge soll dieser Zug nach Süden tatsächlich stattfinden.

Zu Maria Geburt hat man im Unterinntal früher auch die Kräuterbuschen geweiht, die ansonsten am 15. August (zu Maria Himmelfahrt) gesegnet wurden. Mit dem späteren Termin am 8. September hatte man einfach mehr Möglichkeiten, ausgewählte Kräuter zu finden. Die Heilpflanzen wurden mit Blumen zu einem Strauß gebunden und während der Hl. Messe geweiht. Man verwendete sie während des Jahres bei Krankheiten, bei drohendem Unwetter und beim Räuchern.

Mariastein ist am dritten Sonntag im September auch Ziel der sogenannten „Unterländer Wallfahrt". Pilger aus den Unterländer Bezirken kommen entweder per PKW, in Bussen oder in Gruppen zu Fuß und feiern am späten Nachmittag bzw. frühen Abend die gemeinsame Hl. Messe.

Hochaltar mit Altarblatt der Hl. Notburga in der Pfarr- und Wallfahrtskirche in Eben am Achensee

Hl. Notburga-Prozession in Eben am Achensee

Sonntag nahe dem Patronatstag (14. September)

Der Tiroler Heiligenhimmel ist voll an Fürsprechern, doch eine herausragende Stellung nimmt die Hl. Notburga ein – eigentlich die „heimliche“ Tiroler Landespatronin. Fast jedes Kind kennt die Legenden rund um diese Frau, und wenn man auf einem Heiligenbild eine schwebende Sichel entdeckt, dann kann die Heilige nicht weit sein.

Notburgas Heimat ist Tirol – dies ist sicherlich ein wichtiger Grund, warum das Bauernmädchen hier derart populär ist. Natürlich hat auch die kirchliche Propaganda ihriges dazu beigetragen, daß Darstellungen der Heiligen landauf, landab zu finden sind und die Wundergeschichten rund um ihre Person beinahe zur Tiroler Landesgeschichte gehören. Einer Landesgeschichte, die wesentlich von der bäuerlichen Bevölkerung mitgetragen wurde. Notburga stammt aus dem bäuerlichen Milieu und in diesem Sinne wird sie neben dem

Hl. Isidor vor allem als Bauernheilige verehrt. Man bezeichnet diese beiden ja auch als „Geschwisterheilige“. Die Gottesfürchtigkeit und christliche Nächstenliebe der Notburga zeigt sich vor allem an zwei Legenden, die auch in der bildenden Kunst gerne aufgenommen werden.

In einer Überlieferung heißt es, daß Notburga in Diensten eines Schloßherrn stand und ihrer mildtätigen Art entsprechend die armen Leute der Umgebung mit den Essensresten der Herrschaft versorgte. Ihrer Arbeitgeberin, der Schloßherrin, mißfiel dieses Tun und sie ordnete an, das übriggebliebene Essen an die Schweine zu verfüttern. Doch Notburga ließ sich nicht beirren und verschenkte weiterhin die Almosen an die Armen. Als sie von ihrer Herrschaft dabei ertappt wurde und ihre (mit Essen) gefüllte Schürze öffnen mußte, fielen aus dieser – wertlose Hobelspäne. Wesentlich bekannter ist jedoch die Legende, in der die Heilige als Magd bei einen Bauern in Dienst stand. Dem lag sein Geldbeutel näher als das christliche Ansinnen und er verlangte von Notburga, nach dem Feierabendläuten (= Betläuten) noch auf das Feld zu gehen. Die gottesfürchtige Magd schleuderte daraufhin die Sichel in die Luft – und auf wundersame Weise schwebte das Arbeitsgerät in der Luft. Hätte es in früheren Zeiten schon eine Gewerkschaft gegeben – die Hl. Notburga wäre prädestiniert als Schutzheilige über die Einhaltung der Arbeitszeit gewesen. Doch das kann ja noch werden ...

Fakt ist, daß das Attribut der Heiligen die Sichel ist und sie in den bildlichen Darstellungen quer durch die Jahrhunderte fast immer in bäuerlicher Kleidung dargestellt wird. Schon bald nach ihrem Tod (im 14. Jahrhundert) setzte die breitenwirksame Verehrung der Heiligen ein. Alljährlich gedenkt man ihr in Form einer besonderen Prozession, die in Eben am Achensee am Sonntag nach dem Patronatstag (14.9.) stattfindet. In der örtlichen Pfarr- und Wallfahrtskirche sind übrigens auch die Reliquien der Hl. Notburga aufbewahrt. Der Festtag beginnt zunächst mit einer Hl. Messe um 9.00 Uhr früh und wird mit der „Söllerpredigt“ vom Balkon des Mesnerhauses um 14.00 Uhr fortgesetzt. Im Anschluß daran findet die sehenswerte Notburga-Prozession statt: zahlreiche Gläubige ziehen gemeinsam mit Vertretern der volkskulturellen Verbände wie Schützen, Musikkapelle u.a. sowie den Umtragefiguren (u.a. tragen in Tracht gekleidete Frauen die Statue der Hl. Notburga) und Fahnenträgern durch den Ort. Im Zentrum des Umzuges steht ein Mädchen, das als „lebendiges Schaubild“ die Hl. Notburga darstellt: es ist in bäuerlicher Tracht gekleidet und trägt das untrennbar mit der Heiligen verbundene Arbeitsgerät – die Sichel – mit.

Blumenmuttergottes in Ried im Oberinntal

2. Sonntag im September

Blumen sind oftmals ein wichtiges Brauchrequisit – man denke nur an den (weltlichen) Valentinstag, an Primizfeiern, Hochzeiten, Maria Himmelfahrt oder an den Fronleichnamstag. In Ried im Oberinntal ehrt man die Hl. Maria am zweiten Sonntag im September ebenfalls mit besonderen Blumenarrangements; von diesen leitet sich auch die Bezeichnung „Blumenmuttergottes" ab.

Ort des Geschehens ist die 1666 geweihte Loreto-Gnadenkapelle, die sich im Ortszentrum neben der Franziskanerkirche befindet. Hier verehrt man eine Kopie des Loreto-Gnadenbildes, welches der Priester Andreas Gaulrapp im 17. Jahrhundert von einer Pilgerreise mitbrachte. Zur Erinnerung: „Maria Loreto" ist eine populäre Marienlegende, die die „wunderbare" Versetzung des Hauses der Hl. Maria von Nazareth nach Dalmatien und später ins italienische Loreto bei Ancona zum Thema hat.

Quasi eingeleitet wird der Brauch der Blumenmuttergottes zwei Wochen vorher mit der feierlichen Übertragung (= Prozession) des Gnadenbildes in die örtliche, dem Hl. Leonhard geweihte Pfarrkirche. Dort verbleibt es bis zum großen Festtag.

Die untrennbar mit diesem kirchlichen Brauch verbundenen (kleinen) Blumenteppiche und das Blumenmuttergottesbild werden vor der Loreto-Gnadenkapelle ein bis zwei Tage vor dem zweiten Septembersonntag arrangiert. Und das Blumenbild stellt wahrlich eine Besonderheit dar: Im Zentrum des senkrecht aufgestellten Ovals in Holzkonstruktion befindet sich ein Bild mit dem Haupt von Maria und Kind, das vom aus Ried gebürtigen Kunstmaler Ferdinand Maas (1837–1902) gemalt wurde. Der Körper der Muttergottes nebst schmückender Umrahmung ist aus Blumen und Fichtenhölzern gestaltet. Am Boden vor diesem stehenden „Bild" ist ein kleiner Blumenteppich „ausgelegt", der u.a. auch christliche Symbole wie den Kelch oder ein Kreuz aufweist. Derartige Blumengebilde stehen in enger Verbindung mit dem Franziskanerorden, der auch in Ried (eben neben der Gnadenstätte) beheimatet ist. Eine der Grundideen des Ordens ist ja die Vorstellung, daß Christus auf Blumen in das Himmelreich einzieht.

Im Rahmen einer feierlichen Prozession wird das Gnadenbild am zweiten Sonntag im September dann wieder in die Loreto-Kapelle getragen. Die Blumenmuttergottes nebst Blumenteppich kann man dann noch einige Zeit bewundern – wie lange, hängt wie so vieles im Brauchtum von den Witterungsverhältnissen ab.

„Aufgebüscht“ kommen die Kühe im Herbst von der Alm ins Tal zurück

Herbst

Almabtrieb

Brixen im Thale, Reith im Alpbachtal, Reschen, Vent

Mitte September bis Mitte Oktober

Abhängig von der Höhe der Alm und den herrschenden Witterungsbedingungen finden die terminlich regional unterschiedlichen Almabfahrten statt. Im Normalfall handelt es sich dabei heute ähnlich wie bei der Auffahrt (siehe dort) um ein prosaisches Geschäft: Die Tiere werden in Traktoranhängern oder LKWs abtransportiert und zu den heimatlichen Höfen gebracht. Bis auf wenige Ausnahmen verzichten die Bauern auf den vor allem aus Heimatfilmen und Tourismusprospekten bekannten Zierschmuck und das Glockengeläute – und wo sie es tun, steckt oft kein Weiterleben der Tradition, sondern die Tourismusindustrie dahinter.

Tatsächlich war die Abfahrt von der Alm seinerzeit wahrhaftig ein wichtiger Termin. Schon Tage vor dem angesetzten Termin wurden vom Almpersonal prächtige Blumengebinde hergestellt (oft mit Flitterkram und sogar Spiegeln versehen), mit denen die Kühe geschmückt wurden. Das übrige „gesömmerte" Vieh ging leer aus: kein Schwein, kein Schaf, keine Ziege oder gar die mitgeführten Hennen erhielten diese „Auszeichnung". Selbst die Stiere gingen leer aus: vielleicht, daß man ihnen einen alten Hut auf die Hörner setzte, das war's aber auch schon. Vor diesem Hintergrund erklärt sich auch der Brauch des Schmückens, von dem wir erstmals aus dem 18. Jahrhundert erfahren, der aber wesentlich älter sein dürfte.

Gedreht hat sich nämlich alles um den sogenannten „Almnutzen", also die Summe der gewonnenen Milch, der Butter (oder Butterschmalz) und des Käses. Da die Kühe hauptverantwortlich für die Beschaffung des Almnutzens waren, gebührte ihnen dementsprechend die größte Aufmerksamkeit (Milch und Käse von Schafen und Ziegen spielte tirolweit gesehen nur eine vergleichsweise untergeordnete Rolle). Das Schmücken beim Almabtrieb war also tatsächlich eine Art „Auszeichnung" für einzelne Kühe – denn nicht alle wurden auch „aufgebüscht": das stand früher nur ausgesuchten Exemplaren zu. So erhielt etwa in der Region Imst die beste Milchkuh einen ganz hellen, fast weißen Busch, die zweitbeste dagegen einen eher gelblich gehaltenen. Die für die Führung der Herde wichtige Leitkuh trug unabhängig von ihrer Milchleistung im Oberland einen roten Buschen und in Osttirol einen Kranz („Kranzkuh"). Ging so ein Zug durch das Dorf, dann wußte jeder Passant, welches Tier was geleistet hatte.

Die schweren Glocken an prächtig bestickten Lederriemen spielten eine ähnliche Rolle. Allerdings bespiegelte sich hier der Bauer eher selbst: nämlich sein Ansehen und sein Vermögen. Denn die schon bei der Almauffahrt

Almabtrieb in der Wildschönau

getragenen Pracht-Glocken waren und sind auf der Alm überflüssig. Sie wurden nach dem Auftrieb durch das Dorf bei einem befreundeten Bauern abgegeben und erst beim Abtrieb kurz vor dem Dorf wieder angelegt.

Die Tiroler Almabtriebe haben sich im 20. Jahrhundert grundsätzlich verändert: Sie finden in traditioneller Form (dank praktischer Transportmittel) nur noch an wenigen Orten statt. Entwickelt haben sich dagegen Spektakel, die vor allem dem regionalen Fremdenverkehr und der Stärkung der „Marke" Tirol als Alm- und Bergparadies dienen. So wurde das geschmückte Vieh auch schon mal durch die Landeshauptstadt Innsbruck „abgetrieben" und hatte einen aufsehenerregenden Auftritt bei der EXPO 2000 (Weltausstellung) in Hannover. Daß bei verschiedenen Veranstaltungen ein und dieselben Tiere mittels transporttechnischer Tricks gelegentlich mehrmals an den Zuschauern vorbeigetrieben wurden (um ihre „Anzahl" zu steigern), erhöht nur die Absurdität dieses angeblich „lebendigen" Brauchtums. Tradition versinkt hier in einem Meer aus Farben.

Einen Almabtrieb der besonderen Art erlebt man dagegen Mitte September aus dem Gemeindegebiet von Sölden/Vent (Ötztal) ins Südtiroler Schnalstal. Hier stehen allerdings nicht Kühe, sondern Schafe im Mittelpunkt. Schafe werden nämlich seit wahrscheinlich über 4000 Jahren aus dem trockenen Südtiroler Vinschgau auf die saftigen Almweiden im hintersten Ötztal und zurück getrieben. Dieser urtümliche Trieb führte auch zur Besiedlung des hinteren Ötztales eben vom heutigen Südtirol aus. Das erklärt auch, warum Südtiroler Schafbauern bis in die Gegenwart Weiderechte auf Nordtiroler Almen besitzen.

Der Abtrieb von bis zu 2000 Schafen führt durch das Rofental über das Hochjoch (2861 m) nach Kurzras (2004 m) und dann weiter über das Taschenjöchl (2770 m) durch das Schlandraun ins Gemeindegebiet von Laas im Vinschgau. Der andere Weg führt vom Niedertal über das Niederjoch (3019 m; nahe der Fundstelle vom „Ötzi") in das Gemeindegebiet von Unserer Frau im Schnalstal.

Zu überwinden sind auf dieser Strecke Pässe, Jöcher, Gletscher und Schneefelder. Ein gefährliches Unternehmen, das schon vielen tausenden Schafen und Hirten wegen plötzlich einbrechender Schneefälle das Leben gekostet hat. Die Sagenwelt der Ötztaler Alpen ist reich an Erzählungen solcher Unglücksfälle, aber auch von den zwergenhaften „Niederjöchlern", welche überwiegend als Warner vor Unwettern auftreten.

Heute ist dieser Übergang nicht weniger gefährlich als früher, die Wetterberichte sind vielleicht etwas besser geworden. Der Schafabtrieb ist zu einer Attraktion für trittsichere Wanderer geworden, die ein Erlebnis der etwas anderen Art suchen. Denn es ist schon ein phantastischer Anblick, wenn man die riesige Herde über die weißen Ferner ziehen sieht. Wozu auch ihr einziger „Schmuck" beiträgt: Die vielfältigen buntleuchtenden „Tupfen" auf den Fellen, anhand derer die Besitzer ihre Tiere bei der Ankunft wiedererkennen. Geschadet hat die zunehmend wachsende Schar an „fremden" Begleitern diesem jahrtausendealten Brauch bis heute Gottseidank nicht.

—Schafschoad in Gerlos, Tarrenz, Tannheim, Lechaschau

Neben dem großen Schaftrieb in den Ötztaler Alpen gibt es natürlich auch in anderen Orten den Almabtrieb dieser Nutztiere. Im Volksmund heißt dieser Abtrieb auch „Viehscheide" bzw. „Schafscheid" oder „Schafschoad". Die heimkehrenden Tiere werden nämlich „geschieden", d.h. getrennt und kommen wieder in die Obhut ihrer jeweiligen Besitzer.

So eine Schafschoad kann ein richtiges Volksfest sein, mit Musik, Tanz und regionalen kulinarischen Spezialitäten. Auch sportliche Wettkämpfe, Glückslotterien (wie das „Kuhfladenlotto") oder das Scheren der Schafe sind oftmals Teile eines umfassenden Rahmenprogramms. Manchmal wird dieser Schafabtrieb aber auch mit einem Erntedank- oder Kirchweihfest „offiziell" verbunden. Sehenswerte Schafschoaden finden etwa in Gerlos im Zillertal, in Tarrenz und Tannheim sowie in Lechaschau statt.

Von der Alm kommende Schafe bei der Schafschied in Tarrenz

„Siebezehnte" – Talfeiertag im Tannheimer Tal

17. September

Was ganz Tirol der Berg Isel, ist den Tannheimern ihr Jochberg. Denn dort schlugen sie anno 1796 die einfallende französische Armee in die Flucht. Und bis in die Gegenwart feiert die gesamte Talschaft diese Landesverteidigung am 17. September mit Festgottesdienst, Prozession und weltlichen Vergnügungen bis in die Nacht hinein. Auf welchen Wochentag dieses Gedächtnis auch immer fällt – es wird eingehalten, koste es auch einen Urlaubstag. Dementsprechend wird auch gefeiert.

Fast alle offiziellen Vertreter der Talschaft sind ebenso wie die Bevölkerung auf den Beinen, wenn der Feiertag um 9.00 Uhr mit der Hl. Messe und der anschließenden Sakramentsprozession eingeleitet wird. Nach der Kranzniederlegung mit der Ehrung der Kriegsopfer beginnt – wie man in Tirol so schön sagt – der gemütliche Teil. Vom Frühschoppen am Vormittag bis in die späten Abend- bzw. frühen Morgenstunden dauert das Fest, das mit ausreichendem Kulinarium, unterhaltsamer Musik und anderem Rahmenprogramm aufwartet.

In memoriam der mutigen und siegreichen drei regionalen Schützenkompanien wird dabei so manches Glas geleert. Nicht vergessen darf man dabei der „Huanza-Armee", die von den örtlichen Frauen und Kindern „befehligt" wurde. Bei den „Huanza" handelt es sich um Holzgestänge, die eigentlich zum Trocknen von Heu verwendet wurden. Mit Bauernschläue und weiblicher Raffinesse stellten die Frauen diese Gestänge derart auf, daß sie aus der Ferne für die herannahenden Feinde wie Geschütze wirken mußten. Und da soll einer noch einmal sagen, die (Tiroler) Frauen wüßten sich nicht zu helfen …

Bäckerwallfahrt zum Höttinger Bild

Anfang Oktober

Alljährlich findet an einem Wochenende Anfang Oktober die „Bäckerwallfahrt“ zum Höttinger Bild in Innsbruck statt. Fast so lange wie Semmeln gebacken werden, gibt es diesen Brauch. Denn 1721 gelobten elf Innsbrucker Bäckermeister jedes Jahr eine Wallfahrt zu diesem Gnadenbild zu unternehmen. Ganz nebenbei ist ja eigentlich die Hl. Agnes Patronin dieses Handwerks, doch dem Marienbild in Hötting scheinen zumindest die Innsbrucker Bäcker mehr Vertrauen entgegenzubringen.

In der zweiten Hälfte des 18. Jahrhunderts kam dieser spezielle Bitt- und Dankgang zum Erliegen. Nach dem Zweiten Weltkrieg waren es wiederum elf Bäcker, die das Gelöbnis erneuerten, und bis heute pilgern ganze Bäckersfamilien hinauf auf den Höttingerberg. Übrigens hat sich die Bäckerinnung in Form von Kunstwerken bei der Gnadenstätte auch verewigt. Auf dem linken Türflügel ist ein Ährenrelief mit dem Spruch *„Gib uns heute unser tägliches Brot“* angebracht, den rechten Türflügel ziert die Darstellung der Muttergottes mit einer Breze.

Landeswallfahrt der Tiroler Schützenkompanien

2. Sonntag im Oktober

Alljährlich treffen sich am 2. Sonntag im Oktober (nahe zum 10. Oktober gelegen), Schützenkompanien aus ganz Tirol (inklusive Südtirol) zu ihrer Landeswallfahrt in Maria Absam. Der Ort ist nicht unwillkürlich gewählt. Denn die Marienverehrung der Schützen steht in engem Zusammenhang mit der Absamer Madonna: das Aufkommen der Marienwallfahrt in Absam fiel in das gleiche Jahr (1797) wie das kriegerische Einfallen der Franzosen. So sollen die französischen Truppen in der Schlacht bei Spinges dank der Fürsprache der Absamer Maria geschlagen worden sein. Bei dieser Gemeinschaftswallfahrt gedenkt man nicht nur dieses historischen Ereignisses, sondern u.a. aller Kriegsopfer.

Kirchtage

Kirchtage sind Lastertage – so hieß es zumindest in früheren Zeiten. Kein Weg war zu weit oder beschwerlich, man stürzte sich in Unkosten und erfreute sich mit Leib und Seele an den diversen Vergnügungen. Zum Leidwesen der Geistlichkeit verdrängten oftmals die weltlichen Lustbarkeiten den kirchlichen Charakter der Kirchtage. Gehalten haben sie sich aber bis in die Gegenwart, ja in den letzten Jahren ist geradezu ein Boom an diversen „großen" und „kleinen" Kirchtagsfesten zu konstatieren.

Daß die Tiroler sehr kreativ sind, wenn es um die Einführung und Ausgestaltung von Festen geht, zeigt sich gerade bei diesen Veranstaltungen. Denn vereinfacht gesagt, aus einem christlichen Brauch entwickelte sich schon frühzeitig ein Fest für alle Sinne und Sinnlichkeiten.

Prinzipiell gibt es drei Arten von Kirchtagen: 1. Das Kirchweihfest, also der Gedächtnistag an die Weihe der örtlichen Pfarrkirche bzw. Kapelle, 2. das Patroziniumsfest, also der kleine Kirchtag, an dem man den Patron der Kirche bzw. des Ortes feiert, und 3. der sogenannte allgemeine Kirchtag, der stets am dritten Sonntag im Oktober stattfindet. Letztgenannter Kirchtag ist übrigens eine relativ junge Erscheinung, die auf Joseph II. zurückzuführen ist. Warum man einen allgemeinen Kirchtag für ganz Tirol quasi erfunden hat, ist eine eigene Geschichte, die eng mit wirtschaftlichen und z.T. auch religiösen Ansinnen zu tun hat. Davon aber etwas später.

Zunächst also zu den individuellen Kirchtagen, die von der Weihe der Kirche bzw. vom Festtag des Patrons abhängen. Oftmals sind Patronats- und Weihetag identisch und so gibt es nur einen gemeinsamen Kirchtag. Schon im Spätmittelalter feierte man diesen Tag nicht nur mit einem Festgottesdienst und einer Prozession, sondern auch mit weltlichen Vergnügungen wie Jahrmärkten oder Tänzen. Und da ging es, glaubt man den Berichten der hohen Geistlichkeit, oftmals hoch her. So manchem Pfarrer mißfiel offensichtlich, daß viele Kirchenbesucher im Anschluß an die Hl. Messe ihr frommes Kleid rasch abstreiften und sich den Lustbarkeiten des Leibes in jedweder Form hingaben. Der Besuch des Gottesdienstes ist nämlich auch im „Heiligen Land Tirol" oft nur Nebensache gewesen. Lustiger war das anschließende Tanzen, Trinken und Anbandeln. Das traf auf viele (kirchliche) Feiertage zu, aber insbesondere auf die Kirchweihfeste.

Während der Pfarrer den Gottesdienst zelebrierte und mit wachsamem Auge seine Schäfchen beobachtete, die sich manchmal in den hinteren Reihen sogar erdreisteten, Karten zu spielen, hatten die örtlichen Wirte und Marktbetreiber ganz andere Sorgen. Sie mußten dem bald kommenden Ansturm von durstigen Kehlen gewachsen sein. Damit sich die Festbesucher ja nicht am kostenlosen Gemeindebrunnen gütlich tun konnten, kam es sogar vor, daß man diesen „austrocknete", also den Wasserlauf unterbrach. Der Wein- und Bierverkauf konnte nun florieren.

Ein Kirchweihtag war zugleich aber auch Markttag. So mancher Viehhandel wurde abgewickelt, und man deckte sich mit allerlei notwendigen Hilfsgütern ein. Burschen schossen an den Schießständen ihren Liebsten eine Rose, kauften Lebkuchenherzen und, wenn die Geldbörse locker saß, sogar ein kleines Schmuckstück. Ähnliches ist übrigens auch heute noch zu beobachten ...

Auf alle Fälle waren die Kirchweihfeste gesellschaftliche Ereignisse, die man sich nicht entgehen ließ. Weite Fußstrecken wurden in Kauf genommen, um ja am bunten Treiben teilnehmen zu können. Bis in die frühen Morgenstunden feierte man die Kirchweihe bzw. den Patron, aber eigentlich genoß man die angebotenen weltlichen Vergnügungen in vollen Zügen. Zum Leidwesen der Kirche und des Staates. Der Kirche waren vor allem die ekstatischen Ausuferungen ein Dorn im Auge – man bedenke nur das wilde Treiben auf den Tanzböden, den übermäßigen Alkoholgenuß oder das Annähern der Geschlechter auf den nächtlichen Wegen. Die staatliche Obrigkeit bzw. die Dienstgeber sahen diese Zustände zwar ein wenig pragmatischer, sie klagten aber über die fehlenden Arbeitsleistungen. So war es früher durchaus üblich, daß die Kirchweihfeste (termingerecht) mitten in der Arbeitswoche stattfanden und man sich bei Dienstantritt eine Teilnahme an den Festivitäten ausbedingte: Nicht nur in der eigenen Gemeinde, sondern auch in den umliegenden Dörfern!

Der Ruf nach der Einführung eines landesweiten Kirchtages wurde laut – bereitwillig aufgenommen hat diesen Joseph II., der mit dem ganzen kirchlichen Brauchtum sowieso wenig am Hut hatte. Er bestimmte Ende des 18. Jahrhunderts per Verordnung den dritten Sonntag im Oktober als allgemein gültigen Kirchtag für ganz Tirol. Und damit war der allgemeine Tiroler Kirchtag erfunden.

Anfänglich war der Erfolg dieser Neueinführung bescheiden: Man nahm das neue Fest im Kalender gerne auf – und hielt dennoch an den alten Kirchtagsterminen fest. Soweit zur Kreativität und vor allem Flexibilität der Tiroler.

In der ersten Hälfte des 20. Jahrhunderts verlor das bzw. die Kirchweihfest(e) in vielen Tiroler Gemeinden an Bedeutung – der Gottesdienst bzw. die Prozession wurden zwar beibehalten, doch von einem gesellschaftlichen Ereignis war oftmals keine Rede mehr. Erst seit den letzten Jahrzehnten kam es zu einer Art Neubesinnung – die Kirchtage erhielten einen neuen (eigentlich ihren ursprünglichen alten) Stellenwert im dörflichen Zusammenleben.

Das äußere Erscheinungsbild der Kirchtage ist heute unterschiedlich: neben der obligatorischen Hl. Messe (bzw. Prozession) gibt es Märkte, öffentliche Tanzvergnügen, Platzkonzerte, Dorffeste (v.a. mit speziellem Kinderprogramm) u.a. Auffallend ist, daß auch in den Weilern bzw. Ortsteilen eigene Kirchtage mit Begeisterung gefeiert werden – wenn auch nur im kleinen Rahmen. Sucht man nach einer Gemeinsamkeit bei den Tiroler Kirchtagen, dann wird man zumindest beim Kulinarium fündig. In den Privathaushalten, aber auch in den Hotels bzw. Gasthäusern bestimmen Krapfen, Kiachlen, Nudeln usw. den Festtagsspeiseplan. Mancherorts hält man noch an alten Traditionen fest und serviert nur an diesem einen Tag die jeweilige lokale Spezialität (etwa das „Nuie Schmalz“ in Piburg bei Oetz).

Gewissermaßen als Brauchneueinführung verbindet man seit einigen Jahren das Kirchweihfest in manchen Gemeinden auch mit dem Erntedankfest bzw. mit den Almabtrieben. Ganz richtig, Erntedank ist in Tirol eine relativ junge brauchtümliche Errungenschaft – bis auf wenige Ausnahmen, die hauptsächlich dem Engagement und den Vorlieben einzelner Pfarrer zuzuschreiben sind. Es ist vor allem ein Verdienst der Tiroler Bauernjugend (i.e. des Bezirks Innsbruck), die in den 70er Jahren des 20. Jahrhunderts ihre Mitglieder dazu aufrief, Erntekronen aus Ähren, Blumen und Feldfrüchten herzustellen und diese als Dankesgaben bei den Meßfeiern der Öffentlichkeit zu präsentieren. Vor allem in den Regionen (z.B. Thaur bei Innsbruck) mit viel landwirtschaftlicher Fruchtwirtschaft und Ackerbau sind die Erntedankfeste mit den Kirchtagen verbunden. Doch auch als eigenständige Festivitäten haben sich die Erntedankfeste durchgesetzt – Beispiele hierfür sind: Prutz, Buch bei Jenbach, Aldrans, Weerberg, Axams, Kaunertal, Langkampfen, Schwoich, Itter, Gnadenwald, Gaimberg, Ranggen, Abfaltersbach u.a. Vereinzelt kommt es auch vor, daß man das Kirchtagsfest mit dem Almabtrieb verbindet (z.B. Fügenberg im Zillertal).

— Zachäussingen in Zirl
3. Sonntag im Oktober

Traditionelle Kirchtage werden mit Hl. Messen, mit anschließenden Vergnügungen wie Musik und Tanz sowie den regionalen kulinarischen Spezialitäten gefeiert. Das ist überall in Tirol der Fall. In Zirl schaut dieser Brauch jedoch etwas anders aus. Man hält hier an einer Tradition fest, die es sonst nirgendwo im Lande gibt. Wer sich diesen Brauch nicht entgehen lassen will, der muß für das Zachäussingen früh aufstehen. Aber auch für Morgenmuffel lohnt sich der Besuch dieses Kirchtages.

Man muß mehrere hundert Jahre zurückgehen, um den Hintergrund dieses Festes zu verstehen, das um 1700 entstanden ist. Zu dieser Zeit hatte man in Tirol die Pest und Kriege überstanden und alles war mehr oder weniger eitel Wonne. So auch in Zirl. Die Überlieferungen berichten von den lebenslustigen Zirlern, die kein Fest ausließen und auch sonst den weltlichen Genüssen frönten. Dieses ausgelassene Dasein war ein Dorn im Auge der umherwandernden Missionsprediger, doch ihre Moralpredigten stießen auf (vermeintlich) taube Ohren. Zur Ehrenrettung der Zirler Bevölkerung sei gesagt, daß dies nicht nur dort der Fall war. In ganz Tirol bemerkten die Prediger einen allzu saloppen Umgang mit den christlichen Geboten und ein allzu freizügiges Alltagsleben. Unzählige Kanzelpredigten sollten bei den Tirolern eine „moralische" Umkehr bewirken ... mit mehr oder weniger Erfolg.

Auf eine etwas andere Art versuchte der 1723 nach Zirl gekommene Mesner Georg Kranebitter eine Umkehr zum bußfertigen Leben. Er schrieb einen Bußgesang, der im Ort schlicht und einfach als „Zachäus" bekannt wurde. Der aus dem Neuen Testament bekannte Zachäus gilt in der christlichen Überlieferung ja als Prototyp der Reue und Sühnebereitschaft. Neben Maria Magdalena und Paulus steht er für die Umkehr, für die Bereitschaft, das bequeme und finanziell einträgliche Leben zugunsten christlicher Nächstenliebe und den damit verbundenen Geboten aufzugeben. Recht deutlich wird dieses Ansinnen in einer der Strophen des Zachäus, wo es heißt:

„David war ja auch gefallen, hat doch wieder Buß getan,
Magdalen, die Sünd zu zahlen, trat den Bußweg willig an.
Und der reiche Mann Zachäus stieg vom Baum und eilt zur Buß
und der Zöllner St. Matthäus seinen Zoll verlassen muß."

Inwieweit sich die Zirler von diesem Bußgesang zur damaligen Zeit beeinflussen ließen, ist eine andere Geschichte. Seit der Mitte des 19. Jahrhunderts hat sich auf alle Fälle der Kirchenchor dieses Brauches, des Zachäus, angenommen. Mit Unterbrechungen in der Nationalsozialistischen Zeit wird

Kirchenchor von Zirl beim Zachäussingen am Kirchtag

seither alljährlich das Zachäussingen am dritten Sonntag im Oktober durchgeführt. Die Zirler Bevölkerung hält sich dabei an den von Joseph II. festgeschriebenen Kirchtagstermin.

Um 5.00 Uhr früh sollte man sich auf jeden Fall bei der Pfarrkirche im Ortszentrum einfinden. Nach dem 15-minütigen Glockenklang ertönt vom Kirchturm aus die „Zachäusmelodie“. Eine Bläsergruppe spielt die Melodie, anschließend singt der Kirchenchor die erste Strophe des Liedes am Kirchenvorplatz. Wer ein wenig zu spät kommt, der hat noch eine zweite Chance, das Zirler Kirchtagslied zu hören. Am Dorfplatz (Ortszentrum) erfolgt noch einmal diese doch eher getragene Aufführung.

Dann aber ist kein Halten mehr und der unterhaltsame Teil des Kirchtages kann beginnen. Musikanten spielen auf dem Dorfplatz zum Tanz auf und es wird ein Schnäpschen gereicht. Und wer sich nach dem Frühaufstehen noch auf den Beinen halten kann, soll sich das gemütliche Beisammensein mit Speis und den unumgänglichen Kirchtagskrapfen in den Zirler Gasthäusern nicht entgehen lassen.

— *Kirchtagsschreien in Steinach, Matrei am Brenner und Navis*

Kirchtagsfeiern kann man mit Böllerschüssen und Glockengeläute einleiten oder man macht es wie die Kinder im Wipptal bzw. in Navis. Dort hat sich bis heute der Brauch des „Kirchtagsschreiens“ erhalten. Lautstark künden die jungen Brauchträger am Freitag vor dem Kirchtag vom bevorstehenden Kirchenfest. Damit steht dieser Brauch ganz in der Tradition des öffentlichen „Ankündens von Festtagen“.

Mit Schreien allein ist es aber dabei nicht getan. Es muß schon ein bestimmter Spruch gerufen werden, der in Steinach wie folgt lautet: „Heut an Tag, morgen an Tag, übermorgen ist Stoanicher Kirchtag.“ Die weiteren „Gesänge“ können variieren, doch allen ist gemeinsam, daß sie sehr volksnah gehalten sind. Wie etwa „Gebt's in die altn Weiber an Brockn, daß miar kennen die Mauricher klopfen. Ruebn und Rabn, laßt's enk sagen, daß miar an guetn Kirchtag haben“. Direkte Anspielungen auf konkurrenzierende Nachbarschaften und etwaige Ranggeleien sind dabei unüberhörbar. Doch die beinahe schon traditionellen Raufereien bei den Kirchtagsfesten sind heute – Gott sei Dank – eine Seltenheit geworden.

Damit das Kirchtagsschreien möglichst weithin hörbar ist, marschieren die Kinder zumeist auf bestimmte Hügel und tragen als „Lärmunterstützung“ um den Leib gebundene Kuhschellen. Sie ziehen dann wie in Navis oder Matrei in den einzelen Weilern von Haus und Haus und erhalten für ihre „Ankündigung“ kleine Spenden.

In Steinach hat sich schon seit einigen Jahrzehnten die Volksschule dieses alten Brauches angenommen. Am Freitag vor dem Kirchtag ziehen die Schüler der 4. Klassen mit Kuhschellen auf den weithin sichtbaren Hügel südwestlich der Schule. Wichtig ist dort, daß das Kirchtagsschreien vor dem Mittagsläuten erfolgt. Die anderen Schüler, Eltern und Verwandte lauschen dann gespannt dem Schreien der Sprüche. Anschließend ziehen einige Kinder noch durch die Straßen, künden vom bevorstehenden Kirchtagsfest und erhalten dafür die obligatorischen Spenden.

Zirler Kirchtagskrapfen

— *„Kirchtagsklapfen" und „Kirchtagsniggilan"*

Abfaltersbach, Kartitsch

Eine besondere Form des lautstarken Ankündigen eines Festtages ist das Peitschenknallen, das auch Kirchtagsschnöllen und in Abfaltersbach „Kirchtagsklapfen" genannt wird. Die Osttiroler Burschen haben diesen alten Brauch erst in den letzten Jahren wiederentdeckt, pflegen ihn aber wieder mit viel Engagement.

Ebenfalls in Osttirol ist der Brauch des „Niggilananstechens" beheimatet. In der Gemeinde Kartitsch ziehen am Freitag vor dem Kirchtag junge Burschen in Verkleidung zu den einzelnen Häusern und sagen den traditionellen Kirchtagsspruch auf. Mit langen Stäben klopfen sie an die Fenster und als Dank für ihren „Vortrag" spießen die Hausleute die „Niggilan" (Krapfen) daran auf. Übrigens ist es hier nur der männlichen Jugend erlaubt, diesen Heischebrauch auszuüben.

Allerheiligen und Allerseelen

1. und 2. November

Der Eintritt in das dunkle und oft triste Winterhalbjahr wird mit dem melancholischen Doppelfest Allerheiligen und Allerseelen perfekt markiert. Die Wurzeln desselben reichen dabei zumindest in die Zeit der keltischen Besiedelung Mitteleuropas zurück: Rund um den 1. November gedachte man in üppigen Feiern seiner verstorbenen Verwandten und Bekannten. Was wie ein ehrenvolles Angedenken klingt, hatte seinen eigentlich Hintergrund allerdings eher in einer panischen Angst: daß die lieben Verstorbenen nämlich als eine Art „Wiedergänger“ (bildlich vorzustellen als „Zombie“) auf die Erde zurückkehren und dabei allerhand Schaden anrichten könnten. Um sie gnädig zu stimmen, wurden auf ihren Gräbern Opfer in Form von Nahrungsmitteln dargebracht. Davon gesättigt und besänftigt, sollten sie sich wieder in ihr jeweiliges Jenseits begeben – bis zum nächsten Jahr.

Auch das junge Christentum hatte seinerzeit sein Totengedenken, das zunächst aber im Februar abgehalten wurde und nur den verstorbenen Märtyrern galt. Im Zuge der Ausbreitung des Christentums nach Norden und der damit einhergehenden, meist gewaltsamen Christianisierung, wurde dieser Termin im 9. Jahrhundert just auf den 1. November verlegt. Damit sollte den „heidnischen“ Festen Einhalt geboten werden: „Allerheiligen“ war geboren. Die einheimische Bevölkerung fand allerdings wenig Gefallen daran – abstrakte christliche Märtyrer konnten ihre persönlich bekannten, verehrten und gefürchteten Toten nicht aufwiegen. Knapp hundert Jahre nach Einführung von Allerheiligen wurde deshalb kirchlicherseits das nächste Fest geboren: Allerseelen, das nun allen Verstorbenen galt.

Dieser zunächst kluge diplomatische Schachzug der Kirche brachte allerdings ein Problem mit sich: Er öffnete der tief im Volksglauben verwurzelten (dem jungen Christentum aber nicht konformen) „Wiederkehr der Toten“ alle Tore. Nicht verständlich war breiten Bevölkerungsschichten zum Beispiel, warum man nach dem Tod anhand aufgestellter Sündenregister ausnahmslos im Himmel oder in der Hölle landete. Gab es da nicht etwas dazwischen? Eine Läuterungsmöglichkeit für „läßliche“ Sünden beispielsweise oder für ungetaufte Säuglinge? Auf Druck des Volkes reagierte die Kirche mit einer neuen Erfindung: der des „Fegefeuers“. Dieses Fegefeuer gestaltete sich nun als eine Art „Zwischenraum“: Man war nicht mehr „da“, gleichzeitig aber noch nicht ganz „dort“. Ein perfekter Ort also, wo die bis heute volkstümlichen „Armen Seelen“ zu Hause sind. Und was sie nach dem Volksglauben taten und gelegentlich bis heute tun, entspricht exakt dem Verhalten ihrer „heidnischen“ Vorfahren – rund um Allerheiligen/Allerseelen kommen sie uns besuchen.

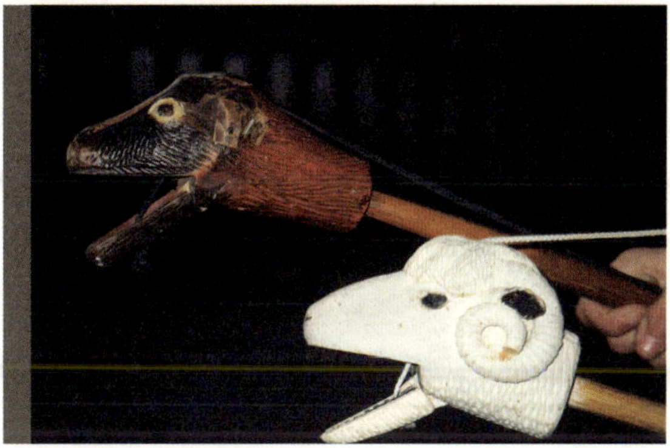

Krapfenschnapperfiguren aus Kals am Großglockner

Seit damals und bis heute üblich ist das Anzünden von Kerzen: auf den Gräbern und in Hausfenstern. Bezeugen will man damit, daß man an die Verstorbenen (= „Arme Seelen“) denkt und sie ehrt (ihre „Besuche“ sollen kulturhistorisch gesprochen also so harmlos wie möglich ausfallen).
In unseren Breiten kaum mehr üblich ist dagegen das Nahrungsopfer. Auf Gräbern abgestellte Nahrungsmittel finden sich überhaupt nicht mehr, und die auf dem Küchentisch bereitgestellte Spende in Form vor allem von Brot und Milch wird nur noch in wenigen Tiroler Haushalten praktiziert. Am Leben gehalten wird dieser Volksglaube allerdings bis heute im christlichen Süd- und Südosteuropa. Weniger allerdings zu Allerheiligen/Allerseelen, als vielmehr zum jeweiligen Todestag finden sich auf den Gräbern nicht nur Eßwaren, sondern alles, was dem Toten seinerzeit lieb war: Bier, Zigaretten, Spielkarten und ähnliches.

Auch wenn sich das Besänftigungsopfer für die Toten in Form von Nahrungsmitteln bei uns kaum mehr findet, so ist es dennoch verantwortlich für Bräuche, die bis heute ausgeübt werden: Aus den auf Gräbern abgelegten Spenden hat sich nämlich im Laufe des Mittelalters ein veritabler „Heischebrauch“ entwickelt. Was den Toten recht ist, kann den Lebenden nur billig sein – so könnte man diese Entwicklung kurz umschreiben. Tatsache ist jedenfalls, daß hilfsbedürftige Außenseiter der Gesellschaft am Tag von Allerheiligen auf Allerseelen (dem klassischen „Besuchstermin“ der Toten) kurzerhand in die Rolle der „Armen Seelen“ geschlüpft sind, um an die begehrten Nahrungsmittel zu kommen. Möglichst wild, möglichst auffallend und erschreckend kostümiert, zogen sie nach dem „Allerseelenläuten“ von Hof zu Hof, um Essen und Trinken zu erbetteln: *„Vergelt's Gott für die Armen Seelen“*, das war der Leitspruch dieser bemitleidenswerten Menschen, und ist es bis heute geblieben. Aus dem mitleidigen Almosengeben rund um Allerheiligen ist im Laufe der Jahrhunderte allerdings geradezu eine Verpflichtung geworden, auf der die Bedürftigen nachdrücklich beharrten. Der Volkskundler Ludwig von Hörmann schildert dies um 1909 folgendermaßen:

„Das Almosengeben ‚zu Hilf' und Trost' lieber Verstorbener war gewiß der schönste und vernünftigste Gedanke, leider sind dabei aber immer ärgere Mißbräuche eingerissen. Anfangs klopften die Leute ganz bescheiden an jede Türe; weil man nun um der ‚armen Seelen' willen nichts abzuschlagen wagte, sondern ihnen alles gab, was und wie viel sie wollten, so wurden sie immer kecker und bildeten sich endlich zu einem Bettlergesindel heraus, das lärmend und keifend die Dorfgassen durchzieht und die milden Gaben wie eine schuldige Steuer einfordert. Zerlumpte Weiber mit verwahrlosten Fratzen auf dem Arme und am Rockzipfel, freche Männer und Buben, beladen mit Körben und Säcken zur Weiterbeförderung der Gaben, wandern von Haus zu Haus, von Dorf, ja selbst von Tal zu Tal. Trotzig pflanzen sie sich vor der Schwelle auf, und wehe demjenigen, den sie ihren Wünschen nicht willfährig finden. Unter einer Flut von Schimpfreden stemmen sie sich gegen die Tür, bis die Furcht vor Gewalttaten und böswilliger Rache ihnen das Verlangte ausliefern macht ... Die den Bettelnden verabreichten Gaben sind ... größtenteils Lebensmittel: Getreide, Mehl, Schmalz und vor allem Brot. Dieses sogenannte ‚Armenseelen- oder Totenbrot' trägt je nach der Landschaft verschiedene Namen, wie ‚Seelenleibchen', ‚Seelenbuchelen', ‚Mugelen' oder ‚Mohnelen' und wird auch in verschiedener Form eigens gebacken."

In unserer Wohlstandgesellschaft freilich sind keineswegs mehr die wirklich Bedürftigen unterwegs: Aus dem einst sozial so wichtigen „Gabenheischen" ist mittlerweile ein einfacher Brauch geworden, eine gesellschaftlich übliche Gewohnheit also. Seine Träger sind überwiegend Kinder (Ausnahme: Pfunders in Südtirol). Erhalten hat sich dieser Brauch bis heute vor allem in Osttirol, in der Gemeinde Kals am Großglockner, rund um Lienz und im Defereggental.

Das „Krapfenschnappen" rund um Allerheiligen hat seinen Namen von den hölzernen „Schnappfiguren", mit denen die Kinder von Haus zu Haus ziehen. Sie bestehen aus einer langen Stange, an deren einem Ende (in ihrer ursprünglichen Form) unterschiedlichst geschnitzte und teilweise bemalte Tierköpfe (Schafe, Hunde, Ziegen etc.) angebracht sind. Entscheidend ist dabei, daß die jeweiligen Unterkiefer beweglich sind und mittels einer Schnur auf- und zugeklappt werden können. Von dem daraus entstehenden Geräusch hat das „Schnappen oder Schnappern" (v.a. Kals) seinen Namen, ebenso wie der alternativ gebrauchte Begriff: „Schnaggeln" (v.a.Dölsach). „Geschnappt" werden vor allem Krapfen und Äpfel, heute aber auch Süßigkeiten und die eine oder andere Münze.

Kinder beim Krapfenschnappen in Kals am Großglockner

— „Schnappertag“ in Kals am Großglockner

In dieser Gemeinde ist das Krapfenschnappen so üblich, daß der Allerheiligentag gemeinhin einfach als „Schnappertag“ bezeichnet wird. Gestartet wird am frühen Nachmittag nach dem Umgang am Friedhof. Abgekommen ist man vom Brauch, daß nur Burschen unterwegs sind, und ebenso das frühere Verkleiden sucht man heute vergebens. Die Schnapperfiguren orientieren sich an älteren Vorbildern, neu hinzugekommen sind allerdings Figuren, die nach Comic- und Trickfilmvorlagen geformt sind.

— Krapfenschnappen in Patriasdorf (Lienz)

Das Krapfenschnappen findet hier am Vorabend des Allerheiligentages statt. Im Gegensatz zu den Kalsern wird das traditionelle Vermummen noch geübt: Die Kinder tragen weiße Hemden und ihr Gesicht ist rußgeschwärzt. Der kleinste Bub, der auch den zum Gabensammeln bestimmten Rückenkorb trägt, ist als Mädchen verkleidet. Üblich ist auch noch, daß man sich für die erhaltenen Gaben mit verstellter, hoher Fistelstimme bedankt – damit man nicht erkannt wird, so die landläufige Meinung. Viel wahrscheinlicher aber dürfte das Beibehalten der ursprünglichen Motivation sein: Die verstellte Stimme drückt auch den „jenseitigen“ Charakter der Brauchträger aus – mithin die umgehenden „Armen Seelen“ (im Leichenhemd und mit „zerfallenem“ Gesicht).

— *Krapfenschnappen in Dölsach*

Ausgefallen ist das Krapfenschnappen am Tag vor Allerheiligen und Allerheiligen selbst bei den Dölsachern (hier Schnaggeln genannt): Die Vermummten geben sich einen militärischen Anstrich. Wir zitieren eine fast vierzig Jahre alte Brauchbeschreibung, die aber bis heute ihre Gültigkeit hat:

„Eine Gruppe von Burschen geht von Haus zu Haus, etwa drei Stunden sind sie am Weg. Sie tragen ein weißes Hemd und sind durch eine Maske unkenntlich gemacht. Alle tragen eine zylinderförmige Kappe. Ein Hauptmann befehligt die ganze Rotte, zu der auch einer gehört, der die kleine Trommel schlägt, und bei der auch der Klingelbeutelträger nicht fehlen darf, denn nach dem ‚Schnaggeln' gibt es Äpfel, Krapfen und etwas Geld. Kommen die Schnaggler vor ein Haus, so ertönt das Kommando ‚Habt acht!' Nach einem ‚Links um!' wird noch eine Kehrtwendung kommandiert, und dann heißt es ‚Kniet nieder zum Gebet!' – ‚Hut ab!' – ‚Hut auf!' und ‚Auf vom Gebet!' Es folgen die Kommandos ‚Reihen auseinander!' – ‚Gewehr bei Fuß' – ‚Generaldecharge!' – ‚Hoch an' und ‚Feuer!' Hier geht das Schnaggeln los, begleitet von der kleinen Trommel ... Beim Ausruf ‚Halt!' bricht das Schnaggeln plötzlich ab. Wir hören noch ‚schultert!' – ‚Reihen zusammen!' – ‚Ruht!' – ‚Habt acht!' – ‚Kehrt!' und ‚Marsch!' bevor die Schnaggler unter dem Takt der kleinen Trommel im nächsten Haus verschwinden." (Haider, 1968, 329f.)

— *Krapfenschnappen im Defereggental*

In den beiden vorderen Gemeinden des Defereggentales, Hopfgarten und St. Veit, entwickelte sich das Krapfenschnappen am Vortag des Allerheiligentages und Allerheiligen selbst beinahe zu einem Faschingsumzug: Man kann Kostüme fast aller Provenience finden. Nicht umsonst heißt das Schnappen hier auch „Maschkerer-Gian". Weil der ehemalige Heischebrauch der „Armen Seelen" (bzw. der sie verkörpernden Bedürftigen) allmählich in Kinderhände geriet, ist diese spezielle Entwicklung auch nicht weiter verwunderlich: Es entspricht eben gerade ihrem Bedürfnis nach „Auftritt". Tatsächlich findet man im Defereggental auch immer weniger die holzgeschnitzten Schnapperfiguren. Vielfach werden stattdessen einfach Holzscheiter verwendet, die gegeneinandergeschlagen werden, um das ehemals typische Geräusch nachzuahmen.

Traditioneller geht es noch in der hintersten Talgemeinde St. Jakob zu. Zwar sind auch hier die Schnapperfiguren vom Aussterben bedroht, der Auftritt der „Armen Seelen" ist aber noch „klassisch": Die Kinder sind in weiße „Leichentücher" gehüllt und ihr Gesicht mit Asche verschmiert. Dafür hat sich hier allerdings der Brauchtermin geändert: Von Allerheiligen ist das Schnappen auf den Kirchtag gewandert (genauer: den Vorabend des 3. Sonntags im

Oktober). Aus den ursprünglichen Allerheiligenkrapfen sind damit Kirchtagskrapfen geworden. Beibehalten wurde dagegen, daß man sich für die erhaltenen Gaben mit verstellter Stimme bedankt und unartikulierte Laute ausgestoßen werden. Im einheimischen Dialekt wird damit „gegreggelt“, wovon das Krapfenschnappen auch den Beinamen „Greggel-Gian“ erhalten hat.

— Exkurs: Halloween

Seit Anfang der 90er Jahre des 20. Jahrhunderts wird auch Tirol in immer stärkerem Ausmaße von „Halloween“ heimgesucht. Verantwortlich dafür waren zunächst studentische Kreise, die Halloween als Anlaß für Gruselpartys nutzten. Über die Gastronomie (Bars, Diskotheken), vor allem aber auch über die zahlreichen amerikanischen Filme zu diesem Anlaß, wurde daraus ein heute nicht mehr zu übersehendes Breitenphänomen. Und gibt den Anstoß für die oft geäußerte Klage, daß Allerheiligen seines eigentlich „melancholischen“ Sinns beraubt und überhaupt die Tiroler Tradition damit allmählich ausgelöscht wird.

Tatsächlich handelt es sich bei Halloween allerdings um einen modischen Re-Import eines ursprünglich gesamteuropäischen Brauchs. Wie anhand des „Krapfenschnappens in Osttirol“ gezeigt, ist das Umgehen der „Armen Seelen“ (allgemeiner der Verstorbenen) rund um Allerheiligen europäisches Allgemeingut und mindestens bis auf die Kelten zurückzuführen. Das „Nachahmen“ der Geister führte zu einem beliebten Heischebrauch für Bedürftige. Über Irland gelangte dieser Brauch auch nach Amerika, wo er entsprechend der Mentalität umgeformt wurde und nun als klassischer „Gruselschocker“ gilt. Im Prinzip geändert hat sich am Brauch allerdings nichts: Geisterhaft maskierte Gestalten ziehen durch die Nacht und fordern Gaben. Bei Verweigerung werden Gewalt oder zumindest Streiche angedroht: „Tricks or treats!“

Die Tiroler haben sich dabei jahrhundertelang nicht anders verhalten wie die verpönten „Amis“. Ein ins Hochdeutsche übersetzte Version eines alten Krapfenschnapperspruchs heißt beispielsweise:

„Ich bitt' euch, gebt mir einen Krapfen, ich bin so ein armer Zapfen (= Kerl).
Gebt mir einen Pfannenfleck (= Krapfen), *sonst geh' ich nimmer weg;*
Gebt mir einen Löffel Füll' (für die Krapfen), *dann bin ich wieder still.*
Wenn du mir keinen gibst, soll man dich in den Rauch (= über die offene Herdstelle) *hängen und darunter eine Suppe anbrennen!“*

Die amerikanischen Halloweenbräuche sind den Tiroler also nicht unbekannt. Ein volkskundlicher Allerheiligen-Ausflug nach Osttirol kann einen vor einer vorschnellen „Amerikaphobie“ bewahren.

Hl. Leonhard – Flurumritte

6. November

Den „bayrischen Herrgott“ verehrt man auch in Tirol – seine Spezialität sind jegliche Probleme, die man mit Tieren hat. Vor allem im Banne großer Tierseuchen pflegte man früher regelmäßig zu einer Leonhardiwallfahrt zu pilgern und dort Schutz für das Tier zu erbitten. Als „vorbeugende“ Maßnahme entwickelten sich seit dem 17. Jahrhundert eigene Leonhardiritte bzw. -wallfahrten. Ausgehend vom süddeutschen Raum, hat sich diese spezielle Form einer Prozession auch in Tirol durchgesetzt.

Kirchen, die dem Hl. Leonhard geweiht sind, erkennt man meist an Details: Ketten „umgürten“ das Bauwerk oder es sind an den Fassaden Schlösser angebracht. Diese Kennzeichen sind auf eine Legende zurückzuführen: Der Hl. Leonhard soll der Gattin des Merowinger Königs Chlodowig hilfreich in Geburtsnöten zu Seite gestanden haben und als Dank dafür die Freilassung von unrechtmäßig verurteilten Häftlingen erbeten haben. Daher wird er u.a. von Gefangenen als Patron verehrt und Ketten bzw. Schlösser bilden seine Attribute. Das im wahrsten Sinne des Wortes „Umgürten“ bzw. auch Umschreiten“ von Heiligtümern beruht auf einer jahrhundertelangen Tradition, die schon in der Antike bekannt war. Man wollte durch diesen kultischen Vorgang – also etwa das Umschreiten – zeigen, daß man die Kraft des Heiligtums anerkennt, sie in sich aufnimmt (= Kraftübertragung) und die Verehrung u.a. auch in Form spezieller (z.T. auch körperlich anstrengender) Rituale offen zeigt.

Der Hl. Leonhard war für alle Tiere, insbesondere das bäuerliche Nutzvieh zuständig. Davon zeugen z.B. Votivgaben in Tierform, die man früher als Opfergaben in den Kapellen und Kirchen hinterlegte. Heute kann man diese Votivspenden aus Wachs, Holz- oder Eisen gefertigt nur mehr in Museen betrachten. Diebstähle, aber auch eine Geringschätzung dieser einst zur allgemeinen Glaubenspraxis gehörenden Form der Dank- bzw. Bittsagung haben die volkskünstlerischen Tiervotive aus den kirchlichen Gnadenstätten verbannt.

Leonhardiritte bzw. -prozessionen spielten noch vor Jahrhunderten in vielen Tiroler Orten eine große Rolle. Das spätherbstliche Brauchtum rund um den 6. November war ohne diese Form der gemeinschaftlichen Bitt- bzw. Danksagung kaum vorstellbar. Mit dem Aufkommen von neuen technischen Hilfsmitteln in der Landwirtschaft, allen voran der Motorisierung, gingen auch diese Flurumritte zunehmend verloren. Vor allem das Pferd hatte seine einstige Funktion als Last- und Arbeitstier weitgehend eingebüßt. Doch an manchen Orten hat sich dieses Brauchtum erhalten bzw. wurde wiederbelebt oder neu eingeführt. Im Zentrum der heutigen Flurumritte stehen vielfach Reitervereinigungen, wo das Pferdereiten mehr als Freizeitvergnügen denn als landwirtschaftliche Nutzung im Vordergrund steht.

Vorreiter mit Kruzifix beim Leonhardiritt in Kundl

— *Leonhardiritt in Kundl*

Der Leonhardiritt in der Unterinntaler Gemeinde Kundl findet alljährlich am ersten Sonntag nach dem Patronatstag (6. November) des Heiligen statt. Die örtliche Wallfahrtskirche zum Hl. Leonhard verdankt ihre Entstehung einem Verlöbnis Heinrich II. In der Überlieferung heißt es dazu, daß Heinrich um 1019 bei der Durchreise dank seines „bockenden" Pferdes an ein Versprechen erinnert wurde, hier in Kundl eine Kirche zu errichten. Er hielt das Gelöbnis und auch heute noch verweisen Ketten an der Außenfassade auf die Patronanz des Viehpatrons Leonhard.

Den Kundler Leonhardiritt pflegt man seit den sechziger Jahren des 20. Jahrhunderts. Diese Wiederbelebung des Brauches beruht primär nicht auf Nostalgiedenken, sondern auf finanziellen Notwendigkeiten, die sich im Rahmen der Restaurierung der Wallfahrtskirche ergaben. Der Landestierzuchtverband war maßgeblich daran beteiligt, daß man neben einer Abgabe je Groß- und Kleinvieheinheit auch diesen Umritt einführte. Zusätzlich trug der Verkauf von Leonhardstalern, Leonhardspfennigen und Leonhardstafeln wesentlich dazu bei, daß die Renovierungarbeiten erfolgen konnten. Wie bei so vielen Wallfahrten zeigt sich auch hier, daß durch diverse „Propagandamaßnahmen" und ökonomische Begleitaktivitäten (wie eben der Verkauf von Devotionalien) das Auf- und Weiterleben einer Wallfahrt von Erfolg gekrönt ist. Der Flurumritt beginnt in der Mittagszeit, genau um 12.30, wo sich am Dorfplatz die Reitergruppen treffen. Von dort reiten die Brauchträger in Begleitung der örtlichen Musikkapelle in den Ortsteil St. Leonhard. Auf dem dortigen Anger (Dorfwiese) wird die Hl. Messe gefeiert und anschließend erfolgt die für diesen Brauch so charakteristische Pferdesegnung.

— *Leonhardiritt in Thiersee*

Mit der Gemeinde Thiersee verbindet man vorrangig natürlich die örtlichen Passionsspiele. Doch eine gewisse Affinität besteht auch zum Hl. Leonhard – wie der Brauch des nunmehr seit 300 Jahren praktizierten Leonhardirittes beweist. Nun, von einem kontinuierlichen, d.h. ohne Unterbrechungen stattfindenden Rittes ist hier nicht die Rede. Wie bei so vielen Bräuchen gab es auch hier Zeiten, in denen man aufgrund von Kriegen, wirtschaftlichen Notlagen oder anderen Gründen alles andere im Kopf hatte als einen Flurumritt zu organisieren.

Die Hintergründe zum Entstehen dieses Brauches beruhen auf kriegerischen Vorkommnissen, die in die Tiroler Landesgeschichte als „Bayerischer Rummel" eingegangen sind. So sehr man auch die Nähe zu den angrenzenden Bayern suchte (wovon nicht zuletzt u.a. der rege Austausch im Kleidungsverhalten oder im Mobiliar zeugen) – es gab auch Zeiten, wo man sich nicht ganz geheuer war, wo die Politik auch die Grenznachbarschaft arg belastete.
Die geographische Nähe zu Bayern wurde damals den Thierseern beinahe zum Verhängnis. Auf ihrem Rückzug aus dem „Heiligen Land Tirol" (1704) taten sich die Bayern an den nahegelegenen Gütern, sprich Ortschaften, gütlich. Brandschatzungen, Überfälle und Diebstähle standen auf der Tagesordnung. Und den Thierseern blieb nichts anderes übrig, als sich nach Hinterthiersee zurückzuziehen und sich der Fürsprache Gottes anzuvertrauen. Sie beteten in der örtlichen Nikolauskirche um Hilfe – und siehe da, der Feind zog von dannen. Als Dank für die Errettung gelobten die Menschen der Region alljährlich einen Leonhardiritt durchzuführen. Und diesen Schwur hielten und halten sie – bis auf einige Unterbrechungen – bis in die Gegenwart ein.

Martiniumzug der Volksschule Mariahilf in Innsbruck

Martini / Faschingsbeginn

11. November

Im Grunde hat der Hl. Martin mit der Bedeutung von „Martini" wenig zu tun. Oder anders ausgedrückt: Daß er aus der fast unüberschaubaren Zahl von katholischen Heiligen zu volkstümlichen Festtagsehren gekommen ist, verdankt er mehr oder weniger dem Zufall – dem Tag seines Begräbnisses am 11. November. Dieser Termin, dieser 11. November war Kirche und Volk nämlich zunächst wichtig, nicht unbedingt der gerade darauf platzierte Heilige.

Was machte den 11. November nun so interessant? Zugespitzt formuliert war es die ehedem so beliebte Kalenderrechnerei der katholischen Kirche. Gedreht hat es sich zunächst um das (neben Ostern) älteste Hochfest der Christenheit: „Epiphanias" am 6. Jänner (heute besser bekannt als „Dreikönig"). Zu Epiphanias (dem Fest der „Erscheinung") wurde der Jude Jesus angenommenerweise getauft – und brachte dadurch „Christus" in sich zum Erscheinen. Als Hochfest sollte Epiphanias aber auch ähnlich wie Ostern mit einer vierzigtägigen Fastenzeit eingeleitet werden (Hintergrund für diesen Zeitraum: der vierzigtägige Wüstenaufenthalt Christi). Rechnet man nun vom 6. Jänner 40 Tage unter Mißachtung der ohnedies gebotenen Sonn- und Feiertage zurück, so landet man kalendermäßig bei – „Martini" und zufälligerweise eben beim Hl. Martin. So einfach (oder kompliziert) gestalten sich also viele wichtige Brauchtermine.

Mit Martini steht man vor einer zumindest „kleinen" Fastenzeit: Kein Wunder, daß zahlreiche Herbstfeste genau an diesem Termin angesiedelt wurden, an dem man sich den Bauch noch einmal ungehemmt vollschlagen konnte. Zudem entwickelte sich daraus auch ein häufiger Zeitpunkt für die

Abgabe von „Zinsen“ an Lehensherren oder andere Eigentümer, die überwiegend in Form von Lebensmitteln geleistet wurden. Da die jungen Gänse gerade in ihrem besten Fett standen, befanden sie sich ganz oben auf der Wunschliste der Zinsempfänger. Gänse wurden an Martini gezinst, sie wurden verspeist und man trieb verschiedene „Spiele“ mit ihnen, die allesamt mit einem meist qualvollen Tod endeten. Letztendlich war es also der Zinstag und die Gans, die Martini „markierten“. Diesbezüglich bekam sogar der Hl. Martin sein „Gansl-Fett“ weg.

Eine Legende aus seiner Vita besagt nämlich, daß er sich seiner Wahl zum Bischof von Tour eigentlich entziehen wollte und sich deshalb in einem Gebüsch versteckt hat. Eine laut schnatternde Gans hat ihn aber verraten und so mußte er die Würde zum Wohle aller annehmen. Tatsächlich ist diese Legende aber jünger als der Brauch der „Martinsgans“ selbst, und damit eine nachträgliche Erklärung, was der volkstümliche Martinstag eigentlich mit dem Hl. Martin zu tun hat.

Das heute so beliebte „Martiniganslessen“ wurde als Brauch durch die Jahrhunderte überall dort ausgeübt, wo Gänse gehalten wurden. Und das heißt: Er ist im 20. Jahrhundert (und vor allem in der Kriegs-, Zwischen- und Nachkriegszeit) beinahe ausgestorben. Erst ein verbessertes Transportsystem (Gänse aus Polen und Ungarn wurden geradezu „berühmt“) und vor allem auch die Bemühungen der professionellen Gastronomie („Martiniwochen“) haben den Brauch so populär gemacht, wie vermutlich niemals zuvor in seiner Geschichte. Geld wurde hier also wirklich zum Motor eines „lebendigen“ Brauchs.

Wann die heute so beliebten „Lichterumzüge“ zu Martini entstanden sind, ist bis heute ungeklärt. Jedenfalls ist dabei nicht an die Christianisierung von heidnischen Feuerbräuchen zu denken, sondern vielmehr an Evangelienlesungen, die am 11. November vorgeschrieben waren (Lukas 11, 38f. und Lukas 12, 35f.). Insbesondere bei Lukas 12, 35 f. liest man: *„Eure Lenden sollen umgürtet sein und eure Lampen sollen brennen“* – eine klare Aufforderung also, brennende Laternen in die Hand zu nehmen. Obwohl ungeklärt, ist dennoch anzunehmen, daß die Laternenumzüge in Zusammenhang mit der Aufwertung des Hl. Martins gegenüber der Bedeutung seines volkstümlichen Termins entstanden und gefördert sein dürften. Träger dieses heute im gesamten Tiroler Raum verbreiteten Brauchs sind Kindergarten- und Volksschulkinder, deren Laternen innerhalb der vom Lehrplan vorgeschriebenen Bastelstunde entstehen.

Zunehmend erfreuen sich auch szenische Ausgestaltungen der Legende vom Hl. Martin großer Beliebtheit, insbesondere der Auftritt des reitenden Heiligen selbst (z.B. Innsbruck oder Zirl). Denn (so die Legende und die seit

Jahrhunderten kursierenden ikonographischen Darstellungen) der auf einem Pferd reitende Martin hat mit einem Schwerthieb seinen Mantel geteilt und ihn mit einem frierenden Armen geteilt: „Nächstenliebe“ steht hier also im Mittelpunkt und ist gerade Kindern im Schul- und Vorschulalter szenisch bestens zu vermitteln.

Rund um Martini als „Bauernfeiertag“ hat sich noch ein weiterer Brauch erhalten, der allerdings fast nur noch „verborgen“ ausgeübt wird: das „Martinsgstampfe“ oder „Almererfahren“. Hintergrund dafür ist die Volkserzählung vom „Wilden Ochsner“: Für sein frevelhaftes Leben muß er im Zeitraum zwischen der alljährlich durchgeführten Almabfahrt und Martini auf den Almen umgehen. Zu Martini darf dann auch er herunter: Als wilde Tiere wüst kostümierte Burschen haben unter Schellengeläute diese „geisterhafte Almabfahrt“ vor allem im Raum Kufstein und Kitzbühel „nachgestellt“. Trafen sie auf Passanten, so wurden diese mit Ruß geschwärzt.

Heute ist dieser Brauch fast abgekommen, findet aber im Geheimen immer noch statt. Wer sich um Martini (der exakte Termin wird nicht offiziell bekanntgegeben) zum Beispiel in der Gemeinde Jochberg bei Kitzbühel aufhält, der kann mit etwas Glück das Lärmen der Brauchtumsträger (Jungbauern) in der Nacht noch hören: Sie sind von Weiler zu Weiler unterwegs, wo sie anständig bewirtet werden. Zu sehen bekommt ein neugieriger Fremdling das wilde „Gstampfe“ dagegen fast nie.

Der 11.11. ist aber auch Faschingsbeginn – und hat ebenfalls mit dem Hl. Martin nicht das Geringste zu tun (zumindest sind aus seiner Vita keine karnevalesken Vorfälle bekannt). Wieder ist es der Termin, der den Ausschlag dafür gegeben hat. Genauer: Die Elf als anerkannte und spätestens seit dem 16. Jahrhundert bekannte „Narrenzahl“. Die Elf übersteigt die Zahl der Gebote um 1 und unterschreitet die Zahl der Apostel ebenfalls um 1. Damit bildet sich eine Art „Zwischenreich“, das mit allen möglichen Interpretationen gefüllt werden konnte. Im vorliegenden Zusammenhang also mit der „Narretei“.

Die ersten bekannten Faschingssitzungen am 11.11. und am besten mit Beginn um 11 Uhr 11 mit der Wahl des „Prinzenpaares“ finden wir ab Mitte des 19. Jahrhunderts beim rheinischen Karneval (Kassel, Köln). Hier trat das Organisationskomitee („Elferrat“) erstmals zusammen, um den anstehenden Fasching zu planen und die diversen Aufführungen auszuhecken. Vom Rheinland ausstrahlend verbreitete sich dieser neue Brauch relativ rasch.

In Tirol mit seiner traditionellen Fastnachtslastigkeit finden wir solche konstituierenden Faschingssitzungen dagegen erst im ausgehenden 20. Jahrhundert. Abgehalten werden sie heute in den Hochburgen Innsbruck, Landeck, Schwaz und Sillian.

Krampus mit Kind im Tragekorb

Winter
November – Dezember

Advent und Weihnacht in Tirol

Von der ehemals ruhigsten Zeit im Jahreslauf ist nur mehr wenig übriggeblieben. Es gibt sie aber noch, die sogenannten Rückzugsgebiete, wo man im Einklang mit der Natur oder im privaten Rahmen die Adventzeit und Weihnachten ohne Hektik erleben kann. Des Menschen Wille ist eben auch sein Himmelreich. Ob Trubel oder ruhige Vorbereitung – Tirol hat für jeden etwas zu bieten. Eines ist im Sinne einer lebendigen Brauchkultur auf alle Fälle festzustellen: Advents- und Weihnachtsbräuche erleben eine neue Hochblüte. Selbst als Brauchtumsfanatiker gerät man dabei in Streß, wenn man alles Angebotene wahrnehmen und genießen will. Abgesehen natürlich von den „privaten" Bräuchen, die allerorts gehegt und gepflegt werden. Man denke nur an die Rituale rund um den Heiligen Abend: das Aufstellen und Schmücken des Christbaumes, das „Kinderprogramm" vor der Bescherung, die Speisenfolge oder der gemeinsame Gang zur Christmette.

Es klingt geradezu paradox, daß mit dem zunehmenden weihnachtlichen Trubel – zahlreiche Weihnachtsfeiern (die z.T. schon Anfang November stattfinden), das Geschenkekaufen für Verwandte und alle möglichen Freunde, das Keksebacken eifriger Hausfrauen oder der Abschluß von Arbeitsprojekten vor den Feiertagen – trotzdem genug Zeit bleibt, Tiroler Advent- und Weihnachtsbräuche auszuüben oder zumindest mitzuerleben.

Großen Anteil daran haben Initiativen, die sowohl von Städten und Gemeinden, Tourismusverbänden und Kirchen, von Brauchtums- oder Traditionsverbänden ausgehen. Das Spektrum reicht dabei von den Weihnachtsmärkten über die Besinnungsfeiern in Kapellen und Kirchen bis hin zu wiederbelebten Heischebräuchen, die es nach alter Tradition in Tirol gegeben hat.

Wer die Wahl hat, hat die Qual. Denn wer das Tiroler Advent- und Weihnachtsbrauchtum „umfassend" genießen will, braucht Zeit und ehrlicher Weise einen Terminkalender. Oder man sucht sich einfach die „Schmankerln" heraus, die einen besonders ansprechen. Sei es, daß man spezielle „Weihnachtsevents" in stimmiger Atmosphäre (wie in Matrei am Brenner) bevorzugt, oder lieber das weihnachtliche Turmblasen im ruhigen Ambiete (wie in den Osttiroler Gemeinden Virgen bzw. Ainet) genießt.

Leuchtender Christbaum beim Goldenen Dachl in Innsbruck

Weihnachten sollte ein Fest der Freude sein – und Freuden können vielfältig und vor allem individuell sein. In diesem Sinne einige Tips, wie man Tiroler Advent und Weihnachten mit allen Sinnen erleben kann:

Riechen:
den Duft von Weihrauch bei der Christmette
oder den Dreikönigsumgängen
Schmecken:
die Tiroler Spezialitäten wie Kiachel
oder Glühwein auf den Weihnachtsmärkten
Hören:
den Klang der Turmbläser oder den Gesang der Anklöpfler
bzw. der Kinder bei den Hirtenspielen
Sehen:
die beleuchteten Adventfenster, die großen Adventkränze
in den Kirchen oder die Nikolauseinzüge bzw. das Perchtenlaufen
Fühlen:
die handgeschnitzten Tiroler Krippenfiguren, die Barbarazweige
oder mit Hilfsmitteln das Schicksal in den Orakelnächten

Weihnachtsmärkte

„Süßer die Glocken nie klingen ...“ – oder frei übersetzt „Süßer die Kassen nie klingeln ...“: So mag mancher denken, wenn er an die seit den letzten Jahren steigende Zahl von Weihnachts- bzw. Adventmärkten denkt. Dies mag zum Teil richtig sein. Doch die Märkte in der Adventzeit haben auch in Tirol eine lange Tradition. Allerdings waren es ganz „normale“ Märkte, d.h. es wurden auf ihnen Waren des täglichen Gebrauchs, Kleidung, Werkzeug u.ä. angeboten. Natürlich bot man auch kulinarische Spezialitäten und vor allem etwas zu Trinken an. Daß es dabei so manchen Betrunkenen gegeben hat, liegt auf der Hand. Da hat sich im Laufe der Zeit wenig geändert. Mit dem christlichen Weihnachtsfest an sich haben solche Märkte – bis auf wenige Ausnahmen – nichts zu tun gehabt. Bei den Nikolausmärkten oder Thomasmärkten (wie in Innsbruck) hat es zwar diverse weihnachtliche Gebildbrote gegeben, doch von einem gewissen weihnachtlichen Flair war außer dem (damals zumeist reichlich vorhandenden) Schnee nichts zu spüren.

Vorbildcharakter für ein ausgesprochen weihnachtliches Ambiente hatten die großen Märkte in Nürnberg bzw. Berlin, die 1697 und 1735 ins Leben gerufen wurden. Im Einklang mit dem neu gewachsenen Brauch des Schenkens stimmte man auch die Marktstände bzw. das Angebot ab. Man reagierte in wirtschaftlicher Hinsicht auf die Nachfrage und den speziellen Bezug zu Weihnachten.

Die historischen Nachrichten von solchen „Christkindlmärkten“ belegen, daß man auch schon sehr früh Wert auf ein besonderes weihnachtliches Flair gelegt hat – so sang man auf den öffentlichen Plätzen Weihnachtslieder und beschenkte Kinder mit kleinen Gaben.

Aber zurück nach Tirol, vor allem in die Landeshauptstadt Innsbruck: Schon in der ersten Hälfte des 17. Jahrhunderts wurde der Thomasmarkt (21. Dezember) eingeführt. An wechselnden Plätzen (wie Stadtplatz/Herzog-Friedrich-Straße, Maria-Theresien-Straße, Wilhelm-Greil-Straße oder Marktplatz) und mit Unterbrechungen fand von 1657 bis in die 60er Jahre des 20. Jahrhunderts der Nikolausmarkt statt. Würdiger „Nachkomme“ dieses traditionellen weihnachtlichen Marktes ist der Christkindlmarkt in der Innsbrucker Altstadt, der 2003 sein 30-jähriges Bestehen feierte. Er ist beliebtes Ziel der einheimischen Tiroler aber u.a. auch zig-Tausender Italiener, die auf der Suche nach dem alpenländischen Weihnachtsflair sind – und es nach eigenem Bekunden auch finden.

Wenn man nach einem gemeinsamen Charakteristikum der Tiroler Weihnachtsmärkte forscht, dann zeigt es sich offensichtlich im Kulinarium: Es sind die angebotenen Kiacheln, Krapfen oder Nudeln, die zusammen

mit dem Glühwein ein duftendes und gaumenfreudiges Vergnügen bereiten. Ausgehend von der Landeshauptstadt Innsbruck trachtet man danach, bei allen Märkten entsprechende Qualität zu bieten. Auch wenn sich so mancher zuviel Glühwein zumutet, die Zeit des alkoholgeschwängerten Dunstnebels über den Weihnachtsmärkten ist vorbei. Für individuelle Ausnahmen kann leider nicht gehaftet werden ...

Aber nicht nur das regionale Kulinarium und die weihnachtlich abgestimmten Waren bestimmen das weihnachtliche Tiroler Marktgeschehen: großes Augenmerk wird vielerorts auf ein volkskulturelles bzw. künstlerisches Rahmenprogramm gelegt. Wohl kaum zu einer anderen Zeit kann man auf engem Raum und in einem festgesetzten Zeitabschnitt dermaßen viel an (weihnachtlicher) Tiroler Volkskultur miterleben. Konkurrenz belebt das Geschäft – das zeigt sich auf vortreffliche Art und Weise gerade bei den Veranstaltungen in der Adventzeit. Regionale Besonderheiten (nicht zuletzt das Brauchgeschehen) erhalten einen neuen Stellenwert. Was sich davon erhält bzw. durchsetzt, wird man noch sehen. Auf alle Fälle bieten die Advent- bzw. Weihnachtsmärkte volkskulturelle und künstlerische Foren, wo man Alltags- und Festkultur für eine breite Interessentenschaft aufzeigen kann.

Allgemeine Informationen, Öffnungszeiten und Rahmenprogramm zu den Tiroler Weihnachtsmärkten unter: www.advent.tirol.at

Advent in der Region Imst-Gurgltal: www.imst.at/advent/
Advent in Lienz: www.advent.tirol.at
Adventmarkt in Hall in Tirol: www.advent-hall-tirol.at
Christkindlmarkt in der Innsbrucker Altstadt: www.christkindlmarkt.cc
Christkindlmarkt am Innsbrucker Landhausplatz: www.christkindlmarkt-tirol.at
Kitzbichler Advent: www.advent.tirol.at
Landeck-Advent im Schloß: www.advent.tirol.at
Schwazer Adventmarkt: www.advent.tirol.at
Seefelder Advent: www.advent-austria.at/seefeld/
Weihnachtszauber auf der Festung Kufstein: www.kufstein.at

Adventkalender

Lienz, Reith b. Kitzbühel, Plangeroß/Pitztal, Hall

Das Prinzip des Adventkalenders ist leicht erklärt: Man will auf einfache Art und Weise den Kindern (und junggebliebenen Erwachsenen) die Vorbereitungszeit auf das Weihnachtsfest verkürzen. In gewisser Weise kann man auch von einer Spielart der „Adventsverehrung" sprechen. Ein „Vorläufer" dieses doch recht jungen „Brauches" beruht auf einem Adventbild, das der Künstler Petrus Christus in Brügge im 15. Jahrhundert gemalt hat: In einem weit verzweigten Geäst wird Maria mit dem Jesukind dargestellt. An einzelnen dürren Ästen hängen 24 goldene gotische Buchstaben „A" herab, die symbolisch für 24 Ave-Maria-Gebete stehen.

In der volkstümlichen Praxis hat man sich in früheren Zeiten wesentlich einfacherer Mittel bedient. Diese Frühformen des Adventkalenders dienten sowohl als Zeitmessungshilfe als auch – und das war besonders wichtig – als spirituelle Vorbereitung.

So hat man etwa 24 Kreidestriche auf den Türstock gemalt und jeden Tag einen Strich weggewischt bzw. eine große Kerze täglich für kurze Zeit angezündet. Als christlich-pädagogisches Instrument diente in den katholischen Schulen eine Krippe: Jeden Tag durfte ein Kind einen Strohhalm in die Krippe legen, sodaß für den am 24. Dezember geborenen Heiland ein möglichst „warmes" Bett bereitet war. Im Westen von Tirol hat es bis ins 20. Jahrhundert hinein auch noch die sogenannten Kerbhölzer gegeben. In ein einfaches Stück Holz haben die Kinder in der Adventzeit täglich eine Kerbe für ein gesprochenes Gebet eingeschnitzt. Überprüft wurde es nicht nur von den Eltern, sondern gleich am Beginn der Adventzeit vom Hl. Nikolaus, der entsprechend den Einkerbungen mahnte oder belohnte. Mit dem Sprichwort „etwas auf dem Kerbholz haben" hat es eben für die Kinder im Brauchgeschehen eine besondere Bewandtnis gehabt …

Heute verbindet man mit einem Adventkalender landläufig die gedruckten Bilderbögen, wo man täglich ein ausgeschnittenes Kästchen aufmachen darf. Der vermutlich erste gedruckte Adventkalender („Die vierundzwanzig Wartetage") kam 1903 in München heraus, wobei man hier mit Hilfe eines beigelegten Ausschneidebogens die einzelnen 24 Kästchen überkleben konnte.

Inzwischen hat sich bei diesen Kalendern einiges geändert: Vielfach wurde aus der Vorbereitung auf das Fest eine stufenweise Vorwegnahme. Man denke nur an die Schokoladenstücke oder andere kleine Geschenke, die das lange

Advent in Lienz mit „Adventkalender Liebburg"

Warten auf Weihnachten im wahrsten Sinne des Wortes versüßen (und symbolisch verkürzen) sollen. Vom einst geläufigen Fasten und Darben in der Adventzeit ist da schon gar nichts mehr zu spüren ...

Seit den letzten Jahrzehnten hat sich in Tirol eine besondere Art des Adventkalenders verbreitet, die vor allem das Auge (und manchmal vielleicht auch die Seele) anspricht. Es handelt sich dabei um 24 Fenster an öffentlichen Bauten bzw. Privathäusern, die nacheinander künstlerisch ausgestaltet, aber zumindest mit einem Licht versehen, den Verlauf des Advents bildlich und vielfach stimmungsvoll umsetzen.

In Lienz in Osttirol gestalten regionale Künstler die 24 Fenster der Liebburg, die täglich um 18.30 Uhr mit musikalischer Umrahmung feierlich „geöffnet" werden. Mitten im dörflichen Ambiente der Unterländer Gemeinde Reith bei Kitzbühel werden ebenso wie am Schwazer Pfundplatz bzw. beim Pitztaler Bergadvent 24 Fenster bei Häusern zu weihnachtlichen Stimmungsbildern umfunktioniert. In Plangeroß im Pitztal sind es dreizehn Häuser, die abwechselnd mit geschmückten Adventfenstern aufwarten und wo man mit kleinen weihnachtlichen Geschenken wie Keksen, Glühwein oder Punsch nicht nur im Herzen erwärmt wird. Beim Haller Adventmarkt am Oberen Stadtplatz sind es die umliegenden Altstadtfassaden, die zu kalendarischen Projektionsflächen werden. Was „spartanisch" erscheint, erweist sich in der Realität als beeindruckendes Lichtspiel: Jeden Tag wird der entsprechende Termin eingefärbt, bis schlußendlich der 24. Dezember allein als „weiße" Fläche erscheint – und das Weihnachtsfest da ist.

Information: www.pitztaler-bergadvent.at

Adventkranz

Wie der Weihnachts- bzw. Christbaum ist auch der Adventkranz eine protestantische Erfindung, die erst in der zweiten Hälfte des 20. Jahrhunderts in Tirol so richtig bekannt und beliebt wurde. Ausgangspunkt für das Aufkommen des inzwischen untrennbar mit der Adventzeit verbundenen Kranzes war keine Kanzelpredigt, kein findiger Wirtschaftstreibender und auch nicht das Floristengewerbe. Es waren vielmehr Adventsandachten, die der Hamburger Pfarrer Johann Heinrich Wichern im 19. Jahrhundert in einer von ihm gegründeten Anstalt für gefährdete Jugendliche einführte. Im Rahmen dieser allabendlichen Andachten wollte er den jungen Menschen möglichst anschaulich das Kommen des Heilands näherbringen. Von nüchtern-protestantischer Praxis also keine Rede, wenn er täglich eine Kerze auf einem Kranz entzündete. Als liturgischer Hintergrund dieses Brauches ist die Perikope des ersten Weihnachtstages zu sehen, in der vom „Licht, das in der Finsternis leuchtet" (Joh.1,1) gesprochen wird.

Und genau dieses zunächst kleine Leuchten endet am 24. Dezember mit einem strahlenden Lichterglanz aller 24 Kerzen. Ob der protestantische Pfarrer auch Erfolg bei der „Erziehung" seiner anheimgestellten Sprößlinge hatte, ist eine andere Geschichte. Auf alle Fälle erfreute sich schon bald diese Form der Adventandacht, vor allem Dank zahlreicher Flugblätter, großer Beliebtheit. Aber es gab auch Probleme: So etwa mußten es schon recht große Kränze sein, auf denen man 24 Kerzen plazieren konnte. Es gab sogar Versuche (so etwa in der Zeit um 1902), als Ersatz für einen Kranz bzw. ein Gebinde kleine Bäumchen mit Kerzen zu versehen. Doch die Konkurrenz des Christbaumes war zu groß – dieser hatte nämlich seinen Siegeszug schon angetreten. Also besann man sich auf eine einfachere Methode: Man zündete eben nur ein Licht an jedem Adventsonntag an. Die Idee des Adventkranzes mit seinen vier Kerzen war geboren. Doch nur ganz langsam wurde dieser Brauch, der sich zunächst allein auf die Kirchen beschränkte, angenommen. Einfach gesagt: Von Norden Deutschlands ausgehend hat der protestantische Adventkranz schließlich auch in den katholischen Gegenden des Alpenraumes Fuß gefaßt. Das ging insofern leicht, weil die mit dem Adventkranz einhergehende Lichtsymbolik auch mit den liturgischen Vorgaben der katholischen Kirche harmonierte. Vom einem „uralten" Brauch ist also auch beim Adventkranz keine Rede. Denn erst seit den 40er Jahren des 20. Jahrhunderts werden sie in den Kirchen auch geweiht.

Adventkranz einmal anders

Heute ist der Adventkranz (und seine designten Ableger) vom weihnachtlichen Geschehen nicht mehr wegzudenken. In vielfältigen Aufmachungen, die durchaus auch dem gängigen Modediktat unterworfen sein können, findet er sich (fast) in jedem Haus, aber vor allem in allen Kirchen. Manche behaupten sogar, daß ein Adventkranz nur dann „echt" ist, wenn bestimmte Farben bei den Kerzen verwendet werden. Nun, das mag jeder halten wie er will und tut der Beliebtheit des Brauches keinen Abbruch. Wie eng der Adventkranz inzwischen mit der vorweihnachtlichen Stimmung verbunden ist, zeigt sich nicht zuletzt daran, daß in Lienz in Osttirol sogar ein Kreisverkehr im Stadtzentrum mit vier übergroßen (elektrischen) Kerzen in einem stilsierten Kranz geschmückt ist.

Hl. Barbarafeier in Schwaz

4. Dezember

Mit der Hl. Barbara verbindet man in der Weihnachtszeit vor allem die „Barbarazweige". Das sind Zweige des Kirschbaumes, die man unbedingt am Patronatstag der Heiligen (4. Dezember) abschneiden soll. Man gibt sie in eine mit Wasser gefüllte Vase, stellt sie an ein warmes Plätzchen und sie sollen dann am 24. Dezember zu blühen anfangen. Das Blühen der Barbarazweige rund um Weihnachten verweist ganz einfach auf die Ankunft des Heilands – ein Ereignis, wo selbst die Natur „aus der Rolle fällt".

Zudem stehen die Barbarazweige im engen Zusammenhang mit der Legende der Heiligen: So soll sich auf dem Weg zu ihrer Hinrichtung ein Kirschzweig im Kleid der Märtyrerin verfangen und bei ihrem Tod plötzlich zu blühen angefangen haben. In einer Überlieferung heißt es dazu: *„Du schienst wie tot. Aber du bist aufgeblüht zu schönerem Leben. So wird es auch mit meinem Tod sein. Ich werde zu neuem, ewigen Leben aufblühen!"*

Als eine der Vierzehn Nothelfer hat die Hl. Barbara im Tiroler Volksleben eine nicht unbedeutende Rolle gespielt. Davon zeugen nicht zuletzt die zahlreichen Kapellen und Kirchen, die ihr geweiht sind, sondern auch unzählige Darstellungen. Untrennbar ist die Heilige mit dem Bergbau verbunden. In der Legende heißt es dazu, daß sich der vor ihrem (heidnischen) Vater flüchtenden Barbara plötzlich ein Felsen „aufgetan habe", worin sie Zuflucht fand.

Der Bergbau spielt in Tirol heute (kaum) mehr eine Rolle. Und trotzdem gedenkt man der Heiligen nach wie vor, insbesondere in Schwaz, dem unbestreitbar größten Zentrum des regionalen Bergbaus der Vergangenheit. Das Silberbergwerk Schwaz organisiert für die Mitarbeiter eine eigene Barbarafeier im Schaustollen, doch auch die Stadt Schwaz hält nach wie vor an der traditionellen Barbarafeier fest. Man trifft sich am 4. Dezember bei der Barbarastatue im Stadtzentrum und marschiert anschließend mit der Knappenmusik zur Pfarrkirche, wo eine Hl. Messe stattfindet. Anschließend erhalten alle anwesenden Barbaras einen „Barbarazweig", der bei guter Fürsorge sicherlich am Hl. Abend aufblühen wird.

Nikolausspiel in Alpbach

Hl. Nikolaus / Nikolausspiele

Den Nikolaus kennt bis heute jedes Kind. Er ist derjenige, der am Vorabend des 6. Dezembers in bischöflichem Ornat, mit Mitra und Krummstab auftritt und den Kindern Geschenke bringt. Außerdem hat er gelegentlich noch einen „Krampus" dabei, der kettenrasselnd für die gehörige Portion Respekt sorgt. Sein Aussehen und der „höllische" Begleiter unterscheiden ihn vom rotgewandeten Weihnachtsmann, der eher dem „Christkind" als dem Nikolaus in den letzten Jahren zunehmend Konkurrenz macht.

Die Wurzeln des Nikolausbrauches reichen bis ins Mittelalter zurück. Um 1071 wurden die Gebeine des angeblich wundertätigen Bischofs Nikolaus von Myra (Kleinasien) von geschäftstüchtigen Kaufleuten geraubt und nach Bari in Italien gebracht. Ziel war es, einen „Reliquienkult" zu etablieren, der neben religiösen Interessen vor allem dem ökonomischen Gewinn dienen sollte (Wallfahrten etc.). Von Bari (und später Köln) ausstrahlend, gewann der Nikolauskult binnen weniger Jahrzehnte Bedeutung im gesamteuropäischen Raum.

Die Bräuche, die rund um diesen Bischof entstanden, sind vor allem auf zwei Legenden zurückzuführen. Zum einen rettete er drei Jungfrauen vor dem sicheren Los als Prostituierte zu enden, indem er ihnen nächtens drei goldene Kugeln zukommen ließ: Daraus entwickelte sich der Brauch des geheimen „Einlegens" von Geschenken für die „braven" Kinder. Zum anderen aber erweckte er drei Schüler wieder zum Leben, die von einem verbrecherischen Gastwirt zerstückelt und eingepökelt worden sind. Von dieser Legende ausgehend wurde Nikolaus zum Schülerpatron und in weiterer Folge derjenige, der sie zur Weihnachtszeit im katholischen Glauben „examinierte".

Den alljährlichen Hausbesuch des Nikolaus kennt man seit dem frühen 17. Jahrhundert. Schon zu dieser Zeit wurde er auch von einem etwas unangenehmeren Gesellen begleitet: dem „Krampus“, den man sich als etwas harmlosere Variante des Höllenfürsten höchstselbst vorstellen kann. Im Grunde führten die beiden ein Spiel auf, das bis heute beliebt ist – einer übernimmt den Part des „Guten“, der andere die Rolle des „Bösen“. In Zusammenarbeit sind die beiden bezüglich der üblichen Einschüchterungen ein fast unschlagbares Team: Die „braven“ Kinder überleben und werden belohnt; die „bösen“ aber gehen leer aus und können sich ihrer Zukunft nicht mehr sicher sein. Am Wert dieser brutalen Pädagogik ist über Jahrhunderte nicht gezweifelt worden.

Aus den Hausbesuchen der beiden ungleichen Gesellen haben sich im Laufe der Zeit aber auch dramaturgisch in Szene gesetzte „Theater-Spiele“ entwickelt. Nikolaus und Krampus blieben dabei die zentralen Figuren, rund um sie haben sich aber zahlreiche andere „Geschichten“ angesammelt. Meistens hatten sie zum Inhalt, daß schändliches Verhalten bestraft, „wertvolles“ aber belohnt wird. Beschworen wurden dabei der „Ehebrecher“, der „Wucherer“, der „Säufer“, der „Geizkragen“, „Jedermann“ und viele mehr. Diese „Nikolausspiele“ richteten sich in Folge weniger an die Kinder, als viel mehr an die Erwachsenen.

Gestartet haben sie als „Stubenspiele“; das heißt, sie wurden von Haus zu Haus ziehenden Laiendarstellern aufgeführt. Dank der vielen Geschichten, die sich darum zunehmend entwickelt haben, landete man mit ihnen im Laufe der Zeit zielstrebig auf der „Bühne“: in Tirol also meistens im Wirtshaus. Als „Theateraufführung“ mußte man da natürlich auch auf ein möglichst großes Publikum schielen. Und das bekam man, indem man die Zuschauer im besten Sinne des Wortes auch unterhielt. Folge war, daß sich zunehmend Szenen entwickelten, die mit dem eigentlichen Inhalt der „Adventspädagogik“ kaum mehr zu tun hatten. Die Nikolausspiele wurden ab dem 18. Jahrhundert immer stärker mit komischen und heiter-satirischen Geschichten angereichert. Aus dem strengen „Nikolausspiel“ wurde eine Art „bunter Abend“ mit moralischem Anstrich. Und auch die musikalische Umrahmung fehlte dabei nicht.

Den Höhepunkt erlebten diese einst weit verbreiteten Spiele im 18. und 19. Jahrhundert. Danach ging es steil bergab. Spielunlust (immerhin sind 20–30 Akteure vonnöten), wirtschaftliche Lage und schlichtes Desinteresse führten in Tirol zu einem Artensterben sondergleichen. Wo andernorts traditionelle Spiele bis heute noch alljährlich (!) aufgeführt werden (z.B. Bad Mitterndorf/Steiermark), kann man in Tirol selten gewordene Aufführungen in langjährigem Rhythmus nur sehnlichst erhoffen. Bemerkenswert an diesen Vorstellungen ist, daß sie weniger den Hl. Nikolaus, als das „Jedermann-Motiv“ im Zentrum haben.

— Alpbacher Nikolausspiel

Von allen in der Gegenwart aufgeführten Nikolausspielen ist das Alpbacher vermutlich das „weltlichste". Zwar kreist die Handlung wie bei den übrigen um das „Jedermann-Motiv" (Vergänglichkeit: Jüngling contra Tod), die Ausschmückung durch volkstümliche Szenen ist allerdings weitaus stärker. Neben dem „Goaßer" (Ziegenhirt), dem Förster, Jäger, Schleifer und Guckkastenmann tritt sogar ein „Kasperl" auf.

Das Alpbacher Stück wurde nach den Angaben älterer Mitspieler 1955 aufgezeichnet und ging nach jahrzehntelanger Pause 1987 erstmals wieder über die Bühne. Die Aufführungen folgen einem etwa 10-jährlichen Rhythmus.

— Nikolausspiel in Hart im Zillertal

Die in Hart in den letzten Jahren auf die Bühne gebrachte Aufführung geht zu einem großen Teil auf das „Nikolausspiel von Gerlos" zurück. In dessen Zentrum steht eine Adaption des „Großen Unterinntaler Paradeisspieles", das um 1600 in Schwaz entstanden sein dürfte. Adam und Eva, die Einflüsterung der Schlange und der verheerende Biß in den Apfel, bilden damit den Kern des Stückes. Es sind also „übergeordnete" Themen, welche dieses Spiel beherrschen. „Volkstümliches" und auch der Auftritt des Hl. Nikolaus haben sich diesem Stück nur „angelagert".

— Nikolausspiel in Reith im Alpbachtal

Entstanden dürfte das Reither Spiel im Laufe des 18. Jahrhunderts sein. Vor Ort lassen sich seine Anfänge jedenfalls bis 1875 zurückführen, wo es erstmals auf- bzw. abgeschrieben worden ist. Die mehrstündige Aufführung ist in zwei klar unterscheidbare Teile gegliedert: Der erste Teil gehört den geistlich „übergeordneten" Figuren wie Teufel, Engel, Tod, mit dem „Jedermann-Motiv" im Mittelpunkt. Der zweite Teil dagegen hat den Hl. Nikolaus im Zentrum. Beide Teile werden durch „vergnügliche Szenen" aus dem Tiroler Volksleben bereichert, wobei der zweite Teil stärker auf dieses unterhaltsame Element setzt. Das Reither Nikolausspiel geht etwa alle sieben Jahre über die Bühne.

— *Nikolausumzüge*

Innsbruck

5. Dezember

Der Hl. Nikolaus kann seine Gaben heimlich hinterlegen, bei Hausbesuchen die Kinder persönlich loben bzw. mahnen oder er zieht mit seinem Gefolge um seinen Patronatstermin (zumeist 5./6. Dezember) in einem Umzug durch Städte und Gemeinden. Besucht die Gestalt des Heiligen dann noch Kindergärten, Schulen oder Supermärkte, wissen alle: die Adventzeit hat so richtig begonnen. Kinder stürmen von einem Hl. Nikolaus zum anderen und holen sich ihre Geschenke ab.

Wesentlich beeindruckender sind die Nikolausumzüge, wo der Heilige zwar nicht für „jeden“ einzelnen einen Spruch parat haben kann, aber in den meisten Fällen eine „offizielle“ Rede auf einem öffentlichen Platz hält. Auch hier sorgen Gemeinden, Tourismusverbände oder private Sponsoren dafür, daß die Kinder ihre Gaben bekommen. Manchmal geht es vielleicht etwas hektisch zu, doch für die Kleinsten sind diese Umzüge immer noch ein Erlebnis.

Zum Gefolge des Hl. Nikolaus gehören zumeist die Engel bzw. die Krampusse. Im Gegensatz zu vielen Perchten- oder Krampusläufen halten sich hier die dunklen Gesellen zurück – sie marschieren zwar mit, schwingen aber nur symbolisch ihre Ruten und Ketten. Als Fortbewegungsmittel dienen dem Hl. Gabenbringer Kutschen (ob Kufen oder Räder hängt von der Schneelage ab) oder er geht ganz einfach zu Fuß. Beim Christkindlmarkt am Landhausplatz in Innsbruck kommt er aber mit dem Hubschrauber – vielleicht hat er sich diesen von seinem „Konkurrenten“, dem amerikanisch angehauchten Weihnachtsmann ausgeliehen? In der Altstadt von Innsbruck organisiert am 5. Dezember das Jugendrotkreuz einen Nikolausumzug, der vom Stadtteil St. Nikolaus (!) über die Innbrücke zum Dom führt. Dort wird der Heilige aus Myra vom Bischof der Diözese erwartet, und in einem stimmungsvollen Ambiente erfolgt eine kurze Feierlichkeit mit Ansprachen und Musik.

Krampusgestalten in Rietz

Krampusse und Perchten

Fährt man anfangs Dezember durch's Tiroler Land, so wird einem eine Begegnung mit dem Krampus, einem „Klaubauf" oder einer „Percht" kaum erspart bleiben. Bei all den unterschiedlichen Ausformungen, den unterschiedlichen Kostümierungen, bleibt eines aber immer gleich: Die dämonisch vermummten Gestalten erregen Furcht und lassen vor allem die Kinder bis ins Innerste erzittern.

Der „Krampus" (von „Krampen" = Krallen) tritt dabei zunächst als Begleiter des Hl. Nikolaus auf und man kennt ihn als Brauchfigur seit etwa dem 17. Jahrhundert. Andernorts als Bartl, Butz, Leutfresser oder Knecht Ruprecht bekannt, fiel ihm die „strafende" Seite des Nikolaus-Auftrittes zu. Während der Nikolaus predigte, visitierte, mahnte und lobte, stellte der Krampus die dämonische Seite dar, den Abgrund der Hölle. Der Krampus kann damit weitgehend als Stellvertreter des Teufels gelten. Sein optischer Auftritt war und ist dementsprechend: Fellkostüm, furchterregende Larve mit Hörnern entsprachen ganz den Vorstellungen des Volkes vom Teufel.

Ist der Krampus über Jahrhunderte (von den „Nikolausspielen" abgesehen) nur als Begleiter des Hl. Nikolaus aufgetreten, so hat sich daran in den letzten Jahrzehnten einiges geändert. Immer weniger Eltern waren bereit, diese entsetzliche Gestalt in ihre Häuser und Wohnungen einzulassen und ihre

Kinder damit zu peinigen. Die Folge war, daß der Krampus vor der Tür warten mußte. Weitere Folge war aber auch, daß er sich ein neues Betätigungsfeld suchte.

Er löste sich vom Nikolaus ab und begann nun auf eigene Faust herumzuziehen. Krampusse treten heute in selbständigen Horden auf, und eigene Krampusumzüge und „Teufelsauftritte“ wurden vor allem von jungen Brauchtumsträgern ins Leben gerufen.

Kettenrasselnd ziehen die Krampusse durch die Städte und Dörfer und dank der Vermummung und des (manchmal) nicht unerheblichen Alkoholgenusses leisten sie sich auch den einen oder anderen körperlichen Übergriff: Die „Bestrafung“, für die heutzutage der „himmlische“ Auftrag des Hl. Nikolaus vollständig fehlt. Laut dem österreichischen Obersten Gerichtshof (als „Ersatzinstanz“ des Bischofs) ist diese „Bestrafung“ durch das Brauchtum nur dann gedeckt, „wenn es sich lediglich um eine unerhebliche Verletzung handelt“. Blaue Flecken, leichte Zerrungen oder Hautabschürfungen fallen unter Umständen gerade noch unter das Erlaubte (in Einzelfällen ist das natürlich in Gerichtsverfahren zu klären). Um die verkleideten Krampusse dafür zu identifizieren, ist heutzutage in einigen Städten das Tragen von „Nummerntafeln“ vorgeschrieben (z.B. Lienz).

Weitaus „harmloser“ fallen dabei die meist gut organisierten und von eigenen Sicherheitskräften begleiteten Krampus- und Teufelsumzüge aus. Den Mangel an „körperlicher Bestrafung“ machen sie aber mit einer bis ins Diabolische gesteigerte Dramaturgie wett. Eigene „Shows“, ja gelegentlich eigene Musik (mit Vorliebe „Heavy-Metal“) wurden dafür kreiert. Ziel der Aufführungen ist ein unterhaltsamer Blick in die Hölle.

Die „Perchten“ sind in diesem Rahmen ein eigenes und eigentlich recht schwieriges Kapitel. Heutzutage teilen sie sich den Termin mit den Krampussen und sind gelegentlich kaum mehr von diesen zu unterscheiden (und treten, wie in St. Johann i. T., auch massenweise gemeinsam auf).

Die „Percht“ kennt man dabei als Sagengestalt in Tirol spätestens seit dem 8. Jahrhundert. Sie trat in den „Rauchnächten“ zwischen Weihnachten und Dreikönig auf und galt als „jenseitige“ Kontrollinstanz für das bäuerliche Anwesen. Furchterregend anzuschauen, belohnte sie die Ordentlichen und Fleißigen und bestrafte die Faulen und Nachlässigen. Insbesondere der Vorabend des und der 6. Jänner selbst galten für das Auftauchen der Percht als besonders begünstigt.

Als tatsächlich umherziehende „Brauchgestalt“ kann man die Percht in Tirol ab dem 17. Jahrhundert nachweisen (sie wird aber viel älter sein, wie der Vergleich mit Nachbarregionen zeigt). Wie die damals auftretenden

Brauchtumsträger ausgesehen haben, wie sie sich kostümiert haben, wissen wir leider nicht. Was wir allerdings wissen ist, daß man zwischen „Schönperchten" und „Schiachperchten" unterschieden hat (vor allem in Osttirol und im Kitzbüheler Raum). Die „Schönen" standen für die lohnende Seite der Percht, die „Schiachen" (= Häßlichen) für die strafende Seite.

Umhergezogen sind die Perchten vor allem rund um den 6. Jänner, der sogar als „Perchtentag" bezeichnet worden ist (belegt seit über 500 Jahren). Sie konnten aber durchaus auch bis in die Fastnacht (Fasching) auftreten. Als Fastnachtsfiguren haben sich ihnen weitere „humoreske" Gestalten angegliedert (wie „Lotter" und „Litterin", „Zillertaler", „Kurpfuscher" etc.).

Der „Sinn" der Perchten ist bis heute weitgehend ungeklärt. Die einen meinen, daß sie mit ihrem lärmenden Getöse (Glocken etc.) die Winterdämonen austreiben sollten, die anderen dagegen, daß man von ihrem zahlreichen Auftreten auf eine reichliche Ernte geschlossen hat. Gegen das Austreiben des Winters spricht, daß „Perchten" schon ab Anfang des 18. Jahrhunderts rund um den Hl. Nikolaus anzutreffen waren und der Winter kalendarisch noch gar nicht begonnen hatte. Gegen einen reichlichen Erntesegen spricht, daß Perchten im Gegensatz zu heute keineswegs alljährlich aufgetreten sind. Wären sie für die bäuerliche Wirtschaft aber wirklich so wichtig gewesen, dann wäre dies sicherlich der Fall gewesen.

Viel glaubwürdiger ist dagegen, daß die Brauchtumsgestalt der Percht viel mehr aus einem „Heische"- oder „Bettelbrauch" entstanden ist. Gerade im Winterhalbjahr haben sich arme Leute immer wieder diverser Brauchtumstermine bedient, um bettelnd von Haus zu Haus zu ziehen. Erschreckende Kostümierung, Androhung von Strafen und Berufung auf Nächstenliebe waren dabei ihre schlagenden Argumente (siehe: „Krapfenschnappen", „Anklöpfeln", „Herbergsuchen", „Kindlwiegen", „Sternsingen").

So liest man etwa aus Lienz in Osttirol noch um 1837: *„Die jungen Mannspersonen vermummen sich (da schon nach dem ersten Weihnachtstag; Anm. d.V.) als Perchtl; d.h. sie ziehen so schlechte, zerissene, zottiche Kleider an, als sie habhaft werden können, und entstellen sich in eine recht häßliche Figur, laufen von Haus zu Haus, schreien, knurren, poltern und brüllen, nehmen Glocken und Besen und Ketten usw. mit und beabsichtigen damit, den Hausgenossen Furcht und Schrecken einzujagen, bis sie durch Geschenke, bestehend in Brot, Käse, Speck, Butter, Fleisch, Branntwein u.dgl. beschwichtigt und abgefertigt werden."*

Noch bis heute erhalten haben sich diesbezüglich die Zillertaler „Pinggalperchten" sowohl in ihrem ursprünglichen Sinn (Gaben heischen) als auch in ihrem ursprünglichen Termin (Vorabend des 6. Jänners). „Arme, bettelnde Leute" ist allerdings bis heute relativ zu nehmen. Schon seinerzeit haben sich gerade junge Burschen den Perchten angeschlossen, die es eigentlich nicht nötig hatten (Söhne vermögender Bauern). Der Spaß für sie war offensichtlich, den Dorfbewohnern „etwas herauszureißen“. Und so ist es bezüglich der erwähnten „Heischebräuche“ bis heute auch geblieben – die einen „brauchen“ es (für Vereinszwecke zum Beispiel), für die anderen ist es ein Spaß.

Hatten die kostümierten Perchten also ihren Auftritt ursprünglich erst nach Nikolaus und Krampus, so wanderte ihr Termin doch allmählich Richtung 5./6. Dezember: Die beiden Bräuche begannen sich ab dem 18. Jahrhundert zu „vermischen“. So weiß man etwa aus Kitzbühel schon um 1730, daß die Perchten sowohl am 5. Dezember, als auch am 5./6. Jänner „gelaufen“ sind. In den vorliegenden Gerichtsakten werden diese Auftritte konsequenterweise als „Perchten- oder Nicolaus-Laufen“ bezeichnet. Eine Unterscheidung gab es seinerzeit aber doch: Als „echtes“ Perchtenlaufen wurde vor allem das bezeichnet, wo der Hl. Nikolaus nicht dabei war. Da der Hl. Nikolaus aber bezüglich Umzüge und Nikolausspiele schon zu damaligen Zeiten immer mehr zur Randfigur geworden ist, hat dieses Unterscheidungsmerkmal zunehmend an Bedeutung verloren (siehe z.B. „Klaubaufgehen“ in Matrei i. Osttirol). Und damit sind wir in der jüngsten Gegenwart angelangt.

Frage: Was unterscheidet heute den „Krampus“ von der „Percht“? Antwort: Der eine schaut wie der vorgestellte Teufel aus, die andere (eher) nicht. Die frühesten Beschreibungen der Perchten schildern sie in folgenden Kostümierungen: „große Schellenspitzhauben“, Holzlarven, Helme aus buntbeklebter Pappe, Holzlarven mit Hörnern, in Weiberkleidern mit Puppen und Blechgefäßen (Lärminstrumente), in Samtleibchen und kurzer Lederhose, als Lärminstrumente umgeschnallte Kuhglocken, Trommeln und Baßhörner.

Wie man sieht, konnten die Perchten alles mögliche sein. In Tirol begannen sie sich aber Mitte des 20. Jahrhunderts immer mehr dem „Diabolischen“ anzunähern. Offensichtlich von den Krampussen und dem nun fast überall eingehaltenen Termin rund um Nikolaus angeregt, wollte man möglichst teuflisch aussehen, ohne aber den „Teufel“ zu imitieren. In vielen Fällen ist das gelungen, in manchen aber auch nicht. Und manchmal weiß nur noch der jeweilige Brauchtumsträger selbst, ob er nun einen Krampus oder eben eine Percht darstellen will.

— *Krampus- und Teufelsauftritte*
Rietz, Zell am Ziller, St. Johann

Im Gegensatz zum restlichen Tirol haben in Rietz die Krampusse nicht die obligaten Fellkostüme. Sie treten mit nacktem Oberkörper auf, den sie gegen die Kälte mit einer Mischung aus Öl, Fett und Ruß eingeschmiert haben. Aus diesem Grund werden sie in Rietz nicht als Krampus, sondern schlicht als „Nackerte" bezeichnet. Da die Öl-Ruß-Mischung hartnäckig haftet und oft nicht mehr vollständig zu entfernen ist, werden sie in Privathäuser nicht mehr gerne eingelassen. Zufällig vorüberkommende Autofahrer sollten Türen und Kofferraum verschlossen halten, denn so ein „Nackerter" hält sich wegen der Wärme gerne auch einmal im Wageninneren auf. Der Nikolaus kann vor den Krampussen keinen Schutz bieten, weil er bei den Kindern unterwegs ist.

Nikolausumzüge mit oder ohne Krampus findet man in zahlreichen Tiroler Gemeinden. Relativ neu sind dagegen die boomenden Auftritte von Krampussen und „Teufeln", die zu einem eigenen „show-act" geworden sind. Viele der gegründeten Vereine starteten zunächst mit dem Motiv, altes Brauchtum zu erhalten. Um attraktiver zu sein, flossen aber sehr bald dramaturgische Elemente ein und ihr Auftritt wurde zu einem regelrechten Spektakel. Neu ist auch, daß sich viele Vereine aufgrund des enormen Aufwandes auch nach der Möglichkeit von mehreren Auftritten umgesehen haben – und sich damit auch regelrecht „buchen" lassen. Ausfluß dieser Bemühungen sind jedenfalls die professionellen „Homepages", die an diabolischen „Spektakeln" in Bild und Ton fast keinen Wunsch offenlassen.

In Zell am Ziller bieten höllische Gestalten einen theatralischen Auftritt inklusive Feuer-Show mit Heavy-Metal-Musik.

Informationen: www.hoellischen.at

Die St. Johanner setzen seit einigen Jahren auf einen gemeinsamen Auftritt von Krampussen („Toifi") und Perchten aus dem ganzen Alpenraum. Im Jahre 2003 traten immerhin 139 Gruppen („Passen") mit an die 2500 aktiven Teilnehmern auf, welche die Gemeinde wirklich in eine „Hölle" verwandelt haben.

Informationen: www.koasapass.at

Auswahl weiterer Vereine:
Anras: www.krampusverein-anras.com
Götzens: www.tuiflvereingoetzens.at
Kössen: www.unterbergpass.at
Kramsach: www.free.pages.at/bergtoifi
Landeck: www.krampusverein-landeck.at
Seefeld: www.krampusverein.at.tf
Sillian: www.sillianerkrampusse.eu.tf
Zams: www.zams-krampus.com

— *Perchtenläufe*

Angath, Angerberg u. Umgebung
Um den 5./6. Dezember

Ältere Perchtenläufe kann man vor allem im Tiroler Unterland und in Osttirol nachweisen (in Osttirol allerdings schon um 1875 „ausgestorben"). Generell gilt, daß die Beeinflussung durch die Salzburger (Pinzgauer) Perchten mit ihrer Unterscheidung in „Schöne" und „Schiache" vor allem auf Osttirol und den Bezirk Kitzbühel zugetroffen hat.

Im heutigen Kerngebiet des Perchtenlaufens zwischen Kundl und Wörgl hat man diese „schöne" Maskierung nicht übernommen. Eine Brauchbeschreibung vom 5.12.1900 erzählt von an die hundert Perchten: „Bauernburschen, als alte Deutsche verkleidet, auch Wilde und Teufel vorstellend" zogen mit Kuhglocken, Trommeln und Baßhörnern als Lärminstrumente durch Breitenbach und Angerberg. Und es waren offensichtlich die aus der Fastnacht bekannten „Wilden Männer", welche die Perchten vor allem inspiriert haben.

Perchtenläufe werden vor allem rund um Breitenbach und Angath/Angerberg gepflegt. In den letzten Jahren haben sich aber immer mehr Vereine auch in anderen Unterinntaler Gemeinden mit diesem Ziel gegründet, sodaß man heutzutage schon von einem regelrechten Boom sprechen muß.

Die Perchten in diesem Gebiet fallen vor allem durch ihre voluminösen Kostüme auf. Diese werden aus zahllosen getrockneten Maisblättern hergestellt, die auf eine passende Kleidung aufgenäht werden. Zwischen 60 und 100 kg müssen so von den Perchten (vom 4. bis 6. Dezember) durch die Orte getragen werden. Regnet es allerdings anhaltend, dann saugen sich die Maisblätter allmählich mit Wasser voll und das Kostüm kann so bis an die 130 kg schwer werden: eine herkulische Anstrengung für die jungen Burschen! Dazu kommen natürlich auch noch die holzgeschnitzten Larven mit Hörnern.

Als Lärminstrumente werden riesige, umgebundene Glocken und Hupen verwendet. Seit einiger Zeit haben sich dazu auch alte Autotanks gesellt, die um den Bauch geschnallt werden – als Ersatz für die alten Trommeln. Der Lärm, der beim Umzug erzeugt wird, ist in jedem Fall infernalisch.

Eine Perchtengruppe („Pass") besteht heute gewöhnlich aus an die 15 Perchten im Maiskostüm („Glockinger" und „Tamperer"), einer „Hexe", welche die Gruppe anführt, und letztendlich aus zwei bis vier Fellteufeln, welche mit ihren Pferdeschwänzen und Ruten den Weg durch die Passanten freimachen.

Informationen: www.broadpass.at.tf

Krampus mit Rute als Begleiter des Hl. Nikolaus

— *Klaubaufgehen in Matrei in Osttirol*
4. bis 6. Dezember

Sagen Sie niemals Krampus zu einem Matreier „Klaubauf" – das darauf folgende Erlebnis könnte nämlich durchaus schmerzhaft ausfallen! Denn die „Klaibeife" (Mehrzahl) empfinden sich geradezu als eigene „Rasse".

Und das vielleicht nicht ganz zu Unrecht, denn bis heute ist noch nicht geklärt, ob man es mit einem ausufernden Nikolausbrauchtum oder gar mit Überresten der alten Perchtenläufe zu tun hat. Fest steht dagegen, daß sich auch in Osttirol diese beiden Bräuche im Laufe des 18. Jahrhunderts zu vermischen begannen: Perchten traten auch am Nikolaustermin auf (inspiriert vom teuflischen „Krampus").

Der Name „Klaubauf" spricht dafür, daß man es eigentlich mit dem Krampus zu tun hat. Denn eine seiner Aufgaben war es ja, die „bösen" Kinder in einen Sack oder einen Rückenkorb zu stecken und mit sich fortzutragen. Klaubauf käme demnach einfach von „aufklauben". Andererseits haben sich die Klaibaife optisch dem „Teufel" in der Maskerade kaum angepaßt. Ziel war es vielmehr, besonders grauenerregend auszusehen – und das paßt besser zur „Schiachpercht", die ja auch eine strafende Funktion hatte. Bezüglich des Kostüms wird man jedenfalls einen „Klaubauf" in den meisten Fällen vom „Teufel" (Krampus) unterscheiden können (zumindest bis heute noch).

Für die Herleitung aus dem Perchtenbrauchtum spricht auch, daß die Klaibaife bis in die 20er Jahre des 20. Jahrhunderts einen eigenen „Kettenteufel" mit sich führten. Optisch entsprach er ganz dem Höllenfürsten und wurde in Ketten gefesselt von der Gruppe mitgeführt.

Klaibaife vermummen sich in braune, schwarze oder weiße Schafsfelle. Die grausliche Larve wird bis heute überwiegend in Holz geschnitzt (obwohl es auch Versuche in leichterem Aluminium gegeben hat). Aufgesetzte Hörner findet man selten und wenn, dann sind sie in die Larve integriert, meist nach unten gebogen und nicht wie im Unterinntal zu gewaltigen Aufsätzen angeschwollen. So erinnern sie eher an Tier- und nicht an Teufels-Gehörn. Vielleicht hat dies aber weniger mit einem bewußten optischen Unterscheidungsmerkmal, als vielmehr mit dem „Raufen" der Klaibaife zu tun.

Um ihren Bauch haben sie in jedem Fall einen breiten Ledergurt geschlungen, der die drei bis sechs Glocken und Schellen am Rücken festhält. Laufen die bis zu 50 Teilnehmer zählenden Klaibaife durch den Ort, so entfesseln sie einen ohrenbetäubenden Lärm. Dieser Lärm ist umso bedrohlicher, als alle wissen, was auf sie zukommt: Die Klaibaife stürzen sich nämlich auf die Passanten und versuchen sie mit einem gekonnten Schwung auf den Boden zu werfen. Gerade bei schlechter Schneelage kann das einigermaßen schmerzhaft werden – auch wenn einen die Klaibaife in versöhnender Geste im Anschluß wieder auf die Füße helfen.

Dieser „rohe" Auftritt der Klaibaife hat dazu beigetragen, daß ihr Brauchtum nicht zur Touristenattraktion geworden ist: Weder Alt noch Jung, weder Frau oder Mann, noch Fotografen oder Hobbyfilmer werden von ihnen verschont. Was sich an Zuschauern auf den engen Gassen und Straßen einfindet, trägt alte, abgetragene Kleidung – denn auch das schöne „Ausgehgwand" oder gar Pelzmäntel sind den Klaibaifen keineswegs heilig. Haben sie ein Opfer gefunden, so muß es auf den Boden.

Der Hl. Nikolaus spielt bei diesem Brauch nur eine untergeordnete Rolle. Mit seinen beiden „Bedienten" (Engel) ist er von Haus zu Haus unterwegs und hat keinen Einfluß darauf, was draußen vom 4. bis 5. Dezember vor sich geht. Erst am Abend des 6. Dezembers (meist ab ca. 22 Uhr) trifft er sich mit den Klaibaifen am „Rauter-Platz" im Ortszentrum, wo es zu einem letzten Gerangel mit den aus allen Fraktionen herbeigeströmten Klaibaifen und anschließend zum „Ausläuten" sämtlicher Teilnehmer kommt. Anschließend werden die Larven abgenommen und der Spuk hat ein Ende.

Begleitet wird der Hl. Nikolaus von drei weiteren interessanten Figuren: dem „Lotter", der „Litterin" und dem „Spielmann". Lotter und Litterin verkörpern Bettelmann und Bettelweib und heischen bei den Hausbesuchen um milde

Perchten der Perchtengruppe Broadpass aus Angath/Umgebung

Gaben. Als Entschädigung dafür fordern sie die Hausbewohner zu einem flotten Tänzchen auf, wobei der Spielmann mit Ziehharmonika für die nötige Musik sorgt. Die Bettelleute trugen früher einfache bäuerliche Kleidung mit einer weißen Stofflarve, heute dagegen bunte, fast clownhafte Kostüme mit starker Gesichtsschminke. Der Spielmann tut sich in letzten Jahren dagegen mit einer bunten Plastik-Halbmaske und einem auffallenden Hut hervor.

Bettelleute und Spielmann traten bei den seinerzeit beliebten „Nikolausspielen", aber auch bei den Perchtenläufen und im Fasching auf. Wie sie letztlich zu den Klaibaifen gekommen sind, ist bis heute nicht endgültig geklärt. Die eingesammelten Geldspenden jedenfalls werden einem „guten Zweck" zugeführt – nämlich dem am 26. Dezember (Stefanitag) stattfindenden „Klaubaufgunggl", an dem sich die Klaibaife für ihren wieder einmal gelungenen Auftritt mit einem kleinen Fest selbst belohnen.

Weihnachtliche Meßfeiern – Rorate und Christmette

Wer sich stimmungsvoll, ohne Streß und Hektik auf Weihnachten vorbereiten will, dem seien die Rorate-Messen ans Herz gelegt. Nur eines muß man opfern – einen ausgedehnten Schlaf. Denn die Rorate-Messen beginnen nach alter Tradition in den frühen Morgenstunden (ca. 5.00 oder 6.00 Uhr früh). Früher fanden diese Hl. Messen täglich an den Werktagen vom 1. bis zum 24. Dezember statt. Und jede Familie sollte zumindest mit einem Familienmitglied vertreten sein. So war es zumindest bis vor wenigen Jahrzehnten noch der Brauch.

Heute entscheiden die örtlichen Pfarrer, wann und wie oft das Rorate stattfindet – nicht nur die drastisch gesunkenen Zahlen an Meßteilnehmern sind ein Grund dafür, sondern auch die terminlichen Überlastungen der örtlichen Seelsorger. Es gibt aber auch positive Beispiele. So erfreuen sich seit den letzten Jahren in Lienz diese Frühmessen bei der Jugend (!) wieder zunehmender Beliebtheit.

Nur mehr an ganz wenigen Orten hält man an der alten Tradition fest, keine elektrische Beleuchtung, sondern nur Kerzen zu verwenden. Das gedämpfte Kerzenlicht in den dunklen Morgenstunden sollte den Rorate-Messen ein besonderes Flair verleihen.

Die Rorate-Messen sind im Volksmund auch als Engelamt bekannt. Dies kommt daher, weil im Evangelium von der Verkündigung des Herrn durch den Erzengel Gabriel berichtet wird. Im deutschsprachigen alpenländischen Raum sind diese Messen seit dem 15. Jahrhundert nachweisbar, wobei die Ursprünge dieses „Gedenkens" sicherlich weiter zurückreichen. So richtig populär wurden sie jedoch erst dann, als man die Muttergottes als Gottesgebärerin auch „offiziell" anerkannte und feierte. Mit den Rorate-Messen hat es laut religiösem Volksglauben seine eigene Bewandtnis: Denn im Rahmen des Engelamtes gesprochene Fürbitten sollen besonders „wirksam" sein.

Die Christmette am Hl. Abend bildet den liturgischen Höhepunkt der Weihnachtszeit. Der Termin der traditionellen Mitternachtsmetten, eben um 24.00 Uhr, wird heutzutage fast nur mehr in Klöstern eingehalten. Dabei ist dieser mitternächtliche Zeitpunkt nicht unwillkürlich gewählt. Denn wie heißt es in der Überlieferung: *„Während tiefes Schweigen alles umfing und die Nacht in ihrem schnellen Lauf bis zur Mitte vorrückte, da sprang dein allmächtiges Wort vom Himmel her, vom königlichen Thron"*. (Weisheit 18, 14–15). Der Name „Mette" kommt übrigens vom Lateinischen *hora matutina* und bezeichnet das nächtliche Gotteslob der Mönche.

Für die Kinder gibt es heute in vielen Tiroler Orten eigene „Kindermetten“, die am späten Nachmittag (zumeist zwischen 16.00 und 17.00 Uhr) stattfinden. Die Meßgestaltung ist dementsprechend ausgerichtet, d.h. Szenen von Krippenaufführungen und Kinderchöre bestimmen den Ablauf.
Die „offiziellen“ Christmetten beginnen heute zumeist zwischen 21.00 und 24.00 Uhr am Heiligen Abend. Der Festcharakter ist dabei unverkennbar: Örtliche Vereine wie Chöre oder Theater- und Musikgruppen tragen mit ihren Darbietungen wesentlich dazu bei. Wohl kaum zu einem anderen Termin sind die Kirchenräume dermaßen voll. Böse Zungen behaupten auch, daß die Christmette die Gelegenheit sei, um all die weihnachtlichen (Kleidungs-) Geschenke, insbesondere wenn es sich um Pelze handelt, öffentlich zu präsentieren.

Nach dem Besuch der Christmette, die übrigens neben den Auferstehungsfeiern in der Osterzeit zu den längsten liturgischen Feierlichkeiten zählt, ist es heute vielfach der Brauch, daß man die Familiengräber aufsucht. Diese sind oftmals mit kleinen Christbäumen geschmückt – eine brauchtümliche Erscheinung, die sich erst seit den letzten Jahrzehnten eingebürgert hat. Anschließend trifft man sich vereinzelt noch mit nahen Freunden oder Bekannten, zumeist jedoch geht man nach Hause. Mancherorts organisieren Wirtsleute, Hoteliers oder Fremdenheimbesitzer mit ihren Gästen den Gang zur Mette. Mit Fackeln versehen unternimmt man eine kleine Wanderung, besucht die Christmette und lädt anschließend zu einem gemütlichen Beisammensein. Egal ob in der Familie oder im erweiterten Kreis mit Gästen – der Hl. Abend ist ein gesellschaftliches Ereignis, das den Höhepunkt von Weihnachten darstellt.

Anklöpfeln

Wildschönau, Leutasch, Kössen, Axams

Nach alter Tradition finden an den letzten drei Donnerstagen vor Weihnachten die Klöpfelnächte statt. An diese überlieferten Termine halten sich aber nur mehr wenige Brauchgruppen – heute geht man vielfach „Anklöpfeln", wenn es die Zeit erlaubt bzw. an den Wochenenden. Zudem wird das Anklöpfeln bei den örtlichen Adventsingen bzw. ähnlichen Veranstaltungen aufgeführt. Interessant ist dabei zu beobachten, daß der einstige (und alleinige) Klöpfeltermin an einem Donnerstag, ebenso wie der tiefere Inhalt dieses Brauches vielfach verlorenging. So verwundert es auch nicht, daß es im Laufe der Jahre zu Vermischungen kam, daß man das Klöpfeln mit dem Brauch der Herbergsuche gleichsetzte und dementsprechend auch viele Aufführungen der Gegenwart eine Durchmischung dieser beiden Brauchformen darstellen. Um dem Wirrwarr ein Ende zu setzen, muß man sich zunächst mit dem Inhalt der Klöpfelnächte auseinandersetzen und die geschichtlichen bzw. theologischen Hintergründe etwas näher beleuchten.

Die ersten Nachweise des Anklöpfelns stammen aus dem 15. Jahrhundert. Man praktizierte diesen Brauch vor allem in Klöstern, die sich nicht nur in diesem Fall als wahre Protagonisten und „Erfinder" bestimmter Brauchformen hervortaten. Aus der klösterlichen Tradition hat sich dieser Brauch dann verselbständigt, was einen nicht wundert, wenn man sich den Inhalt des Brauches näher anschaut.

An bestimmten Tagen, eben den Donnerstagen, zogen vermummte (verkleidete) Gestalten, Bettler und vor allem Kinder von Haus zu Haus, um Segenssprüche aufzusagen und vom baldigen Kommen des Heilands zu kündigen. Für die dargebrachten Lieder, Sprüche und auch Glückwünsche erhielten die Klöpfler Nahrung und wenn möglich sogar etwas Geld. Das Anklöpfeln stellte also einen Heischebrauch par excellence dar.

Die oftmals wilde Kostümierung der Klöpfler regte zu phantastischen Gedanken an: heidnisch und archaisch soll dieses Brauchtum sein. Eben ein ganz ähnliches Phänomen, wie es schon aus den Fastnachtsinterpretationen bekannt ist. Doch eine Vermummung allein macht noch keinen vorchristlichen Brauch aus, zumal diese „Maskierung" sich auf biblische Textstellen zurückführen läßt.

Laut neutestamentarischer Überlieferung sind es nämlich die Außenseiter der Gesellschaft, Aussätzige, Blinde, Kinder, arme Leute usw., die „aus ihrem reinen Herzen" von der baldigen Ankunft des Heilands wissen. Zudem liest man beim Evangelisten Lukas (Lk.13,25 u. 13,26), daß jeder Mensch sich frei entscheiden kann, und daß jeder an Christi Pforte „klopfen" kann. Auch die

Anklöpflergruppe mit Josef und Maria in Rotholz

„Verworfenen" können das christliche Heil erlangen. Hält man sich die theatralische Ausgestaltung von Bräuchen, insbesondere die des Spätmittelalters vor Augen, so verwundert es nicht, daß man diese Außenseiter möglichst eindrucksvoll, wenn nicht gar überzeichnet darstellen wollte. Was liegt da näher, als die Klöpfler in wilder Kostümierung, und seien es auch nur bunt zusammengesetzte Fetzen, auftreten zu lassen? Ärmlich sollten die Klöpfler sein, arm von Besitz und manchmal vielleicht auch arm im Geiste. Reste dieses alten Gedankengutes zeigen sich noch heute beim traditionellen Anklöpfeln, wenn es Hirten sind, die von der baldigen Geburt Christi berichten.

Warum waren und sind vereinzelt noch heute die Klöpfler gerade an den Donnerstagen unterwegs? Nein, man arbeitet in Tirol immer noch auch am Freitag und nein, das Bier oder der Schnaps kostet an diesem Tag gleich viel wie an den anderen. Fündig wird man bei dieser Frage auch wieder in der Bibel. Der Donnerstag nimmt eine besondere Stellung in der Woche ein, insbesondere wenn man an die Karwoche denkt. Am Gründonnerstag wurden nicht nur die Sünder von ihren läßlichen Fehltritten freigesprochen und wieder in die kirchliche Gemeinschaft aufgenommen, sondern an diesem Tag begann auch die unmittelbare Passion Christi mit dem letzten Abendmahl, dem Beten am Ölberg und dem folgenschweren Verrat durch den Jünger Judas. Diese eucharistische Note des Donnerstags – Christus opfert sich und „wird in Leib und Blut für alle Menschen gegenwärtig" – kommt auch in der Adventzeit zum Tragen. Die bevorstehende Ankunft des Heilands, das Um und Auf für die heilsgeschichtliche Passion, wird an eben diesen besonderen Tagen vorhergesagt. So war es zumindest in früheren Zeiten.

Auch wenn der Inhalt dieses Brauches christlich ausgerichtet ist, muß er nicht ebenso praktiziert werden. Davon zeugen zahlreiche historische Berichte, in denen von wüsten Aufführungen und Trinkgelagen, von unchristlicher Ausgelassenheit und Nötigung (in unserer heutigen Rechtsprechung) die Rede ist. Denn wie anders soll man folgenden Spruch verstehen:

„Heut ist die heilige Klöpfelnacht,
Wo mu Nudl und Kuchl bacht,
Nudl heraus, Küchl heraus!
Oder wir schlagen ein Loch ins Haus.“

Da kann man schon verstehen, daß sich so mancher Hofbesitzer wahren Herzens freute, wenn die „heiligen Klöpfelnächte“ endlich vorbei waren. Denn in einigen Gegenden war nicht nur eine einzige Klöpfelgruppe unterwegs, gleich mehrere Brauchträger kamen und wußten den Dank für ihre Wünsche lautstark und manchmal auch gestenreich einzufordern. Man sieht, es war also auch in damaligen Zeiten nicht immer die Rede von einer besinnlichen und ruhigen Adventzeit.

Bei den heutigen Klöpflergruppen, die in einigen Tiroler Gemeinden noch von Haus zu Haus ziehen, gibt es derartige Ausuferungen nicht mehr. Zumeist sind sie als Hirten verkleidet, sagen Sprüche (z.T. auch in Dialogform) auf und singen Lieder, die von der Ankunft des Herrn berichten. Auch dramatischer Effekte bedient man sich, etwa wenn man ein Lagerfeuer mit Öl- oder Gaslampen stimmungsvoll zu ersetzen weiß. Doch nach wie vor ist es bei den Hausbesuchen unumgänglich, daß man den Klöpflern mit einer besonderen Jause aufwartet. Und für „Notfälle“ haben die Versierteren unter den Klöpflern selbstverständlich einen guten Schnaps bei sich.

Wo trifft man nun die traditionellen Klöpflergruppen an? So einfach wie früher ist es nicht mehr. Nur mehr in wenigen Gemeinden ziehen sie umher, insbesondere in Häuser, die ihr Kommen übrigens eigens vorbestellt haben. Für Interessierte lohnt sich da auf alle Fälle ein Besuch in der Wildschönau – in so manchem Gasthaus werden die Klöpfler freudig erwartet. Genaue Orts- und Uhrzeiten kann man kurzfristig bei der Gemeinde bzw. beim Tourismusverband erfragen. Auch Leutasch, Kössen und Axams sind bekannt für ihre Klöpfleraufführungen.

Klöpflergruppen treten ebenso bei vielen Advents- und Weihnachtssingen in den einzelnen Gemeinden auf. Mit fachkundigem Auge und Ohr kann der Zuseher dann selbst entscheiden – handelt es sich um eine traditionelle Aufführung oder um eine Mischform, die eng mit dem Herbergsuchen verbunden ist.

— *Anklöpfeln in Stans bei Schwaz*

Ein seltenes Klöpfelschauspiel findet alle zehn Jahre in der Gemeinde Stans bei Schwaz statt. Dann ziehen nämlich vermummte Gestalten durch den Ort, die man eher bei einem Mysterienspiel als bei einem volkstümlichen Weihnachtsbrauch vermuten würde. Laut Überlieferungen soll dieser Brauch bis in die Barockzeit zurückgehen, wurde aber immer wieder mit neuen Elementen „bereichert“. So entstand etwa das volksnahe „Bettlerlied“ vermutlich in der Zeit nach 1809, als die Wirtschaft aufgrund von Kriegen darniederlag und viele sich nur durch Betteln am Leben erhalten konnten.

Die Anklöpflertruppe besteht aus mehr als 20 Brauchträgern, die in besonderen Kostümierungen auftreten. Sie werden vom „Urbal“ angeführt, der ähnlich einem Kräutersammler gekleidet ist. Ihm folgen die sogenannten Leviten, die lange schwarze Röcke mit weißen Umhängen, ähnlich dem Priesterkleid, tragen. Lange graue Bärte machen sie unkenntlich und eindrucksvolle spitz zulaufende Hüte zieren ihre Häupter. Sie symbolisieren einen der zwölf Stämme Israels, die u.a. dafür bekannt waren, daß sie als Priester das Einhalten bestimmter Regeln (insbesondere des 3. Buches Mose, lat. Leviticus) überwachten. Übrigens läßt sich auch der Ausspruch *„Jemanden die Leviten lesen“* auf diese Gruppierung zurückführen – im Mittelalter war es nämlich der Brauch, daß man Auszüge des Buches „Leviticus“ für Strafpredigten verwendete.

Beim Anklöpfeln schwingt einer der Leviten ein Rauchfaß, ein anderer begleitet mit einer Gitarre den Gesang. Noch seltsamer als die Leviten muten zwei weitere Figuren an. Es handelt sich dabei um einen „Hohepriester“ im festlichen Ornat und zweigeteilter Mütze, sowie um einen orientalisch gekleideten Mann mit üppigem Leibumfang und einer Art Spitzturban.

Letztgenannter wird in der Volksüberlieferung als Bacchus, der Weingott, bezeichnet. Er trägt ein dickes Buch aus Holz, aus dem der Hohepriester würdevoll im Zwiegesang mit den Leviten vorträgt. Jeder Strophe folgt gleich einem behäbig wirkenden Tanz ein Reigenschritt der Leviten. Im zweiten Teil wird von den Klöpflern das Bettlerlied angestimmt und von den Hausleuten gespendete Naturalien kommen in den Korb des „Urbals“. So würdig die Klöpfler gekommen sind, so ziehen sie dann weiter.

Detaillierte Forschungen über diesen sonderbaren Klöpflerbrauch stehen noch aus. Der Einfluß der einstmals so beliebten Passionsspiele (Bsp. die Gestalt des Hohepriesters) bzw. Nikolausspiele (Bettlerszenen) ist jedoch unverkennbar. Das Anklöpfeln in Stans ist in der Tiroler Brauchlandschaft etwas wahrlich besonderes – und es lohnt sich, diesen im Jahr 2013 wieder aufgeführten Brauch anzusehen bzw. mitzuerleben.

Herbergsuchen
Wattens

Auch wenn viele es nicht wahrhaben wollen, es gibt einen wesentlichen Unterschied zwischen dem Anklöpfeln und dem Herbergsuchen. Der Brauch des Herbergsuchens ist etwas jünger als das Anklöpfeln, erste Belege stammen aus dem 16. Jahrhundert. Ganz eng mit diesem Brauch sind die weihnachtlichen Klosteraufführungen verbunden. Wie in einem Theater stellte man hier in einzelnen Szenen die Geburtsgeschichte Jesu Christi, nebst dramatischen Zwischeneinlagen, dar. Da durfte selbstverständlich auch die Herbergsuche, die Suche von Josef und der schwangeren Maria nach einer Unterkunft, nicht fehlen. In der volkstümlichen Praxis, sprich in Form eines eigenständigen Brauches, hat sich dann diese Szenerie herausgelöst und Eingang in das weihnachtliche Volksleben gefunden.

Der Inhalt ist klar umrissen: Josef und Maria suchen verzweifelt eine Unterkunft. Sie werden immer wieder von hartherzigen Wirtsleuten abgewiesen und finden schlußendlich einen Unterschlupf in einem Stall, wo Jesus geboren wird. Die Geburtsszene wird bei den Brauchaufführungen ausgelassen – es geht bei der Herbergsuche lediglich um einprägsame und ergreifende Dialoge zwischen dem Hl. Paar und den Wirtsleuten. Von der sprichwörtlichen Gastfreundschaft ist bei dieser Aufführung keineswegs die Rede. Allerdings nur im übertragenen Sinne. Denn die Herbergsuchenden werden in jedem Haus gerne aufgenommen, die „geldgierigen" Wirte werden als Schauspieler mitgebracht. Und vor dem Haus bzw. in den Stuben entspinnt sich dann diese für Alt und Jung gleichermaßen verständliche und eindrucksvolle Aufführung.

Das unumgängliche Eingangslied bei diesem Brauch lautet: *„Wer klopfet an ... ? – Oh, zwei gar arme Leut'"*. Und gerade dieses Lied ist Grund dafür, daß es im Laufe der Zeit zu Vermischungen mit dem Brauch den Anklöpfelns (Nomen est omen!) kam. Zur Ehrenrettung der „klöpfelnden" Brauchträger sei gesagt, daß der Spruch *„Wer klopfet an?"* ja auch wirklich verführerisch klingt. Doch der Inhalt der beiden Bräuche unterscheidet sich wesentlich. Denn nur bei der traditionellen Herbergsuche sind Josef und Maria anwesend, beim Anklöpfeln haben sie – brauchkorrekt – nichts zu suchen.

Ein sehenswertes (wiederbelebtes) Herbergsuchen kann man in Wattens und am Wattener Berg miterleben. Auch hier empfiehlt es sich, sich über die Zeiten und Aufführungsorte genauer zu informieren. Ansonsten wird der Brauch der Herbergsuche z.T. auch bei den Weihnachtsspielen bzw. bei den örtlichen Advent- und Weihnachtssingen aufgeführt.

Wattenberger Herbergsucher

Frautragen

Wildschönau, Sillian

Das sogenannte Frautragen hat sich als eigenständiger Brauch aus der Herbergsuche entwickelt. Nur fehlt hier das spielerische Element: Josef und Maria bzw. die Wirtsleute treten nicht ad personam auf, sondern werden durch ein Bild symbolisiert. Es handelt sich dabei zumeist um eine Marienbildnis (z.B. Maria Gravida, die „schwangere Maria") oder um eine Darstellung der Herbergsuche. Umgangssprachlich werden diese Bilder auch Tafeln genannt und es hat sich daher für diesen Brauch auch die Bezeichnung „Tafeltragen" erhalten.

Die sprichwörtliche „Herbergsuche des Bildes" erfolgt nach ganz bestimmten Kriterien und Abläufen. Einige Familien finden sich zusammen und es wird (oftmals per Los) bestimmt, wer an welchem Tag das Bildnis beherbergen darf. Noch vor dem Betläuten, also vor 18.00 Uhr, wird die Tafel von Familienmitgliedern (die Anzahl variiert) in das nächste Haus gebracht. Dort stellt man das Bild in eine Ecke (z.B. Herrgottswinkel), entzündet eine Kerze und es wird gemeinsam mit den Hausleuten gebetet. Anschließend beginnt der gemütliche Teil des Abends, denn auch bei einem prinzipiell ruhigen vorweihnachtlichen Brauch darf das gesellschaftliche Leben nicht zu kurz kommen. Man singt Weihnachts- und Volkslieder und erzählt sich Geschichten, Geschichten, die auch die letzten dörflichen Ereignisse zum Thema haben. Natürlich darf dabei eine kleine Jause und das obligatorische Glas Wein bzw. Gläschen Schnaps nicht fehlen.

Während der Nacht und am folgenden Tag bleibt das Herbergsbild stehen, bis es gegen Abend wiederum an die nächste Familie weitergereicht wird. Eine besondere Ehre kommt denjenigen zuteil, die am Heiligen Abend das Bild bekommen. Vielfach ist es nämlich so, daß es diese Familie bis in die Adventzeit des kommenden Jahres bzw. zumindest bis Maria Lichtmeß am 2. Februar behalten darf.

Je nach Gemeindegröße fand man mit einem Herbergsbild nicht das Auslangen und so sind in der vorweihnachtlichen Zeit oft mehrere Bilder bzw. Tafeln „unterwegs". Früher wurde dieser Brauch in vielen Tiroler Ortschaften ausgeübt – er war ein fixer Bestansteil der weihnachtlichen Vorbereitung. Heute wird er z.T. wiederbelebt und es sind u.a. auch Schulklassen, die sich dieser besonderen Form der Herbergsuche wieder annehmen.

Erst in der Zwischenkriegszeit kam dieser Brauch etwa in Sillian auf, erfreut sich aber seitdem großer Beliebtheit. Mit viel Engagement pflegt man diesen Brauch nach alter Tradition in der Wildschönau. Dabei werden auch professionelle Hilfsmittel eingesetzt: So kann man einem eigenen Informationsblatt entnehmen, mit welchen Worten bzw. Gebeten man die „neue" Herberge betreten soll und wie man das Bild übergibt. Das Frautragen ist ein beinahe intimer vorweihnachtlicher Brauch, der aber für das dörfliche Miteinander von nicht zu unterschätzendem Wert ist.

Kindlwiegen

Der Brauch des Kindlwiegens hat sich in Tirol bis ins 20. Jahrhundert gehalten. Vor allem für bedürftige Frauen war dieser Heischebrauch ein wichtiges zusätzliches Einkommen, insbesondere wenn die reicheren Bürgersfamilien (wie in Innsbruck) aufgesucht wurden. Eine Frau symbolisierte die Muttergottes und zog in der Adventzeit mit ihrem eigenem kleinen Kind oder einer Puppe abends von Haus zu Haus. Zumeist hatte sie eine kleine Wiege bei sich, die auf den Stuben- bzw. Eßzimmertisch gestellt wurde. Während man zusammen betete bzw. Weihnachtslieder sang, wiegte die Frau das Kind bzw. die Puppe. Für diesen Besuch erhielt die Frau Nahrungsmittel, manchmal auch etwas Geld. In vereinfachter und volkstümlicher Form stellte man mit diesem Brauch das Wiegen des Jesukindes nach, das seinen Ursprung in den Frauenklöstern (v.a. Dominikanerinnen und Klarissen) des Spätmittelalters hatte. Ausgehend von den Krippenspielen entwickelte sich das Kindlwiegen zu einer eigenständigen „Aufführung", wobei durch das Wiegen und Singen die mütterliche Fürsorge symbolisiert wurde.

In den 60er Jahren des 20. Jahrhunderts hat man in Innsbruck versucht, diesen weihnachtlichen Brauch wieder einzuführen – allerdings ohne Erfolg. Seit wenigen Jahren besinnt man sich jedoch wieder auf das Kindlwiegen, und vereinzelte Initiativen starten neue Versuche, diesen Brauch neu zu etablieren.

Christbaum

Was wäre Weihnachten ohne den lichtergeschmückten Christbaum? – Eben kein Weihnachten. Wohin man auch schaut, in den Straßen, Geschäften, Kirchen, Dorfplätzen und natürlich in den Wohnstuben steht der Christbaum als untrügliches Symbol des Weihnachtsfestes. Egal ob mit einfachen Kerzen oder den neuesten Modetrends geschmückt, ob groß oder klein, ob Fichte oder Tanne, „lebendig" in einen Topf gepflanzt oder als Stämmchen ohne Wurzeln: der Christbaum ist allgegenwärtig. Er gehört zum katholischen Tirol wie das Amen im Gebet. Dabei ist der Christbaum, ob man es nun glauben will oder nicht, eine relativ junge Erscheinung und zudem protestantischen Ursprungs (wie übrigens auch der Adventkranz)! Was uns heute als eine jahrhundertealte heimische Tradition erscheint, ist in Tirol ein Importgut, das sich aus dem städtischen Bereich kommend ab den 20er Jahren des 20. Jahrhunderts langsam im ganzen Land durchsetzen konnte.

Die ältesten Aufzeichnungen, die über das Aufstellen von Christbäumen berichten, stammen aus dem Elsaß. Es sind Rechnungen aus der Zeit von 1597 bis 1669, in denen die Ausgaben für den Schmuck (Äpfel, Hostien, buntes Papier und bunte Fäden) der Bäume präzise angeführt werden. In anderen schriftlichen Überlieferungen werden auch Puppen und Zuckerwerk als Christbaumschmuck erwähnt, die von den Kindern der Zunftangehörigen wortwörtlich „abgeschüttelt" werden durften. Dies entsprach nicht – wie man vielleicht glauben mag – dem kindlichen Zerstörungdrang, sondern war unabdingbarer Bestandteil des Brauches.

Zum besseren Verständnis muß man etwas weiter ausholen und die Geschichte des Weihnachtsfestes an sich näher beleuchten. Heute verbindet man landläufig den 24. Dezember mit Weihnachten – ein Irrtum, wie sich herausstellt. Denn der 25. Dezember ist der eigentliche Festtag, an dem man die Menschwerdung (= Geburt) des Erlösers Jesus Christus feiert. Auch in Tirol war es bis ins 20. Jahrhundert noch üblich, daß man erst nach der Mitternachtsmette die vorweihnachtliche Fastenzeit beendete und in den frühen Morgenstunden des 25. Dezember, also gleich nach der Rückkehr von der Festmesse mit dem Feiern und üppigen Schmausen begann. Ludwig von Hörmann schreibt etwa über diese „alte" Form der Feier:

> *„Zu Hause (also nach der Mette, A.d.V.) angelangt, schlieft man nicht etwa rasch in die Betten, sondern erquickt sich zuvor weidlich an warmer Fleischsuppe, Würsteln, Knödeln und Wein. Auch Schweinsbraten mit Kraut wird aufgetischt … Bis fünf Uhr (früh, A.d.V.) dauert dieses gemütliche Beisammensein, bis endlich der Hausvater zum Aufbruch mahnt."*

Also, am 25. Dezember feierte man einst Weihnachten. Was war aber am 24. Dezember? Der 24. Dezember ist der Gedächtnistag Adams und hat vordergründig nichts mit Weihnachten zu tun. Allerdings nur vordergründig. Denn erst durch Adam (und der durch ihn und Eva verursachten Erbsünde) ist die Geburt Christi und damit die Erlösung von Nöten.

Um nun das Erlösungsgeschehen durch die Geburt Christi zu verdeutlichen, hat man am 24. Dezember einen „Paradiesbaum" mit Äpfeln und Naschwerk errichtet, das man am eigentlichen Weihnachtstag im wahrsten Sinne des Wortes „abgeschüttelt" hat. Bei diesem Vorläufer des Christbaumes ging es also um die bildliche Vergegenwärtigung von Sündenfall und Erlösung. Wie wurde aber nun aus dem Paradies- der Christbaum?

Diese Entwicklung, wenn man es einmal einfach sagen will, steht in engem Zusammenhang mit dem Brauch des Schenkens. Und das Beschenken zu Weihnachten hatte zunächst nichts, aber rein gar nichts mit einem familiären Brauch zu tun. Es waren vor allem die Armen und Bedürftigen, denen man bei den weihnachtlichen Klosterkrippen „Geschenke" in Form von Nahrungsmitteln u.ä. hinterlegte. An ihnen setzte man zu Weihnachten christliche Nächstenliebe in die Praxis um. Erst im Laufe der Zeit dehnte sich dieser „Schenkbrauch" allmählich auch auf Bekannte, Verwandte und vor allem die Kinder aus. Die protestantische Kirche hat diesen Brauch immens gefördert – eines ihrer Anliegen war dabei, den Hl. Nikolaus, der bis dahin als (katholischer) Gabenbringer der Kinder agiert hat, den Rang abzulaufen. Man sieht also recht deutlich, daß die Existenz und Weiterentwicklung eines Brauches auch dem Kampf zwischen den Glaubensrichtungen zu verdanken ist.

Nun, die Protestanten hatten weitum Erfolg mit diesem „neuen" Brauch. Und weil er vor allem die Kinder betraf, hat man aus pädagogischem Ansinnen auch Rücksicht genommen. Rücksicht, was den Zeitpunkt betraf. Denn die Kinder sollten ihre Geschenke nicht erst nach der Mitternachtsmette erhalten und bis auf die frühen Morgenstunden warten müssen. So wurde im Laufe der Zeit das familiäre Weihnachtsfest in die Abendstunden vor die Mette verlegt und dementsprechend gefeiert. Was liegt da näher, als daß aus dem einstigen Paradiesbaum nun ein Christbaum wurde, den man zwar nicht mehr „abschüttelte", aber unter dem man die Geschenke hinterlegte. So einfach kann eine „Brauchumwandlung" sein ...

Auf alle Fälle sind die ersten Christbäume ausschließlich in protestantischen Gebieten zu finden. Zunächst waren es vor allem der Adel und das Bürgertum, die diesen Brauch pflegten. Im 17. und 18. Jahrhundert gehörte er zumindest in den Städten zur liebgewonnenen Einrichtung. Mitte des 18. Jahrhunderts kam dann der Brauch auf, daß man Kerzen auf den Christbaum gab. Gerade in den katholischen Gebieten war dies eine wichtige „Zutat", da erst die Kerzen, also das Licht, den weihnachtlich-liturgischen Sinn verdeutlichten. Unter dem Motto: Mit Christus kam das Licht in die Welt.

Erst im 19. Jahrhundert setzte sich der Christbaum endgültig durch – wenn auch nur in reicheren Bürgersfamilien, die als Schmuck neben den Kerzen Glaskugeln, Rauschgoldengel, Zischgold und Lametta verwendeten. Bis er in Tirol als allgemeines Brauchgut anerkannt wurde, war es allerdings noch ein langer Weg.

Der erste Christbaum in Tirol erstrahlte 1841 in der Innsbrucker Hofburg. Graf Brandis brachte diesen Brauch von seinen Aufenthalten in Graz und Wien mit in die Tiroler Landeshauptstadt. Den ersten „öffentlichen" Christbaum errichtete man in Innsbruck 1853 im großen Redoutensaal. Sieben Jahre später stellte der aus Schwaben stammende Konditor Munding einen Christbaum in sein Schaufenster.

Im Tiroler Oberinntal dürfte der erste Christbaum in den sechziger Jahren des 19. Jahrhunderts errichtet worden sein. Der damalige Bezirkshauptmann von Imst soll das Aufstellen veranlaßt und zu dieser Feier arme Schulkinder eingeladen haben. Zwischen 1870 und 1880 errichtete man Christbäume auch in Landeck – doch wie überall in Tirol, war der Brauch des Christbaums zunächst den reicheren Haushalten „vorbehalten" bzw. stellte man dieses Weihnachtssymbol auf öffentlichen Plätzen auf. Auch einzelne Vereine machten sich um die Verbreitung des Christbaumes verdient: so verdankt Pettneu am Arlberg seinen ersten Christbaum einer Wohltätigkeitsveranstaltung des Touristenvereins im Jahre 1891.

Bis der Christbaum als weihnachtliches „Allgemeingut" auch in den Tiroler Privathäusern heimisch wurde, dauerte es. Nur langsam löste er die bis dahin traditionellen „Weihnachtssymbole" wie Krippe oder Fatschenkindl ab bzw. ergänzte sie. Ganz am Rande sei noch bemerkt, daß es den „traditionellen bäuerlichen" (Tiroler) Christbaum damals nicht gegeben hat: auch der bewußt „ländlich" gehaltene Zierrat (Strohsterne etc.) ist eine Modeerscheinung. Denn wenn es irgend möglich war, versuchte man den Christbaum in Tirol auch früher schon so zu gestalten, wie es die protestantischen „Vorläufer" zeigten: bunt, vielleicht etwas kitschig, aber vor allem mit Naschwerk versehen.

Adventsingen, Weihnachtsspiele und weihnachtliche Aufführungen

Innsbruck, Walchsee, Rattenberg

Untrennbar mit dem vorweihnachtlichen Brauchgeschehen sind die Krippen- und Weihnachtspiele bzw. das Adventsingen verbunden. Vom Prinzip her handelt es sich bei diesen Aufführungen um Relikte des spätmittelalterlichen bzw. barocken (religiösen) Theaters, das auf anschauliche Art und Weise die Ereignisse der Weihnachtszeit populär und allgemein verständlich darzustellen versuchte. Vor allem zu Ende des 16. und am Beginn des 17. Jahrhunderts entstanden zahlreiche Spielformen, die sich zumindest in Einzelszenarien bis in die Gegenwart erhalten haben. Aber, das sei vorweg gesagt: Es gibt nicht *das* Tiroler Krippenspiel bzw. *das* altüberlieferte Tiroler Adventsingen. Erfolg hatten im Alpenraum vor allem die volkstümlichen Umsetzungen der Spiele, also das sinnliche Er- und Miterleben einzelner Szenen, wie in den Brauchausgestaltungen des Anklöpfelns oder des Herbergsuchens.

Im 16. und 17. Jahrhundert erfreuten sich Krippen- bzw. Hirtenspiele aber schon großer Beliebtheit. Parallel dazu entstanden viele Weihnachtslieder, die über Flugblätter verbreitet wurden. Und gerade diese Kompositionen trugen wesentlich zum Erfolg der Spiele bei: Mit den Liedern kam sozusagen mehr Dramatik, mehr Schwung in das Schauspiel. Im Alpenraum und damit auch in Tirol zählt der „Hirtenschlaf" zu den bekanntesten Szenarien. Gelebte Alltagskultur wird hier mit dem religiösen Geschehen geschickt und vor allem „sinnlich" verwoben: Ein Engel weckt die schlafenden Hirten, kündet ihnen von der Geburt des Heilands und weist ihnen den Weg zur Krippe. Doch bis sich die Hirten dann auf den Weg machen, dauert es. Da wird in Form eines Gesprächsspieles noch lange hin und her diskutiert, da kommt es zu Spannungen zwischen den guten (= gläubigen) und schlechten (= ungläubigen) Hirten. Dieses dramatische Zwischenspiel beruht übrigens auf den spanischen Hirteneklogen, die von den Jesuiten im deutschen Sprachraum verbreitet wurden. Die Jesuiten engagierten sich tatkräftig bei der Ausgestaltung der weihnachtlichen Spiele und versuchten dabei auch immer wieder belehrend-moralisierend das Alltagsleben der Menschen zu beeinflussen. Und so verwundert es auch nicht, daß man neben dem weihnachtlichen Geschehen auch das „normale" Dasein thematisierte: Mißgunst, Neid, Streit und Sündhaftigkeit wurden volksnah in Szene gesetzt.

Mit den traditionellen Weihnachts- oder Nikolausspielen haben die heutigen Hirten- und Krippenspiele kaum mehr was zu tun. All die deftigen volkstümlichen Ausgestaltungen, wie etwa die Begegnung des Trinkers oder der Prostituierten mit dem Teufel, bleiben bei den Weihnachtsspielen ausgespart.

Alter **Christkindlumzug** in Innsbruck

Die Zusammensetzung dieser weihnachtlichen Aufführungen ist weitgehend „braver“ – durchaus verständlich, wenn man die Akteure dieser Spiele sieht. Es sind hauptsächlich Kinder, die in den Hirten- und Krippenspielen das biblische Geschehen wiedergeben. Von ihnen kann man zwar volksnahen Jargon und Hinweise auf das (vergangene) Alltagsleben erwarten, jedoch keine, die für die „alten“ Spiele so typischen – in unserer Sprache – fast ordinären Untertöne enthalten. In diesem Sinne sind es auch Lehrer, Volksschuldirektoren, Chorleiter u.a., die sich um die Aufführung dieser weihnachtlichen Spiele bemühen. Sehenswert sind diese Veranstaltungen, die in vielen Tiroler Gemeinden angeboten werden, allemal. Sicherlich auch deshalb, weil gerade Kinder die weihnachtlichen Geschichten und Legenden auf ihre (einfache) Art eindrucksvoll darzustellen wissen. Was bei den opulenten Barocktheatern einst die drastischen Szenarien ausmachten, sind heute die schauspielerischen Künste der Kinder, die „Althergebrachtes“ in einfacherer, aber umso eindringlicherer Form aufzeigen. Lacher hat es damals gegeben und sie gehören auch zu den heutigen Krippenspielen dazu – vielleicht machen gerade diese bewußt oder unbewußt gehaltenen Einlagen den Charme der Spiele aus.

Abgesehen von den Krippen- und Hirtenspielen boomen allerorten die Adventsingen. Wer glaubt, bei diesen Aufführungen geht es allein um Gesangsdarbietungen, der irrt. Natürlich gibt es hier auch Ausnahmen, doch meist handelt es sich bei diesen „Adventsingen“ um Veranstaltungen, wo gesungen, gespielt, gelesen und Bräuche aufgeführt werden. Manchmal stehen sie unter einem bestimmten Motto, zumeist bieten sie allerdings dem Zuseher bzw. Zuhörer ein gutgewolltes Potpourri an diversen weihnachtlichen Inhalten. Miterleben heißt hier die Devise, denn gerade für „Außenstehende“ sind diese Veranstaltungen geradezu ideal, um in kurzer Zeit alpenländische (weihnachtliche) Volkskultur in all der Bandbreite kennenzulernen.

Allen voran sei hier das „Tiroler Adventsingen“ vorgestellt, das schon seit fast vier Jahrzehnten in Innsbruck stattfindet. In einer Kombination von Volksmusik, vorweihnachtlichem Brauchtum und abgestimmten Textpassagen erhält man hier einen Einblick in die Tiroler Volkskultur zur Weihnachtszeit. Interessant ist in diesem Zusammenhang die Besetzung des Abends, d.h. man lernt einzelne Bräuche, Lieder, Texte und Musikstücke aus ganz Tirol an einem Abend kennen. Initiiert wird diese Veranstaltung vom Tiroler Volksmusikverein, der seit einiger Zeit auch in den Bezirken (wie Osttirol oder dem Tiroler Oberland) diese Art der „weihnachtlichen Zusammenschau“ präsentiert.

Wollte man eine Liste der „Adventsingen“ und ähnlicher vor- bzw. weihnachtlicher Veranstaltungen für ganz Tirol anführen, wäre eine eigene Publikation vonnöten. In fast allen Tiroler Gemeinden finden in der Adventzeit derartige Aufführungen statt. Man muß sich hier einfach die Mühe machen und jeweils vor Ort nachfragen – Orte, Ausführende und Termine ändern sich von Jahr zu Jahr.

Erwähnt seien hier noch Walchsee und Rattenberg. In der Pfarrkirche Walchsee hält man an einer langen Tradition fest und präsentiert im stimmungsvollen Ambiente der Pfarrkirche regionales (weihnachtliches) Liedgut, neben ruhiger Volksmusik, Brauchtum und abgestimmten Texten. Der Rattenberger Advent hat sich seit einigen Jahren „die jahreszeitliche Volkskultur“ auf die Fahnen geheftet: Im Ambiente der reizvollen Altstadt erwartet den Besucher ein abwechslungsreiches Rahmenprogramm, das neben den herkömmlichen „Attraktionen“ wie Streichelzoo und diversen Kinderprogrammen auch mit regionaler Volksmusik und Brauchaufführungen reüssiert.

Informationen:
www.tiroler-volksmusikverein.at
www.advent.tirol.at
www.rattenberg.at/kultur/advent.at

Rauhnächte und Orakeltage

In Tirol kann es im Winter schon manchmal sehr kalt werden, doch mit den tiefen Temperaturen haben die „Rauhnächte" nichts zu tun. Beim Brauch des Räucherns (daher auch die Bezeichnung Rauch- bzw. Rauhnächte) geht es also keineswegs um das Aufheizen der Stuben, sondern darum, mit geweihtem Rauch das Haus und seine Bewohner vor drohendem Unheil zu schützen. Frühe Aufzeichnungen aus dem Spätmittelalter berichten etwa, daß Pfarrer „ausräucherten", um böse Geister, also vor allem den Teufel, zu vertreiben.

In den Volksglaubensvorstellungen des Alpenraumes waren es vor allem die 12 Rauhnächte (vom 21. Dezember bis 6. Jänner), in denen sich „Unheimliches" abspielte. So soll etwa die Frau Percht mit ihrem Gefolge (darunter unschuldig verstorbene Kinder) nächtens herumziehen und diejenigen bestrafen, die zu später Stunde noch am Spinnrad sitzen oder sonst einer Arbeit nachgehen. Sie war gewissermaßen auch eine Moralinstanz, die über die „Heiligen Nächte" wachte. In diesen sollte man sich nämlich auf das Weihnachtsfest bzw. auf die „Erscheinung der Göttlichkeit Christi" zu Epiphanias (6. Jänner) vorbereiten. Beruhigt hat man die Frau Percht mit Gefolge z.B. durch Nahrungsmittel wie Brot und Milch, die man auf den Tisch stellte.

Die sogenannten Heiligen Nächte waren aber auch ganz ideal, um für das kommende Jahr Schutz zu erbitten – und daher „räucherte" man zumindest in früheren Zeiten was das Zeug hielt. Mit einer einfachen Fackel oder Laterne war es damit aber nicht getan: Der „Rauch" mußte schon geweiht sein. Daher nahm man die am Palmsonntag geweihten Palmkätzchen bzw. die Kräuter des am Maria Himmelfahrtstag gesegneten Kräuterbuschens sowie – wenn möglich – Weihrauch, entzündete sie in einer mit Holzkohle gefüllten Pfanne oder einem Bügeleisen und zog durch Haus und Hof. Allen voran ging der Hausvater mit der Räucherpfanne, ihm folgten im Gebet alle Hausbewohner. Keinen Raum ließ man aus, selbst die Tiere im Stall wurden aufgesucht. Zu den wichtigsten Rauchterminen zählten dabei der 21. Dezember (die längste Nacht des Jahres), der Hl. Abend und Christtag, Silvester, der 1. Jänner und der Dreikönigstag.

Bis heute hat sich dieser Brauch vielerorts erhalten, auch wenn man sich beim Räuchern zumeist auf den Hl. Abend, auf Neujahr und den Dreikönigstag beschränkt. Ob vor oder nach der Christmette, ob in den frühen Abend- oder späten Nachtstunden, zu Weihnachten ziehen viele Tiroler nach wie vor unter intensivem Weihrauchgeruch durch Haus und Hof. Daß die Frau Percht hinter einer Hausecke lauert oder daß böse Geister Unheil bringen – daran glaubt wohl niemand mehr. Doch Segen für's kommende Jahr braucht jeder, und wie sagt man so schön: Hilft's nichts, so schadet's auch nichts.

Wenn man schon von den „unheimlichen Nächten" in der Weihnachtszeit spricht, dann darf man auch auf die Orakel nicht vergessen. Denn gerade an diesen bestimmten Nächten, so zumindest der Volksglauben, kann man einiges über die Zukunft erfahren. So ein beliebter Orakeltag war einst der Thomastag. Denn was würde sich dafür besser eignen, als die längste Nacht des Jahres. In Tirol hat man früher die Orakelbräuche auch als „Losbräuche" bezeichnet. Denn „losen" heißt auch „horchen" (= hören), im weiteren Sinne also „sein zukünftiges Los erfahren". Kreativ sind die Tiroler, das muß man ihnen lassen. Nicht zuletzt, wenn man sich die zahlreiche Orakelbräuche ansieht. Was wurde da nicht alles als „schicksalserweisend" interpretiert: plötzliches Klopfen und Rauschen zu Mitternacht, schnell verfaulende Zwiebelschalen, die von Krankheit künden, u.v.m. Selbst aus den Geräuschen des Ofenfeuers glaubte man seine Zukunft zu erfahren. So bedeutete beim Brauch „des Ofenlosens" im Unterinntal singendes Feuer Glück und Gesundheit, zischendes („weinendes") Feuer Krankheit, wenn nicht sogar den Tod.

Besonders beliebt waren jedoch Orakel, die das zukünftige Liebesleben voraussagten. So nahm zu mitternächtlicher Stunde das Mädchen ein noch glimmendes Holzstück aus dem Ofen und sah es sich genau an. Denn wie das Scheit beschaffen, so sollte sich ihr zukünftiger Ehemann erweisen: war das Holzstück z.B. gerade, so erwartete sie ein schöner Mann, war es rauh, so standen ihr harte Ehejahre mit einem jähzornigen Mann bevor. So zumindest der Volksglauben.

Wie alt Orakel auch im Tiroler Raum sind, beweist eine Stelle in dem bekannten Werk *„Pluemen der tugent"* von Hans von Vintler vom Beginn des 15. Jahrhunderts: *„und an der rauchnacht wirfet man / die schuech, als ich gehort han / über das haupt ärslingin, / und wa sich der spitz cheret hin / da sol der mensch pleiben"*. Es handelt sich dabei um das Orakel des Schuhwerfens, das vor allem von den Dienstboten ausgeübt wurde. Der Schuh wurde hinterrücks Richtung Tür geworfen, zeigte die Schuhspitze zur Tür, so bedeutete dies, daß im kommenden Jahr ein Wechsel zu einer anderen Herrschaft bevorstand. In späterer Zeit haben die ledigen Mädchen diesen Brauch „übernommen" und hinsichtlich einer zukünftigen Ehe interpretiert: Zeigt die Schuhspitze nach außen, so steht im kommenden Jahr eine Heirat ins Haus. Wer also wissen will, ob man bald im Hafen der Ehe landen kann, der soll sein Glück nur versuchen ... Es kommt auf alle Fälle billiger (und ist vielleicht treffsicherer) als so manche Agentur oder Beratungsstunde.

Natürlich stammen dieser Orakelbräuche aus einer vergangenen Zeit – doch der „spielerische" Charakter hat sich bis in die Gegenwart erhalten. Man denke nur an das Bleigießen in der Silvesternacht. Als allgemeines Brauchgut (bzw. Orakelgut) zur Jahreswende ist es allgegenwärtig. Und bei so manchen Festen zur Weihnachtszeit kommen auch langsam wieder die alten Orakelbräuche auf.

Tiroler Krippenkultur

Die Tiroler haben die Krippe zwar nicht erfunden – doch wenn man die hierzulande allgegenwärtige Begeisterung für diesen (eigentlich) religiösen Andachtsgegenstand bzw. z.T. auch die damit verbundenen Spiele näher betrachtet, dann muß man schon sagen: Eine Tiroler Weihnacht ohne Krippe wäre undenkbar.

All das protestantische Beiwerk – wie Christbaum oder Adventkranz – hat man im Laufe der Zeit wohlwollend aufgenommen, doch es geht eben nichts ohne Krippendarstellung. Die Gründe hierfür mögen vielfältig sein: die Sturheit, diese alte Tradition aufrechtzuerhalten, die künstlerische Vielfalt, der Glaube oder vielleicht auch die Bequemlichkeit. Da mag die Aufklärung noch so gewütet haben, Santa Claus inzwischen allgegenwärtig sein oder die Christmas-Songs der aktuellen Popgruppen den traditionellen heimischen Weihnachtsliedern den Rang abgelaufen haben. Die Krippe bleibt bestehen ...

Bis es soweit kam, ist eine lange Geschichte, die in ihren Anfängen immer wieder mit dem Hl. Franziskus in Verbindung gebracht wird. Als *den* Ursprung der Krippe sehen viele die Weihnachtsfeier von Greccio im Jahre 1223, bei der der Hl. Franziskus vor einer Futterkrippe predigte, einer Krippe, wo zwar Ochs und Esel standen, Josef, Maria und das Jesukind aber fehlten. Mit unseren herkömmlichen Krippendarstellungen hatte diese Feier also nur sehr wenig zu tun. Es ging dem Heiligen wohl vielmehr um einen symbolischen Akt, der auf eine einfache Art und Weise das „Weihnachtswunder" zeigen sollte. Bedenkt man die Tierliebe des Franziskus, ist es auch verständlich, warum gerade Ochs und Esel als „lebende Akteure" mitwirkten.

Für die Entwicklung des Krippenwesen waren zwei Brauchformen entscheidender: zum einen der Brauch des „Kindlwiegens" und zum anderen die Weihnachtsspiele. Das Kindlwiegen entstand in den Frauenklöstern des 13. bzw. 14. Jahrhunderts. Zu Weihnachten bzw. bei der Mitternachtsmette wiegten die Nonnen eine Puppe, die das Jesukind darstellen sollte. Damit vergegenwärtigten sie sich die Geburt des Heilands auf eine höchst anschauliche Art und Weise. Später fand dieser Brauch auch Eingang in den Kirchen bzw. als Heischeumgang in der weihnachtlichen Volkskultur. Auch das Christkind selbst erfuhr im Laufe der Zeit eine besondere Ausgestaltung: Puppen aus Holz bzw. Wachs wurden in eigenen Krippenkästchen mit liebevollem Dekor aus Flitterwerk, Stoffen u.a. aufbewahrt. Man nannte dieses Christkindl auch „Fatschenkindl", weil es gleich einem Säugling mit schmalen Stoffbahnen eingewickelt war. Lange vor den uns heute geläufigen Weihnachtskrippen – etwa seit Ende des 16. Jahrhunderts – stellte man diese Christkindl in den Stuben auf.

Auch die Weihnachtsspiele hatten wesentlich Anteil an der Ausgestaltung des Krippenwesens. Bei diesen frühen Spielen, die fast ausschließlich in den Kirchen aufgeführt wurden, brachte man dem leseunkundigen Publikum das Geburtsgeschehen sehr anschaulich näher. Die Kirche als Ort des Theaters – so muß man aus heutiger Sicht diese Formen der Inszenierung sehen. Gerade bei der Weihnachtsfeier ist es mit einer einfachen Darstellung der Krippe nicht getan. Im Sinne einer ausgefeilten Dramatisierung stellte man auch andere Szenen dar, die mit dem Weihnachtsgeschehen in enger Verbindung stehen. Die biblischen Stellen des Neuen Testamentes liefern dafür genügend Stoff: von der Verkündigung über die Flucht nach Ägypten bis hin zum „Schlaf der Hirten" oder der Anbetung der Könige. Wie beim Schauspiel wurden dann diese Szenarien auch in den Krippen figural nachgestellt.

Martin Luther und seine reformatorischen Kollegen haben diesen Brauchformen und damit auch dem Krippenwesen beinahe ein Ende gesetzt. Allerdings nur beinahe. Denn ihre im weitesten Sinne gemeinte Bilderfeindlichkeit und ihr Argwohn gegenüber jeglichen kirchlichen Bräuchen rief die Gegner auf den Plan. Dank des Trientiner Konzils (1545-1563) kam es zu einer Neuordnung der Kirche und vor allem zu einer massiven Förderung und Neuausgestaltung von Bräuchen religiösen Inhalts. Und davon hat auch das Krippenwesen profitiert.

Zunächst waren es vor allem geistliche Orden, die sich um die Darstellung von Krippenszenen verdient machten. Allen voran die Franziskaner, die ja auf ihren Gründer, den Hl. Franziskus, zurückgreifen konnten: seine mystische Krippenfeier hat also doch, wenn auch nur kleine Spuren hinterlassen. Wesentlich engagierter waren jedoch die Jesuiten, die nicht zuletzt wegen ihrer intellektuellen Ambitionen beim Adel in großem Ansehen standen. Ihr Einfluß beim Adel bzw. dem reicheren Bürgertum trug wesentlich dazu bei, daß prächtige Krippen für die Kirchen hergestellt wurden. Wer etwas auf sich hielt, seien es nun die österreichischen Habsburger oder die bayerischen Wittelsbacher, förderte das Krippenwesen: sei es in den Kirchen oder in den privaten Repräsentationsräumen. Der Siegeszug der Krippe im weihnachtlichen Brauchgeschehen konnte beginnen ...

Die „Hauserkrippe" aus Götzens. Hintergrund, Krippenberg und Figuren von Franz Eigentler um 1880. Darstellung: Der 12-jährige im Tempel.

— *Krippenforschung und der „Brauch des Krippenschauens"*

Region um Innsbruck

Das Zentrum der traditionellen überlieferten Tiroler Krippenkultur ist unbestreitbar das Tiroler Volkskunstmuseum in Innsbruck. Die umfangreiche Sammlung „im Haus" steht nicht nur für die Besucher zur Verfügung, sondern wird durch umfangreiche Forschungen und Dokumentationen (Paradebeispiel hierfür ist das Buch „Das Tiroler Krippenbuch" von E. Egg u. H. Menardi) sinnvoll ergänzt. Im Erdgeschoß des Museums ist in der Adventzeit bis Maria Lichtmeß (2. Februar) eine erweiterte Ausstellung mit Krippen aus ganz Tirol zu sehen. Hier erhält man einen ausgezeichneten Einblick in die Tiroler Krippenkultur: von den unterschiedlichen Figuren, über die künstlerischen Krippenhintergründe und -berge bis hin zur Vielfalt der szenarischen Darstellungen. Die „orientalische Krippe", die übrigens in Tirol eine lange Tradition aufweist, ist ebenso vertreten wie Beispiele von regionalen Hauskrippen.

Unter einer Hauskrippe versteht man dabei Krippen, die in den Häusern aufgestellt wurden und zudem ein Mindestausmaß von ca. 1 m Länge aufweisen. Sie waren in der Weihnachtszeit das religiöse und (volks)künstlerische Zentrum der Häuser. Aufgestellt hat man diese großen Krippen mit zig Figuren vornehmlich kurz vor Weihnachten (regionale Unterschiede sind auch hier gegeben) und stehengelassen bis zum traditionellen „Endtermin" der Krippen zu Maria Lichtmeß (2. Februar). Rund um diese Hauskrippen hat sich auch der Brauch des „Krippenschauens" entwickelt: nach dem 25. Dezember besuchte man in der Nachbarschaft die einzelnen Hauskrippen, ließ sich auf einen Schwatz nieder und trank „zu Ehren" der schönen Krippe auch ein Glas Schnaps. Im Volksmund sagt man daher bei diesen „Krippenbesuchen" auch nicht „Prost", sondern stilvoll und thematisch passend „Gloria". Das „Gloria-Trinken" ist also untrennbar mit diesem weihnachtlichen Brauch verbunden.

Das „Krippenschauen" zählt heute noch zu den beliebten gesellschaftlichen Ereignissen, die man vor allem in der Region rund um Innsbruck (hier gibt es nämlich bis dato die meisten Hauskrippen) nicht missen möchte. Doch leider hat dieser Brauch in den letzten Jahren auch „Ausuferungen" mit sich gebracht, die beinahe das Ende des „Krippenschauens" bewirkt hätten. Findige Fremdenführer und (vornehmlich) bayerische Tourimusveranstalter haben diesen Brauch für sich entdeckt und maßlos – man muß es einfach so sagen – die Gastfreundschaft der Hauskrippenbesitzer ausgenutzt. An den Wochenenden frequentierten nicht selten mehrere Busse, mit mehr oder weniger Interessierten, einzelne Gemeinden und zogen in Heerscharen von Haus zu Haus. Vom gemütlichen Krippenschauen ist da keine Rede mehr. Es ist daher verständlich, daß viele Häuser ihre Türen verschlossen, weil sie mit diesem kommerziellen Ansinnen wahrlich keine Freude hatten. Man hat in den einzelnen Gemeinden darauf „reagiert" und diesen Brauch etwas weniger öffentlich gemacht – und das ist gut so. Wer sich wirklich für Krippen interessiert, dem wird auch heute noch die Haus- und Stubentür geöffnet.

Informationen: www.tiroler-volkskunstmuseum.at

Auswahl an Krippenvereinen:
www.krippe-tirol.at
www.krippenverein-silz.at.tt (Krippenverein Silz)
berg.heim.at/almwiesen/410776 (Krippenverein Steinach-Trins)
www.oberperfuss.at/krippenverein (Krippenverein Oberperfuß)
www.krippenfreunde-kirchbichl.at (Verein der Krippenfreunde Kirchbichl)
members.aon.at/gsimperl/index.html (Wörgler Krippeler)
www.krippenbau.at (Krippenverein Fieberbrunn)

— *Bekleidete Krippen*

Zumeist bestanden die ersten Krippen in Tirol aus großen Gliederpuppen (bis zu 1 m Größe), die einen Wachs- oder Holzkopf hatten und mit prächtigen Kleidern gewandet waren. Daher spricht man auch von bekleideten Krippen. Man kann sich vorstellen, daß diese Krippen sehr teuer in der Anschaffung waren und dementsprechend nur in den Kirchen, seltener auch in den Häusern des Adels bzw. reicheren Bürgertums vorkamen. Die Schnitzarbeiten übernahmen zumeist einfache Handwerker, die Kleidung aus wertvollen Stoffen wie Brokat oder imprägnierter Seide fertigten Schneiderinnen an. Wenn Künstler sich mit diesen Krippen beschäftigten, dann nur, wenn es sich um die Ausgestaltung des Hintergrundes handelte.

Die bekleidete Krippe war ein Synonym für barocke Volksreligiosität schlechthin: mit verschwenderischer Fülle, Üppigkeit und überdimensionaler Größe. Wenn es irgendwie (finanziell) möglich war, ließ sich eine Ortskirche eine derartige Krippe anfertigen. Solange zumindest, bis Joseph II. das staatliche Regiment übernahm. Ihm waren diese „allzu kindlichen Darstellungen der Geburt Christi“ wie so viele andere religiöse Bräuche ein Grauen. Das Aufstellen der bekleideten Krippen wurde per Erlaß (v.a. in der Zeit von 1782 bis 1790) verboten und die Figuren verschwanden in Depots, wurden verbrannt oder verkauft. Selbst nach der Aufhebung der Verbote gerieten die bekleideten Krippen zunehmend in Vergessenheit – für sehr, sehr lange Zeit. Erst seit den letzten Jahren erleben die bekleideten Krippen wieder einen neuen Boom. Mit viel Aufwand und fachlichem Know-how werden sie restauriert und in der Öffentlichkeit gezeigt. Die barocke Volksfrömmigkeit scheint also wieder en vogue.

Aus der Fülle an (z.T. inzwischen wieder „auferstandenen“) bekleideten Krippen seien hier nur einige Beispiele erwähnt, die es sich auf alle Fälle anzuschauen lohnt:

- Pfarrkirche Axams
- Pfarrkirche Tannheim
- Pfarrkirche Oetz (Michaelskapelle)
- Innsbrucker Servitenkirche

— *Geschnitzte Krippen*

Eine „richtige" Tiroler Weihnachtskrippe ist eine geschnitzte Krippe – so hört und liest man es zumindest vielerorts. Wenn man sich die Vielzahl an geschnitzten Krippen im Tiroler Raum anschaut, so mag das stimmen. Doch von einer „uralten" heimischen Tradition kann keine Rede sein. Populär wurde die geschnitzte eigentlich erst mit dem Niedergang der bekleideten Krippe. Und selbst da dauerte es noch geraume Zeit, bis die „traditionelle Krippe" Eingang in viele Privathäuser fand und das weihnachtliche Christkindl im Krippenkästchen ersetzte.

Mitte des 18. Jahrhunderts begann langsam der Vormarsch der geschnitzten Krippen. Die bekleideten Versionen wurden von Joseph II. verboten, doch die Bevölkerung wollte sich diesen weihnachtlichen Andachtsgegenstand nicht nehmen lassen. Und sie wußte sich zu helfen. Die „kleinen" geschnitzten Weihnachtskrippen, die man im Haus aufstellen konnte, lösten die „protzigen", überdimensionalen Krippen in den Kirchen ab. Doch vorerst auch nicht bei den einfachen Leuten. Geld bestimmt die Welt – dies trifft auch auf die Entwicklung des Krippenwesens zu. Nur wer es sich leisten konnte, gab geschnitzte Krippenfiguren in Auftrag. Zudem kommt noch, daß Bildhauer und Kunstschnitzer mit dem „Niedergang" der barocken Kulturvielfalt ihre ehemaligen Auftraggeber verloren und sich Ersatz suchen mußten. Was einst einfachen Handwerkern vorbehalten war, entwickelte sich nun zum Gegenstand des sprichwörtlichen Kunsthandwerks.

Einzelne Krippenschnitzer wurden über die Landesgrenzen hinaus bekannt. Sie schufen bestimmte Typen von Krippenfiguren, die in ihrem Aussehen unverwechselbare Züge aufweisen – sei es in der Körperhaltung, in der Gestik u.a. Zu den bekanntesten Tiroler Krippenschnitzern zählen Johann Giner der Ältere (1756–1833) aus Thaur, Franz Xaver Nissl (1731–1804) aus Fügen im Zillertal, Johann Fasching (1732–1809) aus Innichen und Augustin (1758–1807) und Josef Benedikt (1773–1861) Probst aus Südtirol.

Ihre Arbeiten hatten Vorbildcharakter, und im Laufe des 19. Jahrhunderts entwickelte sich eine regelrechte „Krippenindustrie" – bekanntes Beispiel hierfür sind die Grödner Schnitzer. Aufgrund der großen Nachfrage wagten sich nun auch volkskünstlerische Handwerker an das Schnitzen und Fassen von Krippenfiguren bzw. an die Herstellung der Krippenhintergründe. Und das hat sich bis in die Gegenwart erhalten: landauf, landab entstanden in den letzten Jahrzehnten zahlreiche Krippenbauvereine, die sich mit dem Bau von Krippen und der (volks)künstlerischen Ausgestaltung der Krippenszenen beschäftigen. Eine Ende dieses Boomes ist nicht abzusehen und den kreativen Einfällen sind fast keine Grenzen gesetzt. Dorforiginale werden in den Krippen ebenso verewigt wie regionale Volkskultur und Brauchtum. So darf es einen auch nicht verwundern, wenn man etwa in einer Thaurer Hauskrippe unter den Krippenfiguren auch eine Mullergestalt der Fastnacht entdeckt.

Eine Auswahl an besonders schönen geschnitzten Krippen sind an folgenden Örtlichkeiten zu sehen:

- Grödner Krippe in der Kirche der Dominikanerinnen, Lienz
- Kastenkrippe (mit Figuren des Nikolaus Pichler, 1809) in der Pfarrkirche Hinterthiersee
- Krippe von Johann Giner d. J. (um 1850) in der Dekanatskirche Breitenbach
- Nazarenerkrippe in der Pfarrkirche Umhausen
- Barockkrippe (um 1750) in der Pfarrkirche Ried im Oberinntal
- Kirchenkrippe von Johann Giner in der Pfarrkirche Absam
- Kirchenkrippe von Johann Giner in der Pfarrkirche Thaur

— Papier- und Bretterkrippen und Krippen mit Loammandeln

Wie der Name schon sagt, bestehen die Papierkrippen aus Papierfiguren und einem Papierhintergrund. Im frühen 18. Jahrhundert sind diese Krippen aufgekommen, da sie in der Herstellung sehr billig waren. Die Figuren wurden zum Ausschneiden auf Bögen gedruckt (= „Mandelbögen") und man konnte sie nach Belieben anmalen. Ein angeklebtes Holzbrettchen an der Unterseite ermöglichte das Aufstellen dieser filigranen Figuren. Erhalten haben sich nur wenige der alten Papierkrippen – das sensible Material ist einer der Gründe dafür. Seit einigen Jahren schätzt man jedoch wieder diese „volkstümlich-einfache" Form der Krippe: Krippenbögen werden wieder neu aufgelegt und etwa im Tiroler Volkskunstmuseum in Innsbruck zum Kauf angeboten.

Auswahl von sehenswerten Papierkrippen:

- Schloßkirche Freundsberg (Schwaz)
- Tiroler Volkskunstmuseum Innsbruck

Was den Privathaushalten die kleine Papier- war den Kirchen die große Bretterkrippe. Auf große (z.T. „lebensgroße") Bretter malte man die Krippenszenen bzw. Figuren und stellte sie unübersehbar im Altarraum oder in einer Seitenkapelle auf. Als Vorbild dienten hier die prächtigen Hl. Gräber der Osterzeit, die in ihrem kulissenartigen Aufbau das Heilsgeschehen einprägsam vermittelten. Die Bretterkrippen erlebten im 18. Jahrhundert, also im sinnenfreudigem Barock, ihre Blütezeit. Dann gerieten sie zunehmend in Vergessenheit – sie verschwanden ähnlich den Hl. Gräbern auf den Dachböden, wurden verbrannt oder verkauft. Seit einigen Jahren „leben" sie aber wieder auf: Sie werden renoviert oder ergänzt und wieder in den Kirchen aufgestellt. Aber nicht nur dort. Bretterkrippen eignen sich nämlich hervorragend für das Aufstellen im Freien, etwa auf Dorfplätzen. Und so geben heute einige Gemeinden und Tourismusverbände Bretterkrippen in Auftrag, um einem breiten Publikum ein (künstlerisches) weihnachtliches Ambiente im Ort zu bieten.

Auswahl von sehenswerten Bretterkrippen:
- Franziskanerkirche Schwaz
- Lindenkapelle in Axams
- Franziskanerkirche Lienz
- Pfarrkirche Ainet
- Hofkirche Innsbruck
- Dreiheiligenkirche Innsbruck

Loammandl-Krippen stellen in Tirol eine Besonderheit dar und sind in **Nassereith** und Umgebung beheimatet. Die Krippenfiguren werden hier aus Ton in eigenen kleinen Modeln geformt und bemalt. Auch der Krippenhintergrund bzw. der Krippenberg ist außergewöhnlich: Stoff oder Papier wird in Leim getränkt, steil bzw. fast senkrecht aufgebaut und mit Glitzer und Glasstaub verziert. Natürlich gibt es auch hier in den Krippenaufbauten Varianten, doch der Charme der kleinen Loammandln in ihrer bunten Vielfalt bleibt stets erhalten.

— *„Lebende Krippen“*
Achenkirch

Unter einer „lebenden Krippe“ versteht man eine „große“ Krippendarstellung, bei der zumindest einige Figuren im wahrsten Sinne des Wortes lebendig sind. Zumeist handelt es sich dabei um die legendären Tiere (Ochs und Esel), die laut biblischer Überlieferung bei der Geburt des Heilands anwesend waren. Vereinzelt gibt es aber auch „Aufführungen“, bei denen auch Josef und Maria bzw. das Jesukind von „Schauspielern“ nachgestellt werden.

Es liegt auf der Hand, daß diese Form der Krippendarstellung im Gegensatz zu den herkömmlichen Krippen nur für kurze Zeit erfolgt, d.h. an einzelnen Abenden wird das Krippenszenarium auf öffentlichen Plätzen bzw. bei Adventmärkten gezeigt. Vor allem Kinder sind es, die mit leuchtenden Augen diesen „belebten“ Veranstaltungen mit Freude beiwohnen. Das heilsgeschichtliche Geschehen wird auf diese Weise sehr opulent, beinahe von barocker Volksfrömmigkeit durchsetzt, der Bevölkerung näher gebracht.

„Lebende Krippe" im Heimatmuseum Achenkirch

„Lebende Krippen" bestehen heute zumeist aus lebensgroßen Figuren (Puppen), die mit Kleidern gewandet sind und die Hauptakteure wie Josef, Maria und das Christkind, aber auch Hirten darstellen. Ochs, Esel und z.T. auch Schafe sind die lebendigen Begleiter dieser Szenarien. An manchen Orten war es auch der Fall, daß man selbst Hasen und Ziegen in diesem weihnachtlichen Ambiente plaziert hat. Ehrlich gesagt, mutierte so die Krippe zu einem erweiterten Streichelzoo, der mit dem weihnachtlichen Geschehen überhaupt nichts zu tun hat.

Bei den Krippen mit lebenden Tieren wird im Sinne der Tiroler Tierschutzverordnung schon darauf geachtet, daß eine artgerechte Haltung selbst im zumeist kalten Dezember gewährleistet ist. „Lebende Krippen" gibt es etwa beim Seefelder Advent, aber auch andere Gemeinden sind an diesen „Aufführungen" zunehmend interessiert.

Eine so genannte „Tiroler Bergweihnacht" kann man seit dem Jahr 2000 alljährlich im alten Sixenhof in Achenkirch „miterleben". In diesem Bauernhaus, wo übrigens auch das örtliche Museum untergebracht ist, stehen im Stall die lebensgroßen Figuren von Josef und Maria nebst den drei Heiligen Königen. Ochs und Esel wachen im Hintergrund und die Schafe werden von „stummen" Hirten bewacht. Während des Besuches dieser Krippe kann man das Weihnachtsevangelium und das Geläute der Pfarrkirche Achenkirch hören bzw. Orgelklängen lauschen. Stärken kann man sich zudem in der Rauchküche, wo allerlei weihnachtliche Spezereien auf die Besucher warten.

Viele Brauchtermine sind variabel. Daher sind im Anhang die jeweiligen Ansprechpartner (Tourismusverbände, Gemeinden, Pfarrämter) angegeben, bei denen Sie Auskunft erhalten.

Besucht man eine Brauchveranstaltung, so hat man oftmals noch genügend Zeit, die unmittelbare Umgebung zu erkunden. Die Gelegenheit also, um bekannte und weniger bekannte kulturelle Tiroler Kleinodien näher kennenzulernen. Die bei den jeweiligen „Brauchorten" angeführten Ausflugstips sollen daher den „Brauchausflug" zu einem umfassenden Erlebnis machen.

Nach all den kulturellen Eindrücken dürfen auch die körperlichen Bedürfnisse nicht zu kurz kommen. In den angeführten Gasthäusern kann man sich bei Speis und Trank erholen, wie es auch die beiden Autoren auf ihren zahlreichen „Brauchreisen" getan haben.

Machen Sie sich also auf die Spuren der Wilden, Hexen und Heiligen und vergessen Sie dabei nicht, auf die kulturellen und kulinarischen Tiroler Besonderheiten zu achten.

Anhang
Lebendiges Brauchtum in Tirol

Adressen der Gemeinden, Tourismusverbände und Pfarrämter, sowie Gasthaustips und Auflugsziele

Literaturverzeichnis

Daran anschließend findet man eine Auswahl der wichtigsten Quellen, die beileibe nicht vollständig ist und über zahllose Seiten ausgedehnt werden könnte. Zu diesen Quellen gehören auch mündliche Mitteilungen diverser Gewährsleute und das Archiv VOKUS mit umfangreichen Artikeln aus regionalen und überregionalen Zeitungen und Zeitschriften aus den letzten zehn Jahren, sowie nicht oder entlegen publizierte Aufsätze.

Jahreskalender

Alle Termine im Überblick. So versäumt man garantiert keine Festlichkeiten.

Abfaltersbach

Gemeinde Abfaltersbach
A-9913 Abfaltersbach Nr. 19
Tel.: +43(0)4846.6210
gemeinde.abfaltersbach@aon.at
www.abfaltersbach.at

Tourismusverband Abfaltersbach Abfaltersbach – Zentralbüro Sillian
A-9920 Sillian Nr. 86
Tel.: +43(0)4842.6666
info@hochpustertal.com
www.hochpustertal.com

Ausflugstip: Wer sich für traditionelle ländliche Baukultur interessiert, sollte sich den Weiler Abfaltern nicht entgehen lassen. Über die traditionelle bäuerliche Volkskultur erfährt man mehr im **Bauernmuseum Aignerkasten** (ein ehemaliger Kornkasten im Ortszentrum). // Geradezu ein Pflichtbesuch ist die Besichtigung der örtlichen **Glasurmühle** – ist sie doch einzigartig in Österreich. – Nähere Informationen zu beiden Museen im Gemeindeamt. // Und wer sich nach all den kulturellen Eindrücken etwas erholen möchte, dem sei ein Besuch des **Aignerbadls** angeraten. Dort kann man entweder Schwefelbäder in Wannen aus Lärchenholz nehmen oder sich am Mineralwasser gütlich tun (das Mineralwasser kann man übrigens auch für Trinkkuren mit nach Hause nehmen).

Nähere Informationen:
Erich Aigner
Gasthof Post
9913 Abfaltersbach
Tel.: +43(0)4846.6206

Absam

Gemeindeamt Absam
Dörferstraße 32, A-6067 Absam
Tel.: +43(0)5223.56489
sekretariat@absam.at
www.absam.at

Tourismusverband Absam
Dörferstraße 37, A-6067 Absam
Tel.: +43(0)5223.53190
absam@regionhall.at
www.tiscover.at/absam
www.absamer-matschgerer.at.tt

Gasthaus Kirchenwirt
Walburga Schindl-Str 31,
A-6067 Absam
Tel.: +43(0)5223.56769

Ausflugstip: Auf jeden Fall sollte man die **Wallfahrtskirche** (Basilika) **Maria Absam** besuchen. Südlich der Kirche befindet sich eine kleine Kapelle, in der eine große Anzahl von Votivtafeln und -gaben zu sehen ist. // In den Sommermonaten lohnt sich ein Besuch des **Halltales** (Mautstraße) mit den Herrenhäusern. Von dort kann man auf einem abwechlsungsreichen Wanderweg zum Kirchlein St. Magdalena gelangen.

Achenkirch

Gemeinde Achenkirch
Postfach 50A, Nr. 387,
A-6215 Achenkirch
Tel.: +43(0)5246.6247-0
gemeinde@achenkirch.tirol.gv.at
www.achenkirch.tirol.gv.at

Pfarramt Achenkirch
A-6215 Achenkirch Nr. 386
Tel.: +43(0)5246.6238
pater.bernhard@direkt.at
www.pater-bernhard.de

Tourismusverband Achenkirch, Achensee Tourismus
Rathaus, A-6215 Achenkirch
Tel.: +43(0)5246.5300
info@achensee.info
www.achensee.com

Fischerwirt am See
A-6215 Achenkirch Nr. 15
Tel.: +43(0)5246.6258
office@fischerwirt-achenkirch.com
www.fischerwirt-achenkirch.com

Tiroler Weinhaus
A-6215 Achenkirch Nr. 471
Tel.: +43(0)5246.6214
tiroler.weinhaus@utanet.at
www.tiroler-weinhaus.at

Ausflugstip: Das Heimatmuseum Sixenhof zeigt in seinen 19 Räumlichkeiten u.a. Geräte der vergangenen bäuerlichen und handwerklichen Alltagskultur. Daneben erfährt man aber auch mehr über das Jagd- und Fischereiwesen, die in dieser Region einst von großer Bedeutung waren. Das Museum ist vom 1. Mai bis Ende Oktober täglich von 13.00 bis 18.00 Uhr geöffnet.

Nähere Informationen unter:
Sixenhof
6215 Achenkirch Nr. 29
Tel.: +43(0)5246.6508

Nicht nur für Gesundheitsfanatiker lohnt sich ein Besuch des Tiroler Steinöl Vitalberges in Pertisau am Achensee. Man erfährt dort so einiges über die Herkunft, Bedeutung und Verarbeitung des Steinöls sowie die diversen Anwendungsmöglichkeiten. Der Vitalberg ist täglich von 9.00 bis 17.30 Uhr geöffnet.

Nähere Informationen unter:
Tiroler Steinöl Vitalberg GmbH
6213 Pertisau am Achensee
Tel.: +43(0)5243.20186
tiroler@vitalberg.at

Ainet

Gemeindeamt Ainet
A-9951 Ainet Nr. 90
Tel.: +43(0)4853.6300
gemeinde_ainet@aon.at
www.ainet.gv.at

Tourismusverband Ainet
Tourismusverband Iseltal
A-9900 Oberlienz Nr. 30
Tel.: +43(0)4852.64759
tvblienz@aon.at
www.tiscover.at/ainet

Sattlerwirt
A-9951 Ainet Nr. 86
Tel.: +43(0)4853.6333
sattlerwirt@tirol.com

Ausflugstip: Beim Gasthof Bad Weiherburg, kurz vor Lienz gelegen, kann man noch den Austritt der alten Quelle sehen. Man nützte dieses kalte Quellwasser vor allem bei rheumatischen Leiden. Bis ins erste Drittel des 20. Jahrhunderts kam man von weither, um Wasser bei den Schwefelquellen zu holen. Heute lohnt sich dort ein kurzer Halt bei der Herz-Jesu-Kapelle. Sehenswert ist der Weiler Oberalkus, wo Bauernhäuser nebst Kapelle ein schönes Ensemble bilden.

Alpbach

Gemeindeamt Alpbach
A-6236 Alpbach Nr. 168
Tel.: +43(0)5336.5224
gemeinde@alpbach.tirol.gv.at
www.alpbach.tirol.gv.at

Tourismusverband im
Congress Centrum Alpbach
Gästeinformation im Ortszentrum
A-6236 Alpbach
Tel.: +43(0)5336.600-0
info@alpbach.at
www.alpbach.at

Gasthof Jakober
A-6236 Alpbach Nr. 169
Tel.: +43(0)5336.5171-38

Ausflugstip: Seit dem Jahre 1953 hat Alpbach eine spezielle Bauordnung, die genaue Kriterien für das Bauen im Ortskern vorsieht (= Alpbacher Baustil). Die einheitliche äußere Gestaltung der Häuser, Höfe, aber auch Wirtschaftsgebäude ist unübersehbar und entspricht den landläufigen Vorstellungen eines traditionellen „Tiroler Dorfes". // Das Alpbacher Bergbauernmuseum in Inneralpbach ist im Sommer von 9.00 bis 16.00 Uhr (und auf Anfrage), im Winter nur auf Anfrage geöffnet.
Nähere Auskünfte unter:
Familie Andreas Schießling
Unterberg 34, 6236 Alpbach
Tel.: +43(0)5336.5607

Auf dem ca. 3,5 km langen Heimatkundeweg (ca. 2–3 Stunden Gehzeit) kann man Einblicke in die regionale Volkskultur, Flora und Fauna anhand von Informations- und Schautafeln gewinnen. Nähere Auskünfte dazu beim örtlichen Tourismusverband.

Ampass

Gemeindeamt Ampass
Römerstraße 21, A-6060 Ampass
Tel.: +43(0)512.345454
gemeinde@ampass.tirol.gv.at
www.ampass.tirol.gv.at

Tourismusverband Ampass
Römerstraße 21, A-6060 Ampass
Tel.: +43(0)512.345454
ampass@innsbruck.tvb.co.at
www.tiscover.at/ampass

Gasthaus Römerhof
Römerstraße 13, A-6060 Ampass
Tel.: +43(0)512.345449

Angath

Gemeindeamt Angath
A-6300 Angath Nr. 110
Tel.: +43(0)5332.74326
gemeinde@angath.tirol.gv.at
www2.riskommunal.net/angath

Tourismusverband Angath
A-6300 Angath 110
Tel.: +43(0)5332.74326
www.tiscover.at/angath

Gasthof Baumgarten
A-6300 Angerberg 34
Tel.: +43(0)5332.6212
baumgarten@angerberg.com
www.gasthof-baumgarten.at

Ausflugstip: Von der Wallfahrtskirche in Mariastein, die man unbedingt besuchen sollte, führt eine Wanderung mit ca. 1 Stunde Gehzeit nach Angath. Der Weg ist abwechslungsreich und man trifft u.a. auf einen kleinen Kapellenbildstock mit einer Herz-Jesu-Grotte.

Angerberg

Gemeindeamt Angerberg
Linden 5, A-6300 Angerberg
Tel.: +43(0)5332.56323
gemeinde@angerberg.at
www.angerberg.at

Tourismusverband Angerberg
Linden 5, A-6300 Angerberg
Tel.: +43(0)5332.56305
tvb-angerberg@netwing.at
www.tiscover.at/angerberg

Gasthof Baumgarten
Angerberg 34, A-6300 Angerberg
Tel.: +43(0)5332.56212
baumgarten@angerberg.com
www.gasthof-baumgarten.at

Arzl im Pitztal

Gemeindeamt Arzl im Pitztal
Arzl 76, A-6471 Arzl im Pitztal
Tel.: +43(0)5412.63102
gemeinde@arzl-pitztal.tirol.gv.at
www.arzl-pitztal.tirol.gv.at

Pfarramt Arzl
A-6471 Arzl im Pitztal Nr. 41
Tel.: +43(0)5412.63143
www.arzl-pitztal.info/KirchenderGemeinde.htm

Tourismusverband Pitztal, Ortsinformationsstelle Arzl
A-6471 Arzl
Tel.: +43(0)5414.86999
info@pitztal.com
www.tiscover.at/arzl

Gasthof Plattenrainalm
Timmels 18, A-6471 Arzl im Pitztal
Tel.: +43(0)5412.63101
info@plattenrainalm.at

Ausflugstip: Im Ortszentrum empfiehlt sich der Besuch der Pfarrkirche zu den Heiligen Ingenuin und Albuin. Der Widum (= Pfarrhaus) ist mit einem Gang im Obergeschoß baulich mit dem Gotteshaus verbunden. In der Totenkapelle beim Friedhof ist ein Fastenkreuz mit Leidenswerkzeugen als Zeugnis der Volksreligiosität zu sehen. //

Abwechslungsreich ist eine Wanderung von Arzl nach Wald im Pitztal, wo man das tief abfallende Tal mit Hilfe der Pitzenklammbrücke (Österreichs höchste Fußgängerhängebrücke) überquert. Von Wald aus kann man dann zurück nach Arzl über den Klammsteig und den Luis Trenker Steig wandern.

Axams

Gemeindeamt Axams
Sylvester-Jordan-Straße 12,
A-6094 Axams
Tel.: +43(0)5234.68110
gemeinde@axams.tirol.gv.at
www.axams.tirol.gv.at

Tourismusverband Axams
Sylvester-Jordan-Str. 12,
A-6094 Axams – Axamer Lizum,
Tel.: +43(0)5234.68178
axams@innsbruck.tvb.co.at
www.axams.at

Gasthaus Bürgerstuben Axams
Georg Bucher Straße 7,
A-6094 Axams-Axamer Lizum
Tel.: +43(0)5234.68357

Ausflugstip: Nordwestlich des Dorfes liegt die sehenswerte Lindenkapelle, die dem Hl. Sebastian geweiht ist. Das Innere besticht vor allem durch barockes Interieur und Dekorelemente aus dem Rokoko.

Bach im Außerfern

Gemeinde Bach
Oberbach 90, A-6653 Bach
Tel.: +43(0)5634.6355
gde.bach@eunet.at
www.riskommunal.at/bach

TVB-Bach und Stockach
Bach 90, A-6653 Bach
00800.847.26837
callcenter@tiscover.com
www.tiscover.at/bach

Gasthof Post
Oberbach 44, A-6653 Bach
Tel.: +43(0)5634.6345
gasthof-post@tirol.com

Ausflugstip: Eine reizvolle Wanderung führt von Bach aus in die Mädäuler Schlucht. Zunächst führt der Weg über eine kurvenreiche schmale Fahrstraße bis zu einer Abzweigung, wo man über einen markierten Fußweg zu einem Brücklein (!) gelangt. In ca. 64 m Höhe überquert man die Schlucht und gelangt dann über einen schönen Höhenweg nach Madau.
Nähere Informationen:
Madau, 6653 Bach
Tel.: +43(0)5634.6778

Baumkirchen

Gemeinde Baumkirchen
Dorfstraße 19, A-6121 Baumkirchen
Tel.: +43(0)5224.52966
gemeinde@baumkirchen.tirol.gv.at
www2.riskommunal.net/baumkirchen

Tourismusverband Baumkirchen
Graf-Galen-Weg 2, A-6121 Baumkirchen
Tel.: +43(0)5224.51912
www.tiscover.at/baumkirchen

Gasthof Schindl
Dorfstraße 18, A-6121 Baumkirchen
Tel.: +43(0)5224.52962

Ausflugstip: In Baumkirchen ist die Totenkapelle in die Friedhofsmauer eingebunden. Dort kann man sehenswerte Zeugnisse der volksreligiösen Alltagskultur wie ein Arme-Seelen-Bild mit Herz Jesu oder eine Lourdesgrotte bewundern.

Bichlbach

Gemeinde Bichlbach
Stuck 130, A-6621 Bichlbach
Tel.: +43(0)5674.5205
gemeinde@bichlbach.tirol.gv.at
www2.riskommunal.net/bichlbach

Tourismusverband Bichlbach
Kirchhof 22, A-6621 Bichlbach
Tel.: +43(0)5674.5354
info@lermoos.at
www.tiscover.at/bichlbach

Landgasthof Post
Kirchhof 76, A-6621 Bichlbach
Tel.: +43(0)5674.5207

Ausflugstip: Die **Zunftkirche der Maurer und Zimmerleute**, die dem Hl. Josef geweiht ist, muß man einfach gesehen haben. Beachtenswert ist nicht nur die prächtige Innenausstattung in barocker Manier, sondern auch der 10 m hohe Hochalter mit dem gehörnten „Bichltuifl" (Bichlteufel). Geradezu unheimlich wirkt der 2,30 m große Wundmalchristus, der in der Region aufgrund seiner drastischen Wundmale als „Tropfheiland" bezeichnet wird. // Aber auch für Kinder hat Bichlbach einiges zu bieten. Der örtliche **Tier- und Spielpark** ist von Mai bis Oktober täglich bei Schönwetter von 10.00 bis 18.00 Uhr geöffnet. Aber auch bei Schlechtwetter bzw. in den Wintermonaten ist für Unterhaltung gesorgt – In der **Märchenwelt** im Ortszentrum kann man ganzjährig von 10.00 bis 18.00 Uhr Märchen sehen und hören.

Nähere Informationen:
Tier- und Spielpark Bichlbach
Fam. Albert Linser
Sämerhof 47, 6621 Bichlbach
Tel.: +43(0)5674.5209
www.streichelzoo.at

Breitenbach

Gemeinde Breitenbach
Dorf 135, A-6252 Breitenbach
Tel.: +43(0)5338.7274
gemeinde@breitenbach.tirol.gv.at
www.breitenbach.tirol.gv.at

Tourismusverband Breitenbach
Dorf 135, A-6252 Breitenbach am Inn
Tel.: +43(0)5338.7738
breitenbach@tirol-pur.at
www.breitenbach.at

Gasthof Schwaiger
Dorf 122, A-6252 Breitenbach
Tel.: +43(0)5338.8184
gh.schwaiger@tirol.com
www.8ung.at/gasthofschwaiger

Ausflugstip: In der **Filialkirche** (Kleinsöll) **zum Hl. Johannes dem Täufer** sind u.a. ein beachtenswertes Netzrippengewölbe und spätgotische Wandermalereien aus der zweiten Hälfte des 15. Jahrhunderts zu sehen. Die Malereien stellen u.a. die Heiligen Johannes der Täufer und Johannes Evangelist, Maria Magdalena, Barbara, Margarethe und musizierende Engel dar.

Breitenwang

Gemeinde Breitenwang
Dorfstraße 5, A-6600 Breitenwang
Tel.: +43(0)5672.62516
gemeinde@breitenwang.tirol.gv.at
www.breitenwang.tirol.gv.at

Tourismusverband Ferienregion Reutte
Untermarkt 34
A-6600 Reutte
Tel.: +43(0)5672.62336
info@reutte.com
www.ferienregion-reutte.at/breitenwang

Mühlenhof
Mühlerstraße 77, A-6600 Reutte
Tel.: +43(0)5672.62475

Ausflugstip: In Breitenwang sollte man sich das „Areal" bei der **Pfarrkirche Hl. Petrus und Paulus** ansehen. In der **Kapelle „Christus im Kerker"** befindet sich eine beeindruckende Statue „Christus an der Geißelsäule", und die nördlich der Pfarrkirche angebaute **Totenkirche** enthält Fresken von Paul Zeiller (18. Jahrhundert). Die Wandbilder zeigen u.a. den Höllendrachen sowie die „Welt", die von Tod, Teufel und Laster mit Ketten umkreist wird. Für Heraldiker erweisen sich die Wappen-Grabsteine als wahre Fundgrube.

Brixen i. Thale

Gemeinde Brixen
Dorfstraße 93, A-6364 Brixen i. Thale
Tel.: +43(0)5334.8110
gemeinde@brixen-im-thale.tirol.gv.at
www.brixen.tirol.gv.at

Pfarre Brixen im Thale
Dorfstraße 88, A-6364 Brixen i. Thale
Tel.: +43(0)5334.8161

Tourismusverband Brixen im Thale
Dorfstraße 93, A-6364 Brixen i. Thale
Tel.: +43(0)5334.8433
brixen@skiwelt.at
www.brixenimthale.at

Brixner Thalhof
Schwimmbadweg 8,
A-6364 Brixen i. Thale
Tel.: +43(0)5334.8468
www.thalhof.at

Ausflugstip: Die **Dekanatskirche Mariae Himmelfahrt** zählt zu den prächtigsten im Tiroler Unterland. In der nahe liegenden Friedhofskapelle befindet sich die beeindruckende Statue „Unseres Herrn im Elends" aus der ersten Hälfte des 18. Jahrhunderts. // Das Brixental ist bekannt für ausgedehnte und nicht zu beschwerliche **Wanderungen**. Die Bergwelt rund um die Hohe Salve sollte man sich nicht entgehen lassen – den Aufstieg erleichtern dabei die **Bergbahnen Brixen im Thale**. Nähere Informationen dazu beim örtlichen Tourismusverband.

Brixlegg

Marktgemeinde Brixlegg
Römerstr. 1, A-6230 Brixlegg
Tel.: +43(0)5337.62277
gemeinde@brixlegg.tirol.gv.at
www.brixlegg.tirol.gv.at

Tourismusverband Brixlegg
Römerstr. 1, A-6230 Brixlegg
Tel.: +43(0)5337.62581
info@tvb-brixlegg.at
www.tvb-brixlegg.at

Gasthof Herrnhaus
Herrnhausplatz 1, A-6230 Brixlegg
Tel.: +43(0)5337.62223
kontakt@herrnhaus.at
www.herrnhaus.at

Ausflugstip: Das **Tiroler Bergbau- und Hüttenmuseum Brixlegg** gewährt Einblicke in die geschichtlichen Abläufe des regionalen Bergbaus – sehenswert ist u.a. der ca. 200 Jahre alte Spurnagelhunt.
Nähere Informationen:
Tiroler Bergbau- und Hüttenmuseum Brixlegg
Römerstraße 30
6230 Brixlegg
Tel.: +43(0)5337.2581

Dölsach

Gemeindeamt Dölsach
A-9991 Dölsach Nr. 5
Tel.: +43(0)4852.64333
gemeinde.doelsach@netway.at

Tourismusverband Lienzer Dolomiten
Europaplatz 1, A-9900 Lienz
+43(0)4852.65265
callcenter@tiscover.com
www.tiscover.at/doelsach
www.lienz-tourismus.at

Ausflugstip: Beim Namen Dölsach werden nicht nur Archäologen hellhörig – die weitum bekannte archäologische **Ausgrabungsstätte** (und Museumsanlage) **Aguntum** ist Ziel zig-Tausender Besucher im Jahr. Zu sehen sind etwa im weiträumigen Gelände eine Stadtmauer, ein Atriumhaus, eine Therme, ein Grabaltar bzw. ein Handwerkerviertel. Die römisch-antiken Ausgrabungsstätten kann man dabei auch von einem Aussichtsturm sehen.
Nähere Informationen:
Verein Curatorium pro Agunto
Stribach 97, 9991 Dölsach
Tel.: +43(0)4852.61550
Weiters sollte man sich die kleine Kirche zum Hl. Georg im Weiler Grödnach mit dem Altar aus dem 17. Jahrhundert und das Geburtshaus von Albin Egger-Lienz im Weiler Stribach (Nr. 10) ansehen.

Eben am Achensee

Gemeinde Eben am Achensee
A-6212 Maurach Nr. 81–82
Tel.: +43(0)5243.5202
gemeinde@eben-achensee.tirol.gv.at
www.eben.tirol.gv.at

Pfarre und Museum St. Notburga in Eben am Achensee
Am Achensee 4,
A-6212 Eben am Achensee
Tel.: +43(0)5243.5227
info@notburga-museum.at
www.pfarre-eben.at

Tourismusverband Achensee
A-6212 Maurach am Achensee Nr. 82
Tel.: +43(0)5243.5355
maurach@achensee.info
www.achensee.com/maurach

Gaisalm
(von Achenkirch eine einstündige Wanderung entlang dem Ufer)
Tel.: +43(0)5243.5253
info@tirol-schiffahrt.at
www.gaisalm.com

Ausflugstip: Wer Tirol verbunden ist, sollte sich die **Pfarr- und Wallfahrtskirche Hl. Notburga** ansehen – schließlich ist sie die „heimliche" Landespatronin. Ihr legendarischer Werdegang und ihre Wunder sind anhand der Fresken im Langhaus nachzuvollziehen. Am Hochaltar befindet sich in einem Glasschrein das Skelett der Heiligen. // Nach all den kulturellen bzw. religiösen Eindrücken empfiehlt sich eine **„Schifferlfahrt" am Achensee**. Schon vor mehr als hundert Jahren, genauer gesagt 1887, fuhr das erste Fahrgastschiff, ein Dampfer mit dem Namen „St. Josef" über den Achensee. Egal ob man nun rudert oder sich wesentlich bequemer mittels eines Dampfschiffes über das Wasser bewegt – die reizvolle Umgebung ist allemal einen Ausflug wert.

Nähere Informationen:
Achenseeschiffahrt-Gesellschaft
6213 Pertisau
Tel.: +43(0)5243.5253-0
info@tirol-schiffahrt.at

Ehrwald

Gemeinde Ehrwald
Kirchplatz 1, A-6632 Ehrwald
Tel.: +43(0)5673.2333
Gemeinde@ehrwald.tirol.gv.at
www2.riskommunal.net/ehrwald

Tourismusverband Ehrwald-Zugspitze
Kirchplatz 1, Postfach 6632 85,
A-6632 Ehrwald
Tel.: +43(0)5673.2395
ehrwald@zugspitze.tirol.at
www.tiscover.at/ehrwald

Gaistalerhof
Ganghoferstraße 59, A-6632 Ehrwald
Tel.: +43(0)5673.2335
ehrwald@zugspitze.tirol.at

Ausflugstip: Das **Gaistal** ist geradezu prädestiniert für abwechlungsreiche **Wanderungen** mit der ganzen Familie. Ein Ziel könnte die **Pestkapelle** sein, die zwar etwas unscheinbar wirkt, aber als wichtiges Zeugnis der lokalen Geschichte und Volkskultur anzusehen ist. In der Zeit des Dreißigjährigen Krieges (17. Jahrhundert) wollten nämlich die Ehrwalder nach Seefeld wallfahren gehen. Doch die Bevölkerung von Leutasch hielt sie mitten des Weges auf, weil sie Angst vor der Pest hatten. An eben dieser Stelle beteten nun die Ehrwalder und ihre Gebete wurden erhört. Als Dank bauten sie eine kleine Kapelle – ein Bild aus der Mitte des 19. Jahrhunderts erinnert bis heute an diese „wundersame" Begebenheit.

Ellbögen

Gemeindeamt Ellbögen
St. Peter 31, A-6082 Ellbögen
Tel.: +43(0)512.377555
gemeinde@ellboegen.tirol.gv.at
www.ellboegen.at

Tourismusverband Patsch/Ellbögen
Dorfstr. 22, A-6082 Patsch
Tel.: +43(0)512.377332
ellboegen@innsbruck.info
www.tiscover.at/ellboegen

Gasthof Neuwirt
A-6082 Ellbögen
Tel.: +43(0)512377175

Ausflugstip: Will man die Gegend um Ellbögen näher kennenlernen, so empfiehlt sich entweder gutes Schuhwerk oder ein Pkw. In den Weilern und Ortsteilen kann man noch vereinzelt Bauernhöfe sehen, die dem Typus des Wipptaler Einhofes entsprechen. // In der Pfarrkirche Hl. Petrus im Weiler St. Peter ist über der Emporenstiege eine Art Mahntafel angebracht, auf der ein Engel vor dem „Schwätzen in der Kirche" warnt – religiöser Volksglauben par excellence.

Erl

Gemeindeamt Erl
Dorf 39, A-6343 Erl
Tel.: +43(0)5373.8125-0
buchhaltung@erl.tirol.gv.at
www.erl.tirol.gv.at

Tourismusverband Erl
Dorf 39 , A-6343 Erl
Tel.: +43(0)5373.8117
tvb@erl.at
www.erl.at

Gasthof Blaue Quelle
Mühlgraben 15, A-6343 Erl
Tel.: +43(0)5373.8128
info@blauequelle.at
www.blauequelle.at

Ausflugstip: Die Passions- und Festspiele in Erl locken tausende Besucher an – und diese wissen u.a. auch das reizvolle Wanderangebot in der Umgebung zu schätzen. // Zahlreiche kleine Kapellen und Bildstöcke sind Zeugnisse der regionalen Volksfrömmigkeit. // Architektonisch sehenswert ist neben dem Festspielhaus aus dem Jahr 1959 auch die Zollhausbrücke, eine Holzbrücke von 1898.

Fiss

Gemeinde Fiss
Via-Claudia-Augusta 35, A-6533 Fiss
Tel.: +43(0)5476.6352
gemeinde@fiss.tirol.gv.at
www.fiss.tirol.gv.at

Tourismusverband Fiss
A-6533 Fiss
Tel.: +43(0)5476.6441
info@fiss.at
www.fiss.at

Gasthof Lamm
A-6533 Fiss Nr. 39
Tel.: +43(0)5476.6451

Ausflugstip: Auch wenn es im Ortskern von Fiss zahlreiche Neu- bzw. Umbauten gibt, hat sich noch weitgehend der alte Dorfcharakter erhalten. Enge Verbauung mit Durchfahrtshöfen, massive Häuser aus Stein und zahlreiche Brunnen sind die Merkmale dieser Oberländer Baukultur. // Von Fiss aus erreicht man über angenehme Flurwege auch Serfaus bzw. Ladis. In Serfaus kann man Tirols einzige U-Bahn nützen, um zur Wallfahrtskirche „Unsere Liebe Frau im Walde" zu kommen. Die thronende Hl. Maria mit Kind zählt dabei zu den ältesten Tiroler Gnadenbildern. Von Serfaus aus lohnt sich eine etwas längere Wanderung zur St. Georgskirche. Den Flügelaltar aus der Zeit um 1500 und die Fresken (u.a. Hl. Apollonia, Christus am Ölberg, Martyrium des Hl. Sebastians und Passionszyklus) der Georgskirche muß man ganz einfach gesehen haben. Den Kirchenschlüssel erhält man übrigens in der nahe gelegenen Jausenstation St. Georgen. // Wählt man von Fiss aus die andere Richtung, so gelangt man nach Ladis, das nicht zuletzt wegen Bad Obladis bekannt ist. Das von Ladis zu Fuß in ca. einer Stunde zu erreichende Obladis bietet dem Besucher besonderes Wasser. Zum einen heilkräftiges Schwefelwasser, zum anderen den „Sauerbrunnen", der als Mineralwasser überregional bekannt ist.

Fließ

Gemeinde Fließ
Dorf 87, A-6521 Fließ
Tel.: +43(0)5449.5234
gemeinde@fliess.tirol.gv.at
www.fliess.tirol.gv.at

Tourismusverband Fließ Tirol West
Postfach 55, A-6500 Landeck
Tel.: +43(0)5442.65600
info@tirolwest.at
www.tiscover.at/fliess

Gasthof Neuer Zoll
Hauptstraße, A-6521 Fließ
Tel.: +43(0)5449.20077

Ausflugstip: Wahrzeichen von Fließ, dessen Ortszentrum hoch über dem Talkessel liegt, ist die **Burg Bideneck**. Diese Burg ist zwar nicht zu besichtigen, aber man kann sich für einige Zeit in einer der **Ferienwohnungen** einmieten. // Sehenswert ist das **örtliche Archäologische Museum**, das einen gut aufbereiteten Einblick in das prähistorische Geschehen der Region gibt. Die Öffnungszeiten sind vom 1. Mai bis 31. Oktober von Dienstag bis Sonntag jeweils von 10.00 bis 12.00 Uhr und von 15.00 bis 17.00 Uhr.

Nähere Informationen:
Archäologisches Museum
Dorf 89, 6521 Fließ
Tel.: +43(0)5449.20065

Auch allen Wanderern sei Fließ ans Herz gelegt. Denn der Ort erhielt für seine ca. **150 km Wanderwege** vom Land Tirol wegen der guten Beschilderung und Markierung eine Auszeichnung. Verlaufen sollte man sich also in dieser Region nicht ...

Gerlos im Zillertal

Gemeindeamt Gerlos
A-6281 Gerlos Nr. 141
Tel.: +43(0)5284.52100
gemeinde@gerlos.tirol.gv.at
www.gerlos.tirol.gv.at

Tourismusverband Gerlos
A-6281 Gerlos Nr. 141
Tel.: +43(0)5284.52440
info@gerlos.at
www.gerlos.at

Almstüberl
A-6281 Gerlos Nr. 345
Tel.: +43(0)5284.5315

Ausflugstip: Die **Pfarrkirche zu den Heiligen Leonhard und Lambert** im Ortszentrum weist an der Außenwand eine Besonderheit auf: dort ist der Hl. Leonhard als Viehpatron nebst einer Ansicht von Gerlos aus dem 18. Jahrhundert dargestellt. // Für sportlich Aktive wartet Gerlos im Zillertal mit vielen **Outdoor-Freizeitaktivitäten** auf.

Götzens

Gemeindeamt Götzens
Burgstraße 3, A-6091 Götzens
Tel.: +43(0)5234.32202
gemeinde@goetzens.tirol.gv.at
www.goetzens.tirol.gv.at

Pfarramt Götzens
Kirchstr. 5, A-6091 Götzens
Tel.: +43(0)5234.32229

Tourismusverband Götzens
Burgstraße 7, A-6091 Götzens
Tel.: +43(0)5234.32236
goetzens@innsbruck.info
www.tiscover.at/goetzens

Gasthof Gruberwirt
Neu-Götznerstraße 49
A-6091 Götzens
Tel.: +43(0)5234.33020

Ausflugstip: Die Gemeinde Götzens ist seit einigen Jahren untrennbar mit dem Seligen **Pfarrer Otto Neururer** verbunden, der 1940 aufgrund seiner christlichen Nächstenliebe und seiner Treue zum Glauben im nationalsozialistischen Konzentrationslager Buchenwald ermordet wurde. Verehrt wird er in der örtlichen **Pfarrkirche zu den Heiligen Petrus und Paulus**. // Ein weiterer sehenswerter sakraler Bau ist die Theresienkapelle in der Kirchstraße. Das an und für sich schlichte Bauwerk enthält im Inneren ein Netzgratgewölbe, das von spätgotischen Fresken umgeben ist.

Gries (Längenfeld)

Gemeinde Längenfeld
Oberlängenfeld 72
A-6444 Längenfeld
Tel.: +43(0)5253.5205
meldeamt@laengenfeld.
tirol.gv.at
www.laengenfeld.tirol.gv.at

Pfarramt Gries
A-6444 Gries bei Längenfeld Nr. 4
Tel.: +43(0)5253.64906

Tourismusverband Gries
Gries 34, A-6444 Gries bei Längenfeld
Tel.: +43(0)5253.5103
info@laengenfeld.com
www.tiscover.at/gries.laengenfeld

Mesner Stuben
Oberlängenfeld 24, A-6444 Längenfeld
Tel.: +43(0)5253.6290

Ausflugstip: Das zur Gemeinde Längenfeld gehörende Gries im Sulztal ist nicht nur Ausgangspunkt für alpine Touren, sondern auch beliebtes Ziel von Wallfahrern, die die Kirche Maria Hilf bei jedweden Nöten oder aus kulturgeschichtlichen Ambitionen aufsuchen. // Kehrt man über die ausgebaute Fahrstraße wieder zurück nach Längenfeld, so wartet der Aquadome, die Therme Längenfeld, mit einem „Wohlfühlprogramm“ auf. Das seit mehr als 500 Jahren bekannte „Wildbadl“ mit Schwefelwasser wurde zu einer Therme mit zeitgemäßen Ansprüchen (Wellness-Trend) ausgebaut.

Nähere Informationen:
Aquadome Längenfeld
Oberlängenfeld 140, 6444 Längenfeld
Tel.: +43(0)5253.6400
office@aqua-dome.at
www.aquadome.at

Nach so viel körperlicher Erholung kann man sich wieder ins „Kulturleben“ stürzen. Was eignet sich dazu besser als das Ötztaler Heimat- und Freilichtmuseum in Lehn bei Längenfeld. Das im Sommerhalbjahr geöffnete Museum zeigt zahlreiche Objekte vergangener Ötztaler Volkskultur – sei es in Form von Wirtschafts- und Wohngebäuden bzw. Gerätschaften, oder anhand von Gegenständen der traditionellen Alltagskultur und Lebensweise (Kleidung, Volksreligiösität u.a.). Ein besonderer Schwerpunkt ist dabei dem Flachs gewidmet, der bis in die Mitte des 20. Jahrhunderts ein wichtiger wirtschaftlicher Faktor im Ötztal war.

Nähere Informationen:
Ötztaler Heimat- und Freilichtmuseum
6444 Längenfeld/Lehn
Tel.: +43(0)5253.5540
info@oetztal-museum.at
www.oetztal-museum.at

Gschnitz

Gemeinde Gschnitz
A-6150 Gschnitz Nr. 101
Tel.: +43(0)5276.209
gemeinde@gschnitz.tirol.gv.at
www.wipptalnetz.at/data/
gemeinden/gschnitz.htm

Pfarramt Gschnitz
A-6150 Gschnitz Nr. 76
Tel.: +43(0)5276.216

Tourismusverband Wipptal,
Ortsstelle Gschnitz
Brennerstraße 67
A-6150 Steinach
Tel.: +43(0)5272.6270
Tourismus@wippregio.at
www.wipptal.at/gschnitz.htm

Ausflugstip: Gschnitz ist vor allem in den Sommermonaten Ausgangspunkt für abwechslungsreiche alpine Touren. // Dem nicht genug, findet man in diesem Bergdorf die Pfarrkirche „Maria Schnee“ mit überaus prächtiger Ausstattung (u.a. Malereien von Anton Zoller). // Absolut sehenswert ist das Bergkirchlein St. Magdalena. Der etwas steile Anstieg wird belohnt: in der Kirche mit wunderbaren Fresken, das Auge mit einem traumhaften Ausblick auf das Tal und in die umliegende Bergwelt und der Körper mit einer Rast in der Jausenstation (ehemalige Einsiedelei). Aber Achtung: die Jausenstation ist nicht ganzjährig geöffnet. Auskünfte beim örtlichen Tourismusverband.

Hall in Tirol

Stadt Hall
Oberer Stadtplatz 1–2, A-6060 Hall i.T.
Tel.: +43(0)5223.5845
stadtamt@stadthall.at
www.hall-in-tirol.at

Pfarramt St. Nikolaus
Bachlechnerstr. 3, A-6060 Hall in Tirol
Tel.: +43(0)5223.57914
www.dioezese-innsbruck.at/organisation.asp?lfdnr=89

Tourismusverband Hall-Thaur-Gnadenwald
Wallpachgasse 5, A-6060 Hall in Tirol
Tel.: +43(0)5223.56269
office@regionhall.at
www.regionhall.at

Gasthof Bretze
Salzburger Str. 5, A-6060 Hall
Tel.: +43(0)5223.6752

Augustiner Bräu Goldener Engl
Unterer Stadtplatz 5
A-6060 Hall in Tirol
Tel.: +43(0)5223.54621

Ausflugstip: Die Haller Altstadt ist zu jeder Jahreszeit einen Besuch wert. Beeindruckende Bürgerhäuser, enge Gassen und kulturgeschichtlich bedeutende Bauwerke (wie die Pfarrkirche) prägen das stilvolle Ambiente. Zudem werden am Oberen Stadtplatz während des ganzen Jahres Veranstaltungen unterschiedlicher Art organisiert: Märkte, Umzüge, Vorführungen und unterhaltsame Festlichkeiten. // Die Stadt Hall hat ihren einstigen Reichtum vor allem der Salzverarbeitung und der verkehrstechnisch günstigen Lage zu verdanken. Zur Erinnerung an diese „gewinnträchtigen" Zeiten steht am Unteren Stadtplatz die „Barbarasäule". Diese Säule aus Kramsacher Marmor zeigt im Aufsatz vier Reliefs (Kreuzigungsgruppe, Auferstehung, Hl. Barbara und den Hl. Sigmund). In früheren Zeiten gedachten hier die Bergknappen „ihrer" Patronin. // Wer sich für Münzen und deren Verarbeitung interessiert, dem sei ein Besuch der Münze Hall angeraten.

Nähere Informationen:
Münze Hall/Burg Hasegg
www.stadtwerke-hall.at/burg-hasegg/start.php

Haiming

Gemeinde Haiming
Siedlungsstraße 2, A-6425 Haiming
Tel.: +43(0)5266.88600-0
gemeinde@haiming.tirol.gv.at
www.haiming.tirol.gv.at

Tourismusverband Haiming
Siedlungsstraße 2, A-6425 Haiming
Tel.: +43(0)5266.88307
info@haiming.at
www.haiming.at

Ausflugstip: In Haiming ist die örtliche Pfarrkirche den Heiligen Chrysanth und Daria geweiht – zwei Heilige, die in den Legendenerzählungen immer wieder erotisch-sexuellen Versuchungen widerstanden. Sei es, daß fünf Verführerinnen beim gläubigen Chrysanth keinen Erfolg zu verzeichnen hatten, sei es, daß Daria in ein Bordell verschleppt wurde und von einem Löwen vor sexuellen Übergriffen beschützt wurde. An der Außenfassade ist ein großes Fresko des Hl. Christophorus zu sehen. Wenn man sich auf eine Reise begibt, so soll man nach altem Volksglauben zumindest einmal am Tag das

Bildnis dieses Reisepatrons ansehen. // Nach dem Besuch der Pfarrkirche kann man dann „unbesorgt" einen ergänzenden Ausflug unternehmen. Die Fahrt führt über den Haiminger Berg (mit grandioser Aussicht über das Obere Inntal) nach Ochsengarten und von dort entweder über Kühtai und das Sellraintal nach Innsbruck oder über das Ötztal (Oetz) nach Ötztal-Bahnhof bzw. Haiming.

Hart im Zillertal

Gemeindeamt Hart im Zillertal
A-6263 Hart im Zillertal Nr. 34
Tel.: +43(0)5288.62331
office@gemeinde-hart.com
www.gemeinde-hart.com

Ferienregion Fügen-Hochfügen-Zillertal – Infobüro Hart
Niederhart, A-6263 Hart im Zillertal
Tel.: +43(0)5288.62309
tvb.hart@aon.at
www.tiscover.at/hart

Gasthof Säulinger
Holdernach 25, A-6263 Hart im Zillertal
Tel.: +43(0)5288.72572

Ausflugstip: Wer wallfahrten und zugleich eine schöne Aussicht genießen möchte, dem sei ein Besuch der Wallfahrtskirche Mariä Reinigung empfohlen. Von der Pfarrkirche ausgehend dauert die Wanderung ca. eine ¾ Stunde. Man wird für den zum Teil steilen Aufstieg mit volksreligiösen Kleinodien belohnt. Die Legende zu dieser Wallfahrt berichtet, daß einst die Muttergottes im nahegelegenen Bach Windeln gewaschen habe und Kinder einige Zeit später eine Statue der Hl. Maria gefunden haben. Sehenswert sind neben der geschnitzten und bekleideten Marienfigur auch die Votivtafeln, die als Dank- oder Bittgaben in der Wallfahrtskirche hinterlassen wurden.

Hopfgarten im Defereggental

Gemeindeamt Hopfgarten
Dorf 88, A-9961 Hopfgarten im Defereggental
Tel.: +43(0)4872.5346
gde.hopfgarten@aon.at

Tourismus-Information Hopfgarten im Defereggental
Dorf 67, A-9961 Hopfgarten im Defereggental
Tel.: +43(0)4872.5356
hopfgarten@defereggental.at
www.tiscover.at/hopfgarten-defereggental

Hotel Mühlenhof
A-9961 Hopfgarten Nr. 45
Tel.: +43(0)4872.5351

Ausflugstip: Wer sich für bäuerliche Kultur, insbesondere alte Bauweisen interessiert, sollte auf einen Besuch der Weiler Rajach, Hof und Lerch nicht verzichten. // Zudem kann man in Hopfgarten ein Bergwerk aus dem 15. Jahrhundert besichtigen. Im Stollen im Hofergraben (ca. 30 Gehminuten vom Ortszentrum) hat man vor ca. 500 Jahren Gold- und Kupfer abgebaut. Nähere Informationen dazu beim örtlichen Tourismusverband.

Imst

Stadtgemeinde Imst
Rathausstraße 9, A-6460 Imst
Tel.: +43(0)5412.6980-0
gemeinde@imst.tirol.gv.at
www.imst.tirol.gv.at

Tourismusverband Imst-Gurgltal
Johannesplatz 4, A-6460 Imst
Tel.: +43(0)5412.6910
info@imst.at
www.imst.at

Hotel Hirschen
Thomas-Walch-Str. 12, A-6460 Imst
Tel.: +43(0)5412.6901
info@hirschen-imst.com
www.hirschen-imst.com

Gasthof Grüner Baum
Thomas-Walch-Str. 12, A-6460 Imst
Tel.: +43(0)5412.6901
info@hirschen-imst.com
www.hirschen-imst.com

Ausflugstip: Nicht nur in der Fastnachtszeit kann man sich in Imst über das regionale Fastnachtsbrauchtum kundig machen. Das mit dem Tiroler Museumspreis ausgezeichnete Museum bietet ganzjährig fundierte Einblicke in dieses für Imst so wichtige Geschehen.

Haus der Fastnacht
Ortszentrum/Streleweg
Öffnungszeiten: Freitag von 16.00 bis 19.00 Uhr
Führungen für Gruppen sind tgl. von 10.00 bis 21.00 Uhr möglich. Anmeldungen bzw. nähere Auskünfte über den Tourismusverband Imst-Umgebung.

Nicht nur ambitionierten Wanderern sei die **Imster Rosengartenschlucht** empfohlen. Auf einer Gesamtlänge von ca. 1,5 km kann man vom Ortszentrum (Johanneskiche) entlang des Schinderbaches bis zur **Wallfahrtskirche Maria Schnee in Gunglgrün** wandern. 16 Brücken und zwei kurze Tunnels versprechen neben unzähligen Natursteinstufen ein Natur-Kultur-Erlebnis der besonderen Art. // Untrennbar mit Imst ist auch das **„Bergl"** verbunden. Von der Johanneskirche aus gelangt man über einen liebevoll gestalteten Kreuzweg zur **Laurentiuskirche**, dem ältesten örtlichen Sakralbau, u.a. mit gotischen Fresken. Besonders beliebt sind Bergl-Wallfahrten in der Osterzeit und am Laurentiustag (10. August). Zu beachten ist, daß die Laurentiuskirche an Werktagen versperrt ist.

Nähere Informationen dazu beim **Dekanatspfarramt Imst**
Tel.: +43(0)5412.66227

Imsterberg

Gemeinde Imsterberg
Ried 4, A-6491 Imsterberg
Tel.: +43(0)5412.64116
gemeinde@imsterberg.tirol.gv.at
www2.riskommunal.net/imsterberg

Pfarramt Imsterberg
Ried 12, A-6491 Imsterberg
Tel.: +43(0)5412.64102

Tourismusverband Imst-Gurgltal
Johannesplatz 4, A-6460 Imst
Tel.: +43(0)5412.6910
info@imst.at
www.tiscover.at/imsterberg

Gasthof Venetrast
Ried 6, A-6491 Imsterberg
Tel.: +43(0)5412.64108

Ausflugstip: In Imsterberg ist nicht nur eine ambitionierte Trachtlergruppe beheimatet, sondern auch die östlich am Ortsrand gelegene **Pfarrkirche Mariae Sieben Schmerzen**. An der Westfassade sind Mosaikfelder aus dem 19. Jahrhundert zu sehen, die u.a. Christus als Baumeister zeigen. Sehenswert sind auch die Schnitzgruppen „Schutzengel" und „Raphael mit Tobias" aus dem 18. Jahrhundert im Inneren der Pfarrkirche.

Innsbruck

Rathaus
Maria-Theresien-Str. 18
A-6020 Innsbruck
Tel.: +43(0)512.5360-0
buergerservice@magibk.at
www.innsbruck.at

Innsbruck Tourismus
Tourist Office
Burggraben 3, A-6021 Innsbruck
Tel.: +43(0)512.59850
info@innsbruck.info
www.innsbruck.info
www.innsbruck-tourismus.com

Innsbrucker Stadtmarketing GmbH
Stiftgasse 19/I, A-6020 Innsbruck
Tel.: +43(0)512.561500
office@innsbruckmarketing.at
www.innsbruckmarketing.at

Wirtshäuser in Innsbruck
Es ist unmöglich, aus den zahlreichen Gastronomiebetrieben der Stadt Innsbruck eine annähernd qualitätvolle Auswahl zu treffen. Eine Übersicht der Betriebe inklusive Kontakt und ev. homepages finden Sie auf der Gastronomieseite des Tourismusverbandes Innsbruck und seine Feriendörfer: www.innsbruck-tourismus.com

Ausflugstip: Die Landeshauptstadt Innsbruck ist dermaßen reich an „kleinen" und „großen" Sehenswürdigkeiten, daß es in diesem Rahmen unmöglich ist, eine spezifische Auswahl zu treffen. Neben den bekannten Museen (wie **Tiroler Landesmuseum Ferdinandeum, Tiroler Zeughaus, Tiroler Volkskunstmuseum** u.a.), gibt es eine **Vielzahl an Initiativen, Galerien, Ausstellungsräumen und Sehenswürdigkeiten** (wie das **Riesenrundgemälde, aut. architektur und tirol** im ehemaligen Adambräu u.v.a.), die einen Besuch wert sind. Auch die **Kirchen** und **Kapellen** sowie die alten und neuen kulturhistorisch relevanten Bauwerke sollten bei einem ausführlichen „Rundgang" nicht außer Acht gelassen werden.

Nähere Informationen:
Stadt Innsbruck
Tourismusverband Innsbruck
Verein per pedes
Tel.: +43(0)512.273096 oder
Tel.: +43(0)664.1243849
www.perpedes.at

Weiters bietet der **Kulturchannel der Tirol Werbung** (= www.kultur.tirol.at) umfangreiche Informationen und Hinweise zu Museen, Ausstellungen, Konzerten und sonstigen Veranstaltungen.

Igls

Tourismusverband Igls
Hilberstraße 15, Postfach 6080 Igls
A-6080 Igls
Tel.: +43(0)512.377101
igls@innsbruck.info
www.tiscover.at/igls

Batzenhäusl
Lanser Straße 12, A-6080 Igls
Tel.: +43(0)38618
hotel@batzenhaeusl.at

Ausflugstip: Nicht nur für die einheimischen Innsbrucker stellt **„Heiligwasser"** ein beliebtes Wallfahrts- bzw. Wanderziel dar. Die örtliche Quelle soll für jedwede Leiden hilfreich sein – nur sollte man sie per pedes (ca. ½-stündiger Fußmarsch) „erpilgern". Die Kultstätte steht in enger Verbindung mit dem Prämonstratenser-Stift Wilten, da es laut Legende unmittelbar bei der Entstehung der Wallfahrt involviert war und als „Proponent" wertvolle Dienste leistete.

Jenbach

Gemeindeamt Jenbach
Südtiroler Platz 2, A-6200 Jenbach
Tel.: +43(0)5244.6930
gemeinde@jenbach.at
www.jenbach.at

Tourismusverband Jenbach
Achenseestraße 37, A-6200 Jenbach
Tel.: +43(0)5244.63901
reisebuero@zillertalbahn.at
www.tvb-jenbach.at

Gasthaus Rieder
Fischl 3a
A-6200 Jenbach
Tel.: +43(0)5244.62446

Ausflugstip: In der **örtlichen Pfarrkirche zum Hl. Wolfgang** sind u.a. im Turm das Sternrippengewölbe bzw. im Kirchenschiff Stifterwappen, Bandlstuckwerk, die Empore und die vom Anfang des 16. Jahrhunderts stammenden Prozessionsstangen

(Chor) sehenswert. // Wer weltliche „Kulturgeschichten“ bevorzugt, ist im Jenbacher Museum gut bedient. Dort warten auf die Besucher Bereiche, die sich u.a. mit technischen Entwicklungen (Eisenbahn, Hüttenwesen) oder mit der Fauna (Schmetterlinge, Vögel, Schnecken) u.v.a. (wechselnde Sonderausstellungen!) beschäftigen. Das Jenbacher Museum ist von Anfang Mai bis Ende Oktober jeden Montag, Freitag und Samstag von 14.00 bis 17.00 Uhr geöffnet.

Nähere Informationen bzw.
Termine für Gruppenführungen:
Jenbacher Museum
Achenseestr. 21, 6200 Jenbach
Tel.: +43(0)5244.61409

Jochberg

Gemeinde Jochberg
Dorf 22, A-6373 Jochberg
Tel.: +43(0)5355.5205
gemeinde@jochberg.tirol.gv.at
www.jochberg.tirol.gv.at

Tourismusverband Jochberg
Dorf 22, A-6373 Jochberg
Tel.: +43(0)5355.5229
jochberg@netway.at
www.jochberg.com

Gasthof Bärnbichl
Familie Aufschnaiter
Bärenbichlweg 35, A-6373 Jochberg
Tel.: +43(0)5355.5347
michaela.aufschnaiter@aon.at
www.baerenbichl.at

Gasthof Alte Wacht
Familie Zwertetschka
Paß-Thurn-Str. 14, A-6373 Jochberg
Tel.: +43(0)5355.5222
familienurlaub@alte-wacht.at
www.alte-wacht.at

Ausflugstip: Vom Ortszentrum aus kann man die Wallfahrt nach Jochbergwald auf einem reizvollen Forstweg ohne allzu große körperliche Mühen erwandern. Im Winter werden übrigens stimmungsvolle Pferdeschlittenfahrten angeboten! // Im Sommerhalbjahr kann man sich weiters im „Erbstollen Kupferplatte“ über das vergangene Bergwerkswesen kundig machen. Das Schaubergwerk entstand 1990 und kann vom 15. Mai bis 15. Oktober besichtigt werden.

Nähere Informationen dazu:
Schaubergwerk Kupferplatte
Bergwerksweg 10, 6373 Jochberg
Tel.: +43(0)5355.5779
info@bergbau.kupferplatte.at

Jungholz

Gemeinde Jungholz
Im Gemeindehaus 55, A-6691 Jungholz
Tel.: +43(0)5676.8121
gemeinde@jungholz.tirol.gv.at
www.jungholz.tirol.gv.at

Tourismusverband Jungholz
Im Gemeindehaus 55, A-6691 Jungholz
Tel.: +43(0)5676.8120
info@jungholz.com
www.jungholz.com

Landhotel Alpenhof
A-6691 Jungholz Nr. 23
Tel.: +43(0)5676.81140

Ausflugstip: In der Pfarrkirche Unsere Liebe Frau Mariae Namen im Ortszentrum kann man u.a. Exponate der Schnitzschule Elbigenalp sehen: so etwa an der Langhauswand eine Maria Immaculata oder ein Herz Jesu aus dem 20. Jahrhundert.

Kals am Großglockner

Nationalparkgemeinde
Kals am Großglockner
Ködnitz 15
A-9981 Kals am Großglockner
Tel.: +43(0)04876.8210
gemeindeamt@kals.at
www.kals.at

Tourismusinformation Kals
Glocknerhaus Kals/Ködnitz 7,
A-9981 Kals am Großglockner
Tel.: +43(0)4876.8800
kals@tirol.com
www.kalsamgrossglockner.info

Ködnitzhof
Kals/Ködnitz 16
A-9981 Kals am Großglockner
Tel.: +43(0)4876.8201
koednitzhof@aon.at

Ausflugstip: Kals am Großglockner bietet neben der faszinierenden Bergwelt auch interessante Wanderwege, die man auch ohne Kletterausrüstung bewältigen kann. Empfehlenswert ist etwa der Öko-Alpinlehrweg, wo man auf Schautafeln mehr zum Thema „Leben auf Eis und Schnee" erfährt. Auf einem bequemen Rundweg („Glocknerspur – BergeDenken") beim Lucknerhaus kann man bei 12 interaktiven Stationen sich kundig über die regionale Flora und Fauna u.a. machen. Entlang des Dorferbaches führt eine weitere Wanderung von Kals/Großdorf nach Kals/Burg – sehenswert sind auf dem Weg die kulturgeschichtlich bedeutsamen Stockmühlen, die während der Sommermonate jeden Donnerstag von 14.00 bis 17.00 Uhr in Betrieb genommen werden. // Im Ortsteil Großdorf lohnt sich ein kurzer Halt bei der Kapelle zur Hl. Petronilla. Am Langhausgewölbe ist auf einem Fresko der Tod der Heiligen zu sehen. Sie soll laut den legendarischen Überlieferungen des 5. und 6. Jahrhunderts die Tochter des Hl. Petrus gewesen sein, der sie von einer schweren Krankheit heilte.

Kartitsch

Gemeinde Kartitsch
A-9941 Kartitsch Nr. 80
Tel.: +43(0)4848.5248
gde.kartitsch.amt@aon.at
www.kartitsch.at

Ortsinformation Kartitsch
A-9941 Kartitsch Nr. 80
Tel.: +43(0)4848.6301
info@kartitsch.com
www.kartitsch.com

Dolomitenhof
A-9941 Kartitsch Nr. 85
Tel.: +43(0)4848.5245
info@dolomitenhof.net

Ausflugstip: Wenn man sich für die alte regionale Baukultur interessiert, lohnen sich Besuche in den Weilern St. Oswald oder in Sulzenbach-Innerland. In St. Oswald sollte man unbedingt Halt bei der örtlichen Filialkirche (dem Hl. Oswald geweiht) machen: Dort findet sich nämlich noch eine Malerei aus dem 17. Jahrhundert, die als Symbol für die göttliche Dreifaltigkeit drei Personen (unter ihnen nicht die Taube!) darstellt. Diese Art der Abbildung war im alten Volksglauben sehr beliebt. Trotz der Darstellungsverbote, die vor allem seit dem Konzil von Trient (1545–1563) festgehalten wurden, hielt man zumindest noch „im Geheimen" lange an der Verehrungspraxis fest. Man suchte Hilfe bei dieser „Form der Dreifaltigkeit" vor allem bei drohenden Unwettern oder bei Seuchengefahr.

Kauns

Gemeindeamt Kauns
A-6522 Kauns Nr. 107
Tel.: +43(0)5472.6249
gemeinde.kauns@tirol.com

Pfarre Kauns
Pfarramt Feichten
A-6524 Kaunertal Nr. 153
Tel.: +43(0)5475.209

Tourismusverband Kaunertal–Kauns–Kaunerberg
Feichten 134, A-6524 Kaunertal
Tel.: +43(0)5475.2920
info@kaunertal.com
www.tiscover.at/kauns

Sporthotel Weisseespitze
Platz 30, A-6524 Kaunertal
Tel.: +43(0)5475.316
info@weisseespitze.com
www.weisseespitze.com

Ausflugstip: Weithin sichtbares Zeichen für die ganze Talschaft ist die **Burg Berneck**, die auf einem schmalen aber langen Felsen am Eingang des Kaunertales thront. Sehenswert sind u.a. die Kapelle, der Kapellenhof und die gotischen Fresken. Die Anlage befindet sich im Privatbesitz und kann nur mit Führungen besichtigt werden (Führungen von Juli bis September jeweils am Freitag und Samstag um 10.00 und 11.00 Uhr).

Nähere Informationen:
Fam. Hörmann
Burg Berneck
6522 Kauns
Tel.: +43(0)5472.6332

Im Naturpark Kaunergrat (Pitztal–Kaunertal) finden Naturliebhaber u.a. ausgedehnte Zirbenwälder, die Fließer Sonnenhänge mit eigenen Bewässerungssystemen sowie das Naturdenkmal Piller Moore. Mit speziellen Projekten (u.a. für Schulen) versucht man die Vielfalt der lokalen Natur und Kultur einer breiten Öffentlichkeit zugänglich zu machen.

Nähere Informationen:
Naturpark Kaunergrat
Dorf 121, 6521 Fließ
Tel.: +43(0)5449.6304
info@naturpark-kaunergrat.at
www.naturpark-kaunergrat.at

Romantisch mitten im Wald gelegen ist die Wallfahrt zur Gnadenmutter von Kaltenbrunn. Man kann sich diese besondere Gnadenstätte auf einigen schönen Wegen erwandern oder mit dem PKW bis auf ca. 5 Minuten Fußmarsch erreichen. Die eigentliche Gnadenkapelle mit der gotischen Statue einer bekleideten Muttergottes mit Kind ist durch offene Rundbögen eingegrenzt und befindet sich unübersehbar nahe des Einganges im Langhaus.

Kematen in Tirol

Gemeinde Kematen in Tirol
Dorfplatz 1, A-6175 Kematen in Tirol
Tel.: +43(0)5232.2300
verwaltung@kematen.tirol.gv.at
www.kematen.org

Pfarramt Kematen in Tirol
Birkenweg 2, A-6175 Kematen in Tirol
Tel.: +43(0)5232.2258

Tourismusverband Kematen in Tirol
Dorfplatz 2, A-6175 Kematen in Tirol
Tel.: +43(0)5232.2434
kematen@innsbruck.info
www.tiscover.at/kematen

Gasthof Altwirt
Dorfplatz 3, A-6175 Kematen in Tirol
Tel.: +43(0)5232.22505

Kirchberg

Kirchberg in Tirol
Hauptstraße 8, A-6365 Kirchberg
Tel.: +43(0)5357.2213-0
gemeinde@kirchberg.tirol.gv.at
www.kirchberg.tirol.gv.at

Tourismusverband Kirchberg in Tirol
Hauptstraße 8, A-6365 Kirchberg
Tel.: +43(0)5357.2309
info@kirchberg.at
www.kirchberg.at

Gasthof Kirchenwirt
Neugasse 14, A-6365 Kirchberg
Tel.: +43(0)5357.2852
kirchenwirt.kirchberg@a1.net
www.kirchenwirt.co.at

Ausflugstip: Zwischen Kirchberg und Kitzbühel liegt direkt an der Brixentaler Bundesstraße die **Schwedenkapelle**, Ziel des bekannten Fronleichnam-Umrittes. Weiters ist in Kirchberg die südwestlich gelegene **Wallfahrtskapelle Unsere Liebe Frau und Hl. Anna** am Kirchanger sehenswert. Es finden sich dort Fresken aus dem 18. Jahrhundert, die u.a. in der Kuppel Adam und Eva vor dem Sündenfall bzw. im Altarraum die Anbetung der Hirten zeigen.

Kirchdorf

Gemeindeamt Kirchdorf in Tirol
Dorfplatz 4, A-6382 Kirchdorf in Tirol
Tel.: +43(0)5352.63111
gemeinde@kirchdorf.tirol.gv.at
www.kirchdorf.tirol.gv.at

Tourismusverband Kirchdorf i. T.
Litzlfeldner Straße 2, Postfach 9
A-6382 Kirchdorf in Tirol
Tel.: +43(0)5352.6933
info@kirchdorf.com
www.kirchdorf.com

Fischbachalm
Kaiserbachtal 2, A-6382 Kirchdorf
Tel.: +43(0)5352.65526

Ausflugstip: Im Ortsteil Erpfendorf beweist der relativ „moderne" Kirchenbau zur Hl. Barbara (1954/56) von Clemens Holzmeister, daß sich „neue" Architektur durchaus harmonisch in ein dörfliches Ambiente einfügen kann. Einen kurzen Abstecher sollte man ins Museum im Metzgerhaus machen: Dort erfährt man etwa mehr über das Imkerwesen, lokale Geologie bzw. über das Trachtenwesen. Das Museum kann aber nur nach persönlicher Anmeldung besucht werden.

Nähere Informationen bei
Hr. Embacher
Tel.: +43(0)5352.63121

Kitzbühel

Stadtamt Kitzbühel
Hinterstadt 20, A-6370 Kitzbühel
Tel.: +43(0)5356.62161
stadtamt@kitzbuehel.at
www.kitzbuehel.at

Kitzbühel Tourismus
Hinterstadt 18
A-6370 Kitzbühel
Tel.: +43(0)5356.777
info@kitzbuehel.com
www.kitzbuehel.at

Restaurant Schwedenkapelle
Klausenbach 67, A-6370 Kitzbühel
Tel.: +43(0)5356.65870

Ausflugstip: Das erhöhte Kirchenareal rund um die Stadtpfarrkirche zum Hl. Andreas und die Liebfrauenkirche bietet dem Besucher nicht nur eine schöne Aussicht, sondern auch Reste von gotischen Wandmalereien bzw. volkskundlich interessante Votivbilder (auch aus neuerer Zeit). Von dort kann man nach einer ca. 1-stündigen Wanderung in die Einsiedelei-Kapelle am Kniepaß gelangen. Bis ca. 1860 befand sich dort eine angeschlossene Einsiedelei. // Ca. 4 km südlich von Kitzbühel lädt der Wildpark Aurach große und kleine Tierfreunde zu einem Besuch ein. Man kann sich die auf ca. 40 ha aufgeteilten Gehege erwandern und bei der Tierfütterung am Nachmittag dabei sein. Die Öffnungszeiten sind täglich von 9.00 bis 17.00 Uhr, in der Nebensaison ist am Montag Ruhetag.

Nähere Informationen:
Wildpark Aurach, 6370 Aurach
Tel.: +43(0)5356.65251 oder 5356.71877
info@kitzbuehel.com

Kramsach

Gemeinde Kramsach
Zentrum 1, A-6233 Kramsach
Tel.: +43(0)5337.62633-0
meldeamt@kramsach.at
www.kramsach.at

Tourismusverband Kramsach
Zentrum 1, A-6233 Kramsach
Tel.: +43(0)5337.62209
kramsach@tirol-pur.at
www.kramsach.info

Gasthaus Voldöpp
Voldöpp 53, A-6233 Kramsach
Tel.: +43(0)5337.62333
hotel@voldoepperwirt.com

Ausflugstip: Untrennbar mit Kramsach ist das Museum Tiroler Bauernhöfe verbunden. In einem abwechslungsreichen Gelände kann man sich nicht nur über die traditionellen Bauweisen in den einzelnen Tiroler Regionen kundig machen, sondern auch mehr über vergangene Alltagskulturen, Wohneinrichtungen und Lebensweisen erfahren. Eigentlich ein Muß für alle Tiroler und diejenigen, die Tirol näher kennenlernen wollen. Zusätzlich bietet das Museum immer wieder allgemein zugängliche Veranstaltungen (wie Handwerksvorführungen, Brauchvorführungen u.a.) und spezielle Kinderprogramme. Weitum bekannt ist der schon traditionelle Kramsacher Kirchtag, der jedes Jahr tausende Besucher anlockt.

Nähere Informationen:
Museum Tiroler Bauernhöfe
Angerberg 5a, 6233 Kramsach
Tel.: +43(0)5337.62636
office@museum-tb.at
www.museum-tb.at

Ein besonderes religiöses Kleinod stellt das **Kloster am Hilariberg** dar. Im Zentrum dieser lokalen Wallfahrt steht das Gnadenbild „Unsere Liebe Frau vom Berge Karmel" sowie ein geschnitzter „Herr im Elend" aus dem 17. Jahrhundert.

Nähere Informationen:
Kloster Hilaribergl
Tel.: +43(0)5337.62622

Nicht entgehen lassen sollte man sich in Kramsach einen „Friedhof" der besonderen Art: Im **„lustigen Museumsfriedhof"** stehen alte Grabkreuze mit Inschriften, die einen wahrlich zum Schmunzeln bringen. Folgende Inschrift sei hier beispielhaft vorgestellt: *„Hier liegt Martin Krug der Kinder, Weib und Orgel schlug"*. Der Museumsfriedhof ist täglich von 9.00 bis 18.00 Uhr geöffnet.

Nähere Informationen:
Museumsfriedhof
Hagau 81
6233 Kramsach
Tel.: +43(0)5337.62447
www.museumsfriedhof.4050.org/html

Kufstein

Stadt Kufstein
Unterer Stadtplatz 22, A-6330 Kufstein
Tel.: +43(0)5372.602-100
stadtamt@kufstein.at
www.kufstein.at

Tourismusverband Kufstein
Unterer Stadtplatz 8, A-6330 Kufstein
Tel.: +43(0)5372.62207
kufstein@netway.at
www.tiscover.at/kufstein

Gasthof Zum Bären
Salurner Straße 36, A-6330 Kufstein
Tel.: +43(0)5372.62229
kufstein@hotelbaeren.at
www.hotelbaeren.at

Ausflugstip: Das weithin sichtbare Wahrzeichen der Stadt Kufstein, die **Festung**, ist nicht nur in der Adventzeit („Advent in der Festung") einen Besuch wert. Wer sich die Burg nicht erwandern will, kann die **Panoramabahn „Kaiser Maximilian"** benützen. Das Festungsareal bietet nicht nur eine besondere Kulisse für Open-air-Veranstaltungen, sondern beherbergt neben einem **Regionalmuseum** auch die bekannte „Heldenorgel", die täglich um ca. 12.00 erklingt (im Juli und August zusätzlich um 17.00 Uhr). Die Öffnungszeiten sind vom Palmsamstag bis Mitte November von 9.00 bis 17.00 Uhr und von Mitte November bis Freitag vor Palmsonntag von 10.00 bis 16.00 Uhr.

Nähere Informationen:
Top City Kufstein GmbH
Oberer Stadtplatz 6, 6330 Kufstein
Tel.: +43(0)5372.602350
erika.n@festung.kufstein.at
www.festung.kufstein.at

Im sommerlichen Halbjahr kann man von Kufstein aus eine **Schiffahrt** unternehmen, bei der fünf Orte in Tirol und dem angrenzenden Bayern angelaufen werden. Die „St. Nikolaus" (der Hl. Nikolaus ist ja u.a. der Patron der Schiffer und Seeleute) läuft vom 28. April bis zum 7. Oktober täglich um 10.30 Uhr bzw. um 14.00 Uhr aus, vom 30. Juni bis zum 2. September zusätzlich um 16.00 Uhr.

Nähere Informationen:
Achensee- und Innschiffahrt
6213 Pertsiau
Tel.: +43(0)5243.5253
info@tirol-schiffahrt.at
www.tirol-schiffahrt.at

Kundl

Marktgemeindeamt Kundl
Dorfstraße 11, A-6250 Kundl
Tel.: +43(0)5338.7205
gemeinde@kundl.tirol.gv.at
www.kundl.tirol.gv.at

Pfarramt Kundl
Kirchgasse 1, A-6250 Kundl
Tel.: +43(0)5338.7242
pfarramt@kundl.at
www.kundl.at/pfarre/pfarre.htm

Tourismusverband Kundl
Dr.-Franz-Stumpf-Straße 3
A-6250 Kundl
Tel.: +43(0) 5338.7326
tvb@kundl.at
www.tvb.kundl.at

Landgasthof St. Leonhard
St. Leonhard 2, A-6250 Kundl
Tel.: +43(0)5338.7435
st.leonhard@kundl.at
www.hotelbaeren.at

Ausflugstip: Ein wahres Naturerlebnis bietet die **Kundler Klamm**, die von Kundl ins Mühltal (Wildschönau) führt. Beeindruckende Felsformationen und der wild tosende Bach prägen den Wanderweg, der ohne allzu große Mühen zu bewältigen ist. Nach dieser sportlichen Betätigung empfiehlt sich ein Besuch der **Wallfahrtskirche zum Hl. Leonhard**, südwestlich von Kundl Dorf. Nicht nur Architekturfreunde werden von diesem spätgotischen Bauwerk mit den Maßwerkfenstern, den Strebepfeilern u.a. beeindruckt sein. Das Gnadenbild, eine steinerne St.Leonhards-Statue, soll laut Überlieferung auf wundersame Weise vom Inn angeschwemmt und von Bauern geborgen worden sein.

Landeck

Stadtgemeinde Landeck
Innstraße 23, A-6500 Landeck
Tel.: +43(0)5442.6909
gemeinde@landeck.tirol.gv.at
www.landeck.tirol.gv.at

Pfarre Landeck
Kirchenstraße 7, A-6500 Landeck
Tel.: +43(0)5442.62450
pfarre.landeck-stadt@dioezese-innsbruck.at
www.mynet.at/pfarre-landeck

Tourismusverband Landeck
Tourismusverband TirolWest
Malser Str. 10, A-6500 Landeck
Tel.: +43(0)5442.62344
info@tirolwest.at
www.tirolwest.at

Gasthof Schöne Aussicht
Perfuchsberg, A-6500 Landeck
Tel.: +43(0)5442.62357
schoeneaussicht@hotmail.com

Ausflugstip: Auf einem hochaufragendem Felsen liegt weithin sichtbar **Schloß Landeck**, das ein kulturelles Zentrum der Stadt bildet. Hier finden nicht nur zahlreiche Veranstaltungen wie Sonderausstellungen u.ä. statt, das Schloßmuseum bietet seinen Besuchern auch Einblicke in die regionale Geschichte, Volks- und Hochkultur. Die Öffnungszeiten sind vom 15. Mai bis 30. September (Dienstag bis Sonntag von 10.00 bis 17.00 Uhr) und vom 1. bis 26. Oktober von 14.00 bis 17.00 Uhr. Montag ist Ruhetag.

Nähere Informationen
(auch zu den Sonderausstellungen):
Schloßmuseum Landeck
Schloßweg 2
6500 Landeck
Tel.: +43(0)5442.63202
office@schlosslandeck.at
www.tiscover.at/schlosslandeck

Von Landeck aus ist es nicht weit auf das nordwestlich gelegene Sonnenplateau mit den sehenswerten Orten **Grins** und **Stanz**. Während in Grins die prächtige **Pfarrkirche zum Hl. Nikolaus** mit außergewöhnlichen Rokoko-Grabkreuzen am Friedhof sowie einem schönen **Dorfambiente mit tradtionellen Durchfahrtshäusern** aufwartet, kann man sich in Stanz an edlen Obstbränden laben. Im **Geburtshaus des berühmten Barockbaumeisters Jakob Prandtauer** (1660–1726) – er erbaute u.a. das Stift Melk in Niederösterreich – befindet sich die **Feindestillerie Christoph Kössler**. Die dort produzierten Schnäpse und Liköre sind weitum bekannt und erlangen immer wieder Prämierungen. Die Feindestillerie bietet Führungen für max. 15 Personen täglich gegen Voranmeldung an.

Nähere Informationen:
Christoph Kössler
Stanz 57, 6500 Landeck
Tel.: +43(0)5442.61200 oder
+43(0)664.4231560

Längenfeld

siehe **Gries**

Lienz

Gemeinde Lienz
Hauptplatz 7, A-9900 Lienz
Tel.: +43(0)4852.600
rathaus@stadt-lienz.at
www.stadt-lienz.at

Pfarrkirche zur Hl. Familie
Andreas-Hofer-Straße 42
A-9900 Lienz
Tel.: +43(0)4852.63012
pfarre.heiligefamilie@dioezese-innsbruck.at
kirche.osttirol.net/hlfamilie

Tourismusverband Lienzer Dolomiten
Europaplatz 1, A-9900 Lienz/Osttirol
Tel.: +43(0)4852.65265
tvblienz@aon.at
www.tiscover.at/lienz

Ferienhotel-Restaurant Haidenhof
Grafendorferstraße 12
A-9900 Lienz
Tel.: +43(0)4852.62440
info@haidenhof.com
www.tirol.com/haidenhof

Ausflugstip: Hoch über der Stadt Lienz befindet sich **Schloß Bruck**, das durch zahlreiche Um- und Zubauten charakterisiert ist. In der zweigeschoßigen Schloßkapelle sind u.a. Fresken aus dem 15. Jahrhundert zu sehen, die etwa die 14 Nothelfer oder eine Schutzmantelmadonna darstellen. Das Schloß beherbergt weiters mehr als 40 Schauräume, in denen die regionale Kultur- und Naturgeschichte aufbereitet wird, sowie die Albin Egger-Lienz Galerie. Die Öffnungszeiten sind vom 13. Mai bis 31. Oktober täglich von 10.00 bis 18.00 Uhr.

Nähere Informationen:
Museum Schloß Bruck
Tel.: +43(0)4852.62580
www.stadt-lienz.at

Die **Stadtpfarrkirche Hl. Andrä** bietet dem Besucher Einblicke in verschiedene Stilepochen und in das Schaffen lokaler Künstler bzw. Bauhütten. Aus der Fülle an kunsthistorischen Schätzen seien hier spätgotische Fresken, die romanischen Portallöwen (Vorhalle), eine um 1400 entstandene Pieta, ein spätgotisches Kruzifix sowie die Grabplatte des Landesfürsten Leonhard von Görz besonders hervorgehoben.

Mariastein

Gemeindeamt Mariastein
A-6322 Mariastein Nr. 29
Tel.: +43(0)5332.56476
gemeinde@mariastein.tirol.gv.at
www.mariastein.gv.at

Pfarrgemeinde Mariastein
Mariastein (Wallfahrtskirche)
A-6322 Mariastein Nr. 1
Tel.: +43(0)5332.56474
www.mariastein.gv.at

Tourismusverband Mariastein
A-6322 Mariastein Nr. 25
Tel.: +43(0)5332.56485
www.tiscover.at/mariastein

Hotel Mariasteinerhof
A-6322 Mariastein Nr. 14
Tel.: +43(0)5332.56717
mariasteinerhof@mariastein.at

Matrei am Brenner

Gemeinde Matrei am Brenner
Brennerstraße 59
A-6143 Matrei am Brenner

Tel.: +43(0)5273.6230
Gemeinde@matrei-brenner.tirol.gv.at
www.matrei-brenner.tirol.gv.at

Tourismusverband Wipptal, Ortsstelle Matrei
Brennerstraße 104
A-6143 Matrei am Brenner
Tel.: +43(0)5273.6278
info.matrei@wippregio.at
www.wipptal.at/matrei.htm

Gasthof Lamm
Brennerstr. 36
A-6143 Matrei am Brenner
Tel.: +43(0)5273.6221

Ausflugstip: Die **Friedhofskapelle zum Hl. Johannes** bei der **Pfarrkirche Mariä Himmelfahrt** in Pfons gelegen, besticht vor allem durch die bauliche Einheitlichkeit mit spitzbogigen Maßwerkfenstern und dem beinahe zart wirkenden Netzgratgewölbe im Inneren. Eindringlich erscheint an der linken Triumphbogenwand eine aus der Zeit um 1470 stammende Mondsichelmadonna. // Jeden Umweg ist das reizvoll gelegene **Servitenkloster Maria Waldrast**, am Fuße der dominanten Serlesspitze, wert. Ein sinnliches Erlebnis wird durch kulturhistorische Besonderheiten (wie dem Gnadenbild), die umgebende Naturlandschaft und kulinarische Erholung im örtlichen Wirtshaus garantiert. Den **Wanderfreunden** und denjenigen, die das besondere Ambiente von abgelegenen Talschaften schätzen, seien das **Valser-, Schmirn-, Navis-, Obernberg und Gschnitztal** ans Herz gelegt. Dorthin kann man sich unbesorgt „zurückziehen", wenn einem der Trubel in den Zentren zu viel wird.

Matrei in Osttirol

Matrei in Osttirol
Rauterplatz 1
A-9971 Matrei in Osttirol
Tel.: +43(0)4875.6805-0
Gemeinde@matrei-ost.tirol.gv.at
www.matrei-ost.tirol.gv.at

Tourismusverband Nationalparkregion Hohe Tauern Osttirol Informationsbüro Matrei i. Osttirol
Rauterplatz 1
A-9971 Matrei in Osttirol
Tel.: +43(0)4875.6527
matrei.osttirol@netway.at
www.tiscover.at/matrei-osttirol

Genießerhotel Rauter
Rauterplatz 3
A-9971 Matrei in Osttirol
Tel.: +43(0)4875.6611
hotel.rauter@netway.at

Ausflugstip: Der **Kesslerstadel** im Zentrum der Marktgemeinde Matrei ist ein wichtiger kultureller und kommunikativer Treffpunkt – dort finden etwa laufend Ausstellungen, Vortragsabende, Tagungen sowie Informationsveranstaltungen, insbesondere zum Themengebiet Nationalpark Hohe Tauern statt. Nähere Informationen dazu beim örtlichen Tourismusverband. // Von unzähligen Bildern in Büchern, Kalendern, Broschüren u.a., aber auch als Drehort für Filmproduktionen (u.a. „Stille Nacht" mit Tobias Moretti) kennt man die **St. Nikolaus-Kirche** im etwas abseits gelegenen Weiler Ganz. Die romanische Chorturmkirche paßt sich gerade wegen ihrer äußeren Schlichtheit harmonisch in die Landschaft ein. So einfach und klar die Architektur gehalten ist, so üppig präsentieren sich im Inneren die Freskomalereien. Im unteren Kapellenteil sind etwa Darstellungen aus dem 13. Jahrhundert zu sehen, die thematisch die Erschaffung der ersten Menschen sowie Fragmente der Nikolauslegende zeigen. Im oberen Kapellenteil, der dem Hl. Georg geweiht ist, ist eine Fülle an alttestamentarischen Szenen (Fresken um 1270) zu sehen, die u.a. die „Jakobsleiter", Propheten, Apostel aber auch die Visionen des Apostels Johannes darstellen. Für den Besuch dieses Kirchleins muß man sich einfach Zeit nehmen – den Schlüssel erhält man übrigens im nahegelegenen Bauernhof. // Wahrlich fern des Alltagstreibens liegen das zu Fuß bzw. mit dem Taxi während der Sommerzeit zu erreichende „Inner- und Außergschlöß". Es handelt sich dabei um ca. 30 Hütten, die man einst als Gemeinschaftsställe genutzt hat. Heute dienen sie als eine Art Ferienwohnungen. Bei einem „Kurzbesuch" sollte man sich die Felsenkapelle zwischen Außer- und Innergschlöß ebenso wie die Quelle „Frauenbrunn" nicht entgehen lassen. Für das leibliche Wohl sorgen Alpengasthäuser. Nähere Informationen über die Öffnungszeiten bzw. über Taxidienste und Wanderwege beim örtlichen Tourismusverband.

Mils bei Hall

Gemeindeamt Mils
Unterdorf 4, A-6068 Mils
Tel.: +43(0)5223.56570
info@gemeinde.mils-tirol.at
www.gemeinde.mils-tirol.at

Tourismusverband Mils, Region Hall
Unterdorf 4, A-6068 Mils
Tel.: +43(0)5223.52320
tvb@mils.tirol.gv.at
www.tirol-erleben.at/mils/tvb

Ausflugstip: In Mils bei Hall lohnt sich ein Besuch der Annakapelle, die südlich der Pfarrkirche Mariä Himmelfahrt in die Friedhofsmauer eingebunden ist. Im Inneren befindet sich eine Ölberggruppe mit vier lebensgroßen Figuren, die Mitte des 20. Jahrhunderts restauriert wurden sowie Leinwandbilder u.a. mit der Darstellung der Sippe Christi.

Mötz

Gemeinde Mötz
Flößerweg 9, A-6423 Mötz
Tel.: +43(0)5263.6431
gemeinde@moetz.tirol.gv.at
www2.riskommunal.net/moetz

Pfarrgemeinde Mötz
Kirchplatz 1, A-6423 Mötz
Tel.: +43(0)5263.6289

Tourismusverband Mötz
Tourismusregion Tirolmitte
Untermarktstraße 20, A-6410 Telfs
Tel.: +43(0)5262.62245
info@tirolmitte.at
www.moetz.at

Gasthof Kreuz
Bahnhofstraße 64, A-6423 Mötz
Tel.: +43(0)5263.6272

Ausflugstip: Untrennbar mit der Oberländer Gemeinde Mötz ist die Wallfahrt am Locherboden verbunden. Weithin sichtbar auf einem markanten Felsen gelegen, ist diese Marienkirche nicht nur Heirats- und Taufkirche, sondern auch ein beliebtes Ausflugsziel. Vom Locherboden gelangt man über einen abfallenden Waldweg Richtung Osten zum Inn, überquert diesen über eine Hängebrücke und erreicht die Gemeinde Stams. Dort ist nicht nur das Skisportzentrum beheimatet, sondern auch das Zisterzienserstift Stams. Sehenswert ist dort u.a. in der Kirche der barocke, geschnitzte Hochalter, der einen von Adam und Eva ausgehenden Lebensbaum mit 84 Figuren zeigt, Plastiken von Andreas Thamasch (1639–1697) sowie das Rosengitter vor der Heilig-Blut-Kapelle. Das Stiftsmuseum ist nur auf Anfrage, Basilika und Fürstensaal mit Führungen zugänglich.

Nähere Informationen:
Stift Stams
Tel.: +43(0)5263.6242 oder 5263.6360

Musau

Gemeindeamt Musau
A-6600 Musau Nr. 85
Tel.: +43(0)5677.8392
gemeinde@musau.tirol.gv.at

Tourismusverband Musau
Tourismusverband Ferienregion Reutte
Untermarkt 34, A-6600 Reutte
Tel.: +43(0)5672.62336
info@reutte.com
www.ferienregion-reutte.at/musau

Bärenfalle
Roßschläg 98, A-6600 Musau
Tel.: +43(0)5677.20077
callcenter@tiscover.com

Nassereith

Gemeinde Nassereith
Sachsengasse 81a, A-6465 Nassereith
Tel.: +43(0)5265.5212
Gemeinde@nassereith.tirol.gv.at
www.nassereith.at

Tourismusverband Nassereith
Karl-Mayr-Str. 116a, A-6465 Nassereith
Tel.: +43(0)5265.5253
nassereith@mieminger-plateau.at
www.mieminger-plateau.at

Ausflugstip: Zwischen Nassereith und dem Holzleitensattel liegt der Weiler Dormitz, dessen Wahrzeichen die Wallfahrtskirche St. Nikolaus darstellt. Das Gnadenbild bildet hier nicht wie man glauben möchte der Hl. Nikolaus, sondern eine bekleidete Marienstatue mit Jesukind aus dem 15. Jahrhundert. Beachtenswert sind weiters Elemente des Rokoko, die sich nicht zuletzt in den Stukkaturen sowie bei Schnitzarbeiten an der Kanzel widerspiegeln. // Wer beim Nassereither Schellerlaufen nicht teilnehmen kann, hat die Möglichkeit im örtlichen Fastnachtsmuseum sich näher mit diesem Fastnachtsbrauchtum zu beschäftigen. Zu sehen sind u.a. Larven und Kostüme dieser für die Region so typischen Fastnacht.

Fasnachtmuseum
Sachsengasse 81a
Führungen nach
Terminvereinbarung mit
Hr. Jäger, Tel.: +43(0)5264.6228
Hr. Brenner, Tel.: +43(0)5264.5111

Nauders

Gemeindeamt Nauders
A-6543 Nauders Nr. 221
Tel.: +43(0)5473.87213
gemeinde.nauders@tirol.com
www.nauders.tirol.gv.at

Tourismusverband Nauders
A-6543 Nauders Nr. 66
Tel.: +43(0)5473.87220
nauders@reschenpass.info
www.nauders.info

Gasthof Goldener Löwe
Dr.-Tschiggfrey-Straße 36
A-6543 Nauders
Tel.: +43(0)5473.87208

Ausflugstip: Die Grenzfeste Alt-Finstermünz-Sigismundseck besteht aus einer kleinen Kapelle, dem alten Zollhaus, am Felsen gebaut „Sigismundseck“ (erbaut von Herzog Sigismund, bekannt als Sigmund der Münzreiche) sowie dem alten Turm mit Holzbrücke. Führungen organisiert der örtliche Tourismusverband in den Sommermonaten. // Schloß Naudersberg beherbergt nicht nur ein regionales Museum, sondern ist Zentrum des kulturellen Lebens der Region. So finden in den Museumsräumlichkeiten nicht nur Ausstellungen und Vorträge statt; Volksmusikabende, Pressekonferenzen, Wirtschaftspräsentationen, Konzerte u.v.m. prägen die vielseitige Nutzung dieser historischen Anlage. Führungen durch das Schloß finden während des ganzen Jahres statt.

Nähere Informationen dazu:
Museumsverein Nauders
Tel.: +43(0)5473.87242 oder
Fam. Köllemann (Besitzer)
Tel.: +43(0)5473.87252

Neben Schloß Naudersberg steht die romanische Leonhardskirche, die u.a. einen beeindruckenden Freskenzyklus („Majestas Domini“ – thronender Christus) aus dem 12. Jahrhundert enthält. Auch die anderen Fresken wie die gotischen Szenen aus dem Leben Jesu lohnen jeden Weg. Den Schlüssel für die Leonhardskirche erhält man im nahegelegenen Haus Nr. 2.

Navis

Gemeindeamt Navis
Unterweg 39, A-6143 Navis
Tel.: +43(0)5278.6211
gemeinde@navis.tirol.gv.at
www.navis.tirol.gv.at

Tourismusverband Wipptal
Ortsstelle Navis
Unterweg 39, A-6143 Navis
00800.847.26837
callcenter@tiscover.com
www.tiscover.at/navis

Ausflugstip: In der Talschaft Navis sollte man sich am Eingang des Tales unbedingt die **Filialkirche zur Hl. Katharina** ansehen. Denn von dort aus gelangt man in die **Burgkapelle der Burg Aufenstein**. Die Malereien in der Kapelle stellen den bedeutendsten frühgotischen Freskenzyklus Nordtirols dar. Abgebildet sind etwa der Triumph des Todes, die Sieben Todsünden oder die Hl. Drei Könige.

Den Schlüssel erhält man bei der **Familie Vötter**, Tel.: +43(0)5273.6519

In den Wintermonaten und bei ausreichender Schneelage, die in Navis (fast) immer garantiert ist, empfiehlt sich eine ausgedehnte Rodelpartie. Nähere Informationen betreffend Öffnungszeiten, Gastronomie bzw. Zufahrtsmöglichkeiten sind bei der Gemeinde bzw. beim Tourismusverband zu erhalten.

Neustift

Gemeindeamt Neustift im Stubaital
Dorf 1, A-6167 Neustift
Tel.: +43(0)5226.2210
gemeinde@neustift.tirol.gv.at

Tourismusverband
Neustift im Stubaital
Dorf 3, A-6167 Neustift
Tel.: +43(0)5226.2228
info@neustift.com
www.neustift.at

Der Hoferwirt
Dorf 108, A-6167 Neustift
Tel.: +43(0)5226.2201
der-hoferwirt@neustift.at
www.hoferwirt.at

Ausflugstip: Eine besondere **Wanderung** kann man in Neustift ausgehend vom Weiler Neder-Schmieden unternehmen. Der **Besinnungsweg im Pinnistal** ist zwar kein kurzer Rundgang, lohnt aber alle Mühen der ca. 2–3 Stunden, die mit einem steilen Aufstieg und über 500 Stufen beginnen. Der Weg ist das Ziel – dies trifft bei dieser Wanderung wahrlich zu. Die sich auf diesem Weg befindenden Kunstwerke stehen z.T. in engem Zusammenhang mit dem Alten Testament. So wird dort erzählt, daß die Gefährten des Propheten Daniel sich weigerten, ein Götzenbild anzubeten. Daraufhin wurden sie in einen Feuerofen geworfen und von einem Engel auf wundersame Art und Weise errettet.

Niederthai

Gemeinde Umhausen
A-6441 Umhausen Nr. 159
Tel.: +43(0)5255.5230
gemeinde@umhausen.gv.at
www2.riskommunal.net/umhausen

Pfarramt Umhausen/Niederthai
A-6441 Umhausen Nr. 16
Tel.: +43(0)5255.5233

Tourismusverband Ötztal-Mitte
Dorf 140, A-6441 Umhausen
Tel.: +43(0) 5255.5209
info@oetztal-mitte.com
www.oetztal-mitte.com

Gasthaus Stuibenfall
A-6441 Niederthai Nr. 47
Tel.: +43(0)5255.5512
info@stuibenfall.at
www.stuibenfall.at

Ausflugstip: Ein wahres Naturschauspiel bietet der **Stuibenfall** in Umhausen, den man auch von Niederthai aus auf **Wanderwegen** erreichen kann. Der Stuibenfall ist

Tirols größter und, wie viele auch behaupten, Tirols schönster Wasserfall. Auf einem eigenen Steig kann man auch sehr nahe an dieses monumentale Wasserschauspiel herankommen. In den Monaten Mai bis Oktober wird der Stuibenfall jeden Mittwoch bis 24.00 Uhr beleuchtet. Nähere Informationen beim örtlichen Tourismusverband.

Oetz

Gemeinde Oetz
Hauptstraße 62, A-6433 Oetz
Tel.: +43(0)5252.6218
gemeinde@oetz.tirol.gv.at
www.oetz.tirol.gv.at

Pfarramt Oetz
Kirchweg 19, A-6433 Oetz
Tel.: +43(0)5252.6288
ewald.gredler@aon.at

Tourismusverband Oetz
Hauptstraße 66, A-6433 Oetz
Tel.: +43(0)5252.6669
info@oetz.com
www.oetz.com

Gasthof Piburgersee
Piburg 14, A-6433 Oetz
Tel.: +43(0)5252.6295
gasthof.piburgersee@aon.at
members.aon.at/piburgersee

Ausflugstip: Der alte Ortskern in der Gemeinde Oetz ist ein wahrer Augenschmauß für alle kulturgeschichtlich Interessierten. Der **traditionelle Gasthof Stern**, das **Alte Gemeindehaus** und das **Stecher-Haus** bilden ein reizvolles Ensemble, das mit zahlreichen Fassadenmalereien (Stern) und charakterischen Oberländer Bauelementen aufwartet. Ganz nahe dieses Ortkernes befindet sich der **„Turm“**, der ein sehr qualitätvolles Museum beherbergt. Gezeigt werden hier nicht nur kulturgeschichtlich relevante Objekte der Talschaft. Im Rahmen von Sonderausstellungen werden u.a. die enge Verbindung von Kunst und Volkskunst oder das Wirken namhafter Künstler, die das Ötztal „entdeckt“ haben, eindrucksvoll präsentiert. Das Museum setzt sich aus Objekten zusammen, die der Galerist Hans Jäger (ehemals Galerie zum Alten Oetztal) in jahrzehntelanger, mühevoller Arbeit zusammengetragen hat – eine umfassende Sammlung von regional bedeutenden Stücken, die in Tirol wohl einzigartig ist. Das Museum ist von Dienstag bis Samstag von 15.00 bis 18.00 Uhr und am Sonntag von 11.00 bis 18.00 Uhr geöffnet.

Nähere Informationen
(u.a. über Führungen):
Turmmuseum Oetz/
Sammlung Hans Jäger
Schulweg 2, 6433 Oetz
Tel.: +43(0)5252.20063
info@turmmuseum.at
www.turmmuseum.at

Patsch

Gemeinde Patsch
Dorfstraße 22, A-6082 Patsch
Tel.: +43(0)512.378757
Gemeinde@patsch.tirol.gv.
www.patsch.tirol.gv.at

Pfarramt Patsch
Dorfstraße 14, A-6082 Patsch
Tel.: +43(0)0512.378123
pfarre-patsch@stift-wilten.at
pfarre-patsch.stift-wilten.at

Innsbruck Tourismus
Tourismusverband Patsch
Dorfstr. 22, A-6082 Patsch
Tel.: +43(0)512.377332
patsch@innsbruck.info
www.tiscover.at/patsch

Hotel Grünwalderhof
Römerstr. 1, A-6082 Patsch
Tel.: +43(0)512.377304
gruenwalderhof@magnet.at
members.magnet.at/gruenwalderhof

Pettnau

Gemeinde Pettnau
A-6410 Pettnau Nr. 26
Tel.: +43(0)5238.88280
gemeinde@pettnau.tirol.gv.at
www.pettnau.at

Tourismusregion Tirolmitte
Untermarkt 20, A-6410 Telfs
Tel.: +43(0)5262.62245
info@tirolmitte.at
www.tiscover.at/pettnau-leiblfing

Gasthof Schaber
A-6410 Pettnau Nr. 60
Tel.: +43(0)5238.87364-0
gebhard.schaber@telecom.at
www.tiscover.com/schaber

Pinswang

Gemeinde Pinswang
Unterpinswang 1b, A-6600 Pinswang
Tel.: +43(0)5677.8613
amtsleiter@pinswang.tirol.gv.at
www.pinswang.tiro.gv.at

Tourismusverband Ferienregion Reutte
Untermarkt 34, A-6600 Pinswang
Tel.: +43(0)5672.62336
info@reutte.com
www.ferienregion-reutte.at/pinswang

Gasthaus Säuling
Oberpinswang 10, A-6600 Pinswang
Tel.: +43(0)5677.8698

Ausflugstip: Ein barockes Kleinod ist die **Pfarr- und ehemalige Wallfahrtskirche zum Hl. Ulrich.** Wirken und Lebensstationen des Kirchenpatrons, dem Bischof von Augsburg, sind auf dem Hochaltar und Deckenfresken wiedergegeben. Verehrt wird in dieser Kirche aber auch der selige Ulrich, der um 1380 in Musau starb (seine Grabstätte ist unter dem rechten Seitenaltar). Laut Überlieferung wollte Ulrich genau dort begraben werden, wo ein Ochsengespann seinen Leichnam hin brachte. Szenen aus seinem Leben sind an der unteren Empore dargestellt.

Prägraten

Gemeindeamt Prägraten
St. Andrä 35a, A-9974 Prägraten
Tel.: +43(0)4877.6363
gem.praegraten@tirol.com

Informationsbüro Prägraten a. Gr.
St. Andrä 35a
A-9974 Prägraten
Tel.: +43(0)4877.6366
praegraten@netway.at
www.tiscover.at/praegraten

Gasthof Islitzer
Hinterbichl a. Großvenediger 15
A-9974 Prägraten
Tel.: +43(0)4877.5206
gasthof@islitzer.at
www.islitzer.at

Ausflugstip: Im **Heimatmuseum in Oberbichl** ist u.a. ein Schmelzofen des ehemaligen Kupferbergwerks Sajat, diverse Arbeitsgeräte, Krüge u.a. zu sehen. Das Museum ist am Mittwoch von 18.30 bis 19.30 Uhr geöffnet.

Nähere Informationen bei
Hr. Berger, Bichl 9, 9974 Prägraten,
Tel.: +43(0)4877.5361

Ein wahres technisches Wunderwerk ist die **Radmühle der Islitzer Mühle.** Ist sie doch aus verschiedenen Holzarten und nur (!) ca. 50 kg Schmiedeeisen zusammengebaut. Bei dieser Mühlenform erfolgt der Antrieb über ein außerhalb liegendes Wasserrad. Während der Öffnungszeiten kann man auch beim Mahlen zuschauen. Die Öffnungszeiten sind dienstags von 9.00 bis 11.00 Uhr und freitags von 17.00 bis 19.00 Uhr (bzw. im September/Oktober von 16.00 bis 18.00 Uhr). Nähere Informationen beim örtlichen Tourismusverband bzw. der Gemeinde. // Natürlich sollte man bei einem Besuch des Virgentales auch nicht auf das Naturschauspiel der **Umbalfälle** verzichten. Ein **Schaulehrpfad** informiert über die Besonderheiten dieser Wasserfälle, insbesondere auf die „natürlichen" Auswirkungen. Der Rundgang dauert ca. 1 Stunde und ist von Mitte Mai bis Ende Oktober zugänglich. Nähere Informationen beim örtlichen Tourismusverband.

Rattenberg

Stadtgemeinde Rattenberg
Klostergasse 94, A-6240 Rattenberg
Tel.: +43(0)5337.62408
gemeinde@rattenberg.tirol.gv.at
www2.riskommunal.net/rattenberg

Tourismusverband Rattenberg
Klostergasse 94a, A-6240 Rattenberg
Tel.: +43(0)5337.63321
rattenberg@tirol-pur.at
www.tiscover.at/rattenberg-radfeld

Brauhaus
Bienerstraße 84, A-6240 Rattenberg
Tel.: +43(0)5337.63870

Ausflugstip: Die **kleinste Stadt Tirols** hat sich ihren **mittelalterlichen Charme** – was die Architektur anbelangt – erhalten. Dicht aneinander, nur durch schmale Gassen getrennt, stehen die Altstadthäuser. Hier findet man noch zahlreiche bauliche Details aus längst vergangenen Zeiten, wie etwa gotische Fenster und Portale, aber auch schöne Wirtshausausleger. Für einen Ausflug nach Rattenberg sollte man sich schon Zeit nehmen – sonst übersieht man vielleicht eines der reizenden Gäßchen oder ein bauliches Dekorteil. Zahlreiche **Glasgeschäfte** prägen vor allem die „Hauptstraße“ – sie bieten handwerkliche Glaserzeugnisse jeglicher Geschmacksrichtung an. Rattenberg und das nahe liegende Kramsach waren einst ein wichtiges Zentrum für die Glaserzeugung und -bearbeitung. // Von der **Schloßruine Rattenberg** aus (wo während der Sommermonate Freilichtschauspiele stattfinden), hat man einen ausgezeichneten Ausblick auf die wahrlich abwechslungsreiche Dachlandschaft. // Das **Augustinermuseum** im Stadtzentrum ist immer einen Besuch wert. Neben der (ehemaligen) Klosterkirche und der reichhaltigen und übersichtlich präsentierten Schausammlung sollte man besonderes Augenmerk auf die Ecce-homo-Kapelle legen. Dort befindet sich ein Christusbild aus der Gotik. Laut Überlieferung soll der dargestellte Heiland im Jahre 1707 die Zunge bewegt haben.

Nähere Informationen:
Augustinermuseum
Pfarrgasse 6, 6240 Rattenberg
Tel.: +43(0)5337.64831
hermann.drexel@telecom.at
www.augustinermuseum.at

Reith im Alpbachtal

Gemeinde Reith im Alpbachtal
Dorf 1, A-6235 Reith im Alpbachtal
Tel.: +43(0)5337.62212-13
buchhaltung@reith-alpbachtal.tirol.gv.at
www2.riskommunal.net/reithimalpbachtal

Tourismusverband Reith i. A.
Dorf 41, A-6235 Reith im Alpbachtal
Tel.: +43(0)5337.62674
reith.alpbachtal@tirol-pur.at
www.reith-alpbachtal.at

Kirchenwirt
Dorf 3, A-6235 Reith im Alpbachtal
Tel.: +43(0)5337.62230
www.kirchenwirt-reith.at

Ausflugstip: In Reith im Alpbachtal betreut die landwirtschaftliche Landeslehranstalt einen **Waldlehrpfad**, der einen guten Einblick in die Artenvielfalt der regionalen Flora gibt. Der ohne Mühen zu bewältigende Pfad im Brandwald ist ein Ausflugstip für all diejenigen, die ihre Pflanzenkenntnisse auffrischen oder sich erstmals damit beschäftigen wollen. Nähere Informationen beim örtlichen Tourismusverband. // Der **Matzenpark bei Brixlegg**, der größte Naturpark Tirols, ladet zu ausgedehnten Spaziergängen (auch mit Kindern Kinderspielplatz) ein. Das **Schloß Matzen** ist vor allem während der Sommermonate immer wieder bekannter Veranstaltungsort für Konzerte u.a. Nähere Auskünfte dazu beim Tourismusverband. Das **Reither Heimatmuseum** ist heute im Schloßturm von Matzen untergebracht. Gezeigt werden Ausstellungsstücke, die die vergangene Alltags- aber auch Festkultur thematisieren. Historische Funde sind ebenso wie bäuerliche Geräte oder Objekte der regionalen Volksreligiösität zu sehen. Das Museum ist von Juni bis Oktober, mittwochs und freitags von 14.00 bis 18.00 Uhr geöffnet. Nähere Auskünfte beim örtlichen Gemeindeamt.

Reutte

Gemeinde Reutte
Obermarkt 1, A-6600 Reutte
Tel.: +43(0)5672.72300
reutte@reutte.at
www.reutte.at

Tourismusverband Ferienregion Reutte
Untermarkt 34, A-6600 Reutte
Tel.: +43(0)5672.62336
info@reutte.com
www.ferienregion-reutte.at

Gasthof Zum Mohren
Untermarkt 26, A-6600 Reutte
Tel.: +43(0)5672.62345
info@hotel-mohren.at
www.hotel-mohren.at

Ausflugstip: Wer üppige Fassadenmalereien schätzt, sollte sich das „Grüne Haus" (Untermarkt 25) in Reutte nicht entgehen lassen. Beeindruckend sind sowohl die harmonische Farbgebung als auch die reichhaltigen Architekturmalereien (Säulen, Scheinportal, Gesimse oder kartuschenbekrönte Fenster). Im Inneren befindet das lokale Museum, das immer wieder mit Sonderausstellungen kulturelle Akzente setzt. Das Museum ist vom 1. Mai bis 31. Oktober, von Dienstag bis Sonntag von 10.00 bis 12.00 Uhr und von 14.00 bis 17.00 Uhr geöffnet. Führungen sind jederzeit nach Voranmeldung möglich.

Nähere Informationen:
Grünes Haus
Untermarkt 25, 6600 Reutte
Tel.: +43(0)5672.72304
gruenes.haus@tirol.com

Das Festungsensemble Ehrenberg ist nicht nur eine Empfehlung für Kulturinteressierte, sondern auch für Wanderer, die ein besonderes Ambiente schätzen.
Die gewaltige Anlage besteht aus einer Klause, der Ruine Ehrenberg, der Festung am Schloßkopf und Fort Claudia. Der örtliche Burgenverein bemüht sich seit Jahren um Renovierungen und vor allem um eine Neubelebung der Festung. So soll dort in nächster Zeit das Europäische Burgenmuseum eröffnet werden. Nähere Informationen (auch zur Baugeschichte und den historischen Hintergründen) beim örtlichen Tourismusverband bzw. www.ehrenberg.at.

Ried i. Oberinntal

Ried im Oberinntal
A-6531 Ried i. Oberinntal Nr. 98
Tel.: +43(0)5472.6403
gemeinde@ried-oberinntal.tirol.gv.at
www2.riskommunal.net/riedoberinntal

Tourismusverband Tiroler Oberland
Hauptstraße 97
A-6531 Ried i. Oberinntal
Tel.: +43(0)5472.6421
info@tiroleroberland.at
www.tiscover.at/ried.oberinntal

Hotel Linde
A-6531 Ried i. Oberinntal Nr. 80
Tel.: +43(0)5472.6270
info@hotel-linde.at

Roppen

Gemeinde Roppen
Mairhof 78, A-6426 Roppen
Tel.: +43(0)5417.5210
amtsleiter@roppen.tirol.gv.at
www.roppen.at

Tourismusverband Imst-Gurgltal Ortsstelle Roppen
Johannesplatz 4, A-6460 Imst
Tel.: +43(0)5412.6910-68
zdesar@imst.at
www.imst.at

Gasthof Roppen
A-6426 Roppen Nr. 72
Tel.: +43(0)5417.5488

Ausflugstip: Wer die Kunstrichtung des Jugendstils schätzt, sollte sich Zeit für einen Besuch der **Pfarrkirche St. Leonhard** im Ortszentrum nehmen. Lassen Sie sich vom klassizistischen Äußeren nicht täuschen – erst im Inneren zeigen sich die reichhaltigen Jugendstilelemente in Form der Wand- und Deckenmalereien von Emanuel Raffeiner (1881–1923). Zu sehen sind etwa die vier Paradiesflüsse mit Engeln, Marienkrönung, Heilige, Apostel sowie Dante und Raffael. // Von der Pfarrkirche aus kann man eine kurze **Wanderung nach Sautens**, der ersten Gemeinde im Ötztal, unternehmen.

Rum

Marktgemeindeamt Rum
Dörferstraße 15A, A-6063 Rum
Tel.: +43(0)512.24511-0
marktgemeinde@rum.gv.at
www.rum.gv.at

Tourismusverband Rum bei Innsbruck
Bundesstr. 2a, A-6063 Rum
Tel.: +43(0)512.263235
info@rum.at
www.rum.at

Hotel Rumerhof
Bundesstraße 11, A-6063 Rum
Tel.: +43(0)512.262215

St. Christoph am Arlberg (St. Anton)

Gemeinde St. Anton am Arlberg
Dorfstraße 46
A-6580 St. Anton am Arlberg
Tel.: +43(0)5446.2362
gemeinde.st.anton@st-anton.at
www.st-anton.at

Pfarrgemeinde St. Christoph am Arlberg (St. Anton)
Pfarramt St. Anton am Arlberg
St. Jakober Dorfstr 95
A-6580 St. Anton am Arlberg
Tel.: +43(0)5446.2238

Tourismusverband St. Christoph am Arlberg (St. Anton)
A-6580 St. Anton am Arlberg Nr. 8
Tel.: +43(0)5446.2269-0
info@stantonamarlberg.com
www.stantonamarlberg.com

Arlberg Hospiz Hotel
A-6580 St. Christoph/Arlberg
Tel.: +43(0)5446.2611
info@arlberghospiz.at
www.hospiz.com

St. Jakob in Defereggen

Gemeinde St. Jakob in Defereggen
Unterrotte 75
A-9963 St. Jakob im Defereggental
Tel.: +43(0)4873.6320
gem.st.jakob@aon.at
www.stjakob.at

Tourismus-Information St. Jakob in Defereggen
Unterrotte 44
A-9963 St. Jakob im Defereggental
Tel.: +43(0)4873.63600
stjakob@defereggental.at
www.tiscover.at/stjakob-defereggental

Tandlerstuben
Innerrotte 34
A-9963 St. Jakob im Defereggental
Tel.: +43(0)4873.6355

Ausflugstip: In St. Jakob lohnt sich auf alle Fälle ein Abstecher zum **St. Leonhard-Kirchlein**, wo feine Rankenmalereien das Netzgewölbe verzieren. In einzelnen Vierpassfeldern sind Heiligendarstellungen „eingearbeitet“, u.a. die „Drei heiligen Madeln“ (Barbara, Katharina, Margarethe). // Für kleine und größere **Wandertouren** ist St. Jakob ideal – immer wieder kommt man an Weilern vorbei, wo man noch alte traditionelle Bauweisen vorfindet. // Nach diesen körperlichen Mühen ist eine kulinarische Belohnung durchaus angebracht. Vielleicht in Form eines guten Schnäpschens. Im **Gasthof Bergkristall** kann man sich beim Wirt Heimo Macher nicht nur über das Schnapsbrennen kundig machen, sondern so manche Spezialität wie den Zirbenschnaps verkosten.

Nähere Informationen
und Anmeldung:
Gasthof Bergkristall
Unterrotte 82
9963 St. Jakob im Defereggen
Tel.: +43(0)4873.63600
stjakob@defereggental.at

St. Johann in Tirol

Marktgemeinde St. Johann in Tirol
Bahnhofstraße 5
A-6380 St. Johann in Tirol
Tel.: +43(0)5352.6900
gemeinde@st.johann.net
www.st.johann.net

Tourismusverband
St. Johann in Tirol
Poststraße 2
A-6380 St. Johann in Tirol
Tel.: +43(0)5352.633350
info@stjohanntirol.at
www.st.johann.tirol.at

Gasthof Post
Speckbacherstraße 1
A-6380 St. Johann in Tirol
Tel.: +43(0)5352/62230
hotel.post@tirol.com

Ausflugstip: Wer ein besonderes Quellwasser sucht, wird beim ehemaligen Theresienbad im Ortsteil Winkl fündig. In einer Waldschlucht gelegen, kann man bei einen Brunnen das „heilkräftige" Wasser versuchen. Einst stand hier sogar eine eigene Badeanlage, etwas spartanisch mit einfachen Holzwannen, aber immerhin. //Nach dieser körperlichen Labung lohnt sich eine Wanderung (ca. ¾ Stunde) von der Pfarrkirche Mariä Himmelfahrt im Ortszentrum zur Gnadenkapelle Maria Blut mit Einsiedelei. Von dort kann man – allerdings über etwas steilere Pfade – zur Gmailkapelle gelangen, die romantisch in eine Felsnische gebaut ist.

St. Leonhard im Pitztal

Gemeinde St. Leonhard im Pitztal
A-6481 St. Leonhard im Pitztal Nr. 115
Tel.: +43(0)5413.87201
gemeinde@st-leonhard-pitztal.tirol.gv.at
www2.riskommunal.net/stleonhard

Tourismusverband Pitztal
Ortsinformationsstelle St. Leonhard
A-6481 St. Leonhard
Tel.: +43(0)5414.86999
info@pitztal.com
www.pitztal.com/stleonhard

Restaurant s'Pfandl
Tieflehn 76
A-6481 St. Leonhard im Pitztal
restaurant@pfandl-pitztal.at

Ausflugstip: Fern ab des Trubels liegt einsam im Fichtenwald die regionale Wallfahrtskapelle „Maria am Bichele". Nicht nur von St. Leonhard, sondern vom ganzen Pitztal kommen die Pilger mit ihren ganz persönlichen Anliegen. Das Gnadenbild – eine bekleidete Marienfigur mit Kind – ist in einem Glasschrein aufbewahrt und bezaubert durch ihr beinahe „volkskünstlerisches" Gesicht.

St. Ulrich am Pillersee

Gemeindeamt St. Ulrich am Pillersee
Dorfstr. 15, A-6393 St. Ulrich a. P.
Tel.: +43(0)5354.88181
Gemeinde@stulrich.tirol.gv.at
www.st.ulrich.tirol.gv.at

Tourismusverband
St. Ulrich am Pillersee
Dorfstr. 17, A-6393 St. Ulrich a. P.
Tel.: +43(0)5354.88192
stulrich@pillerseetal.at
www.pillerseetal.at

Gasthof St. Adolari
Niedersee 8, A-6393 St. Ulrich a. P.
Tel: +43(0)5353.20003
info@tirolerwirt.at
www.tirolerwirt.at

Ausflugstip: In St. Ulrich am Pillersee steht am südlichen Ende des Dorfes die „Heinrichssäule", die aus dem 16. Jahrhundert stammt und von der Schützenkompanie Pillersee 1984 restauriert wurde. Die Nischenbilder sind neu gestaltet und zeigen auf Blechtafeln die Heiligen Ulrich und Benedikt, die Muttergottes (Gürtelmadonna) und den Hl. Heinrich.

St. Veit im Defereggen

Gemeinde St. Veit im Defereggen
Gsaritzen 28
A-9962 St.Veit i. Defereggen
Tel.: +43(0)4879.312
gemeinde.st-veit@aon.at

Tourismusverband St. Veit
Gsaritzen 12
A-9962 St.Veit i. Defereggen
Tel.: +43(0)4879.6660
stveit@defereggental.at
www.defereggental.at

Ausflugstip: In der Pfarrkirche St. Vitus, hoch über dem Tal gelegen, befindet sich an der Außenseite noch eine zugängliche Krypta, wo man gereinigte Totenschädel sehen kann. Das ganze Ensemble, Friedhof, Kirche und kleiner Dorfplatz, vermittelt eine ganz eigenartige Stimmung. // Wesentlich „weltlicher" geht es bei der Holzer Mühle zu, eine Wassermühle, die durch die Initiative des örtlichen Tourismusverbandes wieder reaktiviert wurde. Jeden Mittwoch von 9.00 bis 11.00 Uhr, wird die Mühle in Betrieb genommen. Nähere Informationen beim örtlichen Tourismusverband.

Schwaz

Stadtgemeinde Schwaz
Franz-Josef-Straße 2, A-6130 Schwaz
Tel.: +43(0)5242.6960
stadtamt@schwaz.at
www.schwaz.at

Pfarre St. Barbara
Johannes-Messner-Weg 11
A-6130 Schwaz
Tel.: +43(0)5242.62882
pfarre.st.barbara@telering.at
www.st-barbara.at

Tourismusverband Schwaz-Pill
Franz-Josef-Str. 2, A-6130 Schwaz
Tel.: +43(0)5242.63240
tourismus@schwaz.at
www.schwaz-info.at

Gasthaus Zum Hirschen
Husslstr. 39, A-6130 Schwaz
Tel.: +43(0)5242.65126

Ausflugstip: Geradezu ein Pflichtbesuch ist in Schwaz das Silberbergwerk – denn die Geschichte der Stadt ist untrennbar mit dem Kupfer- und Silberabbau verbunden. Davon zeugt nicht zuletzt die örtliche Stadtpfarrkirche, wo einst den Knappen eigene Sitzplätze vorbehalten waren. Das Silberbergwerk kann man ganzjährig besichtigen, besser gesagt, man kann „einfahren". Im Labyrinth der Stollen und Schächte fühlt man sich in alte Zeiten zurückversetzt und kann anhand von Schautafeln, Dia-Schauen, Nachstellungen u.a. Arbeits- aber auch Lebensweisen der Knappen nachvollziehen.

Nähere Informationen:
Silberbergwerk Schwaz
Schwazer Silberbergwerk Besucherführung GmbH
Alte Landstraße 3a
6130 Schwaz
Tel.: +43(0)5242.72372-0
info@silberbergwerk.at
www.silberbergwerk.at

Wer von dem Leben unter Tage genug hat, kann sich in Schwaz auch himmelwärts bewegen. Das Zeiss-Planetarium bietet den großen und kleinen Besuchern spannende Einblicke in die Weiten des Alls. Animationsprogramme und spezielle Führungen vermitteln nicht nur Grundkenntnisse, sondern auch tiefergehende Hinweise auf diverse Forschungsrichtungen.

Nähere Informationen:
Zeiss-Planetarium
Alte Landstraße 15
6130 Schwaz
Tel.: +43(0)5242.72129
info@planetarium-schwaz.at
www.planetarium-schwaz.at

Das **Haus der Völker** bringt einem die Kulturen der Welt näher – in übersichtlichen Darstellungen und Präsentationen werden so die Lebensweisen verschiedener Völker näher beleuchtet. Interessant sind hier auch die Führungen, in denen anhand von Geschichten und Erzählungen so manches Ausstellungsstück erst richtig verständlich wird. Hervorzuheben sind auch die Sonderausstellungen, die sich umfassend mit den jeweiligen kulturellen Besonderheiten eines Volkes bzw. dessen Glaubenswelten auseinandersetzen.
Die Öffnungszeiten sind täglich von 10.00 bis 18.00 Uhr.

Nähere Informationen:
Haus der Völker
Chr.-Anton-Mayr-Weg 7
6130 Schwaz
Tel.: +43(0)5242.66090
haus.d.voelker@chello.at
www.hausdervoelker.com

Schönberg im Stubaital

Gemeinde Schönberg im Stubaital
Römerstraße 1, A-6141 Schönberg
Tel.: +43(0)5225.62570
amtsleiter@schoenberg.tirol.gv.at
www.schoenberg.tirol.gv.at

Pfarramt Schönberg
Dorfstraße 35
A-6141 Schönberg im Stubaital
Tel.: +43(0)5225.62543

Tourismusverband Stubai
Dorfstraße 10
A-6141 Schönberg im Stubaital
Tel.: +43(0)5225.62567
info@stubai.at
www.tiscover.at/schoenberg

Gasthof Handl
Handlweg 1
A-6141 Schönberg im Stubaital
Tel.: +43(0)5225.2574
gasthof.handl@netway.at
www.handl.info

Seefeld

Gemeindeamt Seefeld in Tirol
Klosterstr. 43, A-6100 Seefeld
Tel.: +43(0)5212.2241
b.hoerhager@gde-seefeld.at
www.seefeld.tirol.gv.at

Olympiaregion Seefeld Leutasch-Mösern/Buchen-Reith-Scharnitz-Seefeld
Klosterstr. 43, A-6100 Seefeld
Tel.: +43(0)5212.2313
info@seefeld.at
www.seefeld.at

Waldgasthaus Triendlsäge
Triendlsäge 259, A-6100 Seefeld
Tel.: +43(0)5212.2580

Ausflugstip: Seefeld ist weitum bekannt wegen seiner angenehmen **Wanderwege** und **Langlaufloipen**. Doch auch in kultureller Hinsicht wird man dort fündig: zwei religiöse Denkmäler seien hier beispielhaft angeführt. Zum einen handelt es sich um das **Seefelder Seekirchlein**, das ein beliebtes Fotomotiv darstellt. Im Inneren „dominiert" das prächtige Kreuz aus dem 16. Jahrhundert, das untrennbar mit der Entstehung des Kirchleins verbunden ist. Eine Frau soll – so die Überlieferung – vor einem Kreuz gebetet und der Herrgott soll zu ihr gesprochen haben. Auch Erzherzog Leopold war von dem Kreuz dermaßen beeindruckt, daß er beichtete und eine Kapelle errichten ließ. // Die **Seefelder Pfarrkirche zum Hl. Oswald** beherbergt eine Reliquie, deren „Geschichte" als Eucharistie- bzw. Blutwunder auch über die Grenzen von Tirol hinaus bekannt ist. Der Ritter Oswald Milser soll im 14. Jahrhundert es gewagt haben, vom Pfarrer die

Priesterhostie zu verlangen. Nur mit Widerwillen reichte der Pfarrer dem gottlosen Mann diese. Sogleich gab der Boden nach und der Frevler drohte zu versinken. Erst als der Priester die Hostie zurücknahm, festigte sich wieder der Boden. „Zeugnisse" dieses Wunders sind die blutgefärbte Hostie, die in einer Monstranz aufbewahrt wird (allerdings nicht mehr in der Blutskapelle) und die Abdrücke des Ritters am Boden bzw. am Rand der Altarplatte in der eigens errichteten Blutskapelle.

Sillian

Marktgemeinde Sillian
A-9920 Sillian Nr. 86
Tel.: +43(0)4842.6321
gemeindeamt@marktgemeinde-sillian.at
www.sillian.com

Tourismusverband Hochpustertal
A-9920 Sillian Nr. 86
Tel.: +43(0)4842.6666
info@hochpustertal.com
www.sillian.com

Gasthof Sprenger
Am Gerberbach 201g, A-9920 Sillian
Tel.: +43(0)4842.6204
gasthof.sprenger@tirol.com
www.sillian.com/gasthof-sprenger

Ausflugstip: Im Rahmen einer Privatinitiative entstand in Arnbach/Sillian das **Kutschen- und Heimatmuseum**. Absolute Highlights sind natürlich die heimischen Kutschen und Schlitten, die einst nicht nur als Arbeitsmittel, sondern auch als Transportmittel bei festlichen Vergnügungen (z.B. Hochzeitsfahrten) dienten. Wie es sich für ein Heimatmuseum gehört, erwarten die Besucher auch allerlei Objekte, die im Zusammenhang mit der regionalen Geschichte und Volkskultur stehen. Die Öffnungszeiten sind im Sommer jeweils Mittwochs und Freitags von 15.30 bis 17.00 Uhr, im Winter nach telefonischer Vereinbarung.

Nähere Informationen:
Kutschen- und Heimatmuseum Arnbach/Sillian
9920 Sillian Nr. 16
Tel.: +43(0)4842.6657

In der **Hl. Anna-Kapelle** am Friedhof neben der Pfarrkirche gelegen sind Malereien zu sehen, die sich u.a. mit dem Tod auseinandersetzen: so etwa ein Jüngstes Gericht, Hl. Michael besiegt Luzifer, Maria als Fürbitterin der Sterbenden und der Armen Seelen.

Stans bei Schwaz

Gemeindeamt Stans
Unterdorf 62, A-6135 Stans
Tel.: +43(0)5242.63578
gemeinde@stans.tirol.gv.at
www.stans.tirol.gv.at

Tourismusverband Silberregion Karwendel/Stans
Vogelsang 208, A-6135 Stans
Tel.: +43(0)5242.6909.465
tourismusinfo@tiho.com
www.tiscover.at/stans

Brandstetterhof
Oberdorf 74
A-6135 Stans
Tel.: +43(0)5242.63582

Ausflugstip: Wildromantisch geht es in der **Wolfsklamm** zu, die Schlucht des Stallenbaches. Von Stans ausgehend kann man bei dieser Wanderung bis zur **Wallfahrt St. Georgenberg** kommen. Der Weg führt z.T. durch enge Steinformationen und über kleine Holzstege. Beeindruckend ist die Klamm auf alle Fälle – allerdings ist der Weg nur von Mai bis Oktober begehbar. Nähere Auskünfte beim örtlichen Tourismusverband. // Einen etwas beschaulicheren Ausflug kann man nach **Schloß Tratzberg** unternehmen. Wer den ca. 20 Minuten langen Aufstieg scheut, kann mit dem Bummelzug, dem sogenannten **„Tratzberg-Express"**, bequemer sein Ziel erreichen. Geradezu majestätisch präsentiert sich die Anlage mit Innenhof und Räumlichkeiten.

Für Kinder werden spezielle Führungen in Form eines „Hörspieles“ angeboten. Im Mittelpunkt der zu besichtigenden Räume steht die reichhaltige Rüstkammer. Das Schloß kann nur mit Führungen vom 1. April bis 2. November, täglich von 10.00 bis 16.00 Uhr besichtigt werden.

Nähere Informationen:
Schloß Tratzberg
6135 Stans
Tel.: +43(0)5242.6356620
tratzberg@tirol.com
www.schloss-tratzberg.at

Steinach am Brenner

Marktgemeinde Steinach am Brenner
Rathausplatz 1
A-6150 Steinach am Brenner
Tel.: +43(0)5272.6251
gemeinde@steinach-am-brenner.
tirol.gv.at
www.steinach.tirol.gv.at

Tourismusverband Wipptal, Ortsstelle Steinach
Brennerstraße 67
A-6150 Steinach am Brenner
Tel.: +43(0)5272.6270
office@wippregio.at
www.wipptal.at/steinach.htm

Strengen am Arlberg

Gemeinde Strengen am Arlberg
Dorf 12a, A-6571 Strengen
Tel.: +43(0)5447.5513
Gemeinde@strengen.at
www.strengen.at

Pfarramt Strengen
A-6571 Strengen Nr. 12a
Tel.: +43(0)5447.5505

Tourismusverband Arlberg-Stanzertal
A-6571 Strengen
Tel.: +43(0)5447.5564
info@arlberg-stanzertal.at
www.arlberg-stanzertal.at

Tannheim

Gemeindeamt Tannheim
Unterhöfen 18, A-6675 Tannheim
Tel.: +43(0)5675.6203
gemeinde@tannheim.tirol.gv.at
www.tannheim.tirol.gv.at

Pfarramt Tannheim
Oberhöfen 113, A-6675 Tannheim
Tel.: +43(0)5675.6225
pfarramt.tannheim@tirol.com
www.pfarren-tannheimertal.at.tt

Infobüro Tannheim
Oberhöfen 110, A-6675 Tannheim
Tel.: +43(0)5675.62200
info@tannheimertal.com
www.tannheim.at

Gasthof Enzian
Unterhöfen 97, A-6675 Tannheim
Tel.: +43(0)5675.6527

Ausflugstip: In Tannheim steht eine der größten barocken Pfarrkirchen von ganz Tirol. Das dem Hl. Nikolaus geweihte Gotteshaus ist für kunsthistorisch Interessierte eine wahre Fundgrube. Neben den Stukkaturarbeiten beeindrucken u.a. die zahlreichen Fresken, Dekorationsmalereien bzw. am linken Seitenaltar die Darstellung einer Kreuzigungsgruppe mit Fegefeuer. // Das Heimatmuseum in Kienzen dokumentiert u.a. das vergangene bäuerliche und handwerkliche Alltagsleben. Die Öffnungszeiten sind von Juni bis Oktober, Mittwoch und Freitag von 13.30 bis 17.00 Uhr.

Nähere Informationen unter
Tel.: +43(0)5675.6532

Tarrenz

Gemeinde Tarrenz
Hauptstraße 14 , A-6464 Tarrenz
Tel.: +43(0)5412.63352
gemeinde@tarrenz.tirol.gv.at
www.tarrenz.at

Tourismusverband Imst-Gurgltal Ortsstelle Tarrenz
Johannesplatz 4, A-6460 Imst

Tel.: +43(0)5412.6910
info@imst.at
www.tiscover.at/tarrenz

Brauerei Schloß Starkenberg
Auf Starkenberg, A-6464 Tarrenz
Tel.: +43(0)5412.66201
brauerei@starkenberg.at
www.starkenberg.at

Ausflugstip: Das „Hexendorf" Tarrenz bietet seinen Besuchern nicht nur schöne Wanderwege, u.a. zum romantisch gelegenen Starkenberger See, sondern auch den Frauenbrunnen, eine Radonquelle. Die Kneippanlage befindet sich in der Nähe des Weilers Strad und ist in seiner Gestaltung für Alt und Jung geeignet. Man kann dort u.a. Fußbäder nehmen oder das Quellwasser in Form einer Trinkkur zu sich nehmen. // Als kulturelle „Ergänzung" bietet sich das Heimatmuseum in der Schulgasse (Ortszentrum) an. Hier kann man einen Einblick in die lokale Geschichte und Volkskultur gewinnen, sich aber im Rahmen von Sonderausstellungen auch über regionale Kunst und Kunsthandwerk kundig machen. Die Öffnungszeiten sind von Ende Mai bis Ende September, Freitag von 18.00 bis 20.00 Uhr und Sonntag von 10.00 bis 12.00 Uhr.
Nähere Informationen unter:
Tel.: +43(0)5412.68014

Telfs

Marktgemeindeamt Telfs
Untermarktstraße 5 + 7, A-6410 Telfs
Tel.: +43(0)5262.6961
info@telfs.com
www.telfs.com

Pfarramt Telfs
Kirchstraße 221, A-6410 Telfs
Tel.: +43(0)5262.62245

Tourismusregion Tirolmitte
Untermarktstraße 20, A-6410 Telfs
Tel.: +43(0)5262.62245
info@tirolmitte.at
www.tiscover.at/telfs

Hotel Munde
Untermarktstraße 17, A-6410 Telfs
Tel.: +43(0)5262.62408
info@hotel-munde.at
www.hotel-munde.at

Hotel Restaurant Löwen
Untermarktstraße 14, A-6410 Telfs
Tel.: +43(0)5262.62455
zum.loewen@telfs.com

Ausflugstip: Telfs ist eines der wichtigsten kulturellen Zentren des Inntales (vornehmlich des Oberinntales). Überregional bekannt sind die Telfer Volksschauspiele, die alljährlich tausende Besucher aus ganz Tirol, aber auch den Nachbarländern anlocken. // Die größte Glocke des Alpenraumes, die sogenannte Friedensglocke, kann man sich in Mösern ansehen bzw. täglich um 17.00 Uhr anhören. // Wer sich für regionale Geschichte interessiert, dem sei das „Noaflhaus" (das örtliche Heimatmuseum) angeraten. In diesem Haus haben aber auch zeitgenössische Kulturaktivitäten ihren Platz – Sonderausstellungen, Konzerte, Diskussionen u.a. zeugen davon. Nähere Informationen beim örtlichen Tourismusverband bzw. bei der Gemeinde. // Ein volksreligiöses Ensemble bildet die Anlage in und um St. Moritzen – mit dem Kalvarienberg, der Kapelle zur Schmerzhaften Muttergottes, der Kreuzkapelle und den Bildstöcken.

Thaur

Gemeinde Thaur
Dorfplatz 4, A-6065 Thaur
Tel.: +43(0) 5223.492861
sekretariat@thaur.co.at
www.thaur.tirol.gv.at

Pfarramt Thaur
Kirchgasse 5, A-6065 Thaur
Tel.: +43(0)5223.492850

Tourismusverband Hall-Thaur-Gnadenwald
Wallpachgasse 5, A-6060 Hall
Tel.: +43(0)5223.56269
hall.tirol@netway.at
www.tiscover.at/thaur

Hotel Gasthof Purner
Dorfplatz 5, A-6065 Thaur
Tel.: +43(0)5223.49149
hotel-purner@chello.at

Thiersee

Gemeindeamt Thiersee
Vorderthiersee 44, A-6335 Thiersee
Tel.: +43(0)5376.5231
gemeinde@thiersee.tirol.gv.at
www.thiersee.tirol.gv.at

Pfarramt Thiersee
Kirchdorf 51, A-6335 Thiersee
Tel.: +43(0)5376.5240

Tourismusverband Thierseetal
Vorderthiersee 38, A-6335 Thiersee
Tel.: +43(0)5376.5230
thierseeinfo@tirol.com
www.thiersee.com/thiersee

Alpengasthof Schneeberg
Schneeberg 50, A-6335 Thiersee
Tel.: +43(0)5376.5288
schneeberg@aon.at
www.thierseetal.net/schneeberg/gasthof

Trins

Gemeindeamt Trins
A-6152 Trins Nr. 36
Tel.: +43(0)5275.5210
Gemeinde@trins.tirol.gv.at
www.trins.tirol.gv.at

Pfarramt Trins
A-6152 Trins
Tel.: +43(0)664.2715028
gemeinde@trins.tirol.gv.at
www.trins.tirol.gv.at

Tourismusverband Wipptal Ortsstelle Trins
A-6152 Trins Nr. 69
Tel.: +43(0)5275.5337
info@trins-tirol.at
www.trins-tirol.at

Hotel Trinserhof
A-6152 Trins Nr. 106
Tel.: +43(0)5275.5212
office@trinserhof.com
www.trinserhof.com

Untermieming (Mieming)

Gemeinde Mieming
Obermieming 175, A-6414 Mieming
Tel.: +43(0)5264.5217
gemeinde@mieming.tirol.gv.at
www.mieming.at

Pfarramt Mieming
A-6414 Mieming Nr. 18
Tel.: +43(0)5264.5277

Tourismusverband Mieming & Wildermieming
Obermieming 175
A-6414 Mieming
Tel.: +43(0)5264.5274
mieming@mieminger-plateau.at
www.mieming.at

Umhausen

Gemeinde Umhausen
A-6441 Umhausen Nr. 159
Tel.: +43(0)5255.5230
gemeinde@umhausen.gv.at
www2.riskommunal.net/umhausen

Tourismusverband Ötztal-Mitte
Dorf 140, A-6441 Umhausen
Tel.: +43(0)5255.5209
info@oetztal-mitte.com
www.oetztal-mitte.com

Gasthof Andreas Hofer
A-6441 Umhausen Nr. 54
Tel.: +43(0)5255.5214

Ausflugstip: Mit Umhausen verbindet man seit einiger Zeit den „Mann vom Hauslabjoch“ – und das nicht von ungefähr. Das Ötzi-Dorf, eine Freilichtanlage, zeigt anhand von prähistorischen Nachbauten, wie man sich das Leben in der Jungsteinzeit vorstellen kann. „Belebt" wird das Museum durch alte Haustierrassen wie Auerochsen, durch Vorführungen und kleinere Ausstellungen. Für Kinder und „Junggebliebene" bietet die **Überlebensschule** Tirol eigene Workshops bzw. Kurse an. Entspannung versprechen der neu angelegte **Badeteich** und die **Kneippanlage** beim Parkplatz des Ötzi-Dorfes.

Nähere Informationen:
Ötzi-Dorf
6441 Umhausen
Tel.: +43(0)5255.50022
office@oetzi-dorf.com
www.oetzi-dorf.com

Vent (Sölden)

Gemeinde Sölden
Rettenbach 514, A-6450 Sölden
Tel.: +43(0)5254.2225
amtsleiter@soelden.tirol.gv.at
www.soelden.tirol.gv.at

Tourismusverband Vent
A-6458 Vent Nr. 36
Tel.: +43(0)5254.8193
info@vent.at
www.vent.at

Gasthaus Rofenhof
Rofenhof 8, A-6458 Vent
Tel.: +43(0)5254.8103

Virgen

Gemeindeamt Virgen
A-9972 Virgen Nr. 38
Tel.: +43(0)4874.5202
gemeinde@virgen.at
www.virgen.at

Infobüro Virgen
A-9972 Virgen Nr. 35
Tel.: +43(0)4874.5210
tvb.virgen@netway.at
www.tiscover.at/virgen

Gasthof Neuwirt
A-9972 Virgen Nr. 34
Tel.: +43(0)4874.5217

Ausflugstip: Die **Wallfahrtskirche Maria Schnee** in Obermauern muß hier als Ausflugsziel wohl nicht mehr eigens erwähnt werden. // Obwohl nur als Ruine erhalten, ist die ehemalige **Burg Rabenstein** ein empfehlenswertes Ziel für kurze Wanderungen. Nähere Auskünfte über Routen und Gehzeiten beim örtlichen Tourismusverband. // Als Protobeispiel eines besonderen Wanderweges kann der **„Weg der Sinne"** angesehen werden. Die kurzweilige Wanderung führt durch die Virgener Feldfluren (Wiesen- und Heckenlandschaft) und wird durch eigene „Erlebnisstationen" bereichert. Mit Hören, Riechen und Tasten läßt sich die Natur/Kultur noch eindringlicher und vor allem sinnlicher wahrnehmen. Eine neu installierte Wassererlebnisstation mit Kneippanlage bereichert den „Weg der Sinne" um ein weiteres Element. Nähere Informationen beim örtlichen Tourismusverband.

Volders

Gemeinde Volders
Bundesstr. 23, A-6111 Volders
Tel.: +43(0)5224.52311-0
amtsleitung@volders.tirol.gv.at
www.volders.tirol.gv.at

Tourismusverband Volders
Bundesstr. 23, A-6111 Volders
Tel.: +43(0)5224.5231111
tourismus@volders.tirol.gv.at
www.tiscover.at/volders

Landgasthof Jagerwirt
Bundesstr. 15, A-6111 Volders
Tel.: +43(0)5224.52591

Ausflugstip: Wer sich an einer einfachen kalten Quelle gütlich tun will und zuvor einen **Wanderung** unternehmen möchte, der ist beim **„Schwarzbrunnen" im Voldertal** gut bedient. Die Quelle entspringt am Voldertaler Bach – und ist von einer einfachen Rinne gefaßt. Im Gegensatz zum Volderwildbad – das in der nächsten Zeit wieder neu belebt werden soll – hat es hier nie größere Badeanlagen gegeben. Nähere Informationen über Wanderwege u.a beim örtlichen Tourismusverband. // Das „kulturgeschichtliche" Wahrzeichen von Volders ist die direkt neben der Autobahn gelegene Karlskirche, die dem Hl. Karl Borromäus geweiht ist. Die Pläne dieses imposanten Bauwerkes stammen vom bekannten Arzt, Schriftsteller, Architekten und „Volkskundler" Hippolytus Guarinoni. Erst nach 34 Jahren wurde dieser Kirchenbau fertiggestellt. Guarinoni konnte dies nicht mehr miterleben, wurde aber an der Decke im Vorraum als Page des Hl. Borromäus dargestellt. Sehenswert ist neben bautechnischen Details u.a. die Pieta in der Kapelle der Schmerzhaften Muttergottes von Andreas Thamasch (1639–1697).

Völs

Marktgemeinde Völs
Dorfstraße 31, A-6176 Völs
Tel.: +43(0)512.303111
gemeinde@voels.tirol.gv.at
www.voels.at

Pfarramt Völs
Werth 5, A-6176 Völs
Tel.: +43(0)512.303109

Tourismusverband Völs
A-6176 Völs
Tel.: +43(0)512.303057
tourismus@voels.at
www.voels.at

Gasthof Kranebitten
Kranebitter Allee 203
A-6020 Innsbruck
Tel.: +43(0)512.281958
www.kranebitterhof.at

Walchsee

Gemeindeamt Walchsee
Dorfplatz 1, A-6344 Walchsee
Tel.: +43(0)5374.5210
info@walchsee.at
www.walchsee.at

Pfarre Walchsee
Kirchgasse 3, A-6344 Walchsee
Tel.: +43(0)5374.5209

Tourismusverband Walchsee
Dorfplatz 10, A-6344 Walchsee
Tel.: +43(0)5374.5223
info@walchsee.at
www.walchsee.at

Fischerwirt
Hausbergstraße 1, A-6344 Walchsee
Tel.: +43(0)5374.5239

Ausflugstip: Die „Schwemm" ist Tirols größte erhaltene Moorlandschaft, die eine wahre „Fundgrube" an seltenen Tieren und Pflanzen darstellt. Als Wasserspeicher und weitgehend unberührte Naturlandschaft ist der ökologische Wert nicht hoch genug einzuschätzen. Eigene Gruppenführungen bieten auch Laien informative Einblicke in dieses Metier. Nähere Informationen darüber beim örtlichen Tourismusverband.

Wald im Pitztal (Arzl)

Gemeindeamt Arzl im Pitztal
A-6471 Arzl im Pitztal Nr. 76
Tel.: +43(0)5412.63102
Gemeinde@arzl-pitztal.tirol.gv.at
www.arzl-pitztal.tirol.gv.at

Tourismusverband Pitztal
Ortsinformationsstelle Arzl
A-6471 Arzl
Tel.: +43(0)5414.86999
info@pitztal.com
www.tiscover.at/arzl

Wattens

Marktgemeinde Wattens
Innsbrucker Straße 3
A-6112 Wattens
Tel.: +43(0)5224.5858-0
gemeinde@wattens.com
www.wattens.com

Pfarramt Wattens
Höraltstraße 2, A-6112 Wattens
Tel.: +43(0)5224.52460

Region Hall Büro Wattens
Dr. Felix-Bunzl-Straße 1
A-6112 Wattens
Tel.: +43(0)5224.52904
info@wattensinfo.at
www.tiscover.at/wattens-wattenberg

Gasthaus Schwan
Swarovskistr. 2, A-6112 Wattens
Tel.: +43(0)5224.52121

Ausflugstip: Die **Swarovski Kristallwelten** mit ihren Erlebnis-Schauräumlichkeiten sind in ganz Österreich und über die Grenzen hinaus bekannt. Bauliche und thematische Erweiterungen, Sonderausstellungen, eigene Festivals, Konzerte u.v.m. tragen wesentlich zu dieser großen Breitenwirkung bei. Die Öffnungszeiten sind täglich von 9.00 bis 18.00 Uhr, Schließtage sind am 1. Jänner, am 25. Dezember sowie vom 4. bis 15. November. Am 24. und 31. Dezember ist von 9.00 bis 16.00 Uhr geöffnet.

Nähere Informationen:
Swarovski Kristallwelten
Kristallweltenstraße 1
6112 Wattens
Tel.: +43(0)5224.51080
swarovski.kristallwelten@
swarovski.com
www.swarovski-kristallwelt.com

Wer nach dem Trubel etwas Ruhe sucht, der findet diese auf alle Fälle am weitläufigen **Wattenberg**. Erste Erkundungen empfehlen sich zunächst per PKW zu machen – nur dann hat man den richtigen Überblick. **Romantische Weiler**, **Kapellen** und **Bildstöcke** sowie ruhige **Wanderwege** laden zum Verweilen und Erkunden ein. Nähere Auskünfte dazu beim Tourismusverband.

Weißenbach am Lech

Gemeinde Weißenbach am Lech
Kirchplatz, A-6671 Weißenbach a. Lech
Tel.: +43(0)5678.5210
amtsleiter@weissenbach.tirol.gv.at
www.weissenbach.tirol.gv.at

Tourismusverband Ferienregion Reutte
Kirchplatz 3
A-6671 Weißenbach a. Lech
Tel.: +43(0)5678.5303
reutte-weissenbach-info@utanet.at
www.ferienregion-reutte.at/
weissenbach

Gasthof Goldenes Lamm
Oberbach 14
A-6671 Weißenbach a. Lech
Tel.: +43(0)5678.5216
info@goldenes-lamm.at
www.goldenes-lamm.at

Ausflugstip: Sehens- und „begehens“wert ist der **Waldlehrpfad**, wo man Beschreibungen zu allen in dieser Region wachsenden Sträuchern und Bäumen findet. Zusätzlich informieren eigene Tafeln über die Bedeutung des Waldes für Natur, Mensch und Tier. Setzt man die **Wanderung** etwas fort, so gelangt man über eine überdachte Holzbrücke zur **Wallfahrtskapelle „Maria Hilf“ in Untergaicht**.

Wenns im Pitztal

Gemeindeamt Wenns
Unterdorf 9, A-6473 Wenns
Tel.: +43(0)5414.87214
gemeindeamt.wenns@utanet

Tourismusverband Pitztal/Tirol
Unterdorf 18, A-6473 Wenns
Tel.: +43(0)5414. 86999
info@pitztal.com
www.pitztal.com

Pitztaler Hof
Oberdorf 215, A-6473 Wenns
Tel.: +43(0)5414.87220
Pitztalerhof@aon.at
www.pitztalerhof.at

Ausflugstip: Von Wenns aus kann man per pedes (etwas mühseliger) oder mit dem PKW auf den **Piller Sattel** und die dortige **Moorlandschaft** bzw. zu **archäologischen Ausgrabungsstätten** gelangen. Am (beinahe) höchsten Punkt, dem **„Gachen Blick“** (= Schneller Blick) hat man eine wunderbare Aussicht auf das oberste Inntal, das Obere Gericht. Entweder man nimmt den Weg zurück über das Pitztal oder man genießt die Sonnenhänge des Kaunerberges bzw. macht einen Abstecher nach Fließ. // Im Ortszentrum von Wenns darf man sich auf alle Fälle das **„Platzlhaus“** nicht entgehen lassen. Neben dem **Gasthof Stern in Oetz** und dem **Gasthof Rose in Ladis** zählt dieses ehemalige Wirts- bzw. Richterhaus zu den einzigen drei Tiroler Profanbauten, die an den Außenwänden **Renaissance-Malereien** (hier um 1576) aufweisen. Neben den gemalten Scheinarchitekturen sind u.a. Sündenfall und Vertreibung aus dem Paradies, Jonas, Judith und Holofernes, das Urteil Salomons oder Lazarus und der reiche Prasser zu sehen.

Wildschönau

Gemeindeamt Wildschönau
Andreas Thaler Platz
A-6311 Wildschönau
Tel.: +43(0)5339.8110
gemeinde@wildschoenau.tirol.gv.at
www.wildschoenau.tirol.gv.at

Tourismusverband Wildschönau
Oberau 337, A-6311 Wildschönau
Tel.: +43(0)5339.8255
info@wildschoenau.com
www.wildschoenau.at

Gasthof Kellerwirt
Oberau 72, A-6311 Wildschönau
Tel.: +43(0)5339.8116
kellerwirt@netway.at
www.tiscover.at/kellerwirt

Gasthaus Thalmühle
Mühltal 7, A-6311 Wildschönau
Tel.: +43(0)5339.8919

Sollererwirt
A-6311 Thierbach/Wildschönau
Tel.: +43(0)5339.8913
sollererwirt@direkt.at
www.tiscover.at/sollererwirt

Ausflugstip: Das sehenswerte Hochtal lockt in den Sommermonaten nicht nur mit **Wanderwegen** (z.B. Zauberwinkel) in einer reizvollen Landschaft, auch kulturell hat die Wildschönau einiges zu bieten. Jeden Umweg wert ist das Ensemble des **Bergbauernmuseums z'Bach**. Ensemble deshalb, weil zum großen Unterinntaler Bauernhof auch eine Hofkapelle, ein Garten, ein Backofen sowie ein Mühlengebäude gehört. In den Schauräumen erfährt man u.a. wie kreativ die Wildschönauer früher so manches technische Problem lösten oder wie eng in der Alltagskultur Religion und magisches Denken zusammenlagen. Sehenswert ist auch der ausgebaute Tennenbereich, der heute als Veranstaltungszentrum intensiv genutzt wird. Belebt wird das Museum in den Sommermonaten zusätzlich durch einen Markt, der von ca. Mitte Mai bis Anfang Oktober jeden Donnerstag von 13.00 bis 17.00 Uhr stattfindet. Das Museum ist im Mai, Juni und Oktober von Donnerstag bis Sonntag (11.00 bis 17.00 Uhr), von Juli bis Ende September von Dienstag bis Sonntag (11.00 bis 17.00 Uhr) geöffnet. Auch während der Weihnachts- bzw. Semesterferien ist das Museum geöffnet – Nähere Informationen (auch über Führungen) beim örtlichen Tourismusverband. // Gleich neben dem Museum verläuft ein **Besinnungsweg**, der von Niederau nach Oberau führt, und anhand von neun Stationen den „Sonnengesang des Hl. Franziskus" thematisiert. // Taleinwärts befindet sich in Auffach das **1. Tiroler Holzmuseum**. Mehr als 2000 Holzobjekte werden im passenden Ambiente gezeigt, wobei auch so manche Kuriosität nicht fehlen darf. Im Anschluß an den Museumsbesuch kann man auf dem kurzweiligen „Holzweg" anschaulich Holzobjekte „in der Natur" bewundern (u.a. Nistkästen, Bienenhaus etc.).

Nähere Informationen:
Tiroler Holzmuseum
6313 Wildschönau-Auffach
Tel.: +43(0)5339.8842
info@holzmuseum.com
www.holzmuseum.com

Noch etwas weiter im Tal, genauer gesagt in Thierbach, kann man in den Sommermonaten (im Winter auf Anfrage) das **ehemalige Silberbergwerk** mit dem „Stollenlabyrinth" besichtigen. Man erfährt dort so einiges über das Leben der Knappen, verschiedene Arbeitsgeräte und die Abbauarten. Die Öffnungszeiten wechseln jährlich.

Nähere Informationen:
Peter Weissbacher
6311 Wildschönau-Thierbach
Tel.: +43(0)5339.2700

Zams

Gemeinde Zams
Hauptstraße 53, A-6511 Zams
Tel.: +43(0)5442.62288.16
gemeinde@zams.at
www.zams.at

Pfarramt Zams
Pfarrgasse 1, A-6511 Zams
Tel.: +43(0)5442.62332

Tourismusverband Zams
Postfach 55, A-6500 Landeck
Tel.: +43(0)5442.65600
info@tirolwest.at
www.tiscover.at/zams

Post-Gasthof Gemse
Hauptplatz 1, A-6511 Zams
Tel.: +43(0)5442.62478
haueis@aon.at
www.gasthof-gemse-haueis.at

Ausflugstip: Die **Wallfahrtskirche Mariahilf auf der Kronburg** bei Zams ist immer einen Ausflug wert. Bei schönem Wetter kann man die schöne Aussicht auf das Obere Inntal (den Talkessel von Zams/Landeck, die Sonnenhänge von Grins und Stans sowie die umliegenden Berggipfel) genießen, oder die vom Tal aus weithin sichtbare Ruine der Kronburg „erwandern". In der kleinen Wallfahrtskirche selbst ist u.a. die beinahe lieblich wirkende Rokokokanzel zu beachten. // Von der Kronburg aus kann man in einer ca. 1½ Stunden dauernden **Wanderung** die romantisch gelegene **Wallfahrt in Obsaurs** erreichen. Das dem Hl. Vigil geweihte Kirchlein stammt vom Ende des 15. Jahrhunderts und ist mit vielen Fresken versehen. Besondere Erwähnung verdient dieses Kirchlein wegen den hier lange Zeit verehrten drei Jungfrauen, Aubet (Ambett), Cubet (Gwerbett) und Quere (Wilbett). Es ist dies in Nord- und Osttirol die einzige Kirche, in der die drei Frauen verehrt wurden – in Südtirol ist die (immer noch lebendige) Wallfahrt in Meransen bekannt. // Wer dem Himmel (und der Abgeschiedenheit) nahe sein möchte, der sollte in Zams unbedingt den **Weiler** besuchen. Der (lange) Fahrweg führt von Zams aus auf den Zammerberg, über einige Weiler wie Grist bis hin zu diesem Kleinod hoch über dem oberen Inntal.

Zell am Ziller

Marktgemeindeamt Zell am Ziller
Unterdorf 2, A-6280 Zell am Ziller
Tel.: +43(0)5282.2222
gemeinde@zell-am-ziller.tirol.gv.at
www.zell-am-ziller.tirol.gv.at

Tourismusverband Zell am Ziller
Dorfplatz 3a , A-6280 Zell am Ziller
Tel.: +43(0)5282.2281
info@zell.at
www.zell.at

Hotel-Gasthof Bräu
Dorfplatz 1, A-6280 Zell am Ziller
Tel.: +43(0)5282.2313
info@hotel-braeu.com
www.hotel-braeu.com

Ausflugstip: Das **Zillertaler Gold-Schaubergwerk am Hainzenberg** ist auch mit Kindern ein ideales Ausflugsziel. Etwas Zeit sollte man sich aber nehmen. Die Führung beinhaltet eine Erlebniswanderung, die sowohl „über als auch unter Tag" führt. Mit interaktiven Animationsprogrammen erfährt man so einiges über den Bergbau vergangener Zeiten. Das Schaubergwerk hat von Mai bis Oktober täglich von 9.00 bis 18.00 Uhr geöffnet.

Nähere Informationen:
Zillertaler Gold-Schaubergwerk
Hainzenberg 73, 6280 Zell im Zillertal
Tel.: +43(0)5282.4820
info@goldschaubergwerk.com
www.goldschaubergwerk.com

Spezielle kulinarische Informationen erhält man in der **Hochzeller Käsealm**. Alles über Käse könnte das Motto dieses Besuches sein. Die „Käsezeiten" sind von 13.00 bis 16.00 Uhr – geführt wird vom Besitzer selbst.

Nähere Informationen
(auch über Verkostungen):
Hermann Rieser
Hainzenberg
6280 Zell im Zillertal
Tel.: +43(0)5282.4820

Ebenfalls am Hainzenberg steht die **Wallfahrtskirche Maria Rast**, von wo man eine herrliche Aussicht auf das Tal hat. Aus dem ganzen Zillertal kommen die Pilger hierher, um bei der geschnitzten Muttergottes mit Kind Hilfe zu erbitten oder Dank zu sagen. Sehenswert sind vor allem die Wandmalereien aus der Mitte des 18. Jahrhunderts die u.a. die Heimsuchung Mariens, die Geburt Christi, die Anbetung der Hl. Drei Könige bzw. Maria Immaculata darstellen.

Zirl

Marktgemeinde Zirl
Bühelstraße 1, A-6170 Zirl
Tel.: +43(0)5238.54001
marktgemeinde@zirl.at
www.zirl.at

Tourismusinformation Zirl
Dorfplatz 2, A-6170 Zirl
Tel.: +43(0)5238.52235
zirl@innsbruck.info
www.tiscover.at/zirl

Restaurant Goldener Löwe
Kirchstr. 2, A-6170 Zirl
Tel.: +43(0)5238.52330

Ausflugstip: Weithin sichtbar ist der auf einem steilen Felsen liegende **Kalvarienberg** – und er ist nicht nur in der Osterzeit, wo man im dortigen Kirchlein eine schöne Krippe sehen kann, besuchenswert. Wenn der Weg von Zirl auch etwas beschwerlich erscheint, das Ziel lohnt alle Mühen. Am Ende des **Kreuzweges**, der mit der **Bildsäule des „Guten Hirten"** bzw. der **Mutter-Anna-Kapelle** beginnt, steht eine offene Kapelle mit der Kreuzigungsszene. Die Kalvarienbergkirche ist der Schmerzhaften Muttergottes geweiht und bietet dem Wanderer nicht nur eine besinnliche Einkehr, sondern auch einer wunderschönen Ausblick auf das Inntal.

„Perchtenschmuck" in Breitenbach

Literaturverzeichnis

Ammann, Gert/Schneider, Manfred: *Ein Kind ist uns geboren, Ein Sohn ist uns geschenkt. Weihnacht in der Tiroler Kunst* (Ausstellungskatalog des Tiroler Landesmuseums Ferdinandeum); Innsbruck 1985

Ammann, Gert (Hrsg.): *Heiltum und Wallfahrt* (=Katalog der Tiroler Landesausstellung 1988); Innsbruck 1988

Ammann, Gert: *Das Tiroler Oberland. Die Bezirke Imst, Landeck und Reutte* (= Österreichische Kunstmonographie Bd. IX); Salzburg 1978

Andree-Eysn, Marie: *Volkskundliches aus dem bayrisch-österreichischen Alpengebiet*; Braunschweig 1910

Arnold, Herta (u.a.): *Heilige Gräber in Tirol*; Innsbruck 1987

Assmann, Dieter: *Heiliger Florian bitte für uns! Heilige und Selige in Österreich und Südtirol*; Innsbruck 1997

Auer, Werner/Stock, Josef: *Bildstöcke und Wegzeichen in Tirol*; Innsbruck 1990

Ausstellungskatalog Notburga. *Mythos einer modernen Frau*; Reith i. Alpbach 2001

Bachmann, Hanns: *Mirakelbuch Maria Stein* (=Schlern-Schriften 265); Innsbruck, München 1973

Bächtold-Stäubli, Hanns u. Hoffmann-Krayer (Hrsg.): *Handwörterbuch des deutschen Aberglaubens*; 10 Bde., (1930–1940); Berlin, New York 1987

Bärtsch, Alfred: *Holzmasken. Fastnachts- und Maskenbrauchtum in der Schweiz, in Süddeutschland und Österreich*; Aarau 1993

Bausinger, Hermann: *Masken zwischen Spiel und Ernst*; Tübingen 1967

Berliner, Rudolf: *Die Weihnachtskrippe*, München 1955

Bieritz, Karl Heinrich: *Das Kirchenjahr. Feste, Gedenk- und Feiertage in Geschichte und Gegenwart*; 2. Aufl.; München 1988

Bimmer, Andreas: *Brauchforschung*, in: **Brednich, Rolf (Hrsg):** *Grundriß der Volkskunde*; Berlin 1988, 311–328

Bodini, Gianni: *Ein Gang durchs Jahr. Riten und Brauchtum im alten Tirol*; Meran 1992

Brückner, Wolfgang u.a.: *Volksfrömmigkeitsforschung*; Würzburg-München 1986

Budde, Rainer: *Die Heiligen Drei Könige. Darstellung und Verehrung*; Köln 1982

Burgstaller, Ernst: *Die brauchtümliche Begehung des Martinstages in Österreich*, in: Hessische Blätter für Volkskunde 55; 1965, 31–73

Caramelle, Franz: *Der Brixentaler Antlaßritt*, in: **Posch, Sebastian (Hrsg.):** *Brixen im Thale 788–1988*; Innsbruck 1988, 196–201

Clemen, Carl: *Der Ursprung des Martinsfestes*, in: Zeitschrift für Volkskunde 28; 1918, 1–14;

Dehio: *Tirol*, Wien 1980

Dollinger, Inge: *Tiroler Wallfahrtsbuch*; Innsbruck 1982

Dollinger, Inge: *Unsere Liebe Frau von Tirol*; Innsbruck 1987

Dörrer, Anton: *Tiroler Fasnacht innerhalb der alpenländischen Winter- und Vorfrühlingsbräuche*; Wien 1949

Dörrer, Anton: *Tiroler Fasnacht*; Wien 1949

Dörrer, Anton: *Tiroler Umgangsspiele*; Innsbruck 1957 (= Schlern-Schriften, 160)

Dostal-Melchinger, Iris: *Blumenteppiche am Fronleichnamstag*, München 1990

Eberhart, Helmut/Hörandner, Edith/ Pöttler, Burkhard (Hrsg.): *Volksfrömmigkeit. Referate der Österreichischen Volkskundetagung 1989 in Graz*; Wien 1990

Egerbacher, Günter: *Passionsspiele Thiersee 1799-1999*; Innsbruck 1999

Egg, Erich/Menardi, Herlinde: *Das Tiroler Krippenbuch*; Innsbruck-Wien-Bozen 1985

Erich, Oswald/Beitl, Richard: *Wörterbuch der deutschen Volkskunde*; 3. Aufl.; Stuttgart 1974

Franz, Adolph: *Die kirchlichen Benediktionen des Mittelalters*; 2 Bde.; Freiburg 1909

Freudenthal, Herbert: *Das Feuer im deutschen Glauben und Brauch*; Berlin-Leipzig 1931

Gajek, Esther: *Adventskalender von den Anfängen bis zur Gegenwart*; München 1988

Galling, Kurt (Hrsg.): *Die Religion in Geschichte und Gegenwart. Handwörterbuch für Theologie und Religionswissenschaft*; Tübingen 1991

Gapp, Hans: *Schleicherlaufen in Telfs*; Telfs 1985

Gapp, Hans (Hrsg.): *Die großen Fasnachten Tirols*; Innsbruck 1996

Geramb, Viktor: *Deutsches Brauchtum in Österreich*; Graz 1924

Grabner, Elfriede: *Martinisegen und Martinigerte in Österreich*; Eisenstadt 1968

Grass, Nikolaus (Hrsg.): *Ostern in Tirol*; Innsbruck 1957

Grass, Nikolaus: *Cusanus und das Volkstum der Berg*; Innsbruck 1972

Grass-Cornet, Marie: *Von Palmeseln und tanzenden Engeln*, in: **Graß, Nikolaus (Hrsg):** *Ostern in Tirol*; Innsbruck 1957, 155–180

Gruber, Karl/Griessmair, Hans: *Südtiroler Wallfahrten*; Bozen 1989

Guarinoni, Hippolytus: *Die Grewel der Verwüstung Menschlichen Geschlechts*; Ingolstadt 1610

Gugitz, Gustav: *Das Jahr und seine Feste im Volksbrauch Österreichs*; Bd. 1–2; Wien 1950

Haid, Gerlinde u. Hans: *Brauchtum in den Alpen*; Rosenheim 1995

Haid, Hans: *Mythos und Kult in den Alpen*; Rosenheim, 2002

Haider, Friedrich: *Tiroler Brauch im Jahreslauf*; Innsbruck-Wien-München 1968

Haim, Walter: *Die Revitalisierung des Hungertuches*; Maria Laach 1981

Hain, Mathilde: *Arme Seelen und helfende Toten*, in: Rheinisches Jahrbuch für Volkskunde 9; 1958, 54–65

Hartinger, Walter: *Religion und Brauch*; Darmstadt 1992

Hattler, Franz: *Missionsbilder aus Tirol*; Innsbruck 1899

Heilmannseder, Marianne: *Brauchtum und historische Feste*; Rosenheim 1992

Henker, Michael/Dünninger, Eberhard/ Brockhoff, Evamaria (Hrsg.): *Hört, sehet, weint und liebt. Passionsspiele im alpenländischen Raum*, München 1990

Hepding, Hugo: *Ostereier und Osterhase*; in: Hessische Blätter für Volkskunde 26; 1927; 127–141

Heyl, Johann Adolf: *Volkssagen, Bräuche und Meinungen aus Tirol*; Brixen 1897

Hochenegg, Hans: *Heiligenverehrung in Nord- und Osttirol* (= Schlern-Schriften 170); Innsbruck 1965

Holzer, Stefanie: *Kultur Geschichten Tirol. Ein Reiseführer*; Bozen 2000

Hölzl, Norbert: *Theatergeschichte des östlichen Tirols*; Wien 1966

Holzmann, Hermann: *Weihnacht am Tiroler Bergbauernhof*; Graz 1979

Hörmann, Ludwig von: *Das Tiroler Bauernjahr*; Innsbruck 1899

Hörmann, Ludwig von: *Ueber tirolischen Volkscharakter;* Sonderdruck aus der Zeitschrift des Deutschen und Oesterreichischen Alpenvereins; Bd. XXXII; München 1901

Hörmann, Ludwig von: *Tiroler Volksleben*; Stuttgart 1909

Johler, Reinhard: *Die Formierung eines Brauches. Der Funken- und Holepfannsonntag*; Wien 2000

Kapfhammer, Günther: *Brauchtum in den Alpenländern*; München 1977

Kastner, Otfried: *Die Krippe*; Linz 1964

Kehrer, Hugo: *Die Heiligen Drei Könige*; Leipzig 1908 (Nachdruck Hildesheim 1976)

Kelm, Antje u.a.: *Ostereier. Vom Symbol des Lebens zum Konsumartikel*; Hamburg 1982

Klien, Robert: *Tiroler Oberland – Bezirk Landeck*; Innsbruck 1983

Koenig, Otto: *Klaubauf-Krampus-Nikolaus. Maskenbrauch in Tirol und Salzburg*; Wien 1983

Kogler, Nikolaus: *Votivbilder aus dem östlichen Nordtirol*; Innsbruck 1966

Kohler, Erika: *Martin Luther und der Festbrauch*; Köln/Graz 1959

Koller, Manfred/Schindler, Margot: *Fastentuch und Kultfiguren* (=Katalog der Sonderausstellung des Österreichischen Museums für Volkskunde in Wien 1996); Wien 1996

Kollreider, Franz: *Lebendiges Brauchtum in Lienz und Umgebung*; in: *Lienzer Buch* (= Schlern-Schriften 98); 1952, 22–30

Koren, Hanns: *Die Spende. Eine volkskundliche Studie über die Beziehung „Arme Seelen – arme Leute"*; Graz-Wien-Köln 1954

Koren, Hanns: *Volksbrauch im Kirchenjahr*; Innsbruck 1986

Kretzenbacher, Leopold: *Heimat im Volksbarock*; Klagenfurt 1961

Kruhöffer, Barbara/Mielken, Heinz-Peter: *Osterfest und Osterbrauch*; Minden 1981

Kühebacher, Egon (Hrsg.): *Tiroler Volksschauspiel*; Bozen 1976

Küster, Jürgen: *Wörterbuch der Feste und Bräuche im Jahreslauf*; Freiburg i. Br. 1985

Küster, Jürgen: *Bräuche im Kirchenjahr*; Freiburg i. Br. 1986

Lechner, Eva: *Heilende Wasser in Tirol. Heilbäder, Bauernbadln, Kraftquellen*; Innsbruck 2003

Lutz, Dieter: *Volksbrauch und Sprache*; Stuttgart 1966

Mair, Walter: *Osttiroler Wanderbuch*; Innsbruck 2001

Mangold, Guido/Gießmair, Hans: *Brauchtum in Südtirol*; Bozen 2000

Mayr, Hans: *Wildschönau in Tirol. Ein volkstümliches Heimatbuch*; Wildschönau 1993

Meisen, Karl: *Die hl. drei Könige und ihr Festtag im volkstümlichen Glauben und Brauch*; Köln 1949

Menardi, Herlinde: *Tiroler Fastenkrippen* (= Katalog zur Sonderausstellung im Tiroler Volkskunstmuseum 1986); Innsbruck 1986

Menardi, Herlinde: *Die Heiligen Gräber in Tirol und ihr Wiedererstehen in den achtziger Jahren*; in: **Eberhart, Helmut/Hörandner, Edith/Pöttler, Burkhard (Hrsg.):** *Volksfrömmigkeit. Referate der Österreichischen Volkskundetagung 1989 in Graz*; Wien 1990

Metken, Sigrid: *Sankt Nikolaus in Kunst und Volksbrauch*; Duisburg 1966

Mezger, Werner: *Narrenidee und Fastnachtsbrauch*; Konstanz 1991

Mezger, Werner: *Sankt Nikolaus. Zwischen Kult und Klamauk*; Ostfildern 1993

Migros-Genossenschafts-Bund (Hrsg.): *Feste im Alpenraum*; Zürich 1997

Moritz, Alois: *Almbrauch im Stanzer Tal*; in: *Landecker Buch, Bd. 2* (= Schlern-Schriften 134); 1956; 163–167

Moser, Dietz-Rüdiger: *Bräuche und Feste im christlichen Jahreslauf*; Graz/Wien/Köln 1983

Moser, Dietz-Rüdiger: *Fasnacht – Fasching – Karneval. Das Fest der verkehrten Welt*; Graz/Wien/Köln 1986

Moser, Hans: *Zur Geschichte des Sternsingens*; in: Bayerischer Heimatschutz 31; 1935; 19–31

Moser, Hans: *Zur Geschichte der Klöpfelnachtbräuche, ihrer Formen und ihrer Deutungen*; in: Bayerisches Jahrbuch für Volkskunde 1951; 121–140

Moser, Hans: *Die Pumpermetten*; in: Bayerisches Jahrbuch für Volkskunde 1956; 80–98

Moser, Hans: *Maibaum und Maienbrauch*; in: Bayerisches Jahrbuch für Volkskunde 1961; 115–159

Moser, Hans: *Vom Folklorismus in unserer Zeit*; in: Zeitschrift für Volkskunde 58; 1962; 177–209

Moser, Hans: *Kritisches zu neuen Hypothesen der Fastnachtsforschung*; in: Jahrbuch für Volkskunde 5; 1982; 9–50

Moser, Hans: *Volksbräuche im geschichtlichen Wandel*; München/Berlin 1985

Müller, Rüdiger u. a.: *Sankt Nikolaus*; Freiburg i. Br. 1982

Nilsson, Martin: *Der erste Main*; in: *Hessische Blätter für Volkskunde 49/50*; 1958; 203–206

Pailler, Wilhelm: *Weihnachtslieder und Krippenspiele aus Oberösterreich und Tirol*; Bd. I–II; Innsbruck 1881–1883

Pfaundler, Wolfgang: *Sankt Notburga. Eine Heilige aus Tirol*; Wien 1962

Pfaundler, Wolfgang: *Der Palmesel in Hall*; in: *Das Fenster 7*; 1970; 556–562

Pfaundler, Wolfgang: *Das Reither Nikolausspiel*; in: Das Fenster 27; 1980; 2703–2722

Pfaundler, Wolfgang: *Telfer Schleicherlaufen*; Wörgl 1981

Pfaundler, Wolfgang: *Nassereither Schellerlaufen*; Innsbruck/Wien 1998

Prasch, Harmut: *Masken und Maskenbrauchtum in Oberkärnten und Osttirol*; Klagenfurt 1987

Preisser, Alfred (Hrsg.): *Die schönsten Volksfeste in Deutschland, Österreich und der Schweiz*; Bergisch-Gladbach 1985

Ranke, Kurt: *Allerheiligen und Allerseelen in der Sagenüberlieferung*; in: Rheinisches Jahrbuch für Volkskunde 9; 1958; 28–53

Reiter, Martin: *Tiroler Bergweihnacht*; Reith i. Alpbachtal 2000

Rohrer, Joseph: *Uiber die Tiroler. Ein Beytrag zur Oesterreichischen Völkerkunde*; Wien 1796

Rotter, Fritz: *Weihnachten einst und jetzt*; München 1968

Scharfe, Martin (Hrsg.): *Brauchforschung*; Darmstadt 1991

Scheglmann, Maria Aurelia: *Tiroler Legenden, Sagen und Volksbräuche*; Regensburg 1928

Scheingraber, Wernher: *Das Bauernjahr*; Innsbruck 1977

Schiffkorn, Elisabeth: *Brot und Brauchtum*; Linz 1990

Schmidt, Leopold (Hrsg.): *Masken in Mitteleuropa*; Wien 1955

Schmidt, Leopold: *Volksglaube und Volksbrauch*; Berlin 1966

Schneider, W. u.a.: *Brauchtum und Feste in Österreich*; Innsbruck 1985

Schuhladen, Hans: *Die Nikolausspiele des Alpenraumes*; Innsbruck 1984

Sinwel, Rudolf: *Vom Osterpalm*; in: Tiroler Heimatblätter; 3. Jg.; Heft 4/5; 1925; 10–11

Sörries, Reiner: *Die spätmittelalterliche Frömmigkeit im Spiegel der alpenländischen Fastentücher*; in: **Eberhart, Helmut/Hörandner, Edith/Pöttler, Burkhard (Hrsg.):** *Volksfrömmigkeit. Referate der Österreichischen Volkskundetagung 1989 in Graz*; Wien 1990

Staudigl-Jaud, Katharina: *Achentaler Heimatbuch* (= Schlern-Schriften 241); Innsbruck 1965

Steub, Ludwig: *Drei Sommer in Tirol* (3 Bde.); Innsbruck 1996

Sund, Horst (Hrsg.): *Fas(t)nacht in Geschichte, Kunst und Literatur*; Konstanz 1984

Swoboda, Otto: *Lebendiges Brauchtum*; Salzburg 1970

Swoboda, Otto: *Alpenländisches Brauchtum im Jahreslauf*; München 1979

Teutsch, Brigitte/Haas, Günther: *Tiroler Brauchtum. Rund ums Jahr*; Innsbruck 1985

Thaler, Walter/Pfaundler, Wolfgang/Menardi, Herlinde: *Telfs. Porträt einer Marktgemeinde in Texten und Bildern*; Telfs 1988

Vernaleken, Theodor: *Mythen und Bräuche des Volkes in Österreich*; Wien 1859

Weber, Beda: *Das Land Tirol*; Innsbruck 1845

Weber-Kellermann, Ingeborg: *Brauch und seine Rolle im Verhaltenscode sozialer Gruppen*; Marburg 1973

Weber-Kellermann, Ingeborg: *Das Weihnachtsfest*; Luzern 1978

Weber-Kellermann, Ingeborg: *Saure Wochen, frohe Feste. Fest und Alltag in der Sprache der Bräuche*; Luzern-München 1985

Wildhaber, Robert (Hrsg.): *Osterbrauchtum in Europa*; in: Schweizerisches Archiv für Volkskunde 53; 1957; 61–198

Wolfram, Richard: *Die Jahresfeuer*; Wien 1972

Wolfram, Richard: *Prinzipien und Probleme der Brauchtumsforschung*; Wien 1972

Wopfner, Hermann: *Bergbauernbuch*; Bd.1–3; Innsbruck 1995–1997

Wuttke, Dieter: *Fastnachtsspiele des 15. und 16. Jahrhunderts*; 4. Aufl.; Stuttgart 1990

Zangerle, Josef: *Die Imster Fasnacht*; Imst 1983

Zender, Matthias: *Der Brauch am Martinstage als Beispiel räumlicher Differenzierung*; in: Ethnologia Europaea 4; 1970; 222–228

Zingerle, Ignaz Vinzenz von: *Sitten, Bräuche und Meinungen des Tiroler Volkes*; Innsbruck 1857

Fotonachweis

— **Vokus:** S 22, 36, 39, 43, 49, 51, 55, 57, 59, 60, 62, 65, 67, 71, 100, 103, 111, 113, 117, 121, 129, 131, 132, 135, 137, 146, 153, 157, 158, 161,165, 176, 181, 191, 193, 197, 213, 217, 297
— **Ines Zwerger:** S 18
— **pro.media/jasiutyn:** S 25
— **Stadtmarketing Innsbruck:** S 26, 81
— **Anton Sonnweber:** S 31
— **Günther Reinalter:** S 29, 107, 109, 245
— **Sepp Fleischer:** S 32
— **Burgi Triendl-Schwetz:** S 35
— **TVB Hall:** S 75, 79, 90, 96, 98
— **Tourismusverband Innsbruck (diverse Fotografen):** S 202, 205, 207, 223, 239, 303
— **Feuerwehr Landeck, R. Greuter:** S 83, 85
— **Passionspielverein Thiersee:** S 93
— **Schloß Museum Bruck, Foto: Vaverka:** S 105
— **Angela Ertl / Foto Binder (Zell):** S 123
— **Tiroler Landesmuseum Ferdinandeum:** S 145
— **BergWelt Wilder Kaiser – Brixental:** S 149
— **Eva Lechner:** S 155
— **Tourismusbüro Virgen:** S 167
— **Andreas Rosenhammer:** S 169, 211
— **Tourismusverband Achensee:** S 173, 251
— **Ludwig Mallaun:** S 176, 179
— **Bernhard Plattner:** S 187, 189
— **Bernd Bakay:** S 199
— **Bernhard Schieder, MahlDruck:** S 209
— **Broadpass:** S 225
— **Peter Grünbichler, LLA Rotholz:** S 229
— **Bernhard Graf:** S 233

Was Wann Wo

30.12.–1.1.	**Silvester / Neujahr**	Innsbruck, Kufstein, Kitzbühel
6. 1.	**Dreikönig** **Dreikönigsspiel**	 Silz
ab 6.1. bis Faschingsdienstag	**Tiroler Fastnachten**	Axams, Umhausen, Fiß, Fließ, St. Leonhard i. Pitztal, Imst, Wald i. Pitztal, Arzl i. Pitztal, Wenns, Tarrenz, Nassereith, Telfs, Mühlau, Arzl, Rum, Thaur, Absam, Mils, Hall, Roppen, Nauders, Haiming, Wattens, Ellbögen, Zirl, Völs, Igls, Aldrans, Volders, Baumkirchen
20.1.	**Sebastianiprozession**	Telfs
2.2.	**Maria Lichtmeß**	
3.2.	**Blasiustag**	Oetz, Völs
Unsinniger Donnerstag	**Weiberfastnacht**	Haiming, Kirchdorf
Faschingsdienstag	**Faschingsumzüge**	Innsbruck, Schwaz, Kufstein, Sillian
Erster Fastensonntag	**Scheibenschlagen / Hexenverbrennen**	Ehrwald, Weißenbach am Lech, Jungholz, Landeck, Virgen Musau/Pinswang, Prägraten
Aschermittwoch		
Fastenzeit	**Fastentücher, Hl. Gräber Fastenkrippen**	
	Passionsspiele	Erl, Thiersee, Telfs
Palmsonntag	**Prozessionen**	Achenkirch, Hall, Imst, Thaur, Telfs
Pumpermittwoch		
Gründonnerstag		
Karfreitag	**Prozessionen**	Nauders, Arzl i. Pitztal
Karsamstag	**Auferstehungsfeier**	Imsterberg
	Brotspende	Thurn bei Lienz
Ostersonntag		
Ostermontag	**„Osterziehen"**	Kematen, Absam
1. Samstag nach Ostern	**Widderprozession**	Virgen
1. Sonntag nach Ostern	**„Weißer Sonntag"**	
40 Tage nach Ostern	**Christi Himmelfahrt**	Mils bei Hall, Niederthai